Pour télécharger
Le dico des synonymes

1 **Rendez-vous sur le site Bescherelle**
www.bescherelle.com.

2 **Dans la rubrique consacrée au livre,**
cliquez sur le lien pour télécharger *Le dico des synonymes*.

3 **Identifiez-vous**
à l'aide de votre adresse e-mail et d'un mot clé issu du livre, conforme à la demande du moteur d'identification.

4 **Vous pouvez alors lancer le téléchargement**
de l'application sur votre ordinateur.

Bescherelle
L'essentiel

*pour mieux s'exprimer
à l'écrit et à l'oral*

Adeline Lesot
agrégée de lettres

© Hatier, Paris, 2010
ISBN 978-2-218-93725-5

Toute représentation, traduction, adaptation ou reproduction, même partielle, par tous procédés, en tous pays, faite sans autorisation préalable est illicite et exposerait le contrevenant à des poursuites judiciaires. Réf : loi du 11 mars 1957, alinéas 2 et 3 de l'article 41.
Une représentation ou reproduction sans autorisation de l'éditeur ou du Centre français d'exploitation du droit de copie (20, rue des Grands-Augustins, 75006 Paris) constituerait une contrefaçon sanctionnée par les articles 425 et suivants du Code pénal.

SOMMAIRE

VOCABULAIRE

COMPRENDRE LA FORMATION DES MOTS
Les préfixes 10
Les suffixes 15
Les principaux radicaux
d'origine latine 24
Les principaux radicaux
d'origine grecque 36

NE PAS CONFONDRE LES MOTS
Les paronymes 47
Les homonymes 56
Les faux amis 61
Quel genre pour ces noms :
féminin ou masculin ? 69
Les mots à risque 74

PRÉCISER ET VARIER SON VOCABULAIRE
Éviter les contresens 76
Distinguer les mots de sens proche ... 79
Utiliser le mot qui convient 88

EXPRESSION

ÉVITER LES FAUTES DE CONSTRUCTION
Choisir la bonne préposition 96
Construire le verbe avec ou sans
préposition ? avec *à* ? avec *de* ? 100
Quel mode utiliser dans les
subordonnées introduites par *que* ? .. 107
Quel mode utiliser après les
conjonctions de subordination ? 111
Formuler des questions
directes ou indirectes 115
Bien employer le *ne* explétif 118
Bien employer *dont* 120
Éviter les pièges
de la coordination 123

ÉVITER LES MOTS INUTILES, LES LOURDEURS, LES OBSCURITÉS
Éviter les pléonasmes 126
Éliminer les mots superflus 131
Limiter les répétitions
grâce aux mots de reprise 135
Supprimer les ambiguïtés 138
Alléger les phrases 144

3

ENRICHIR ET VARIER SON EXPRESSION

Remplacer les verbes
passe-partout 149
Transformer une proposition
subordonnée complétive
en groupe nominal 156
Transformer une proposition
subordonnée circonstancielle
en groupe nominal 159

Utiliser l'infinitif pour
une expression plus concise 164
Remplacer une proposition
subordonnée relative
par un adjectif ou un nom 169
Varier les tournures
de phrases 172

ÉCRIRE AVEC LOGIQUE

Apporter une explication 178
Établir une progression 180
Exprimer la cause 182
Exprimer la conséquence 184
Exprimer le but 186

Exprimer la comparaison 188
Exprimer une condition 190
Établir une opposition 192
Admettre : exprimer
une concession 194

ORTHOGRAPHE

NE PAS CONFONDRE LES HOMOPHONES GRAMMATICAUX
Les homophones grammaticaux 198

FORMER LE PLURIEL OU LE FÉMININ
Le pluriel des noms 207
Le pluriel et le féminin de l'adjectif qualificatif 212

ACCORDER LES ADJECTIFS
Accorder l'adjectif qualificatif 215
Reconnaître et accorder l'adjectif verbal 220

ACCORDER LE VERBE

Accorder le verbe
avec son sujet 223
Accorder le verbe
avec un nom collectif 228

Accorder le verbe
avec un pronom indéfini 229
Accorder le verbe
avec un adverbe de quantité 230

ACCORDER LE PARTICIPE PASSÉ

Accorder le participe passé
employé sans auxiliaire,
avec *être*, avec *avoir* 231

Accorder le participe passé
d'un verbe pronominal 234

Accorder le participe passé
suivi d'un infinitif 236

CONNAÎTRE LES PRINCIPALES RÈGLES D'USAGE

Doit-on doubler la consonne
en début de mot ? 238

Connaître quelques terminaisons
usuelles 242

Des terminaisons inattendues 245

PLACER LES ACCENTS, LA MAJUSCULE, LA PONCTUATION

Où placer les accents et le tréma ? ... 247

Le trait d'union, l'apostrophe,
la cédille 251

La majuscule et la ponctuation 255

GRAMMAIRE

RECONNAÎTRE LE NOM, LES DÉTERMINANTS, L'ADJECTIF QUALIFICATIF

Qu'est-ce qu'un nom ? 262
Qu'est-ce qu'un déterminant ? 264

Les déterminants 266
L'adjectif qualificatif 275

DISTINGUER LES PRONOMS

Qu'est-ce qu'un pronom ? 279
Les pronoms personnels 281
Les pronoms démonstratifs 285
Les pronoms possessifs 287

Les pronoms indéfinis 288
Les pronoms interrogatifs 290
Les pronoms relatifs 292

DISTINGUER LES MOTS INVARIABLES

Les adverbes 295
Les prépositions 298

Les conjonctions 300

CARACTÉRISER UN VERBE

Les verbes intransitifs
et les verbes transitifs 302
Les verbes attributifs 304

Les verbes auxiliaires 306
Les voix active, passive,
pronominale 308

5

Les verbes impersonnels..................... 311
La valeur des modes........................... 313
L'indicatif... 315
Les autres modes personnels :
impératif, subjonctif, conditionnel... 317
Les modes non personnels :
infinitif, participe, gérondif................ 324

Les temps simples de l'indicatif :
présent, imparfait, passé simple,
futur.. 329
Les temps composés
de l'indicatif....................................... 334
La concordance des temps................ 337

RECONNAÎTRE LES FONCTIONS DANS LA PHRASE

Qu'est-ce qu'une fonction ?............... 340
Le sujet.. 342
L'attribut... 345
Les compléments d'objet................... 347

Les compléments circonstanciels...... 350
Le complément du nom..................... 353
L'épithète.. 355
L'apposition.. 356

ANALYSER LA CONSTRUCTION D'UNE PHRASE

Qu'est-ce qu'une phrase ?.................. 358
Les types de phrases.......................... 360
La forme négative............................... 363
Les propositions................................. 365
La proposition subordonnée
conjonctive complétive...................... 367
Les propositions subordonnées
circonstancielles................................. 370

La proposition subordonnée
relative.. 379
La proposition subordonnée
interrogative indirecte....................... 381
Les propositions subordonnées
infinitive et participiale..................... 383

CONJUGAISON

ANALYSER UNE FORME VERBALE

Qu'est-ce qu'une forme verbale ?... 386
Les trois groupes de verbes............ 388

Les verbes *être* et *avoir* 389

CONJUGUER LES VERBES

Les verbes du 1er groupe : type *aimer* 391
Les verbes du 2e groupe : type *finir* 399
Les verbes du 3e groupe 401

Alphabet phonétique.. 418
Index 419

PRÉSENTATION

Cet ouvrage s'adresse à tous ceux qui sont désireux d'enrichir ou de consolider leur connaissance de la langue française afin de **mieux s'exprimer** à l'écrit et à l'oral.

Nous l'avons conçu pour qu'il apporte une **réponse rapide et efficace** aux questions ou aux hésitations auxquelles vous êtes confronté(e)s au quotidien, dans le cadre professionnel, scolaire et personnel.

UN OUVRAGE EN CINQ PARTIES

Vocabulaire
Des exemples nombreux vous permettent de mieux comprendre le sens des mots, d'éviter les confusions et de choisir le terme approprié.

Expression
L'objectif est double : vous amener à repérer les fautes les plus fréquentes, pour mieux les éviter, et vous fournir tous les outils nécessaires pour améliorer votre expression.

Orthographe
Pour vous aider à résoudre les principales difficultés (accords, homophones, terminaisons, doubles consonnes…), des classements raisonnés mettent en évidence les règles et vous apportent des repères sûrs.

Grammaire
Les notions grammaticales sont toujours mises en situation dans des phrases exemples ainsi que dans la rubrique « Pour mieux écrire ».

Conjugaison
Quarante verbes types, des tableaux et de brèves analyses signalent et répertorient les formes difficiles.

DES QUIZ, DES EXERCICES ET TOUS LES CORRIGÉS

Des tests rapides, assortis de leurs corrigés, vous incitent à vous exercer et à vérifier vos acquis.

VOCABULAIRE

COMPRENDRE LA FORMATION DES MOTS

1. Les préfixes...10
2. Les suffixes...15
3. Les principaux radicaux d'origine latine..24
4. Les principaux radicaux d'origine grecque..36

NE PAS CONFONDRE LES MOTS

5. Les paronymes..47
6. Les homonymes..56
7. Les faux amis..61
8. Quel genre pour ces noms : féminin ou masculin ?...................................69
9. Les mots à risque..74

PRÉCISER ET VARIER SON VOCABULAIRE

10. Éviter les contresens...76
11. Distinguer les mots de sens proche..79
12. Utiliser le mot qui convient..88

1 Les préfixes

▶ *Fait, re/fait, dé/fait, par/fait, contre/fait, satis/fait, for/fait, sur/fait…*
Tous les éléments qui s'ajoutent au mot *fait* sont des préfixes. Ils ont le pouvoir d'orienter le sens du mot dans des directions très différentes.

QU'EST-CE QU'UN PRÉFIXE ?

Les préfixes, comme les suffixes (▶ P. 15), sont des éléments de formation des mots qui s'ajoutent à un mot de base, appelé radical, pour former des mots dérivés. Le préfixe est placé **avant** le radical. L'ajout d'un préfixe ne change pas la classe grammaticale du mot de base, mais il change sa signification.
dire → **re**dire ; connu → **in**connu ; ordinaire → **extra**ordinaire

Dans certains cas, le préfixe n'est plus identifiable en tant que tel :
• soit parce que le mot de base n'existe plus dans la langue :
r/accourcir, **r**/apetisser, **r**/encontrer
• soit parce que le préfixe et le radical perdent leur sens particulier en formant un mot de sens nouveau.
regarder, répréhensible

QUELQUES PRÉFIXES USUELS

Préfixe	Signification	Exemples
a-, *an-* (devant une voyelle)	négation (pas)	anormal, apolitique, atypique
	privation (sans)	apesanteur, apatride, aphone, anorexique
co-, *con-*, *col-* (devant *l*) *com-* (devant *b*, *m*, *p*) *cor-* (devant *r*) **REMARQUE :** dans les mots de formation récente, c'est la forme *co-* qui est utilisée, quelle que soit la lettre qui suit. coauteur, colocataire, copilote, coreligionnaire	avec	coalition, coexistence, concitoyen, collaborer, collatéral, combattre, compatriote, commerce, commémoration, correspondance, corrélation

10 VOCABULAIRE

COMPRENDRE LA FORMATION DES MOTS ▸ Les préfixes

PRÉFIXE	SIGNIFICATION	EXEMPLES
pro-	en avant, plus loin	progrès, providence, projeter, prolonger, propulser, procréer, progéniture
re-, *ré-*, *r-* (devant une voyelle ou *h*), *res-* (devant *s*) REMARQUE : dans les mots de formation récente, le *s* n'est pas redoublé. resaler, resalir, resituer	répétition	relire, reprendre, revoir, réélire, resservir
	retour à un état antérieur	reboucher, relever, revenir, repartir, refermer, rhabiller
	changement de direction	rabattre, recourber, renverser
	davantage	rechercher, ressentir
	complètement	ramasser, réunir, remplir, recouvrir
sou-, *sub-*	sous	soumettre, soucoupe, soulever, souligner, subdiviser, submerger, subconscient
sy(n)-, *sym-* (devant *b*, *p*)	avec, ensemble	symétrie, synthèse, symphonie, sympathie
trans- REMARQUE : si le radical commence par un *s*, le *s* de *trans-* est maintenu. transsexuel, transsibérien, transsaharien	par-delà	transférer, transporter
	marque le passage, le changement	transformation, transfigurer
	au travers	transpercer, translucide

QUELQUES PRÉFIXES POUR EXPRIMER L'ANTÉRIORITÉ

PRÉFIXE	SIGNIFICATION	EXEMPLES
anté(r)- REMARQUE : il prend la forme *anti-* dans antichambre, antidater, anticiper.	avant, qui est devant	antérieur, antécédent, antédiluvien
pré-	avant (dans le temps ou l'espace)	préavis, précéder, préfixe, préconçu, préfabriqué, prévoir, prédire, préhistoire, prénom, prémédité, prématuré, prémolaire, préétabli
pro-	qui vient avant	prologue, prophète, programme, pronostic

QUELQUES PRÉFIXES POUR EXPRIMER LE SENS CONTRAIRE

● Ces préfixes négatifs servent à former des antonymes (des mots de sens contraires).

Préfixe	Exemples
a-	normal/anormal
dé-, dés- (devant une voyelle)	conseiller/déconseiller, contracté/décontracté, accord/désaccord, obéissant/désobéissant
dis- (exprime la privation)	continu/discontinu, semblable/dissemblable, symétrie/dissymétrie
in-, il-, im-, ir-	achevé/inachevé, habituel/inhabituel, capable/incapable, logique/illogique, mobile/immobile, patient/impatient, réel/irréel
mal-	adroit/maladroit, chance/malchance, heureux/malheureux
mé- (signifie « mal ») més- (devant une voyelle)	contentement/mécontentement, entente/mésentente, se fier/se méfier

● On peut également former des mots de sens contraire à l'aide de préfixes qui sont eux-mêmes des antonymes.

Préfixe	Exemples
e-, ex- ≠ in-, im-	exclure/inclure, exporter/importer, expiration/inspiration, extérieur/intérieur, émigré/immigré
extra- ≠ intra- (ou intro-)	extraverti/introverti, extra-utérin/intra-utérin, extra-muros/intra-muros
infra- ≠ super-	infrastructure/superstructure
mini- ≠ maxi-	minimum/maximum, minimiser/maximiser, minimaliste/maximaliste
post- ≠ anté- (ou anti-)	postérieur/antérieur, postposer/antéposer, postdater/antidater
pré- ≠ post-	préface/postface, préposition/postposition, prénatal/postnatal, préromantique/postromantique
sur- ≠ sous- REMARQUE : sous- est suivi d'un trait d'union.	suralimenté/sous-alimenté, sureffectif/sous-effectif, surestimé/sous-estimé, suréquipé/sous-équipé

COMPRENDRE LA FORMATION DES MOTS ▶ Les préfixes

QUELQUES PRÉFIXES À NE PAS CONFONDRE

Préfixe	Signification	Exemples
en-, *em-* (devant *b*, *m*, *p*)	à l'intérieur de	encercler, embarquer, emmurer, emprisonner
	la progression vers l'état exprimé par le radical	embourgeoiser, enrichir, encourager, endormir
en-, *em-* (devant *b*, *m*, *p*)	loin de	s'enfuir, s'envoler, emmener, emporter
ex-	en dehors de, hors de	expatrier, exporter, expliquer, exploser
ex- REMARQUE : dans ce sens, *ex-* est toujours suivi d'un trait d'union.	antérieur, ancien	ex-femme, ex-ministre
extra- REMARQUE : *extra-* est parfois suivi d'un trait d'union quand il y a hiatus : extra-humain.	en dehors de	extraordinaire, extraterrestre, extravagant
extra- REMARQUE : dans ce sens, *extra-* peut être suivi ou non d'un trait d'union.	le degré extrême, l'abréviation de extraordinairement	extraplat, extralucide, extra-fin *ou* extrafin
in-, *il-* (devant *l*) *im-* (devant *b*, *m*, *p*) *ir-* (devant *r*)	préfixe négatif (= pas)	invisible, illégal, imbuvable, immoral, improbable, irrationnel
in-, *il-* (devant *l*) *im-* (devant *b*, *m*, *p*) *ir-* (devant *r*)	en, dans	injecter, illuminer, imbiber, s'immiscer, importer, irruption
inter-	entre	interligne, intermédiaire, s'interposer, intercéder, interpeller, interrompre, intervenir
	mise en relation entre plusieurs ensembles	international, interethnique, interministériel
	échange	interactif, interconnexion, interlocuteur, interchangeable
int(ér)-	dans, au-dedans	intérieur, intime, interne, interphone

13

Préfixe	Signification	Exemples
par(a)-	à côté	parenthèse, parallèle, paradoxe, parodie, parabole, parascolaire, paramédical, parapharmacie
par(a)-	qui protège	parapluie, parasol, paratonnerre, parachute, paravent

Validation express

A En utilisant le préfixe *co-*, dites comment l'on nomme deux personnes :
1 qui échangent des lettres.
2 qui sont ensemble en prison.
3 qui sont dans la même équipe.
4 qui sont élèves dans la même classe.
5 qui héritent ensemble d'un bien.
6 qui sont propriétaires dans le même immeuble.
7 qui ont la même religion.

B À l'aide des préfixes *in-* (*il-*, *im-*, *ir-*) ou *dé-* (*dés-*), formez les antonymes des mots suivants.

juste – lisible – honneur – espoir – légal – réaliste – moral – raisonner – raisonné – raisonnable – rationnel – colorer – ranger – respectueux – garni – digne – commode – habituer – habituel.

Corrigé

A 1 des correspondants – 2 des codétenus – 3 des coéquipiers – 4 des condisciples – 5 des cohéritiers – 6 des copropriétaires – 7 des coreligionnaires

B injuste – illisible – déshonneur – désespoir – illégal – irréaliste – immoral – déraisonner – irraisonné – déraisonnable – irrationnel – décolorer – déranger – irrespectueux – dégarni – indigne – incommode – déshabituer – inhabituel

2 Les suffixes

▶ *Nation, nation/al, nation/al/ité, nation/al/isme, nation/al/iser, nation/al/is/ation...*
Tous les éléments qui s'ajoutent au mot *nation* sont des suffixes. Ils transforment ce nom en adjectif, en deux nouveaux noms, en verbe, en un nouveau nom à partir du verbe.

QU'EST-CE QU'UN SUFFIXE ?

Les suffixes, comme les préfixes (▶ P. 10), sont des éléments de formation des mots qui s'ajoutent à un mot de base, appelé radical, pour former des mots dérivés. Le suffixe est placé **après** le radical. L'ajout d'un suffixe permet de changer la classe grammaticale du mot de base.

Les suffixes permettent de former des **noms** :
- si on les ajoute au radical d'un verbe ;
espérer → l'espér**ance** ; blesser → une bless**ure**
- si on les ajoute à un adjectif ;
sage → la sag**esse** ; modeste → la modest**ie**
- si on les ajoute à un autre nom.
une cerise → un ceris**ier** ; le boulanger → la boulang**erie**

Les suffixes permettent de former des **adjectifs** :
- si on les ajoute au radical d'un verbe ;
habiter → habit**able** ; exploser → explo**sif**
- si on les ajoute à un nom ;
la planète → planét**aire** ; la méthode → méthod**ique**
- si on les ajoute à un autre adjectif.
distinct → distinc**tif** ; rouge → roug**eâtre**

Les suffixes permettent de former des **verbes** :
- si on les ajoute à un adjectif ;
faible → faibl**ir** ; simple → simpl**ifier**
- si on les ajoute à un nom ;
une vitre → vitr**ifier** ; une colonie → colon**iser**
- si on les ajoute à un autre verbe.
traîner → traîn**asser** ; sauter → saut**iller**

Le suffixe *-ment* permet de former des **adverbes** :
- si on l'ajoute à un adjectif ;
douce**ment** ; vrai**ment** ; lente**ment**
- si on l'ajoute à un nom.
diable**ment**

QUELQUES SUFFIXES USUELS

Les suffixes péjoratifs

- Les suffixes péjoratifs ajoutent une valeur dépréciative aux mots :
– *-ard*, *-arde* : nullard, pleurard, richard, politicard, faiblarde ;
– *-âtre* : bellâtre, marâtre, blanchâtre ;
– *-aud*, *-aude* : lourdaud, courtaude ;
– *-asse* : paperasse, vinasse, fadasse ;
– *-iche*, *-ichon*, *-ichonne* : boniche, pâlichon, maigrichonne ;
– *-ailler* : discutailler, criailler ;
– *-asser* : rêvasser, traînasser.

> **À NOTER**
> **Le suffixe *-ard* n'a pas toujours une valeur péjorative**
> – Le suffixe *-ard* n'a plus de valeur péjorative marquée dans : bavard, motard, routard.
> – Il n'en a aucune dans : montagnard, campagnard, savoyard, lombard.
> – La syllabe *-ard* n'est pas un suffixe dans : hussard, retard, étendard, brancard, regard, foulard, hasard.
> **Il ne faut pas confondre les suffixes *-âtre*, *-lâtre* et *-iatre***
> – Il ne faut pas confondre *-âtre* avec *-lâtre* ; dans idolâtre, l'élément *-lâtre* signifie : culte, adoration.
> – Il ne faut pas confondre *-âtre* avec *-iatre* ; le suffixe *-iatre* utilisé pour les spécialités médicales s'écrit sans accent circonflexe : pédiatre, psychiatre, gériatre.

Les suffixes *-isme*, *-iste*

- Les noms et les adjectifs formés avec ces suffixes sont très nombreux.
– Le suffixe *-iste* marque en général la profession ou l'activité.
un journaliste, un garagiste, un fleuriste, un pianiste, un humoriste
Il est souvent utilisé pour la dérivation de sigles.
un cégétiste, un vététiste

COMPRENDRE LA FORMATION DES MOTS ▸ Les suffixes

– Le suffixe *-isme* forme des noms qui signifient « le fait d'être » ce qu'exprime le radical.
civique → civisme ; militant → militantisme ;
dynamique → dynamisme ; héros → héroïsme

● Ces deux suffixes sont souvent utilisés quand il s'agit de désigner une doctrine *(-isme)* ou le partisan d'une doctrine *(-iste)*. Ils peuvent être ajoutés :

– à un nom propre ;
l'épicurisme ; le bouddhisme, un bouddhiste ; le marxisme-léninisme

– à un adjectif ;
le socialisme, un socialiste ; l'idéalisme, un idéaliste

– à un radical latin ;
l'optimisme, un optimiste ; le pessimisme, un pessimiste

– et même à des groupes de mots.
le je-m'en-foutisme, un jusqu'au-boutiste

● Les mots en *-isme* et en *-iste* sont aujourd'hui très répandus. On doit surveiller l'emploi de certains d'entre eux et ne les utiliser que s'il s'agit précisément de désigner une attitude revendiquée ou un choix dont on est partisan. Voici quelques exemples.

Mot	Définition	Erreur à éviter
l'autoritarisme	L'exercice d'une autorité excessive.	Ne pas employer ce mot comme synonyme d'*autorité*.
un militariste	Une personne qui revendique la prépondérance de l'armée dans un pays.	Ne pas employer ce mot comme synonyme de *militaire*.
un séparatiste	Une personne qui revendique l'autonomie par rapport à l'État.	
être alarmiste	Répandre intentionnellement des bruits alarmants.	
l'arrivisme	Le désir d'arriver, de réussir par n'importe quels moyens.	
le féminisme	L'attitude qui réclame pour les femmes un rôle et des droits plus importants dans la société.	Ne pas employer ce mot comme synonyme de *féminité*.

Mot	Définition	Erreur à éviter
un réformiste	Un partisan d'une doctrine qui vise à améliorer la société capitaliste par des réformes.	Ne pas employer ce mot comme synonyme de *réformateur*.
un islamiste	Une personne qui impose le respect strict du Coran et la propagande en faveur de l'islam par tous les moyens.	Ne pas employer ce mot comme synonyme d'*islamique*.
l'égalitarisme	Le système visant à l'égalité absolue en matière politique et sociale.	Ne pas employer ce mot comme synonyme d'*égalité*.
l'activisme	La doctrine qui préconise l'action violente en politique.	Ne pas employer ce mot comme synonyme d'*activité* ou d'*action volontaire*.
l'absentéisme	L'attitude qui se caractérise par des absences fréquentes sans justification.	Ne pas employer ce mot pour une *absence exceptionnelle ou provisoire*.

Les suffixes *-able*, *-ible*

- Les suffixes d'adjectifs, *-able* et *-ible*, signifient « qui peut être », « qui est capable d'être ».
buvable, abordable, navigable, immanquable, inusable, lisible, compréhensible, visible, éligible, (in)corrigible
- Les suffixes de noms, *-abilité* et *-ibilité*, indiquent aussi la possibilité, la capacité. Ils tendent aujourd'hui à se répandre.
l'accessibilité, la lisibilité, la maniabilité, la crédibilité, la faisabilité
- Les suffixes de verbes, *-abiliser* et *-ibiliser*, signifient « rendre possible, capable ».
comptabiliser, imperméabiliser, sensibiliser, responsabiliser, culpabiliser

Les suffixes qui expriment l'action et le résultat de l'action

- Il s'agit par exemple des suffixes :
– *-ement*, *-issement* ;
groupement, approvisionnement, agrandissement, ralentissement, élargissement
– *-age*, *-issage* ;
dressage, pilotage, balayage, pétrissage, remplissage
– *-tion*, *-ation*, *-ition* ;
attribution, inscription, constatation, création, acquisition

COMPRENDRE LA FORMATION DES MOTS ▸ **Les suffixes**

– *-sion* ;
  compréhension, permission
– *-aison*, *-ison* ;
  livraison, guérison
– *-ure*, *-ature*.
  fermeture, filature

● Les suffixes *-age* et *-ement* sont parfois en concurrence dans les dérivés d'un même verbe. Ils expriment tous deux l'action ou son résultat. Mais le suffixe *-age* est le plus souvent employé pour des actions concrètes, le suffixe *-ement* dans un sens abstrait ou figuré.
raffinage (du pétrole, du sucre)
raffinement (une table décorée avec le plus grand raffinement)
Voici quelques exemples.

VERBE	MOTS DÉRIVÉS	EXEMPLES
abattre	l'abattage	L'abattage systématique du troupeau.
	l'abattement	Être dans un état d'abattement profond.
arracher	l'arrachage	L'arrachage d'une dent, des pommes de terre.
	l'arrachement	Ressentir l'exil comme un arrachement.
emballer	l'emballage	Du papier d'emballage.
	l'emballement	Des emballements passionnels, irréfléchis.
régler	le réglage	Le réglage d'un mécanisme, d'une montre, d'un moteur.
	le règlement	Le règlement d'un conflit, d'une dette.

LES DÉRIVÉS À NE PAS CONFONDRE

Un même mot de base peut produire deux noms (ou deux adjectifs) dérivés. Ceux-ci ont un sens très différent selon le suffixe ajouté ou (plus rarement) supprimé. Par exemple :

● le radical latin *cre(d)* (croire) produit deux adjectifs dérivés de sens différent ;
crédule → Le naïf trop crédule se laisse facilement berner.
crédible → Une information peu crédible qui paraît inventée de toutes pièces.

● le verbe *secourir* produit deux noms d'emploi différent.
le secours → Appeler au secours, demander du secours.
le secourisme → Obtenir un brevet de secourisme.

19

● Voici d'autres mots dérivés à ne pas confondre.

Mot de base	Mots dérivés	Exemples
accommoder	une accommodation	Passer de la lumière à l'ombre exige une rapide accommodation.
	un accommodement	Les deux partis ont trouvé un bon accommodement.
adhérer	l'adhérence (sens concret)	Ces pneus ont une bonne adhérence au sol.
	l'adhésion (sens figuré)	Donner son adhésion à un projet.
blanchir	le blanchissage (qui ravive le blanc)	Porter des draps au blanchissage.
	le blanchiment (qui rend intentionnellement blanc ce qui ne l'est pas)	Le blanchiment de l'argent de la drogue.
	le blanchissement (le fait de devenir blanc)	Le blanchissement des cheveux.
brûler	une brûlure	Une brûlure de la peau.
	le brûlage	Le brûlage des terres, des herbes sèches.
cauchemar	cauchemardesque	Un spectacle cauchemardesque (digne d'un cauchemar).
	cauchemardeux	Un sommeil cauchemardeux (où l'on fait des cauchemars).
découper	le découpage	Un album de découpages pour les enfants, le découpage d'un film en plans et séquences.
	la découpure	Une découpure de journal, les découpures de la côte en bord de mer.
doubler	la doublure	Tourner une scène dangereuse sans doublure.
	le doublage	Un mauvais doublage de l'italien en français.
	le doublement	Le doublement de la somme au deuxième tirage.

Vocabulaire

COMPRENDRE LA FORMATION DES MOTS ▸ **Les suffixes**

Mot de base	Mots dérivés	Exemples
estimer	l'estime	Une personne digne d'estime.
	l'estimation	Les premières estimations font état de treize blessés.
étaler	l'étalage	Un vol à l'étalage, faire étalage de ses connaissances.
	l'étalement (dans le temps)	L'étalement des vacances, des départs, des paiements.
fonder	les fondations	Les fondations en béton d'un immeuble.
	les fondements	Les fondements logiques d'un raisonnement, poser les fondements d'un nouvel État.
gonfler	le gonflage	Le gonflage des pneus.
	le gonflement	Le gonflement des joues pour souffler.
gratter	le grattage	Un ticket avec deux chances au grattage.
	le grattement	Un grattement discret se fit entendre à la porte.
indemniser	l'indemnisation	On a décidé l'indemnisation des sinistrés.
	l'indemnité	Il a touché ses indemnités de licenciement.
isoler	l'isolation	Une bonne isolation thermique (contre le froid ou le chaud), phonique (contre le bruit).
	l'isolement	Il faut rencontrer des amis pour rompre son isolement.
mérite	méritant	Un élève méritant.
	méritoire	Un élève qui a fourni des efforts méritoires (ne s'emploie que pour un acte, un comportement).
passer	le passage	Le passage en sixième, le passage à l'acte.
	la passation	La passation d'un contrat, la passation de pouvoirs.

Mot de base	Mots dérivés	Exemples
paver	le pavage	Entreprendre le pavage des trottoirs.
	le pavement	Découvrir un pavement de mosaïques romaines.
prolonger	le prolongement	Dans l'espace : le prolongement de la ligne du TGV. Au sens figuré : les prolongements d'une affaire.
	la prolongation	Dans le temps : demander la prolongation d'un congé. Au pluriel : marquer un but pendant les prolongations.
racler	le raclage	Le raclage des peaux pour les nettoyer.
	le raclement	Un raclement de gorge.
reconduire	la reconduite	Pour une personne : la reconduite des clandestins à la frontière.
	la reconduction	La reconduction d'un bail (le renouvellement).
relever	un relevé	Le relevé des compteurs.
	un relèvement	Le relèvement des taux d'intérêt.
renoncer	le renoncement	Le moine vit dans le renoncement.
	la renonciation	La renonciation au trône d'Angleterre par Edouard VIII.
rétracter	la rétraction	La rétraction d'un muscle.
	la rétractation	La rétractation d'un témoin qui revient sur ses déclarations.
signaler	le signalement	Faire un signalement à l'inspection académique, diffuser le signalement d'un braqueur de banques.
	la signalisation	Les panneaux, les feux de signalisation.
tenter	la tentation	Succomber à la tentation, la tentation du luxe.
	une tentative	Réussir après deux tentatives, une tentative d'effraction.

VOCABULAIRE

COMPRENDRE LA FORMATION DES MOTS ▸ Les suffixes

MOT DE BASE	MOTS DÉRIVÉS	EXEMPLES
valide	la validité	Le billet a une durée de validité de trois mois.
	la validation	Il faut attendre la validation de l'élection.
varier	une variante	C'est le même texte, à quelques variantes près.
	la variation	Des variations de température, d'humeur.
	la variété	Une grande variété de sujets, cultiver plusieurs variétés de pommes.

VALIDATION EXPRESS

LES MOTS SUIVANTS PRODUISENT DEUX DÉRIVÉS DE SENS DIFFÉRENT. AJOUTEZ AU SECOND LE SUFFIXE QUI CONVIENT.

1 Attacher → un port d'attache / l'(attach…) profond qui unit un frère et une sœur.
2 Code → Le message secret était codé. / La navigation fluviale est strictement (cod…).
3 Rebondir → les rebonds d'un ballon / les (rebond…) d'une affaire.
4 Brouiller → une brouille familiale / le (brouill…) des émissions de radio.
5 Procéder → un procédé de fabrication / une (procéd…) de divorce.
6 Arriver → l'arrivée des passagers / un (arriv…) de tomates sur le marché de Rungis.
7 Machine → inspecter la machinerie d'un navire / une (machin…) déloyale.
8 Conforme → un handicap dû à une mauvaise conformation du squelette / se mettre en (conform…) avec le règlement.

CORRIGÉ
1 attachement – 2 codifiée – 3 rebondissements – 4 brouillage – 5 procédure – 6 arrivage – 7 machination – 8 conformité

3 Les principaux radicaux d'origine latine

▶ Le vocabulaire français est constitué pour 80 % de mots d'origine latine. Bien sûr, on reconnaît difficilement dans les mots *eau* et *évier* le mot latin *aqua*... Le temps et l'évolution phonétique l'ont sérieusement déformé. Cependant, ce radical est parfaitement repérable dans *aqueux* et *aqueduc*.

▶ Ces mots ont été forgés d'après le latin classique par les lettrés des XIVe, XVe et XVIe siècles.

LES RADICAUX EN *A*

alter(n), *altrui*, du latin *alter* (autre)
alteration : le fait de rendre autre, le changement, la dégradation
alterité : le fait de se ressentir comme autre
altercation : dispute entre deux personnes
alternative : choix entre l'un et l'autre
alternance : succession de l'un et de l'autre
altruisme : disposition à se dévouer aux autres ; contraire : égoïsme
alter ego (expression latine) : un autre moi-même

> **À NOTER**
> Il ne faut pas confondre le radical *alter(n)* avec le radical *alt(i)* (haut).
> altitude, altimètre, altiport, altier (hautain).

ambul, du latin *ambulare* (marcher, se promener)
ambulant : qui marche, qui se déplace
ambulance : autrefois, hôpital mobile
dé**ambul**er : marcher, se promener sans but
dé**ambul**ateur : cadre léger sur lequel on peut s'appuyer pour marcher
fun**ambul**e : qui marche sur une corde
somn**ambul**e : qui marche pendant son sommeil
noct**ambul**e : qui se divertit la nuit
pré**ambul**e : qui vient devant ; d'où : texte précédant un discours ou un écrit

COMPRENDRE LA FORMATION DES MOTS ▸ Les radicaux d'origine latine

- *anim*, du latin *anima* (souffle, vie, âme)
animer : douer de vie et de mouvement
in**anim**é : qui est sans mouvement ou sans vie
animal : être vivant doué de sensibilité et de mouvement
animisme : croyance qui consiste à attribuer une âme aux choses, à la nature
magn**anim**e : qui a l'âme grande ; d'où : généreux
pusill**anim**e : qui a l'âme toute petite ; d'où : craintif, lâche
un**anim**e : qui s'exprime d'une seule âme ; d'où : qui ont une seule et même opinion

Il existe d'autres radicaux importants en *a*.

- *alb*, *aub* (blanc)
albâtre, albumine, albatros, albinos
album (autrefois, cahier de pages blanches)
aube, aubépine

- *aqu(a)* (eau)
aqueux, aqueduc, aquatique, aquarelle, aquaculture, aquarium

- *aud(i)* (entendre)
(in)audible, audience, auditeur, audition, auditoire et tous les mots composés de *audio*

LES RADICAUX EN *B*

- *bell(ic)*, du latin *bellum* (guerre)
belliqueux : prompt à faire la guerre
belligérant : qui fait la guerre
belliciste : partisan de la guerre
re**bell**e : qui recommence la guerre, qui se soulève

- *bén(é)*, du latin *bene* (bien)
bénir : prononcer des bonnes paroles ; d'où : protéger ou louer
bénin : à l'origine, bienveillant ; d'où : inoffensif
bénédiction : grâce, faveur
bénéfice : bienfait ; d'où : avantage, gain
bénévole : qui veut le bien, bienveillant ; d'où : désintéressé
benêt : simple d'esprit (considéré comme « béni de Dieu »)

- *bi*, *bin*, *bis* (deux fois)
bipède, **bi**céphale, **bi**lingue, **bi**game, **bi**cyclette, **bi**colore, **bi**place
bihebdomadaire : qui paraît deux fois par semaine
bimensuel : qui paraît deux fois par mois
biennale : manifestation qui a lieu tous les deux ans

binaire : composé de deux unités
biscuit : à l'origine, pain cuit deux fois
bisannuel : qui revient tous les deux ans

> **À NOTER**
> Il ne faut pas confondre le radical *bi (bin, bis)* avec le radical d'origine grecque *bi(o)* (vie).
> biologie, amphibie

LES RADICAUX EN *C*

- *capit*, du latin *caput*, *capitis* (tête)
capital(e) : qui est le plus important ; lettre capitale (majuscule) ; ville qui est une capitale
capitaine : qui vient en tête d'une compagnie, d'un escadron
capiteux : qui monte à la tête comme un vin, un parfum
dé**capit**er : trancher la tête
cap (par le provençal) : promontoire
capitonner (par l'italien) : rembourrer (*capiton* signifie « grosse tête »)
On trouve aussi ce radical sous la forme *capitul* (tête de chapitre).
capituler : établir les articles d'un traité, de reddition par exemple
ré**capitul**er : revoir les articles d'un traité

- *carn*, *carni*, du latin *caro*, *carnis* (chair, viande)
carnassier : qui se nourrit de chair crue
carnage : massacre de chairs vivantes
carné : composé de viandes
carnation : couleur de la peau, de la chair d'une personne
carnivore : qui se nourrit de chair
in**carn**é : qui prend chair ; qui représente sous une forme matérielle
désin**carn**é : sans réalité charnelle
carnaval (de l'italien *carne levare*) : supprimer la viande, puisque après le carnaval commence la période de jeûne du Carême

Il existe d'autres radicaux importants en *c*.

- *cide* (meurtre)
herbi**cide**, fongi**cide**, insecti**cide**, pesti**cide**, homi**cide**, géno**cide**, infanti**cide**, fratri**cide**, parri**cide**, régi**cide**, sui**cide**, truci**der**

> **À NOTER**
> Il ne faut pas confondre le radical *cide* avec le radical *cid* de *cadere* (tomber, arriver).
> ac**cid**ent, in**cid**ent, coïn**cid**er, Oc**cid**ent

26 VOCABULAIRE

COMPRENDRE LA FORMATION DES MOTS ▸ Les radicaux d'origine latine

- *circon*, *circ(ul)*, *circu* (autour de, cercle)
  circonférence, circonscrire, circonspect, circonstance, circonvenir, circulaire, circulation, circuit

- *cré(d)* (croire, avoir confiance)
  créance, mécréant, crédible, crédule, crédit

- *cur* (soin, souci)
  cure, curatif, curiosité, manucure, pédicure, procuration, incurie

LES RADICAUX EN *D* ET *E*

- *doc(t)*, du latin *doctum* (instruire)
  document : ce qui instruit ; **doc**umentaire, **doc**umenté, **doc**umentaliste
  docte : savant
  docteur : à l'origine, celui qui enseigne
  doctrine : enseignement

- *dom*, du latin *domus* (maison)
  domestique : de la maison ; employé de maison
  domicile : maison où l'on habite
  domaine : maison du maître ; d'où : propriété
  domotique : gestion automatisée d'une maison
  major**dom**e : chef des domestiques ; maître d'hôtel

- *equ(i)*, du latin *aequus* (égal, uni)
  équation : formule d'égalité
  équateur : ligne imaginaire qui partage la Terre en deux parties égales
  équidistant : à égale distance
  équilatéral : dont les côtés sont égaux
  équilibre : égalité des poids sur une balance
  équinoxe : période de l'année où la durée du jour et celle de la nuit sont égales
  équitable : qui donne à tous une part égale
  équivalent : de valeur égale
  équivoque : à double sens
  pér**équ**ation : répartition égale
  ad**équ**at : qui convient bien
  ex aequo (expression latine) : à égalité

> **À NOTER**
> Il ne faut pas confondre le radical *equ(i)* avec le radical *équ* (cheval).
> équestre, équitation

Il existe un autre radical important en *e*.

- ***ego*** (moi)
  égoïsme, **ég**ocentrisme
  alt**er** **ego** (expression latine) : un autre moi-même

LES RADICAUX EN *F*

- ***fi(d)***, du latin *fides* (foi, confiance)
  se **fi**er : accorder sa confiance
  fiable : digne de confiance
  fiancé(e) : engagé(e) par une promesse de mariage
  se mé**fi**er : ne pas faire confiance
  se dé**fi**er : avoir peu de confiance en quelqu'un ou quelque chose
  (se) con**fi**er : s'en remettre, communiquer en toute confiance
  fidèle : qui respecte la foi donnée
  con**fid**ent : celui qui a la confiance de celui qui lui communique ses pensées
  per**fid**e : qui trahit la confiance donnée

- ***frac(t)***, ***frag***, du latin *frangere* (casser, briser)
  fracture : cassure d'un os ou de l'écorce terrestre
  fraction : une partie d'une totalité (une fraction de seconde)
  ef**frac**tion : bris de clôture
  in**frac**tion : en rupture avec la loi
  fragile : cassable
  fragment : morceau d'une chose qui a été brisée
  nau**frag**e : le fait de couler, pour un navire

- ***fug***, du latin *fugere* (fuir)
  fugue : action de s'enfuir
  fugitif : qui s'enfuit
  fugace : qui fuit, qui ne dure pas
  centri**fug**e : qui fuit le centre ; qui s'éloigne du centre
  subter**fug**e : fuite par en dessous ; d'où : moyen détourné, ruse
  trans**fug**e : qui s'échappe en passant de l'autre côté ; d'où : déserteur, dissident

  fug (dans le sens de *faire fuir*)
  fébri**fug**e, calori**fug**e, vermi**fug**e : qui repousse la fièvre, la chaleur, les vers
  igni**fug**é : qui repousse le feu ; d'où : ininflammable

LES RADICAUX EN *H* ET *J*

- ***hum***, du latin *humus* (terre)
  humus : la terre végétale, le terreau

COMPRENDRE LA FORMATION DES MOTS ▸ Les radicaux d'origine latine

in**hum**er : mettre en terre ; d'où : ensevelir
ex**hum**er : retirer de la terre
trans**hum**er : changer de terre, de pâturage, pour les troupeaux
humble, **hum**ilier, **hum**ilité (au sens figuré de *bas, près de la terre*)

> **À NOTER**
> Il ne faut pas confondre le radical *hum* avec le radical *hum* (humain).
> inhumain, surhumain

- *ject*, du latin *jacere* (jeter)
in**ject**er : jeter à l'intérieur, introduire
dé**ject**ion : ce qui est rejeté à l'extérieur ; d'où : excréments
é**ject**er : rejeter en dehors
pro**ject**ile : objet lancé contre quelqu'un ou quelque chose
tra**ject**oire : ligne décrite par un projectile
pro**ject**ion : ce qui est lancé en avant
pro**ject**eur : appareil servant à projeter un faisceau lumineux ou des images
ab**ject** : jeté à bas ; d'où : digne de mépris
con**ject**ure : éléments jetés ensemble qui permettent de se faire une idée ; d'où : hypothèse
ob**ject**er : placer devant pour opposer
inter**ject**ion : mot projeté dans le discours ; d'où : exclamation
ad**ject**if : mot placé pour s'ajouter

LES RADICAUX EN *L*

- *lég(is)*, du latin *lex, legis* (loi)
légal : conforme à la loi
légiférer : faire des lois
légitime : qui est fondé en droit
légiste : spécialiste des lois (médecin légiste : chargé légalement des expertises)
législateur, **légis**latif : qui fait les lois
privi**lèg**e : loi concernant un particulier ; d'où : avantage
léguer : céder par testament
al**lég**uer : invoquer [une loi] pour se justifier
dé**lég**uer : charger d'une fonction, d'un pouvoir
re**lég**uer : exiler, écarter [en vertu d'une loi]

- *loqu, locu*, du latin *loqui* (parler)
loquace : qui parle volontiers
é**loqu**ent : qui parle bien
grandi**loqu**ent : qui parle en utilisant de grands mots ; d'où : pompeux

inter**loqu**é : interrompu ; d'où : décontenancé
col**loque** : parole échangée à plusieurs ; d'où : réunion, débat
soli**loque** : discours de celui qui se parle à lui-même
ventri**loque** : personne qui parle sans remuer les lèvres d'une voix venue du ventre
locuteur : celui qui parle
locution : groupe de mots
al**locu**tion : bref discours adressé à un public
inter**locu**teur : personne avec qui l'on parle
é**locu**tion : manière de prononcer oralement
circon**locu**tion : parole qui tourne autour du sujet

Il existe d'autres radicaux importants en *l*.

lab(or) (travail)
labeur, laborieux, laboratoire, collaborer, élaborer

llg (lier, unir)
ligament, ligature, ligoter, ligue, obliger, désobliger, religion

LES RADICAUX EN *M*

man, *mani*, *manu*, du latin *manus* (main)
manette : levier que l'on manœuvre à la main
manœuvre (un) : travailleur manuel, ouvrier
manœuvre (une) : action faite [à la main] pour assurer le fonctionnement
manier : avoir en main
manutention : manipulation et déplacement de marchandises
manuel : qui se fait avec la main
manuel (un) : un ouvrage de format maniable
manufacture : autrefois, usine utilisant surtout le travail à la main
manuscrit : écrit à la main
manucure : personne chargée du soin des mains, des ongles

> **À NOTER**
> Il ne faut pas confondre le radical *man* (*mani, manu*) avec le radical grec *man(ia)* (folie).
> manie, pyromane, cleptomane

méd(i), du latin *medius* (au milieu)
médian : placé au milieu
médiane : droite qui joint le sommet d'un triangle au milieu du côté opposé
médiateur : personne qui tient le milieu entre deux adversaires et les aide à trouver un accord
médium : qui prétend servir d'intermédiaire entre les vivants et les morts

Comprendre la formation des mots ▸ Les radicaux d'origine latine

médius : doigt du milieu de la main
Méditerranée : mer située au milieu des terres
médiéval : qui concerne le Moyen Âge (mot forgé au XIXe siècle)
inter**médi**aire : qui tient le milieu entre deux personnes ou deux groupes
inter**mèd**e : divertissement entre deux parties d'un spectacle
im**médi**at : qui se fait sans intermédiaire ; d'où : sans délai
(mass) media (par l'américain) : moyen de communication de masse

Il existe d'autres radicaux importants en *m*.

- *mag*, *maj*, *maxim* (grand, plus grand, le plus grand)
magnat, magnifier, magnifique, magnitude, magnanime, magnum,
majorer, majorité, majordome, majesté, majuscule,
maximum, maxime (du latin *maxima sententia* ; phrase, formule essentielle)

- *mir* (regarder attentivement ou avec étonnement)
mirer, (le point de) mire, miroir, mirage, miracle, admirer,
mirador (par l'espagnol *mirar* ; construction surélevée permettant de voir)

LES RADICAUX EN *N* ET *O*

- *nov*, *novo*, du latin *novus* (nouveau)
novateur : qui apporte du nouveau
novice : débutant, qui est nouveau dans une discipline
noviciat : situation d'un nouveau membre d'une communauté religieuse avant les vœux définitifs
in**nov**er : faire des choses nouvelles
ré**nov**er : remettre à neuf
nova (de *stella nova*) : étoile nouvelle
novotique : techniques et phénomènes économiques liés à l'informatique
novocaïne : « nouveau » composé synthétique de cocaïne utilisé en médecine

- *ol(é)*, du latin *oleum* (huile)
olive, **ol**ivier : du latin *olea*, qui est à l'origine de *oleum*
oléagineux : plante qui fournit de l'huile (colza, arachide…)
pétr**ol**e : du latin *petra* (pierre) + *oleum* ; huile minérale
oléoduc : conduite de pétrole
lan**ol**ine : crème extraite du suint de la laine de mouton
lin**olé**um : revêtement imperméable à base d'huile de lin

> **À NOTER**
> Il ne faut pas confondre le radical *ol(é)* avec le radical grec *olig(o)* (petit nombre).
> oligoélément, oligarchie

Il existe d'autres radicaux importants en *n* et *o*.
- *nomin* (nom)
nominal, nominatif, dénominatif, dénominateur
ignominie (perte de son nom ; d'où : déshonneur)
- *numér* (nombre)
numéral, numéro, numéroter, numérique, énumérer, surnuméraire
- *ocul*, *ocl* (œil)
oculaire, oculiste, monocle, binocle
- *omni* (tout)
omnivore, omniscient, omnipotent, omniprésent, omnisports
- *op(er)* (travail, œuvre)
opus, opuscule, opéra
opérer, opérateur, opération, coopérer

LES RADICAUX EN *P* ET *R*

- *ped(i)*, du latin *pes*, *pedis* (pied)
pédestre : qui se fait à pied
pédaler : actionner avec les pieds
pédoncule : petit pied ; d'où : queue d'une fleur, d'un fruit
pédicure : personne qui soigne les pieds
pédiluve : petit bassin pour le lavage des pieds ou la désinfection
bi**pèd**e, quadru**pèd**e : animal à deux, à quatre pieds
palmi**pèd**e : oiseau dont les pieds sont palmés
véloci**pèd**e : moyen de locomotion actionné par des pédales
(du latin *velox* : rapide)

> **À NOTER**
> Il ne faut pas confondre le radical *ped* avec le radical grec *ped(o)* (enfant).
> pédiatre, pédagogue, pédophile

- *rupt*, du latin *rumpere* (rompre, briser)
rupture : le fait de rompre ou de se rompre
ab**rupt** : brisé net
é**rupt**ion : action de sortir brusquement en brisant
ir**rupt**ion : action d'entrer brusquement en brisant
inter**rupt**ion : le fait de rompre dans sa continuité
cor**rupt**ion : action de gâter ou de détruire ce qui était sain
ex abrupto (expression latine) : brusquement, sans préambule

VOCABULAIRE

COMPRENDRE LA FORMATION DES MOTS ▸ Les radicaux d'origine latine

Il existe d'autres radicaux importants en *p* et *r*.

- *pondér* (poids)
  pondéral, impondérable, pondéré, pondération, prépondérant

- *radi* (rayon lumineux)
  radiation, radial, radiant, radiateur, radieux, irradier
  Dans le sens de radiation, le radical *radio* apparaît dans les mots :
  radioactif, radiographie, radiologue, radioscopie où il désigne les rayons X.
  Dans le sens d'ondes (sonores), il apparaît dans :
  radiodiffusion, radiophonique

- *retro* : en arrière
  rétrograder, rétroviseur, rétroactif, rétrospectif

  > À NOTER
  > Tous les mots composés du radical *retro* s'écrivent en un seul mot.
  > Dans *rétrovirus*, *rétro* résulte de l'abréviation des mots américains
  > *re(verse) tr(anscriptase)* + *o*.

LES RADICAUX EN *S*

- *scri(pt)*, du latin *scriptum* de *scribere* (écrire)
  scribe : dans l'Antiquité, personne qui écrivait les textes officiels
  inscrire : écrire sur
  prescrire : écrire en tête ; d'où : recommander
  proscrire : afficher, écrire le nom d'un condamné ; d'où : bannir
  souscrire : écrire son nom sous ; d'où : accepter un projet
  transcrire : écrire dans une autre langue
  circonscrire : tracer un cercle autour ; d'où : limiter
  manuscrit : écrit à la main
  description : action de représenter
  conscription : le fait d'écrire sur une liste, d'enrôler
  script (par l'anglais) : type d'écriture ou scénario de film

- *séqu*, *séc(u)*, du latin *sequi* (suivre)
  séquence : suite ordonnée de mots, de phrases, ou de plans au cinéma
  séquelles : suites d'une maladie
  conséquence : effet, résultat qu'une action entraîne à sa suite
  second : qui suit le premier, qui vient après
  secte : groupe de personnes qui suivent la même doctrine
  consécutif : qui résulte, qui se suit dans le temps
  persécuter : poursuivre ; d'où : opprimer, traiter avec cruauté

> **À NOTER**
> Il ne faut pas confondre le radical *séqu, séc(u)* avec le radical *séqu, sec(t)* (couper) : disséquer, section

- ***spec(t)*, *specul***, du latin *spectare* (regarder, observer)
  spectacle : tableau qui s'offre au regard
  spectateur : celui qui regarde
  spectre : apparition d'un mort
  in**spect**er : examiner, surveiller
  per**spect**ive : représentation des objets sur une surface plane en fonction de leur position par rapport à l'observateur
  intro**spect**ion : regard vers l'intérieur ; d'où : observation de soi-même
  rétro**spect**if : qui regarde en arrière, qui concerne le passé
  pro**spect**if : qui regarde plus loin, qui concerne l'avenir
  pro**spect**us : au XVIIIe siècle, brochure imprimée qui annonce le plan d'un ouvrage ; aujourd'hui, annonce publicitaire
  a**spect** : qui se présente d'abord à la vue
  su**spect** : qui est regardé de bas en haut ; d'où : qui est soupçonné
  circon**spect** : qui regarde tout autour ; d'où : qui est prudent, réfléchi
  spéculer : se livrer à des réflexions, à des opérations financières
  spéculaire : relatif au miroir

Il existe un autre radical important en *s*.

- ***sati(s)*, *satur*, *sas*** (assez)
  satiété, insatiable, (in)satisfait, saturé, rassasié

LES RADICAUX EN *T* ET *V*

- ***tempor***, du latin *tempus, temporis* (temps)
  temporaire : qui ne dure qu'un temps limité
  temporel : qui est du domaine des choses et du temps qui passe (opposé à *spirituel* et à *éternel*) ; qui situe dans le temps (opposé à *spatial*)
  in**tempor**el : qui n'est pas soumis au temps
  temporalité : qui concerne le temps dans sa durée
  temporiser : retarder une action, gagner du temps
  con**tempor**ain : qui est de la même époque ; qui se produit en même temps que quelque chose d'autre ; qui appartient au temps présent

- ***vis(u)***, du latin *visus* (vue, aspect) ; de *videre* (voir)
  visible : qui peut être vu
  vision : action de voir ou chose vue
  visage : aspect de la face
  visière : pièce de casque qui couvre le haut du visage

VOCABULAIRE

COMPRENDRE LA FORMATION DES MOTS ▸ Les radicaux d'origine latine

viser : regarder attentivement
visiter : aller voir souvent
visa : pièces écrites qui ont été vues, vérifiées
visuel : relatif à la vue
pré**vis**ion : vision à l'avance
impro**vis**é : qui n'a pas été préparé
ré**vis**er : revenir voir, revoir
pro**vis**ion : à quoi l'on « pourvoit », à quoi l'on veille
pro**vis**eur : celui qui prévoit et qui pourvoit
pro**vis**oire : à quoi l'on « pourvoit » en attendant
télé**vis**ion : appareil de transmission d'images à distance
vis-à-**vis** : visage à visage ; d'où : face à face
super**vis**er (par l'anglais) : voir par-dessus
de visu (expression latine) : l'ayant vu, constaté

🔴 *voc, voq*, du latin *vocare* (appeler)
vocal : de la voix
vocable : appellation, mot
vocabulaire : ensemble des mots d'une langue
vocatif : dans une déclinaison, latine, allemande..., le cas utilisé pour s'adresser à quelqu'un
vocation : mouvement de celui qui se sent appelé à une mission
vociférer : faire porter sa voix ; d'où : parler en criant
a**voc**at : celui qui est appelé à l'aide, pour défendre en justice
é**voqu**er : appeler au dehors ; d'où : faire apparaître à l'esprit, au souvenir
in**voqu**er : appeler dedans ; d'où : faire appel, avoir recours à
con**voqu**er : appeler à se réunir
pro**voqu**er : appeler dehors ou devant pour défier
ré**voqu**er : rappeler ; d'où : destituer quelqu'un ou annuler
équi**voqu**e : qui dit deux choses ; d'où : à double sens
irré**voc**able : qu'on ne peut pas rappeler, sur quoi on ne peut pas revenir
vocalise : emprunté au radical *vocalis* (voyelle), dérivé de *vox, vocis* (voix)

Il existe d'autres radicaux importants en *v*.

🔴 *vér(i)* (vrai)
vérité, véracité, verdict, vérifier, véridique, véritable, s'avérer

🔴 *vor* (manger)
vorace, dévorer, carnivore, herbivore, insectivore, omnivore
Le radical *vor* est employé dans la formation de néologismes modernes au sens figuré : qui consomme excessivement.
énergivore, budgétivore

🔴 *vulg* (la foule, le commun des hommes)
vulgaire, vulgariser, vulgate, divulguer

4 Les principaux radicaux d'origine grecque

▶ Des mots aussi modernes que *biométrie* ou *homophobie* sont antiques puisqu'ils sont composés de radicaux calqués sur des mots du grec ancien.

▶ Le français compte environ 10 000 mots empruntés au grec. Chaque époque a fabriqué les siens au gré des besoins : *encyclopédique* au XVIIIe siècle, *cinématographe* à la fin du XIXe siècle, *génocide* et *trithérapie* aux XXe et XXIe siècles.

LES RADICAUX EN *A*

● *agog*, du grec *agôgê* (action de guider, conduire, diriger)
péd**agog**ie, péd**agog**ue : qui conduit, instruit l'enfant
dém**agog**ie, dém**agog**ue : qui exploite et flatte les sentiments du peuple pour le conduire où il veut
syn**agog**ue : littéralement, où l'on va ensemble ; lieu de culte israélite

● *alg(o)*, du grec *algos* (douleur)
an**alg**ésique (*an-* : préfixe privatif) : qui supprime la sensibilité à la douleur
ant**alg**ique : contre la douleur
névr**alg**ie : douleur d'un nerf sensitif
nost**alg**ie (du grec *nostos* : retour) : le regret du pays natal

● *anthrop(o)*, du grec *anthrôpos* (l'homme, l'être humain)
anthropocentrisme : théorie qui fait de l'homme le centre du monde
anthropologie : science qui étudie l'être humain en société
anthropomorphe : qui a la forme, l'apparence d'un être humain
anthropophage : qui mange la chair humaine
phil**anthrop**e : qui aime les êtres humains et leur vient en aide
mis**anthrop**e : qui hait le genre humain et le fuit

● *arch*, du grec *arkhein* (commander)
mon**arch**ie : gouvernement d'un seul
an**arch**ie (*an-* : préfixe privatif) : absence de gouvernement
olig**arch**ie : gouvernement de quelques-uns, privilégiés
hiér**arch**ie : à l'origine, le gouvernement sacré des anges ; d'où : organisation du plus petit au plus grand

Comprendre la formation des mots ▸ Les radicaux d'origine grecque

> **À NOTER**
> • **Le radical *arch* exprime le plus haut degré**
> On retrouve le radical *arch* dans les titres, religieux ou politiques, qui expriment le plus haut degré.
> archange, patriarche, archevêque, archiduc...
> Dans tous les mots cités, *arch* se prononce [aʀʃ], sauf dans *archange* [aʀk].
> • **Il ne faut pas le confondre avec le radical *arch* (ancien)**
> Ce radical *arch*, du grec *arkaios* (ancien), apparaît dans :
> archéologie, archaïque, archives...

▸ ***aut(o)***, du grec *autos* (soi-même)
autisme : repliement sur soi
autonomie : libre disposition de soi-même
autobiographie : récit de sa propre vie
autographe : qui est écrit par la personne elle-même
automate : qui se meut par soi-même
autodidacte : qui s'instruit par lui-même
automobile : qui est mu par sa propre énergie
autoportrait, **auto**défense, **auto**critique, **auto**détermination...
(composés modernes)

> **À NOTER**
> Il ne faut pas confondre le radical *aut(o)* avec *auto*, forme abrégée d'auto(mobile), qui apparaît dans :
> autobus, auto-école, auto-stop, autoroute, automitrailleuse...

Il existe d'autres radicaux importants en *a*.

▸ ***aer(o)*** (air)
aérer, aérien, aéronautique, aéroport

▸ ***amph(i)*** (deux, autour)
amphore, amphibie, amphithéâtre

▸ ***andr(o)*** (humain masculin)
androïde, androgyne, polyandrie, scaphandre (littéralement : homme-barque)

▸ ***ant(i)*** (exprime l'opposition)
antagoniste, antarctique, antibiotique, antidote, anticonformiste ; anticlérical, antiesclavagiste, antisémite... (mots dans lesquels le radical signifie *contre* ou *hostile à*)

LES RADICAUX EN *B*

- *bi(o)*, du grec *bios* (vie) ; prend aussi la forme *bi* ou *be*
  biographie : récit de la vie d'une personne
  biologie : étude du vivant
  biotope : milieu biologique déterminé
  biométrie : qui traduit en données numériques les caractéristiques physiques
  biodégradable : qui se dégrade sous l'effet d'organismes vivants
  biodiversité, **bio**carburants… (composés modernes)
  biopsie : prélèvement d'un fragment de tissu vivant
  amphi**bie** : qui peut vivre dans deux éléments, la terre et l'eau par exemple
  micro**be** : très petit être vivant

  Il existe un autre radical important en *b*.

- *biblio* (livre)
  bibliothèque, **biblio**graphie, **biblio**phile

LES RADICAUX EN *C*

- *chron(o)*, du grec *khrônos* (le temps)
  chronique (maladie) : qui se répète dans le temps
  syn**chron**e : qui se produit dans le même temps
  ana**chron**isme : confusion entre ce qui appartient à une époque et ce qui appartient à une autre
  chronologie : ordre de succession des événements dans le temps
  chronomètre : instrument de mesure du temps

  > **À NOTER**
  > *Chrono* se prononce [kR].

- *crat*, du grec *kratos* (puissance) ; *kratein* (gouverner)
  aristo**crat**ie : gouvernement des « meilleurs »
  démo**crat**ie : gouvernement du peuple
  auto**crat**e : qui gouverne seul sans contrôle
  théo**crat**ie : gouvernement exercé par les autorités religieuses
  plouto**crat**ie : gouvernement exercé par les plus fortunés
  bureau**crat**e, techno**crat**e, phallo**crat**e, mérito**crat**ie… (composés modernes)

  Il existe d'autres radicaux importants en *c*.

- *call(i)* (beau)
  calligraphie, **calli**gramme

COMPRENDRE LA FORMATION DES MOTS ▸ **Les radicaux d'origine grecque**

- *céphal(o)* (tête)
  céphalée, céphalopode, bicéphale, encéphalogramme

- *chir(o)* (main)
  chirurgie
  chiropracteur, chiromancie (lecture des lignes de la main) ; dans les deux mots, *chi* se prononce [ki]

- *cycl(o)* (cercle)
  cyclique, cyclone, hémicycle, bicyclette

LES RADICAUX EN *D* ET *E*

- *dém(o)*, du grec *démos* (peuple)
  démagogue : qui conduit le peuple où il veut en flattant ses instincts
  démocratie : gouvernement exercé par le peuple
  démographie : étude statistique des populations humaines
  épi**dém**ie : maladie infectieuse qui frappe une population en même temps dans une même région
  en**dém**ique (maladie) : qui sévit en permanence dans une population

  Il existe deux autres radicaux importants en *e*.

- *ethn(o)* (peuple, race)
  ethnie, ethnocentrisme, ethnologue, pluriethnique

- *eu* (bien, agréablement)
  euphonie, euphémisme, euphorie, euthanasie

LES RADICAUX EN *G*

- *graph(o)*, du grec *graphein* (écrire)
  graphologie : étude des écritures individuelles
  graphisme : caractère particulier d'une écriture
  auto**graphe** : écrit de la main même de la personne
  ortho**graphe** : façon d'écrire correcte
  photo**graph**ie : procédé qui « inscrit » une image par le moyen de la lumière

  Il existe d'autres radicaux importants en *g*.

- *gastr(o)*, *gaster* (ventre)
  gastrique, gastronome, gastroentérite, gastéropode, épigastre

- *géo*, *gée* (Terre)
  géographie, géologie, géométrie, hypogée,
  apogée (le point le plus éloigné de la Terre)

- *gramm* (lettre, trait)
  grammaire, anagramme, calligramme, idéogramme, pictogramme, télégramme

- *gyn(e)* (femme) ; prend aussi la forme *gynéc(o)*
  gynécée, androgyne, misogyne, gynécologue

LES RADICAUX EN *H*

- *hémo*, du grec *haima* (sang) ; prend aussi la forme *hémat(o)* et *ém*
  hémorragie : fuite du sang hors d'un vaisseau sanguin
  hémophile : qui souffre d'hémorragies prolongées par défaut de coagulation
  hématome : accumulation de sang dans la peau ; un bleu
  an**ém**ie : diminution du nombre de globules rouges
  leuc**ém**ie : prolifération de leucocytes – globules blancs – dans le sang
  glyc**ém**ie : présence de sucre dans le sang
  septic**ém**ie : présence de microbes dans le sang

- *homo*, du grec *homos* (semblable) ; prend aussi la forme *homéo* (sens contraire : *hétéro*)
  homogène : dont les éléments constitutifs sont de même nature
  homologue : équivalent
  homosexuel : qui éprouve une attirance sexuelle pour les personnes de son sexe
  homozygote : (jumeaux) provenant du même œuf
  homonymes : mots de prononciation identique
  homéopathie : traitement de la maladie par une maladie semblable

  Il existe d'autres radicaux importants en *h*.

- *hémi* (demi)
  hémicycle, hémisphère, hémiplégie

- *hipp(o)* (cheval)
  hippisme, hippodrome, hippopotame, hippocampe, Philippe (qui aime les chevaux)

- *hydr(o)* (eau)
  hydraulique, (dés)hydraté, hydravion, hydrogène, hydrophile

- *hyper* (au-dessus, au plus haut degré)
  hypertrophie, hyperbole, hypertension, hyperactif

- *hypo* (sous, au-dessous)
  hypothèse, hypogée, hypocrisie, hypodermique, hypothermie

COMPRENDRE LA FORMATION DES MOTS ▸ Les radicaux d'origine grecque

LES RADICAUX EN *L*

lith(o), du grec *lithos* (pierre)
lithographie : reproduction par impression sur une pierre calcaire
lithiase : maladie de la « pierre » ; d'où : calculs rénaux
monolithe : d'un seul bloc de pierre
aérolithe : météorite formée de roches
mégalithe : monument d'une seule pierre dressée de grande dimension
néolithique : période la plus récente de l'âge de pierre
paléolithique : période la plus ancienne de la pierre taillée

log(o), du grec *logos* (parole, discours)
logorrhée : discours qui s'écoule, comme le sang
monologue : discours d'une personne seule
dialogue : discours entre deux personnes
prologue : discours placé avant
épilogue : discours placé à la fin
catalogue : texte qui se lit du haut en bas (d'un rouleau)
mythologie : ensemble de récits légendaires
anthropologie, archéologie, biologie, géologie… (tous les mots désignant une étude, une spécialité, une discipline)

LES RADICAUX EN *M* ET *N*

man, du grec *mania* (folie)
manie : domination de l'esprit par une idée fixe
maniaque : qui est habité par une obsession ou excessivement attaché à des habitudes
mélomane : qui a une connaissance passionnée de la musique
mégalomane : qui a la folie des grandeurs
pyromane, cleptomane (ou kleptomane), mythomane : qui obéit à l'impulsion incontrôlée d'allumer des incendies, de voler, de tenir des propos mensongers
toxicomane, opiomane, morphinomane : qui est dominé par le besoin et l'usage des drogues, de l'opium, de la morphine

morph(o), du grec *morphê* (forme harmonieuse)
morphologie : étude de la forme et de la structure d'un organisme vivant ou d'un mot
polymorphe : qui se présente sous des formes différentes
amorphe (*a* : préfixe privatif) : sans forme ; d'où : sans réaction
anthropomorphe : qui a la forme, l'apparence d'un être humain
métamorphose : changement de forme, transformation

ana**morph**ose : effet d'optique qui produit le changement de forme d'une image

> **À NOTER**
> Le mot *morphine* vient du nom de Morphée, dieu grec du sommeil.

Il existe d'autres radicaux importants en *m* et *n*.

- *méga(lo)* (très grand)
  mégalithe, mégapole, mégalomane
- *mél(o)* (musique)
  mélodie, mélomane, mélodrame, mélopée
- *micro* (petit)
  microbe, microscope, microcosme, microchirurgie, microclimat
- *mis(o)* (qui déteste)
  misanthrope, misogyne
- *mon(o)* (un seul)
  monarchie, monocle, monologue, monotone, monothéisme, monoparental
- *néo* (nouveau)
  néon, néologisme, néolithique, néogothique, néoréalisme

> **À NOTER**
> Le radical *néo* s'écrit avec un trait d'union si le mot qui le suit commence par un *i* ou est dérivé d'un nom propre : néo-impressionniste, néo-zélandais.

LES RADICAUX EN *O*

- *onym*, du grec *onoma*, *onomatos* (nom) ; prend aussi la forme *onomato*, *onomast*
  an**onym**e (*a* : préfixe privatif) : sans nom ; d'où : qui ne fait pas connaître son nom
  patr**onym**e : nom de famille donné par le père
  pseud**onym**e : faux nom ; d'où : nom d'emprunt
  hom**onym**e : le même nom ; d'où : mot de prononciation identique à celle d'un autre mais de sens différent
  syn**onym**e : mot qui partage avec d'autres le même sens
  ant**onym**e : mot qui s'oppose à un autre par le sens
  par**onym**e : mot à côté d'un autre ; d'où : mot que l'on confond avec un autre qui lui ressemble

COMPRENDRE LA FORMATION DES MOTS ▸ **Les radicaux d'origine grecque**

onomatopée : mot créé par imitation de sons
onomastique : étude des noms propres de personnes

ortho, du grec *orthos* (correct, droit)
orthographe : manière correcte d'écrire les mots
orthodoxe : conforme à la droite doctrine, aux dogmes d'une religion
orthopédie : redressement des difformités du corps chez l'enfant ;
d'où : branche de la médecine spécialisée dans le squelette, les muscles et les tendons
orthodontiste, **ortho**phoniste, **ortho**ptiste : spécialiste qui corrige la mauvaise position des dents, les défauts d'élocution, les troubles visuels
orthogonal : qui forme un angle droit

LES RADICAUX EN *P*

pan, du grec *pan*, *pantos* (tout) ; *cf.* le dieu Pan ; prend aussi la forme *panto*
pandémie : épidémie qui atteint toute une population
panthéisme : doctrine selon laquelle tout est Dieu ; qui divinise la nature
panthéon : temple dédié à tous les dieux
panorama : paysage que l'on peut contempler de tous côtés
panacée : remède universel
pantographe : instrument qui permet de tout dessiner par reproduction
pangermanisme, **pan**africain, **pan**américanisme… (apparaît associé aux noms de peuples ou de cultures pour exprimer l'idée d'unité totale)

> **À NOTER**
> *Pan* se prononce [pan] devant une voyelle et [pã] devant une consonne.

path(o), du grec *pathos* (ce que l'on éprouve)
pathétique : qui émeut fortement
sym**path**ie : émotion partagée
anti**path**ie : sentiments contraires ; d'où : éloignement, aversion
télé**path**ie : sentiment de communication à distance par la pensée
a**path**ie (*a* : préfixe privatif) : privation d'émotion, incapacité de réagir
pathologie (au sens de souffrance) : étude des maladies et de leurs causes
pathogène : qui cause une maladie
psycho**path**e, névro**path**e, myo**path**ie… (et d'autres mots désignant les malades et les maladies)
homéo**path**ie, ostéo**path**ie… (et d'autres mots désignant la façon de soigner)

ped(o), du grec *pais*, *paidos* (enfant)
pédagogue : qui conduit, qui instruit l'enfant
pédiatre : médecin qui soigne les enfants

pédophile : qui ressent une attirance sexuelle pour les enfants
ortho**péd**ie : à l'origine, art de corriger les malformations chez l'enfant ; d'où : étude des affections du squelette, des muscles et des tendons
encyclo**péd**ie : ouvrage qui fait le tour des connaissances pour l'instruction des enfants

> **À NOTER**
> Il ne faut pas confondre le radical *ped* avec le radical latin *ped(i)* (pied).

- *pol(i)*, du grec *polis* (ville) ; la cité grecque
acro**pol**e (un) : la ville haute
nécro**pol**e (une) : la ville des morts
métro**pol**e : la ville mère ; d'où : la ville principale
méga**pol**e : ville de très grande dimension ; on dit aussi mégalopole
police : jusqu'au XVIIIe siècle, avait pour sens le gouvernement de la ville
politique : jusqu'au XVIIIe siècle, avait pour sens la manière de gouverner
cosmo**pol**ite : « citoyen du monde », qui est chez lui dans tous les pays

> **À NOTER**
> On trouve le radical *pol(i)*, sous une forme un peu différente, dans de nombreux noms de villes fondées dans l'Antiquité gréco-romaine : Constantinople (la ville de Constantin) ; Naples (*Neapolis* : la ville neuve) ; Antibes (*Antipolis* : la ville en face [de Nice]), etc.

- *poly*, du grec *polus* (nombreux)
polygone : qui a plusieurs angles
polysémie : le fait qu'un mot possède plusieurs sens
polyglotte : qui parle plusieurs langues
polygame : homme, ou femme, uni à plusieurs femmes, ou hommes, à la fois
polychrome : qui possède plusieurs couleurs
polythéiste : qui croit à l'existence de plusieurs dieux
polymorphe : qui se présente sous plusieurs formes différentes
polyphonie : composition à plusieurs voix

Poly entre dans la composition de nombreux autres mots : **poly**valent, **poly**copie, **poly**technique, **poly**culture…

Il existe d'autres radicaux importants en *p*.

- *phil(o)* (qui aime)
philanthrope, philharmonique, philosophe, bibliophile, cinéphile, pédophile

- *phob* (qui déteste)
phobie, claustrophobe, xénophobe

COMPRENDRE LA FORMATION DES MOTS ▸ Les radicaux d'origine grecque 4

- *phon(o)* (son, voix)
  phonétique, phoniatre, aphone, euphonique, téléphone, francophone

- *psyc(h)(o)* (esprit)
  psychiatre, psychanalyste, psychologie, métempsycose (sans *h*)

- *pyr(o)* (feu)
  pyromane, pyrogravure, pyrotechnie, pyrolyse

LES RADICAUX EN *R* ET *S*

- **(r)rh, r(h)a(g)**, du grec *rheîn* (couler, s'écouler) ; prend aussi la forme *rhéo*
  rhume : inflammation et écoulement de la muqueuse nasale
  rhumatisme : écoulement d'humeurs ; d'où : inflammation des muscles et des articulations
  dia**rrh**ée : écoulement à travers (les intestins) ; d'où : colique
  logo**rrh**ée : flux irrépressible de paroles
  méno**rrh**ée : écoulement mensuel en rapport avec la lunaison ; d'où : menstruation, règles (contraire : améno**rrh**ée)
  hémo**rrag**ie : écoulement de sang
  rhéostat : qui régularise le « flux » électrique ; d'où : résistance qui permet de régler l'intensité du courant électrique

  > À NOTER
  > Le facteur rhésus (symbole Rh) n'est pas formé de ce radical. Il doit son nom au singe macaque du nord de l'Inde, appelé *rhésus*, dont le sang a servi à mettre en évidence ce facteur.

- *syn*, du grec *sun* (ensemble, avec) ; *sym* devant *b* et *p*, *syl* devant *l*
  synchrone : qui se produit dans le même temps
  syncope : avec une coupure ; d'où : perte de conscience
  synagogue : où l'on va ensemble ; d'où : lieu de culte israélite
  syndic(at) : qui se présente en justice avec quelqu'un pour l'assister ; d'où : association pour la défense d'intérêts communs
  syndrome : ensemble de signes qui s'observent dans plusieurs maladies
  synonyme : mot qui partage avec d'autres le même sens
  syntaxe : relation entre les mots dans la phrase
  synthèse : action de poser ensemble ; d'où : ensemble dans lequel des éléments sont méthodiquement réunis
  symptôme : ce qui tombe avec ; d'où : phénomène qui accompagne une maladie
  symbole : donné avec ; d'où : élément qui sert à en désigner un autre, plus abstrait

45

symbiose : association étroite entre des organismes vivants
sympathie : le fait de partager la douleur d'autrui ou d'éprouver des sentiments bienveillants envers quelqu'un
symphonie : ensemble de sons ; d'où : composition musicale à plusieurs mouvements
syllabe : groupe de voyelles et de consonnes qui se prononcent en une seule émission de voix

LES RADICAUX EN *T*

télé, du grec *têle* (au loin)
téléscope : instrument d'optique qui permet l'observation d'objets éloignés
téléphone, **télé**vision : appareils qui permettent la transmission des sons, des images, à distance
téléphérique : qui transporte [loin] dans une cabine suspendue à un câble
télécommunication, **télé**commandé, **télé**guidé, **télé**objectif, **télé**détection, **télé**surveillance…

> **À NOTER**
> Les mots formés du radical *télé* s'écrivent sans trait d'union.
> Il ne faut pas confondre le radical *télé* avec la forme abrégée de *télé[vision]* (*téléfilm…*), ni avec celle de *télé[phone]* (*télécarte*), ni avec celle de *télé[phérique]* (*téléski, télésiège*).

Il existe d'autres radicaux importants en *t*.

thalass(o) (mer)
thalassothérapie

thana(t) (mort)
thanatologie, euthanasie

thé(o) (dieu)
théologie, théocratie, monothéisme, athée, panthéon, apothéose

thérap (soigner)
thérapie, thérapeute (s'ajoutent à un mot pour désigner la spécialité et celui qui l'exerce : kinésithérapie, psychothérapeute)

top(o) (lieu)
topographie, toponyme, biotope, utopie

VOCABULAIRE

5 Les paronymes

▶ Certains mots ont une nette tendance à ressembler à d'autres mots.
À quelques détails près.
Cela tient à une lettre qui change, à une syllabe intervertie ou à un préfixe différent.

▶ La différence est minime.
Mais ces mots, si proches par leur apparence, n'ont pas du tout le même sens.

abjurer • adjurer

abjurer (*ab-* : loin de) : renoncer solennellement à une religion, à une opinion
Henri IV a abjuré la religion protestante.

adjurer (*ad-* : vers, en direction de) : supplier avec insistance
On l'adjurait de ne pas céder.

l'acception • l'acceptation

l'acception : le sens dans lequel un mot est employé
Le mot *fruit* peut avoir une acception figurée.

l'acceptation : le fait de consentir, d'accepter
Il n'a pas encore donné son acceptation.

l'affection • l'affectation

l'affection : les sentiments tendres
Avoir, prendre quelqu'un en affection. (penser au verbe *affectionner*)

l'affectation : 1. un poste
Obtenir, rejoindre son affectation.
2. le manque de naturel
Minauder avec affectation. (penser à l'adjectif *affecté*)

affliger • infliger

affliger : 1. attrister (nom dérivé : *affliction*)
Cette nouvelle l'a beaucoup affligé.
2. posséder quelque chose d'affligeant
Être affligé d'un rhume tenace.

infliger : imposer, faire subir
On lui a infligé une amende de 90 €.

- ***agoniser • agonir***
  agoniser : lutter contre la mort et mourir, être à l'agonie (verbe intransitif)
  Le malheureux aura agonisé longtemps. (penser à l'adjectif *agonisant*)
  agonir : accabler (d'injures), insulter (verbe transitif)
  Aussitôt, on les a agonis d'injures.

- ***une allusion • une illusion***
  une allusion : un sous-entendu
  Il a fait une allusion discrète à son remariage.
  une illusion : une apparence, une croyance dénuée de réalité
  Le théâtre est le royaume de l'illusion. Se faire des illusions.

- ***une amnistie • un armistice***
  une amnistie : un acte par lequel le pouvoir législatif annule les condamnations
  L'amnistie des contraventions n'est pas à l'ordre du jour.
  un armistice : en temps de guerre, la suspension des hostilités par un accord mutuel
  L'armistice du 11 novembre 1918 met fin à la Grande Guerre.

- ***un anglicisme • l'anglicanisme***
  un anglicisme : un emprunt à la langue anglaise
  Préparer son futur (pour *avenir*) est un anglicisme.
  l'anglicanisme : la religion officielle de l'Angleterre
  L'anglicanisme est né au XVIe siècle.

- ***des attentions • des intentions***
  des attentions : les marques d'intérêt et de délicatesse envers quelqu'un
  On l'entoure de multiples attentions. (penser à l'adjectif *attentif*)
  des intentions : des projets, des résolutions
  Faire part de ses intentions pour l'avenir.

- ***une avarie • une avanie***
  une avarie : des dégâts causés au cours d'un transport maritime ou aérien
  Faire escale pour réparer les avaries. (penser à l'adjectif *avarié*)
  une avanie : une humiliation, un affront public
  Faire subir les pires avanies aux « bizuts ».

- ***la barbarie • un barbarisme***
  la barbarie : une cruauté sauvage
  Des actes de barbarie sont commis sur les populations civiles.
  un barbarisme : une faute de langue, une impropriété
  Ils croivent pour *ils croient* est un barbarisme.

NE PAS CONFONDRE LES MOTS ▸ Les paronymes

- **se colleter avec • se coltiner**
  se colleter avec (langue soutenue) : se débattre
  Il lui a fallu se colleter avec les difficultés.

  se coltiner (langue familière) : se charger de, contre son gré le plus souvent
  Je me suis déjà coltiné tout le travail.

- **une collision • une collusion**
  une collision : un choc brutal
  Deux véhicules sont entrés en collision.

  une collusion : une entente secrète, une connivence
  On dénonce la collusion de la presse avec le pouvoir politique.

- **une conjecture • la conjoncture**
  une conjecture : une supposition, une hypothèse
  En l'absence de preuves, on ne peut se livrer qu'à des conjectures.
  (penser à une pro*jec*tion de l'imagination)

  la conjoncture : une situation qui résulte d'un ensemble de circonstances
  La conjoncture économique est favorable.
  (penser à une con*jonc*tion de faits)

- **consommer • consumer**
  consommer : utiliser, absorber (boire, manger)
  Cette voiture consomme moins d'essence.

  consumer : épuiser, détruire par le feu
  Les bûches seront bientôt consumées.

- **décerner • discerner**
  décerner : accorder une récompense
  On lui a décerné l'oscar de la meilleure actrice.

  discerner : percevoir, différencier
  Discerner un changement. Discerner le vrai du faux.
  (penser au nom *discernement*)

- **déchiffrer • défricher**
  déchiffrer : lire une langue inconnue, une écriture difficile ou une partition musicale
  Champollion a déchiffré les hiéroglyphes.
  (penser au nom *chiffre*)

  défricher : nettoyer un terrain (en friche) pour le rendre cultivable
  Défricher une forêt, une lande.

décimer • disséminer
décimer : mettre à mort (une personne sur dix, d'après l'étymologie), faire périr
Le fléau a décimé la population. (penser à l'adjectif *décimal*)
disséminer : répandre, disperser
Les villas sont disséminées sur toute la côte. (penser au verbe *semer*)

Le dénuement • le dénouement
le dénuement : l'état de celui qui manque du nécessaire.
Les réfugiés sont contraints de vivre dans le plus complet dénuement.
(penser à l'adjectif *dénué*)
le dénouement : le moment où se termine et se résout une intrigue, une affaire, une crise
L'aventure a finalement connu un dénouement heureux.
(penser au nom *nœud*, au verbe *dénouer*)

dénué • dénudé
dénué : privé de, dépourvu de
Cet individu est dénué de scrupule. Ce livre est dénué d'intérêt.
(penser au nom *dénuement*)
dénudé : nu, dégarni
Ses épaules sont dénudées. (penser au nom *nudisme*)

la dépréciation • des déprédations
la dépréciation : le fait de dévaloriser, de discréditer
La dépréciation de la monnaie, du travail est grave.
(penser au contraire de *précieux*)
des déprédations : des dégâts entraînés par le vol ou le pillage
Des déprédations ont été causées dans le quartier.
(penser au nom *prédateurs*)

désaffecté • désinfecté
désaffecté : qui n'est plus affecté à sa vocation première
Plusieurs églises ont été désaffectées pendant la Révolution.
désinfecté : qui a été assaini, purifié de tout germe d'infection
Une plaie doit être désinfectée avec de l'alcool.
(penser à l'adjectif *infect*)

le désintérêt • le désintéressement
le désintérêt : le manque d'intérêt
Son désintérêt pour la question est flagrant.
le désintéressement : l'attitude de celui qui agit sans attendre de profit personnel
Aider bénévolement avec un grand désintéressement.

Ne pas confondre les mots ▸ Les paronymes 5

- *effleurer • affleurer*
  effleurer : toucher légèrement
  Effleurer du bout des doigts.
  affleurer : apparaître à la surface de l'eau ou du sol
  Le rocher affleure.

- *une effraction • une infraction*
  une effraction : un bris de clôture ou de serrure
  Un vol avec effraction a été commis. Les voleurs ont pénétré dans la villa par effraction.
  une infraction : une violation de la loi
  Commettre une infraction au code de la route.

- *une effusion • une infusion*
  une effusion : 1. une démonstration de tendresse
  Couper court aux effusions.
  2. un écoulement de sang
  Déclencher un coup d'État sans effusion de sang.
  une infusion : une tisane
  Boire une infusion de tilleul, de verveine.

- *l'élocution • une allocution*
  l'élocution : la façon de parler, de prononcer les mots
  Le comédien a une bonne élocution.
  une allocution : un discours
  L'allocution télévisée du président de la République a été courte.

- *élucider • éluder*
  élucider : rendre clair ce qui ne l'était pas
  Le mystère est à élucider. (penser à l'adjectif *lucide*)
  éluder : éviter, écarter un sujet
  Très gêné, il a rapidement éludé la question.

- *émerger • immerger*
  émerger (*é-, ex-* : en dehors) : sortir (de l'eau) (nom dérivé : *émergence*)
  La partie émergée de l'iceberg est celle que l'on voit.
  immerger (*in-, im-* : dedans) : plonger dans l'eau (nom dérivé : *immersion*)
  La partie immergée de l'iceberg est celle que l'on ne voit pas.

- *éminent • imminent*
  éminent : supérieur, remarquable dans son domaine
  Il s'agit d'un éminent professeur de médecine. (penser au nom *éminence*)
  imminent : sur le point de se produire, très proche
  Tenez-vous prêts à une arrivée imminente. (penser à l'adjectif *immédiat*)

● *une éruption • une irruption*
une éruption (*é-, ex-* : hors de) : un jaillissement, une poussée de matière
Le volcan est en éruption.
une irruption (*ir-, in-* : à l'intérieur) : une entrée en force de façon inattendue
La police a fait irruption dans la salle.

● *un éventaire • un inventaire*
un éventaire : un étalage extérieur d'une boutique où sont exposées les marchandises
L'éventaire du fleuriste. (penser à l'adjectif *éventé* : en plein air)
un inventaire : un recensement de ce qui existe ; la description qui en est faite
Fermé pour cause d'inventaire. L'inventaire des Monuments historiques.

● *évoquer • invoquer*
évoquer : faire apparaître à l'esprit, rappeler au souvenir
Nous avons brièvement évoqué le problème.
invoquer : implorer, appeler à son secours, faire valoir en sa faveur
Il a invoqué la légitime défense. Quelles sont les raisons invoquées pour justifier cette fermeture ?

● *exalter • exulter*
exalter : élever quelque chose ou quelqu'un au-dessus du niveau ordinaire
Le spectacle était censé exalter le courage des soldats.
(penser à l'adjectif *exaltant*)
exulter : être transporté de joie
Il a réussi ; il exulte.

● *un goulet • un goulot*
un goulet : un passage étroit et resserré dans la montagne, sur la côte, sur une voie de circulation
Le péage de l'autoroute forme un goulet d'étranglement.
un goulot : le col d'une bouteille ou d'un vase
Saisir une bouteille par le goulot.

● *un idiotisme • une idiotie*
un idiotisme : une construction particulière à une langue, à un idiome
« Être en train de » est un idiotisme propre au français.
une idiotie : une sottise
Partir si tard était une idiotie de ma part.

● *importun • opportun*
importun : qui dérange, qui se montre indiscret, indésirable, qui tombe mal
Cette visite importune me contrarie. (penser au verbe *importuner*)
opportun : qui vient à propos, qui tombe bien
Cette visite opportune me fait plaisir. (penser à l'adjectif *opportuniste*)

Ne pas confondre les mots ▸ Les paronymes

imprudent • impudent
imprudent : qui ne prend aucune précaution
Partir ce soir est très imprudent. (penser à *prudence* ≠ *sans prudence*)
impudent : arrogant, impertinent
Un homme impudent lui tient tête. (penser à *pudeur* ≠ *sans pudeur*)

inculper • inculquer
inculper : accuser ; on dit aujourd'hui mettre en examen
La police l'a inculpé pour vol avec effraction.
(penser au nom *inculpation*)
inculquer : enseigner, faire entrer dans l'esprit
Inculquer les bases de la lecture, du calcul et de la morale.

induire • enduire
induire : amener, conduire quelqu'un à faire (une erreur)
On l'a induit, il a été induit en erreur.
enduire : recouvrir d'un enduit
Le papier a d'abord été enduit de colle.

infester • infecter
infester : envahir un lieu (nom dérivé : *infestation*)
Le rivage est infesté de requins et de moustiques.
infecter : transmettre une infection (nom dérivé : *infection*)
La plaie s'est infectée.

insoluble • indissoluble
insoluble : qui ne se dissout pas ; au sens figuré, qu'on ne peut pas résoudre
Le problème est insoluble.
indissoluble : qui ne peut être désuni
Nos liens d'amitié semblent indissolubles.

luxuriant • luxurieux
luxuriant : qui se déploie avec abondance
La végétation tropicale est luxuriante.
luxurieux : qui se livre à la débauche
Lancer un regard luxurieux.

l'obligeance • l'obligation
l'obligeance : 1. le fait de rendre service, la gentillesse
Je vous remercie de votre obligeance.
2. Formule de politesse
Veuillez avoir l'obligeance de m'expédier ce livre.
l'obligation : la nécessité, le devoir
Être dans l'obligation de partir. Avoir des obligations envers quelqu'un.

- **oiseux • oisif**
  oiseux : qui ne sert à rien
  Prononcer des paroles oiseuses. Poser des questions oiseuses.
  oisif : qui est sans occupation
  Mener une vie oisive.

- **perpétrer • perpétuer**
  perpétrer : commettre (un acte criminel)
  Le lieu où le crime a été perpétré est quadrillé par la police.
  perpétuer : faire durer
  Un monument perpétue le souvenir du grand homme. Perpétuer une tradition. (penser à l'adjectif *perpétuel*)

- **un précepteur • un percepteur**
  un précepteur : un professeur chargé de l'instruction d'un enfant qui ne fréquente pas d'école
  Dans les familles russes, le précepteur devait parler aux enfants en français. (penser au mot *précepte*)
  un percepteur : un fonctionnaire chargé du recouvrement des impôts directs
  Le contribuable a reçu un avis du percepteur au sujet de sa déclaration de revenus. (penser au verbe *percevoir*)

- **une prédiction • une prédication**
  une prédiction : l'action de prédire
  Ses prédictions se sont réalisées.
  une prédication : l'action de prêcher
  La prédication des Apôtres.

- **prescrire • proscrire**
  prescrire : recommander
  Suivre attentivement ce qui est prescrit sur l'ordonnance.
  proscrire : interdire, condamner
  Au volant, toute consommation d'alcool est proscrite.
  (penser à un *proscrit* : un banni)

- **prodigue • un prodige**
  prodigue : 1. qui donne en abondance
  Être prodigue de compliments.
  2. qui dilapide son bien
  Le père accueille le fils prodigue.
  un prodige : un phénomène extraordinaire ou une personne très douée
  Cela tient du prodige. Un jeune pianiste prodige.
  (penser à l'adjectif *prodigieux*)

54 VOCABULAIRE

NE PAS CONFONDRE LES MOTS ▸ Les paronymes

- *proéminent • prééminent*
  proéminent : gros, qui avance, dépasse en relief
  La femme enceinte a un ventre proéminent.

  prééminent : supérieur, qui est au premier rang
  Admirer l'autorité prééminente d'un savant.

- *prolifique • prolixe*
  prolifique : fécond, qui produit beaucoup
  Un écrivain prolifique publie un très grand nombre d'œuvres.
  (penser au verbe *proliférer*)

  prolixe : trop long, bavard dans son discours
  Un écrivain prolixe écrit de façon diffuse, verbeuse.

- *respectueux • respectif*
  respectueux : qui éprouve, qui témoigne du respect
  Veuillez agréer mes respectueuses salutations.

  respectif : qui concerne l'un et l'autre, chacun pour sa part
  Comparer la valeur respective de deux objets.

- *stimuler • simuler*
  stimuler : inciter, pousser
  Un jeu astucieux stimule l'esprit d'observation. (penser à *stimulus, stimulant*)

  simuler : faire semblant, imiter l'apparence
  Simuler une maladie, un sentiment. (penser à *simili, similaire*)

- *subvenir • survenir*
  subvenir : fournir ce qui est nécessaire, pourvoir
  Ils subviennent aux besoins de la famille. (penser au nom *subvention*)

  survenir : arriver brusquement
  C'est alors que les difficultés surviennent.

- *une suggestion • une sujétion*
  une suggestion : une proposition faite à l'esprit, une inspiration donnée
  J'attends vos suggestions. (penser au verbe *suggérer*)

  une sujétion : un état de soumission
  Suivre ce traitement médical lourd est une sujétion difficile à accepter.
  (penser au *sujet* par rapport au souverain)

6 Les homonymes

▶ Il est peu probable que l'on prenne un **chérif** (un prince arabe) pour un **shérif** (un officier de police aux États-Unis), ou une **fausse sceptique** pour une **fosse septique**.

▶ Mais d'autres mots homonymes (de même prononciation) sont beaucoup plus souvent confondus. Quelques indices cependant permettent de les distinguer.

● *un abord • les abords*
un abord : façon d'aborder quelqu'un ou de se présenter à quelqu'un
Être d'un abord facile ; au premier abord, qui signifie *à première vue*

les abords (toujours au pluriel) : ce qui donne accès à un lieu, les alentours
On surveille les abords du stade.

● *un acquis • acquit*
un acquis (du verbe *acquérir*) : qui a été gagné
Les acquis sociaux sont menacés.
Les caractères acquis s'opposent aux caractères innés.
Il est acquis à notre cause. (penser au nom *acqui*si*tion*)

acquit (du verbe *acquitter*) : qui a été payé
Pour acquit. (écrit au bas d'une *qui*tt*ance*)
Par acquit de conscience. (signifie que la conscience est *qui*tt*e*)

● *une arche • une arche*
une arche : un coffre de bois
L'arche de Noé ; l'Arche d'Alliance des Hébreux.

une arche : une voûte en forme d'arc
Les arches du pont ; la Grande Arche de la Défense.

● *une ballade • une balade*
une ballade : un poème (souvent mis en musique)
Écouter des ballades irlandaises.

une balade : une promenade (les dérivés de *balade* s'écrivent aussi avec un seul *l*)
Faire une balade en forêt. Envoyer balader. Viens voir les baladins.
Écouter un CD sur son baladeur.

56 VOCABULAIRE

NE PAS CONFONDRE LES MOTS ▸ Les homonymes

- *un cahot • un chaos*
  un cahot : une secousse d'une voiture (adjectif : *cahotant* ou *cahoteux*)
  Ressentir les cahots du chemin.
  un chaos (prononcer [kao]) : un grand désordre (adjectif : *chaotique*)
  Il y a des chaos rocheux en Bretagne.

- *censé • sensé*
  censé : supposé
  Nul n'est censé ignorer la loi.
  sensé : de bon sens
  Son raisonnement m'a paru très sensé. (penser au nom *sens*)

- *décrépi • décrépit*
  décrépi : qui a perdu son crépi
  La vieille maison a une façade décrépie.
  décrépit : dans un état de déchéance physique du fait de l'âge
  Le vieillard décrépit marche lentement ; sa silhouette est décrépite.
  (penser au nom *décrépitude*)

- *délacer • délasser*
  délacer : défaire ce qui est lacé
  Délacer ses chaussures. (penser au nom *lacet*)
  délasser : reposer, détendre (nom dérivé : *délassement*)
  Certains jeux sont faits pour délasser l'esprit. (penser au nom *lassitude*)

- *détoner • détonner*
  détoner : exploser, émettre une détonation (un seul *n* malgré la parenté avec *tonner*)
  On entend détoner les explosifs.
  détonner : contraster, ne pas être dans le ton juste, chanter ou jouer faux
  Une voix détonne dans cet ensemble.

- *différent • un différend*
  différent : qui diffère, qui est dissemblable, distinct.
  Le garçon a un caractère très différent de celui de sa sœur.
  un différend : un désaccord, un litige.
  Le différend qui durait depuis longtemps a finalement été réglé à l'amiable.

- *exaucer • exhausser*
  exaucer : satisfaire un vœu, répondre favorablement à une demande
  Vos souhaits ont été exaucés.
  exhausser : augmenter la hauteur, rehausser
  Exhausser un mur. (penser à l'adjectif *haut*)

57

- **exprès • express**
  exprès (invariable) : remis au destinataire avant l'heure de la distribution ordinaire
  Envoyer un colis ou une lettre exprès.
  express (invariable) : qui assure un déplacement rapide
  Voyager en train express. Emprunter une voie express.

- **le fond • le fonds**
  le fond : la partie la plus basse de quelque chose de creux, de profond
  Le fond du verre. Au sens figuré, le fond du problème.
  (penser au nom *fondement*)
  le fonds : 1. un ensemble de biens
  Céder un fonds de commerce.
  2. un capital
  Une mise de fonds ; le Fonds monétaire international.

- **le golf • le golfe**
  le golf : le sport qui consiste à envoyer des balles dans des trous disposés le long d'un parcours
  Jouer au golf, au golf miniature.
  le golfe : la côte d'une vaste baie où avance la mer
  Le golfe de Gascogne ; les pays du Golfe.

- **un gril • un grill**
  un gril : un ustensile sur lequel on fait griller le poisson ou la viande
  Poser le gril sur la braise.
  un grill : un restaurant de grillades
  S'arrêter dans un grill au bord de la route.

- **haler • hâler**
  haler : tirer à l'aide d'une corde (nom dérivé : *halage*)
  Haler un bateau.
  hâler : brunir la peau (nom dérivé : *hâle*)
  Le teint hâlé par le soleil.

- **un martyr • le martyre**
  un martyr : 1. qui souffre et meurt pour défendre sa foi
  Les saints apôtres et martyrs.
  2. qui est maltraité
  Un enfant martyr.
  le martyre : la souffrance, la mort endurées par un martyr
  Le martyre de saint Sébastien ; souffrir le martyre.

Ne pas confondre les mots ▸ Les homonymes

● *une paire • un pair*

une paire : deux choses ou deux êtres semblables qui sont réunis
Une paire de chaussures ; une paire d'amis.

un pair : un égal par la situation, la fonction
Être élu par ses pairs.
C'est ce mot qui est employé dans les locutions : hors pair ; aller de pair ; travailler au pair.

● *une pause • une pose*

une pause : interruption momentanée
Faire la pause pour le déjeuner.

une pose : 1. action de poser
On attend les ouvriers pour la pose du carrelage.
2. attitude du corps, d'un modèle devant un artiste
Prendre la pose devant le photographe. (penser au nom p*os*ition)

● *près de • prêt à*

près de (+ infinitif) : sur le point de (*près de*, adverbe, est invariable)
Il est parti avec la caisse, on n'est pas près de le revoir.
La route est coupée : elles ne sont pas près d'arriver.

prêt à (+ infinitif) : disposé à, en état de, capable de (*prêt à*, adjectif, s'accorde)
Soyez prêts à partir dans une heure. Je suis prête à vous aider, si vous voulez.

● *un(e) pupille • la pupille*

un(e) pupille : orphelin(e) mineur(e) pris(e) en charge par un tuteur ou une collectivité
Les pupilles de la Nation sont les enfants des victimes d'une guerre.

la pupille : le centre de l'iris de l'œil.
Les pupilles sont dilatées par l'obscurité.

● *raisonner • résonner*

raisonner : faire usage de sa rai*s*on
Raisonner avant d'agir.

résonner : produire un son, retentir
Le bruit de ses pas résonne dans le couloir.

● *un repaire • un repère*

un repaire : un endroit caché où se retirent les animaux ou les malfaiteurs
Le repaire de brigands est découvert par le héros du roman.

un repère : une marque qui permet de retrouver un endroit
Il s'est fixé la troisième bouée comme point de repère.
(penser au verbe rep*é*rer)

● **sain • saint**

sain : qui est en bonne santé, qui contribue à la bonne santé
Un esprit sain dans un corps sain ; un climat sain.
(penser à l'adjectif *sanitaire*)

saint : qui a un caractère sacré, en particulier pour l'Église catholique
Visiter les lieux saints ; un saint patron. (penser au nom *sainteté*)

● **une session • une cession**

une session : la période pendant laquelle une assemblée tient séance
Être convoqué aux examens pour la session de septembre.
(penser au nom *séance*)

une cession : l'action de céder un bien, un droit
Effectuer les démarches nécessaires à la cession d'un fonds de commerce.
(penser au verbe *céder*)

● **subi • subit**

subi : qui est supporté, enduré (participe passé du verbe *subir*)
Le choc subi l'année dernière n'a laissé aucune séquelle.

subit : qui se produit en très peu de temps, brusque
Il est naturel qu'un départ si subit vous laisse sans réaction.
(penser à l'adverbe *subitement*)

● **la une • la hune**

la une : la première page d'un journal
L'événement a fait la une. (penser à la *page une*)

la hune : la plate-forme arrondie sur le mât d'un navire
Monter à la hune du grand mât.

VALIDATION EXPRESS

CHOISISSEZ LE MOT JUSTE.

À l'issue de la (session/cession) de rattrapage, (censée/sensée) vérifier les (acquits/acquis) des candidats, les jeunes gens qu'on avait retournés sur le (grill/gril) pendant plus de deux heures se retrouvèrent pour la (pose/pause)-café afin de se (délasser/délacer) des fatigues de la matinée. L'un des plus satisfaits, voyant son (martyre/martyr) (prêt à/près de) s'achever et ses vœux bientôt (exhaussés/exaucés), se lança dans une rumba qui (détonnait/détonait) quelque peu dans l'ambiance générale.

CORRIGÉ
session – censée – acquis – gril – pause – délasser – martyre – près de – exaucés – détonait.

VOCABULAIRE

7 Les faux amis

▶ En anglais, *a performance* ne signifie pas *une performance*, *un exploit*, comme on pourrait le croire, mais *une représentation* (théâtrale par exemple).
En italien, *la fermata* ne signifie pas *la fermeture*, comme on pourrait le croire, mais *l'arrêt* (d'autobus, par exemple).
Ces mots sont des faux amis.

▶ En français, comme dans toutes les langues, on doit se méfier des faux amis.
On croit pouvoir comprendre le sens d'un mot en le rapprochant d'un autre.
Mais, dans certains cas, on a tort de se fier aux apparences.

On est copains, d'accord ? — HUM

A

Le mot...	... n'a pas de rapport avec...	Il signifie dans ces exemples...
l'abattage	abattre	Une actrice qui a de l'**abattage**. = Une actrice qui a de l'**entrain**, du **dynamisme**.
accuser	une accusation	On a senti qu'il **accusait** le coup, le choc. = On a senti qu'il **ressentait** vivement le coup, le choc. **Accuser** réception d'un envoi. = **Informer** l'expéditeur qu'on a bien reçu l'envoi.
administrer	l'administration	**Administrer** un calmant. = **Faire prendre** un calmant. **Administrer** une bonne correction. = **Donner** une bonne correction.
une affection	l'affection, la tendresse	Avoir une **affection** de peau. = Avoir une **maladie** de la peau.

Le mot...	... n'a pas de rapport avec...	Il signifie dans ces exemples...
l'agrément	agréable	Transformer un appartement avec l'**agrément** du propriétaire. = Le transformer avec l'**accord**, la **permission** du propriétaire.
appliqué	s'appliquer avec soin	Les arts **appliqués**, la recherche **appliquée**. = Les arts ou la recherche **mis en pratique**.
arrêté	s'arrêter, se terminer	La date du rendez-vous a été **arrêtée**. = Elle a été **décidée**, **fixée**.

B . C

Le mot...	... n'a pas de rapport avec...	Il signifie dans ces exemples...
un barbarisme	la barbarie	Commettre un **barbarisme** dans un discours. = Commettre une **erreur** dans l'utilisation d'**un mot**.
sujet à caution	une caution, une garantie, un dépôt	Une information **sujette à caution**. = Une information que l'on doit prendre **avec précaution**.
le chef	un chef, un directeur, un commandant	Quels sont les **chefs** d'accusation ? = Quels sont les **motifs**, les **causes** de l'accusation ?
le concours	un examen, une épreuve	Prêter son **concours** à un projet. = Prêter son **aide**, son **soutien**.
la condescendance	la descendance, la postérité	Regarder quelqu'un avec **condescendance**. = Regarder quelqu'un avec **hauteur** et **mépris**.
conjointement	le conjoint, le mari ou la femme	Les amis ont agi **conjointement**. = Les amis ont agi **ensemble** et **en même temps**.
consommé	la consommation	Un art, un artiste **consommé**. = Un art, un artiste **accompli**, **parfait**.

VOCABULAIRE

NE PAS CONFONDRE LES MOTS ▸ Les faux amis

D

Le mot…	… n'a pas de rapport avec…	Il signifie dans ces exemples…
décliner	le déclin	**Décliner** une invitation. = Ne pas accepter, **refuser** une invitation.
un défaut	un défaut, le contraire d'une qualité	Les moyens nous font **défaut**. = Les moyens nous **manquent**.
défrayer	effrayer	Un événement qui a **défrayé** la chronique. = Un événement qui a été le **sujet essentiel** des nouvelles.
dénoncer	dénoncer un coupable, l'accuser	**Dénoncer** un contrat. = **Annuler, rompre** un contrat.
différer	une différence	Ils ont dû **différer** leur départ. = Ils ont dû **remettre** à plus tard leur départ.
la discrétion	discret, effacé, réservé	Le pourboire est laissé à la **discrétion** du client. Dessert à **discrétion**. = Le pourboire est laissé à l'**appréciation** du client. Du dessert **autant qu'on en veut**.
dispenser	dispenser : permettre de ne pas faire	L'infirmière **dispense** des soins à domicile. = L'infirmière **donne, effectue** des soins à domicile.

E . F

Le mot…	… n'a pas de rapport avec…	Il signifie dans ces exemples…
l'élargissement	élargir, rendre plus large	L'avocat a demandé l'**élargissement** du détenu. = Il a demandé sa **mise en liberté**.
la fin	finir, arrêter, cesser	La **fin** justifie les moyens. = Le **but**, l'**objectif** justifie les moyens (que l'on utilise pour l'atteindre).
la fortune	la fortune, la richesse	Des émigrants sont retrouvés dans une embarcation de **fortune**. = Une embarcation **improvisée**, très **précaire**.

63

G . I

Le mot…	… n'a pas de rapport avec…	Il signifie dans ces exemples…
gracieusement	gracieux, avec grâce	Un sac sera mis **gracieusement** à la disposition des clients. = Un sac sera mis **gratuitement** à la disposition des clients.
grossièrement	la grossièreté, la vulgarité	Un tableau peint, une histoire racontée **grossièrement**. = Peint à **grands traits**, racontée **sans précision**.
incessamment	incessant, ininterrompu, continuel	La nouvelle devrait vous parvenir **incessamment**. = La nouvelle devrait vous parvenir **très prochainement**, d'un moment à l'autre.
l'intelligence	l'intelligence, la capacité intellectuelle	Les deux colocataires vivent en bonne **intelligence**. = Ils vivent en bonne **entente**, en bonne **harmonie**.
intempestif	la tempête	Intervenir de façon **intempestive**. = Intervenir à un mauvais moment, à **contretemps**.

L . M

Le mot…	… n'a pas de rapport avec…	Il signifie dans ces exemples…
liquide	un liquide, qui coule comme l'eau	Payer en argent **liquide**. = Payer en argent immédiatement **disponible**, en **espèces** (billets, pièces de monnaie).
la luxure	le luxe	Vivre dans la **luxure**. = Vivre dans la **débauche**, le **vice**.
malin, maligne	malin, maligne dans le sens de rusé(e)	Une tumeur **maligne**. = Une **mauvaise** tumeur, très nocive.
manquer	manquer, être absent	**Manquer** à sa parole. = **Ne pas respecter** sa parole.
le ménagement	le ménage, l'aménagement	Traiter quelqu'un **sans ménagement**. = Traiter quelqu'un **sans égard**, brutalement.

VOCABULAIRE

NE PAS CONFONDRE LES MOTS ▸ Les faux amis

LE MOT…	… N'A PAS DE RAPPORT AVEC…	IL SIGNIFIE DANS CES EXEMPLES…
le menu	le menu d'un restaurant	On lui a expliqué l'affaire par le **menu**. = On lui a expliqué l'affaire en **détail**.
la méprise	le mépris	Les témoins ont reconnu leur **méprise**. = Ils ont reconnu leur **erreur**, ils ont reconnu qu'ils s'étaient trompés.

N . O

LE MOT…	… N'A PAS DE RAPPORT AVEC…	IL SIGNIFIE DANS CES EXEMPLES…
naturalisé	la naturalisation d'un étranger par un pays d'accueil	Une marmotte **naturalisée**. = Une marmotte **empaillée**.
obligé, obligeant	l'obligation, la nécessité, la contrainte	Je vous serai très **obligé** de m'avertir. J'ai rencontré des voisins très **obligeants**. = Je vous serai très **reconnaissant** de m'avertir. J'ai rencontré des voisins très **aimables**, très **serviables**.
observer	l'observation, l'examen	**Observer** les consignes du règlement, les coutumes du pays. On est prié d'**observer** le plus grand silence. = **Obéir** aux consignes du règlement, aux coutumes du pays. On est prié de **garder** le plus grand silence.
ouvrable	ouvrir	Ne pas stationner les jours **ouvrables**. = Les jours où l'**on travaille**, qui ne sont pas des jours fériés.

P

LE MOT…	… N'A PAS DE RAPPORT AVEC…	IL SIGNIFIE DANS CES EXEMPLES…
une police	la police, les policiers	Une **police** d'assurance. = Un **contrat** d'assurance.
prévenir	prévenir, avertir, mettre au courant	Mieux vaut **prévenir** que guérir. = Mieux vaut **éviter un risque** grâce aux précautions prises.

Le mot…	… n'a pas de rapport avec…	Il signifie dans ces exemples…
prononcé	la prononciation, l'articulation	Avoir un goût **prononcé** pour le jardinage. = Avoir un goût **très fort**, très net pour le jardinage.
propre	la propreté	Le chef d'entreprise a apporté la somme nécessaire en fonds **propres**. = Il a apporté la somme sur son argent **personnel** (= qui est sa propriété).
proprement	la propreté	Une affaire **proprement** nationale. = Une affaire **strictement** nationale, qui ne concerne que le pays.
en puissance	la puissance, la force	En chaque apprenti, il voit un grand chef **en puissance**. = Il voit un grand chef **en devenir**, qui se révélera peut-être dans l'avenir.

R

Le mot…	… n'a pas de rapport avec…	Il signifie dans ces exemples…
une relation	un lien ; ou une personne que l'on connaît	On attend du témoin une **relation** fidèle des faits. = On attend du témoin un **récit** fidèle des faits.
relaxer	la relaxation, la détente, la décontraction	Le prévenu sera prochainement **relaxé**. = Le prévenu sera prochainement **remis en liberté**.
remercier	dire merci	L'employé indélicat a été **remercié**. = L'employé indélicat a été **congédié**, **renvoyé**.
remettre	remettre en place ou confier	On lui a **remis** sa dette. = On a **annulé** sa dette.
répondre de	répondre, apporter une réponse	**Répondre de** ses actes. = **Être responsable** de ses actes.
respectivement	le respect	Le Kenyan et l'Ukrainien partiront **respectivement** des couloirs 3 et 7. = Chacun pour sa part, dans l'**ordre énoncé** (le Kenyan : 3 ; l'Ukrainien : 7)

Ne pas confondre les mots ▸ Les faux amis

Le mot…	… n'a pas de rapport avec…	Il signifie dans ces exemples…
le ressort	un ressort	En dernier **ressort**. Cette affaire n'est pas de mon **ressort**. = **En définitive**. Cette affaire n'est pas de ma **compétence**.
rompu	rompre : casser	Un pianiste **rompu** à toutes les difficultés techniques. = Un pianiste **très habile** face aux difficultés, qui a une **grande expérience**.

S

Le mot…	… n'a pas de rapport avec…	Il signifie dans ces exemples…
sensible	la sensibilité, l'émotion	Des quartiers **sensibles**. = Des quartiers **difficiles**.
somptuaire	somptueux	Des lois **somptuaires**. = Des lois **relatives aux dépenses excessives**.
souffrir, en souffrance	souffrir	Cette règle ne **souffre** aucune exception. Une affaire **en souffrance**. = Cette règle n'**admet**, ne **tolère** aucune exception. Une affaire **en suspens**, qui n'est pas conclue.
suffisant	suffire	Répondre d'un air, d'un ton **suffisant**. = Répondre d'un air, d'un ton **vaniteux, prétentieux**.
susceptible	la susceptibilité	Une offre **susceptible de** vous intéresser. = Une offre **en mesure de** vous intéresser.

T

Le mot…	… n'a pas de rapport avec…	Il signifie dans ces exemples…
le tempérament	le tempérament, l'humeur, le caractère	Acheter un appartement à **tempérament**. = Acheter un appartement à **crédit**, en échelonnant les paiements.
le théâtre	la représentation théâtrale	Le **théâtre** des opérations militaires. = Le **cadre**, le **lieu** où se déroulent les opérations.

67

Le mot...	... n'a pas de rapport avec...	Il signifie dans ces exemples...
la théorie	la théorie, les idées abstraites	La longue **théorie** des réfugiés. = La longue **file**, le **groupe** des réfugiés.
train de vie	le train-train, la routine	Avec leur nouvelle situation, leur **train de vie** va changer. = Leur **manière de vivre** en fonction de leurs ressources, leur standing.
trempé	trempé : très mouillé	La petite fille a un caractère bien **trempé**. = La petite fille a un caractère très **affirmé, énergique**.

V

Le mot...	... n'a pas de rapport avec...	Il signifie dans ces exemples...
le verbiage	les verbes, qui se conjuguent	Leur discours n'était que du **verbiage**. = Leur discours n'était que du **bavardage** creux, du **délayage**.
la vélocité	le vélo	Le voleur s'est enfui avec **vélocité**. = Le voleur s'est enfui très **rapidement**.
la vulgarisation	la vulgarité	Un ouvrage de **vulgarisation**. = Un ouvrage dans lequel les connaissances sont **rendues accessibles** au grand public.

8 Quel genre pour ces noms : féminin ou masculin ?

▶ *Une belle ébène ou un bel ébène ?*
Attention aux noms sur le genre desquels on hésite.

DES NOMS FÉMININS

Mot	Exemple
une aérogare	la nouvelle aérogare
l'algèbre	une algèbre compliquée
une amibe	Certaines amibes sont dangereuses.
une amnistie	l'amnistie présidentielle
une anagramme (mot obtenu avec les lettres d'un autre mot réparties différemment)	Niche est une anagramme parfaite de chien.
une atmosphère	une atmosphère pesante, chaleureuse
une autoroute	une nouvelle autoroute payante
une azalée	un pot d'azalée blanche
une câpre	des câpres confites, délicieuses
une caténaire (système de suspension des fils électriques)	une caténaire endommagée
une dartre (dessèchement de la peau)	une dartre irritante
l'ébène	de la belle ébène
une ecchymose	de nombreuses ecchymoses sur le bras
une échappatoire	Aucune échappatoire n'est possible.
une épigramme (petit poème satirique)	des épigrammes mordantes

Mot	Exemple
une épithète	une épithète désobligean**te**
une équivoque	**Cette** équivoque peut être gênan**te**.
une HLM	Rénover une (ou un) HLM ancien(ne). (féminin ou masculin)
une idole	Johnny, l'idole incontest**ée** du rock
une interview	Accorder une long**ue** interview.
une météorite	une (ou un) lourd(e) météorite (féminin ou masculin)
une oasis	une ver**te** oasis
une octave	Chanter la mélodie à l'octave supérieu**re**.
une opinion	Avoir bon**ne** opinion de soi-même ; se conformer à l'opinion généra**le**.
une optique	Considérer le problème sous une optique différen**te** ; vu sous **cette** optique.
une orbite	une orbite très creu**se**
une oriflamme (bannière, étendard)	des oriflammes chatoyan**tes**
une stalactite (concrétion calcaire)	des stalactites impressionnan**tes**
l'urticaire	une urticaire gênan**te**
une volte-face (invariable)	des volte-face surprenan**tes**

Validation express

Transformez au passif et accordez le participe passé.
1 On a réparé les caténaires.
2 On a pris en compte notre optique.
3 On a refusé l'amnistie des contraventions.
4 La pluie a rafraîchi l'atmosphère.
5 On a dissipé l'équivoque.
6 On a signalé des ecchymoses.

Corrigé
1 Les caténaires ont été réparées. – **2** Notre optique a été prise en compte. – **3** L'amnistie des contraventions a été refusée. – **4** L'atmosphère a été rafraîchie par la pluie. – **5** L'équivoque a été dissipée. – **6** Des ecchymoses ont été signalées.

Vocabulaire

Ne pas confondre les mots ▸ Féminin ou masculin ?

DES NOMS MASCULINS

Mot	Exemple
un abîme	Un abîme marin est un abysse.
un aérolithe (météorite)	un impressionnant aérolithe
l'albâtre (minéral)	un précieux albâtre
l'alcool	un alcool fort
l'ambre	l'ambre gris
l'amiante	L'amiante est dangereux ; il est aujourd'hui interdit.
un antidote (contrepoison)	un bon antidote au chômage
l'antipode	L'antipode exact de la France est la Nouvelle-Zélande.
un apogée (le plus haut degré)	l'apogée incontesté de la civilisation grecque
un après-midi	un (ou une) après-midi mouvementé(e) (masculin ou féminin)
un armistice	Les deux pays ont signé un armistice.
un aromate	les aromates recommandés pour la recette
un arôme	le puissant arôme du café
un astérisque	un astérisque placé avant le mot
un augure	C'est de bon augure.
un colchique (plante à fleur rose)	Le colchique est vénéneux.
un effluve (le plus souvent pluriel)	des effluves délicieux
un éloge	un éloge émouvant, vibrant
un emblème	des emblèmes partout présents
l'épiderme	un épiderme délicat
un épisode	le dernier épisode de la série

Mot	Exemple
un équinoxe	L'équinoxe de printemps est célébré par des fêtes.
un esclandre	un esclandre inattendu et choquant
un escompte	L'escompte est déduit du prix.
un exode	un exode massif
un haltère	un haltère de plus en plus lourd dans chaque main
un harmonica	de nombreux harmonicas anciens
un hémicycle	L'hémicycle était à moitié plein.
un hémisphère	l'hémisphère droit du cerveau
un interstice	un étroit interstice entre deux planches
un intervalle	à intervalles réguliers
un isthme	l'isthme le plus étroit, le plus visité du globe
l'ivoire	un ivoire jauni, sculpté
le jade	un beau jade ancien
un météore	un prodigieux météore
un obélisque	un obélisque égyptien
l'opprobre	Subir un opprobre général.
un ovule	un ovule fécondé
l'ozone	L'ozone est menacé par les pollutions.
le saccharose	Le saccharose est présent dans la betterave.
un succédané (produit de remplacement)	un succédané avantageux
un tentacule	les longs tentacules de la pieuvre
un termite	Les termites sont envahissants.
un tubercule	la pomme de terre, surnommée le précieux tubercule
le tulle	un tulle blanc, vaporeux

Ne pas confondre les mots ▸ Féminin ou masculin ?

Validation express

A Transformez au passif et accordez le participe passé.
1 On a interdit l'amiante.
2 On protège l'ozone.
3 On utilise les aromates.
4 On a érigé l'obélisque de Louqsor place de la Concorde.
5 On a repeint les emblèmes du Parti.

B Remplacez le mot souligné par un adjectif.
1 L'ivoire du Japon.
2 Des idoles du Mexique.
3 Les oasis du Sahara.
4 De l'ébène d'Afrique.
5 Une statuette en jade de Chine.
6 Des épigrammes en latin.
7 L'albâtre d'Orient.
8 L'alcool de Normandie.

C Choisissez *cet* ou *cette*.
1 ... intervalle. 2 ... opinion. 3 ... échappatoire. 4 ... éloge. 5 ... optique.
6 ... épisode. 7 ... escompte. 8 ... hémisphère. 9 ... interview

Corrigé

A 1 L'amiante a été interdite. – **2** L'ozone est protégé. – **3** Les aromates sont utilisés. – **4** L'obélisque de Louqsor a été érigé place de la Concorde. – **5** Les emblèmes du Parti ont été repeints.

B 1 L'ivoire japonais. – **2** Des idoles mexicaines. – **3** Les oasis sahariennes. – **4** De l'ébène africaine. – **5** Une statuette en jade chinois. – **6** Des épigrammes latines. – **7** L'albâtre oriental. – **8** L'alcool normand.

C 1 cet intervalle – **2** cette opinion – **3** cette échappatoire – **4** cet éloge – **5** cette optique – **6** cet épisode – **7** cet escompte – **8** cet hémisphère – **9** cette interview

9 Les mots à risque

> ▶ Certains mots d'un niveau de langue assez soutenu sont volontiers utilisés mais souvent déformés. On les a mal entendus, on les répète de manière approximative. Fixer son attention sur la façon dont ces mots sont orthographiés devrait limiter les risques de les estropier.

- *l'absorption* avec un *p*, bien que le mot vienne du verbe *absorber*
  Une éponge a une grande capacité d'**absorption**.

- *une controverse* avec un *o*
  Le projet de loi a aussitôt suscité la **controverse**. (la discussion)

- *en définitive* avec *ve*
  Qu'avez-vous décidé, **en définitive** ? (finalement)

- *un dilemme* avec *mme*
  Le responsable se trouva confronté à un terrible **dilemme**. (obligation de choisir entre deux options dont chacune présente des inconvénients)

- *un dilettante* avec *te* au masculin comme au féminin
  Le retraité pratique la peinture **en dilettante**. (en amateur)

- *disparate* avec *te*
  Le décor est constitué d'éléments **disparates**. (mal assortis)

- *florissant* avec un *o*
  La petite boutique est devenue un commerce **florissant**. (épanoui, prospère)

- *elle se fait fort de*... avec un *t* au féminin comme au masculin ;
  se faire fort de : locution invariable
  L'hôtesse **se fait fort** d'obtenir, pour les visiteurs, les meilleures places. (elle se vante de ; elle s'engage à)

- *fruste* avec *te*
  Dans la comédie, le valet garde ses manières **frustes**. (grossières, lourdes)

- *indemne* avec *mne*
  Les passagers sont sortis **indemnes** de la cabine accidentée. (sans dommages, sans être blessés)

VOCABULAIRE

NE PAS CONFONDRE LES MOTS ▸ **Les mots à risque**

- *induire en erreur* avec *in*
  Des renseignements incomplets nous ont **induits en erreur**.
  (nous ont trompés)

- *en lice* avec *ce*
  Deux candidats restent **en lice** dans la circonscription. (en compétition)

- *une marge de manœuvre* avec *ge*
  Bénéficier d'une **marge de manœuvre** confortable pour agir.
  (possibilités, facilités, délais)

- *mettre à jour* (en tenant compte d'éléments nouveaux) avec *à*
  On **met à jour** une liste, un catalogue, un dossier, un dictionnaire…
  (on classe et on actualise les données)

- *mettre au jour* (ce qui était enfoui, caché) avec *au*
  On **met au jour** des vestiges archéologiques. Une affaire de contrefaçon vient d'être **mise au jour**. (exhumée, révélée ; est apparue au grand jour)

- *obnubiler* avec *ob*
  Le mannequin est **obnubilé** par son tour de taille. (obsédé)

- *pécuniaire* avec *aire* au masculin comme au féminin
  Connaître des ennuis **pécuniaires**. (financiers)
  Espérer une aide **pécuniaire**. (financière)

- *rebattre les oreilles* avec *re*
  Les médias nous ont **rebattu les oreilles** de cette affaire. (assommé avec)

- *recouvrer* la vue, la parole, la santé
  Ce verbe est différent du verbe *retrouver*.
  Le prisonnier a **recouvré** la liberté. Il pourra bientôt **recouvrer** son argent. (rentrer en possession de, récupérer)

- *rémunérer* avec *muné*
  Le travail du stagiaire sera-t-il **rémunéré** ? (rétribué, payé)

- je vous *saurai gré* avec *au* (verbe *savoir*)
  Je vous **saurai gré** de ne pas ébruiter cette nouvelle. (je vous serai reconnaissant de…)

- en un *tournemain* en un mot, avec *ne*
  Cette locution se distingue de *avoir un bon tour de main* : être habile.
  Tout a été réglé en un **tournemain**. (en un instant)

- *il vaut mieux, il vaudrait mieux* avec un *v*
  Il **vaut mieux** réfléchir avant d'agir. Il **vaudrait mieux** partir plus tôt.
  (il est, il serait préférable)

10 Éviter les contresens

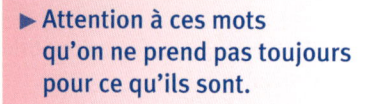

> ▶ Attention à ces mots qu'on ne prend pas toujours pour ce qu'ils sont.

- L'*acculturation* : l'adaptation d'un individu ou d'un groupe à une culture étrangère avec laquelle il est en contact.
  On ne donnera donc pas à ce mot le sens de *manque de culture* ou de *perte de la culture*.

- *Achalandé* : qui voit passer beaucoup de clients (de l'ancien mot *chalands*).
  On ne donnera donc pas à ce mot le sens : *qui contient de nombreux articles, qui est bien approvisionné*.

- Un *avatar* : une transformation, les formes diverses que prend une personne ou une chose (à l'origine, les incarnations successives de Vichnou dans la religion hindoue).
  On ne donnera donc pas à ce mot le sens de *mésaventures* ou de *complications*.

- *Conséquent* : qui est conforme à la logique.
  Être conséquent avec soi-même, dans ses choix.
  On ne donnera donc pas à ce mot le sens d'*important*, de *considérable*.

- *Cosmopolite* : qui reçoit l'influence de pays variés.
  Une foule cosmopolite est composée de personnes de tous les pays.
  On ne donnera donc pas à ce mot le sens de *louche, suspect*, que rendrait le mot *interlope*.

- Une *décade* : étymologiquement, une période de dix jours.
  On évitera donc de confondre ce mot avec *décennie*, qui est une période de dix ans.

- *Décavé* : ruiné au jeu (la *cave* désignant la somme d'argent dont dispose le joueur).
  On ne donnera donc pas à ce mot le sens de *vieilli, décharné* que rendraient les mots *décati* ou *décrépit*.

- *Échoir* : incomber, être imposé à quelqu'un.
  La tâche qui m'échoit.
  Le verbe ne se conjugue qu'à certains temps et à certaines personnes.
  On ne confondra donc pas ce mot avec le verbe *échouer* avec lequel il n'a pas de radical commun.

PRÉCISER ET VARIER SON VOCABULAIRE ▸ Éviter les contresens

- La *gâchette* : une pièce située à l'intérieur du mécanisme d'une arme à feu.
  On ne peut donc pas appuyer sur cet élément pour tirer.
  Il faut dire : appuyer sur la détente ou presser la détente (qui, elle, actionnera la gâchette).

- *Glabre* : sans poil, sans barbe.
  On ne donnera donc pas à ce mot le sens de *pâle, défait*.

- *Glauque* : verdâtre.
  On ne donnera donc pas à ce mot le sens de *trouble*.

- Un *ilote* : une personne misérable et ignorante (les ilotes étaient esclaves à Sparte dans l'Antiquité).
  Des divertissements d'ilotes : des divertissements d'esclaves abrutis.
  On ne donnera donc pas à ce mot le sens contraire : un *privilégié*, l'*élite*.

- *Inénarrable* : qui ne peut pas être raconté (narrer : raconter).
  On ne donnera donc pas à ce mot le sens de *hilarant, comique*, sauf si l'adjectif s'applique à une narration trop comique pour être conduite jusqu'au bout.

- *Ingambe* : souple, alerte, qui a un bon usage de ses jambes.
  Un vieillard encore ingambe malgré son âge (de l'italien *in gamba*).
  On ne donnera donc pas à ce mot le sens contraire : *impotent, infirme*.

- *À l'instar de* : comme, à l'exemple de, à la manière de.
  On ne donnera donc pas à ce mot le sens de *à l'opposé* ni de *en cachette de* que rendrait l'expression *à l'insu de*.

- Une *mappemonde* : une carte plane représentant les deux hémisphères terrestres (ou célestes) placés côte à côte (du latin *mappa* : carte).
  La représentation de la Terre sous la forme d'une sphère est un *globe terrestre*.

- Un *météore* : un corps céleste qui traverse l'atmosphère terrestre.
  On voit un météore.
  On ne confondra pas ce mot avec un (ou une) *météorite*, qui est un fragment de ce corps tombé de l'espace sur la Terre. On peut toucher une météorite.

- Une *olympiade* : la période de quatre ans qui s'écoule entre deux célébrations des Jeux olympiques.
  Le mot ne devrait donc pas servir à désigner les Jeux olympiques eux-mêmes.

- *Parodier* : imiter en caricaturant et en cherchant à faire rire.
  On ne donnera pas à ce mot le sens de *reprendre à son compte*, de *citer des paroles bien connues*.
  Imiter le style de quelqu'un (sans la volonté de faire rire de lui) pourrait être rendu par *pasticher*.

- ***Péril en la demeure*** : [il y a] du danger à attendre, à s'attarder plus longtemps (la *demeure* étant ici le fait de rester, de demeurer).
Il n'y a pas péril en la demeure signifie donc : *rien ne presse*.

- Un ***pied*** : l'unité rythmique d'un vers dans la poésie latine.
On n'appliquera donc pas ce mot à la versification française pour laquelle il faut employer le mot *syllabe*.

- ***Saumâtre*** : mélangé d'eau de mer, donc salé.
Les eaux saumâtres d'une lagune.
Au sens figuré, pour la même raison, il signifie *désagréable, difficile à avaler*.
Trouver la plaisanterie saumâtre.
On ne donnera donc pas à ce mot le sens de *sale, bourbeux*.

- ***Valétudinaire*** : maladif, souvent en mauvaise santé.
On ne donnera donc pas à ce mot le sens de *qui est d'humeur changeante*, ou *qui ne sait pas se décider*, que rendrait le mot *velléitaire*.

VALIDATION EXPRESS

RÉPONDEZ AUX QUESTIONS SUIVANTES.

1 Une personne inconséquente est-elle une personne irréfléchie ou une personne sans importance ?
2 Un magasin bien achalandé est-il plein de clients ou plein de marchandises ?
3 Si on vous demande d'agir à l'instar de votre frère, devez-vous agir sans qu'il le sache, ou comme lui, ou à l'opposé ?
4 Lorsque l'on dit que les médias sont un facteur d'acculturation, est-ce un éloge ou une critique ?
5 Pourquoi une exposition sur les météores ne peut-elle être qu'une exposition de photos ?

CORRIGÉ
1 une personne irréfléchie – 2 un magasin plein de clients – 3 agir comme lui – 4 c'est un éloge – 5 parce qu'on ne peut voir traverser l'atmosphère terrestre

11 Distinguer les mots de sens proche

> ▶ *Responsable, mais pas coupable.*
> Cette phrase met en relation deux mots, mais elle invite à les distinguer. En effet, le mot *coupable* dit bien qu'on est *responsable*, tout en précisant qu'on est responsable d'une faute.
> Bon nombre de mots s'organisent ainsi par « couples ».
> Leur rapprochement met en évidence leurs différences.

- *une alternative • un dilemme*
  une alternative : une situation dans laquelle deux possibilités se présentent, entre lesquelles il faut choisir
  Être placé devant l'alternative : boire ou conduire.

  un dilemme : une alternative spécialement difficile à affronter, les deux possibilités qui se présentent étant contradictoires et les solutions également douloureuses
  Exemple de dilemme tragique : faut-il tenter de secourir une personne sachant que l'on risque de mettre la vie des autres en danger ?

- *analogue • identique*
  analogue : qui présente quelques similitudes, qui est comparable
  Évoquer des souvenirs analogues.

  identique : qui est en tous points semblable à autre chose
  Acheter deux petits meubles identiques.

- *anoblir • ennoblir*
  anoblir : conférer un titre de noblesse
  Sean Connery a été anobli par la reine d'Angleterre.

  ennoblir : donner de la noblesse ou une grandeur morale à quelqu'un ou à quelque chose
  Un peintre réaliste ne cherche pas à ennoblir son sujet.

- *assurer • promettre*
  assurer : affirmer, garantir
  Je vous assure que je n'y suis pour rien. Il assure qu'il n'a rien vu.

  promettre : s'engager envers quelqu'un, garantir, affirmer (mais ne doit être employé que pour faire référence au futur)
  Je te promets que je viendrai (et non pas : je te promets que je ne l'ai pas vu).

- **ceci • cela**
  ceci : indique ce qui va être dit
  Ceci est mon testament.
  cela : indique ce qui a été dit
  Cela dit ; cela étant dit.
  La différence est la même entre *voici* (Voici venir les jours…) et *voilà* (Voilà à quoi ça t'a servi.)

- **la cohérence • la cohésion**
  la cohérence : la liaison étroite d'idées qui s'accordent entre elles
  Veiller à la cohérence d'un raisonnement, d'une décision.
  la cohésion : le caractère d'un ensemble dont les parties sont solidaires
  Il existe une bonne cohésion dans le groupe.

- **colorer • colorier**
  colorer : donner de la couleur (nom dérivé : *coloration*)
  L'émotion colore son visage.
  colorier : appliquer des couleurs sur une surface (nom dérivé : *coloriage*)
  Colorier des images.

- **congénital • héréditaire**
  congénital : qui apparaît dès la naissance, qui a son origine dans la vie intra-utérine
  Cette malformation est congénitale.
  héréditaire : qui se transmet aux descendants ; qui est transmis par les ascendants
  L'hémophilie est une affection héréditaire transmise par les femmes aux enfants mâles.

- **la découverte • l'invention**
  la découverte : elle consiste à faire connaître ce qui existe mais était caché ou inconnu jusque-là
  La découverte de l'Amérique, de la radioactivité, d'un trésor, d'un site gallo-romain.
  l'invention : elle consiste à concevoir un procédé ou un objet qui n'existait pas jusque-là
  L'invention du téléphone, de la carte à puce. (Pourtant on dit *l'inventeur d'un trésor, d'un site gallo-romain* pour désigner celui qui l'a découvert)

- **dédicacer • dédier**
  dédicacer : signer l'exemplaire d'un ouvrage dont on est l'auteur
  L'auteur dédicacera ses ouvrages au Salon du livre, le mardi 8.
  dédier : mettre une œuvre sous le patronage de quelqu'un
  Jules Vallès a dédié *L'Enfant* à « tous ceux qui crevèrent d'ennui au collège ».

VOCABULAIRE

PRÉCISER ET VARIER SON VOCABULAIRE ▶ Distinguer les mots de sens proche

- *délivrer • libérer*

    délivrer : on délivre celui qui est captif, entravé
    On délivre un animal pris au piège.

    libérer : on libère celui qui est prisonnier, enfermé, privé de liberté
    On libère un prisonnier qui a purgé sa peine.
    On libère un pays d'une occupation étrangère.

- *démythifier • démystifier*

    démythifier : ôter à quelque chose ou à quelqu'un sa valeur de mythe
    Déboulonner les statues et démythifier l'image du héros.

    démystifier : détromper des victimes d'une mystification (d'une illusion, d'une tromperie)
    Démystifier les téléspectateurs naïfs.

- *dessécher • assécher*

    dessécher : rendre sec
    Le vent dessèche la peau.

    assécher : mettre à sec
    Assécher un étang.

- *l'égalité • l'équité*

    l'égalité : le caractère de ce qui est égal, de même qualité, de même valeur
    Respecter l'égalité des citoyens devant la loi.

    l'équité : le caractère de ce qui est juste
    Distribuer des ressources avec équité (faire en sorte que ceux qui ont moins reçoivent plus).

- *emménager • aménager*

    emménager : s'installer dans un nouveau logement
    Nous déménageons le 17 et nous emménagerons le 18.

    aménager : disposer, organiser un espace pour un certain usage
    Aménager une chambre en bureau.

- *enfantin • infantile*

    enfantin : qui caractérise l'enfance
    Une réaction enfantine (propre à l'enfance). Se dit aussi de ce qui est simple, facile : un problème enfantin.

    infantile : même sens mais avec une valeur péjorative
    Une réaction infantile (qui n'est pas digne d'un adulte). Le mot est sans valeur péjorative dans les maladies infantiles : qui touchent les enfants en bas âge.

- *éphémère • provisoire*

    éphémère : qui est de courte durée
    Les premières amours sont quelquefois éphémères.

provisoire : qui n'est pas définitif
Une solution provisoire a été retenue, en attendant le règlement de l'affaire.

gourmand • gourmet
gourmand : qui aime manger, sans modération
Il est gourmand de pâtisseries et de choux à la crème.

gourmet : qui apprécie, en connaisseur raffiné, les bons plats
Il a dégusté le repas en vrai gourmet.

la graduation • la gradation
la graduation : la division en degrés sur un instrument de mesure
Les graduations d'un verre doseur permettent de mesurer la quantité de chaque ingrédient.

la gradation : l'accroissement ou le décroissement progressif
La gradation de couleurs dans ce massif va du rose pâle au rouge.

hiberner • hiverner
hiberner : passer l'hiver dans un engourdissement total
La marmotte hiberne.

hiverner : passer l'hiver à l'abri
Les troupeaux descendent des alpages pour hiverner dans la plaine.

illettré • analphabète
illettré : qui lit et écrit avec difficulté, qui a mal appris ou oublié
L'abus des jeux vidéo fabriquerait-il des illettrés ?

analphabète : qui ne sait ni lire ni écrire
Créer des écoles pour réduire le nombre des analphabètes dans les pays pauvres.

immoral • amoral
immoral : qui est contraire à la morale, qui transgresse les règles de la morale
Un individu immoral, pervers ; une conduite immorale.

amoral : qui est sans morale, qui ne peut avoir de notion de la morale
Les lois de la nature sont amorales.

l'inclination • l'inclinaison
l'inclination : le mouvement du corps ou de la tête
Saluer par une discrète inclination de tête.
au sens figuré : le goût, le « penchant »
Avoir de l'inclination pour la musique.

l'inclinaison : l'état de ce qui est oblique ou penché
Surveiller l'inclinaison de la tour de Pise. Régler l'inclinaison d'un siège.

PRÉCISER ET VARIER SON VOCABULAIRE ▶ Distinguer les mots de sens proche

- *l'intégration • l'assimilation*
  l'intégration : le fait qu'un individu trouve sa place dans la vie sociale et les institutions d'un pays d'accueil
  Une politique d'intégration pour les travailleurs immigrés est nécessaire.
  l'assimilation : le fait qu'une communauté s'approprie peu à peu les valeurs, les normes et la culture d'un pays d'accueil
  La musique, le cinéma et les modes alimentaires ont favorisé l'assimilation des immigrants à la société américaine.

- *l'intégrité • l'intégralité*
  l'intégrité : l'état de ce qui demeure intact
  Lutter pour l'intégrité du territoire.
  appliqué à une personne, signifie l'honnêteté
  Admirer l'intégrité d'un juge, d'un commerçant.
  l'intégralité : l'état de ce qui demeure complet
  Lire un texte dans son intégralité. Payer l'intégralité d'une somme.

- *jadis • naguère*
  jadis : il y a longtemps, dans un passé lointain
  Jadis, les exécutions publiques n'étaient pas rares.
  naguère : il y a peu de temps, dans un passé proche (il n'y a guère de temps)
  Naguère, la peine de mort existait encore.

- *judiciaire • juridique*
  judiciaire : qui concerne la justice
  La police judiciaire est exercée par la gendarmerie et la police nationales ; avoir un casier judiciaire vierge.
  juridique : qui relève du droit
  Faire des études juridiques ; un vide juridique (il n'existe pas de loi sur ce cas).

- *la justesse • la justice*
  la justesse : l'exactitude, la précision, la pertinence
  La justesse du calcul, du raisonnement, montre la précision du physicien.
  la justice : qui respecte le droit et les mérites
  Traiter quelqu'un avec justice.

- *légal • légitime*
  légal : qui est conforme à la loi
  L'IVG est légale en France depuis 1975.
  légitime : qui est conforme au droit naturel ; qui est justifié, fondé
  L'accusé a plaidé la légitime défense. Une plainte légitime.

- *marin • maritime*
  marin : qui est dans la mer ou qui appartient étroitement à la mer
  Les plantes marines, l'air marin, le sel marin.

maritime : qui est dans le voisinage de la mer, sur les côtes
On trouve le pin maritime dans le massif des Landes.

- **la maturité • la maturation**
la maturité : état de ce qui est mûr, qui a atteint son plein développement
Un fruit parvenu à maturité est meilleur.
Ce jeune homme manque de maturité.
la maturation : le fait de mûrir
La maturation des fruits se fait souvent en serre.
La lente maturation d'un projet (ne s'emploie pas pour les personnes).

- **médiéval • moyenâgeux**
médiéval : de l'époque du Moyen Âge
Les auteurs de la littérature médiévale sont souvent inconnus.
moyenâgeux : se dit péjorativement ou par ironie de ce qui apparaît comme appartenant au Moyen Âge
Un donjon moyenâgeux (dans le goût du Moyen Âge) ; un mode de vie moyenâgeux.

- **la médisance • la calomnie**
la médisance : consiste à discréditer quelqu'un en rapportant des propos que l'on croit vrais
On a rapporté toutes sortes de médisances sur la vie privée de l'artiste.
la calomnie : consiste à nuire à la réputation de quelqu'un en répandant exprès des mensonges
L'innocent est victime des plus graves calomnies.

- **le mobile • le motif**
le mobile : ce qui détermine la volonté subjectivement, qui pousse à agir avant l'action
Le mobile du crime est connu.
le motif : ce qui détermine rationnellement une action, en fonction de l'objectif que l'on se fixe
S'engager pour des motifs humanitaires. Voici le motif de ma visite.

- **mutuel • réciproque**
mutuel : qui implique un échange entre deux ou plusieurs personnes ou plusieurs choses
Le divorce par consentement mutuel est plus simple.
Tous les associés s'étaient engagés par un accord mutuel.
réciproque : qui implique un échange <u>à part égale</u> entre <u>deux</u> personnes, <u>deux</u> groupes, <u>deux</u> choses
Éprouver un amour réciproque.

PRÉCISER ET VARIER SON VOCABULAIRE ▸ Distinguer les mots de sens proche

neuf • nouveau

neuf : qui n'a jamais été utilisé (se place après le nom)
Nous avons acheté une voiture neuve.

nouveau : qui apparaît pour la première fois ou que l'on possède depuis peu (se place avant le nom)
Nous avons acheté une nouvelle voiture d'occasion.

notable • notoire

notable : qui mérite d'être noté, donc important
Un événement notable a animé la petite ville.

notoire : qui est avéré, connu de tous
L'incompétence de cet homme politique est notoire.

officiel • officieux

officiel : ce qui a été certifié par une autorité reconnue
Les résultats officiels viennent d'être publiés. Le Journal officiel.

officieux : ce qui est communiqué par une source autorisée mais sans garantie officielle
Ne prenez aucune mesure : la nouvelle n'est encore qu'officieuse.

oppresser • opprimer

oppresser : gêner la respiration
La chaleur l'oppressait.

opprimer : soumettre à une autorité excessive
Opprimer un peuple ; opprimer les consciences.

original • originel

original : 1. qui n'a pas eu de modèle mais peut servir de modèle
Acheter une édition originale ; regarder un film en version originale.
2. qui apparaît comme nouveau, qui sort de l'ordinaire
Fêter la nouvelle année dans le désert est une idée originale.

originel : qui remonte jusqu'à l'origine
Employer un mot dans son sens originel ; le péché originel.

parmi • entre

parmi : situé au milieu de plusieurs éléments
Il s'agit d'une solution parmi d'autres.

entre : situé au milieu de deux éléments
Mettre entre parenthèses, entre guillemets.
Entre deux maux, il faut choisir le moindre.

partial • partiel

partial : qui a des préférences, qui prend parti sans souci d'objectivité
La justice ne doit en aucun cas être partiale.

partiel : qui n'est qu'une partie d'un ensemble
Observer une éclipse partielle ; travailler à temps partiel.

pédestre • *piétonnier*
pédestre : qui se fait à pied
Une randonnée pédestre est organisée dans le massif de l'Oisans.
piétonnier : qui est réservé aux piétons
La plupart des boutiques se trouvent dans le quartier piétonnier.

possible • *probable*
possible : qui est réalisable
Il est possible de venir par le train en changeant deux fois.
probable : qui a de grandes chances de se produire
Il est probable qu'elles viendront en avion.

la prévoyance • *une prévision*
la prévoyance : qui envisage et organise ce qui peut arriver avec intelligence et sagesse
Se laisser prendre au dépourvu par manque de prévoyance.
une prévision : un raisonnement sur les événements futurs
Les prévisions météorologiques sont bonnes pour le week-end.
La prévision est optimiste.

la prolongation • *le prolongement*
la prolongation : l'action de prolonger dans le temps
Bénéficier d'une prolongation ; jouer les prolongations pour départager les équipes.
le prolongement : ce qui s'étend en longueur, dans l'espace
Tendez vos bras dans le prolongement du corps.
Les travaux de prolongement de l'autoroute ont commencé.

le racisme • *la xénophobie*
le racisme : haine ou mépris dirigés contre des personnes en raison de leur appartenance ethnique
Le racisme contre les Noirs, contre les Arabes, conduit à des drames.
la xénophobie : haine de l'étranger ou de ce qui vient de l'étranger
La xénophobie s'accompagne d'un repli sur soi.

raisonnable • *rationnel*
raisonnable : qui est conforme à la raison pratique ; qui est sensé et réfléchi
En grandissant, l'enfant devient raisonnable.
rationnel : que la raison théorique peut expliquer et comprendre ; qui est logique et cohérent
Utiliser une méthode rationnelle ; une démarche rationnelle pour résoudre un problème.

Préciser et varier son vocabulaire ▶ Distinguer les mots de sens proche

■ *transparent • translucide*

transparent : qui peut être traversé par la lumière et laisse voir les objets à travers son épaisseur
L'eau est transparente. Les vitres sont transparentes.

translucide : qui laisse passer un peu de lumière mais ne permet pas de voir au travers
Admirer une porcelaine translucide.

■ *vivable • viable*

vivable : où, avec qui, avec quoi l'on peut vivre
Avec tous ces travaux, le quartier n'est plus vivable.

viable : qui peut avoir une certaine durée de vie et se développer
À cette date, l'enfant est reconnu viable.
Fondée sur des bases solides, l'entreprise est viable.

Validation express

Choisissez le mot qui convient.

1. officielle/officieuse. Sa nomination n'est encore qu'… ; elle sera … le mois prochain.
2. colorier/colorer. Le vent froid … la peau.
3. intégrité/intégralité. Le généreux mécène a cédé l'… de ses manuscrits à la bibliothèque.
4. éphémère/provisoire. Ce chanteur a connu une gloire … dans les années 1960 ; aujourd'hui personne ne se souvient de lui.
5. judiciaire/juridique. Pour connaître vos droits dans cette affaire, faites appel à un conseiller … .
6. ceci/cela. Que … soit clair : je ne tricherai jamais avec vous ; retenez bien … .

Corrigé
1 Sa nomination n'est encore qu'officieuse ; elle sera officielle le mois prochain. – 2 Le vent froid colore la peau. – 3 Le généreux mécène a cédé l'intégralité de ses manuscrits à la bibliothèque. – 4 Ce chanteur a connu une gloire éphémère dans les années 1960. – 5 Pour connaître vos droits dans cette affaire, faites appel à un conseiller juridique. 6 Que ceci soit clair : je ne tricherai jamais avec vous ; retenez bien cela.

12 Utiliser le mot qui convient

▶ Si vous dites que vous avez vu des **crocodiles** en Floride, on ne vous croira pas : vous aurez employé le mauvais mot pour en parler. Les « crocodiles » qui vivent en Floride ou en Louisiane sont des **alligators**... Et ceux d'Amérique centrale et du Sud sont des... **caïmans**.
Attention à bien distinguer les mots par leur emploi précis.

LES MOTS DE LA CULTURE

- Dans l'Antiquité (et dans les vestiges archéologiques), un **théâtre** est un édifice à gradins de forme semi-circulaire destiné aux représentations dramatiques. Un **amphithéâtre** est un édifice à gradins de forme circulaire destiné aux combats de gladiateurs ou d'animaux. Un **cirque** est un édifice à gradins de forme rectangulaire, arrondi aux deux extrémités, destiné aux courses de chars.

- Le **papyrus** sur lequel écrivaient les Anciens est obtenu à partir de la tige de cette plante, le papyrus. Le **parchemin** est une peau d'animal préparée pour l'écriture.

- Au Moyen Âge, un poète, chanteur, jongleur qui se produit dans les pays de langue d'oïl (Flandre, Normandie, Champagne, Artois) est un **troubadour**. S'il se produit dans les pays de langue d'oc (au sud), on l'appelle **trouvère**.

- Le **tournoi** est la fête du temps de la chevalerie. C'est la **joute** qui est le combat d'homme à homme, à cheval, avec une lance.

- Une revue **bimestrielle** paraît tous les deux mois. Une revue **bimensuelle** paraît deux fois par mois.

- Dans un orchestre, les flûtes, hautbois, clarinettes, bassons, cors anglais... sont appelés **les bois**. Les cors, trompettes, trombones, tubas, saxhorns, clairons... sont appelés **les cuivres**. **Bois et cuivres** forment **les instruments à vent**. Les violons, altos, violoncelles, contrebasses sont **les cordes**.

- Un film récompensé au festival de **Cannes** reçoit la **Palme** d'or. À la Mostra de **Venise**, il reçoit le **Lion** d'or. Au festival de **Berlin**, il reçoit l'**Ours** d'or.

VOCABULAIRE

PRÉCISER ET VARIER SON VOCABULAIRE ▸ Utiliser le mot qui convient

LES MOTS DE LA JUSTICE

- Il y a *homicide* quand un être humain tue un autre être humain. Un homicide volontaire commis sans (ou avec) préméditation est un *meurtre*. Un homicide volontaire commis avec préméditation est un *assassinat*. Un *crime* est une infraction grave jugée par une cour d'assises. Il peut y avoir crime sans qu'il y ait meurtre (par exemple, le viol est un crime).

- Une personne *mise en examen* (cette expression remplace le mot *inculpé*) est soupçonnée d'un crime ou d'un délit et envoyée devant le juge d'instruction. Un *prévenu* est une personne citée à comparaître devant le tribunal de police qui juge les contraventions ou le tribunal correctionnel qui juge les délits. Un *accusé* est une personne envoyée devant une cour d'assises, qui juge des crimes.

- Une *cour d'appel* réexamine les décisions rendues par les tribunaux et apporte une seconde appréciation sur les faits. Elle confirme ou infirme les premières décisions. La *Cour de cassation* ne juge pas du fond mais de la légalité des décisions. Son rôle est de juger en droit si la cour d'appel s'est trompée. On dit que l'on *fait appel* d'un jugement et que l'on *se pourvoit* en cassation. Une *cour d'assises* est une juridiction compétente uniquement pour juger les faits qualifiés de crimes par la loi.

- Un *non-lieu* est la décision par laquelle le juge d'instruction déclare qu'il n'y a pas lieu d'engager des poursuites. La *relaxe* est la décision par laquelle un prévenu accusé de délits est remis en liberté. L'*acquittement* est prononcé par une cour d'assises ; il déclare un accusé non coupable.

- Un *jugement* est une décision de justice émanant d'un tribunal. Un *verdict* est la déclaration par laquelle un jury répond, après délibération, aux questions posées par la Cour (culpabilité ou acquittement). Une *ordonnance* est une décision émanant d'un juge unique (par exemple, une ordonnance de non-lieu). Une *sentence* est un jugement rendu par un tribunal d'instance (qui traite des litiges). Un *arrêt* est la décision d'une cour souveraine ou d'une haute juridiction (arrêt de la Cour de cassation, du Conseil d'État).

LES MOTS DE LA MÉDECINE

- Un *embryon* est le produit de la conception antérieur à la neuvième semaine du développement dans l'utérus. Un *fœtus* est le produit de la conception à partir du troisième mois du développement dans l'utérus.

- Un enfant âgé de moins de 28 jours est un *nouveau-né*. Un enfant âgé de plus de 28 jours et de moins de 2 ans est un *nourrisson*.

- Les *symptômes* sont les phénomènes observables qui permettent de déceler la présence ou l'évolution d'une maladie. Un *syndrome* est l'ensemble des symptômes qui peuvent s'observer dans plusieurs états pathologiques différents.

- Le *psychologue* est le spécialiste de la psychologie, en particulier la psychologie appliquée (psychothérapie, psychologie de l'enfant…). Le *psychiatre* est un médecin, spécialiste des maladies mentales ou des troubles psychiques. Le *psychanalyste* est une personne qui pratique sur des patients la méthode d'investigation de l'inconscient enseignée par Sigmund Freud.

- Une *artère* conduit le sang du cœur aux organes. Une *veine* est un vaisseau qui ramène le sang vers le cœur.

LES MOTS DE LA NATURE

- Les *pierres précieuses* sont le diamant, le rubis, l'émeraude et le saphir. Les autres gemmes (agate, jade, grenat, malachite, topaze…) sont des *pierres fines*.

- À chaque animal son cri. Pour s'en tenir aux mammifères : l'âne *brait* ; le taureau *mugit* ; le bœuf, la vache *beuglent* ou *meuglent* ; les brebis, les chèvres *bêlent* ; le cheval, le zèbre *hennissent* ; le cochon *grogne* ; l'éléphant *barrit* ; le lion *rugit* ; le loup *hurle* ; l'ours *grogne* ; la panthère, le tigre *feulent* ; le renard *glapit* ; le cerf *brame* ; la marmotte *siffle* ; le singe *crie* ; la baleine *chante*, etc.

- Les *pingouins* nagent et volent. Ils peuplent les régions arctiques (le pôle Nord). Les *manchots* nagent mais ne volent pas. Ils peuplent les régions antarctiques (le pôle Sud).
Le *chamois* des Pyrénées est un *isard*. L'*ours* des montagnes Rocheuses est un *grizzli*. L'*élan* du Canada est un *orignal*. Le *renne* du Canada est un *caribou*.

- Le versant d'une montagne exposé au nord est l'*ubac*. Le versant exposé au sud est l'*adret*.

- Le *mistral* est un vent fort, sec et froid, venant du nord par la vallée du Rhône et soufflant vers la mer sur le Midi de la France. La *tramontane* est un vent froid du nord-ouest soufflant sur le Languedoc et le Roussillon.

- Un *cyclone* est une perturbation tourbillonnaire qui se forme au-dessus des eaux chaudes entre les tropiques. Il est caractérisé par des pluies torrentielles et des vents violents. Un *ouragan* est un cyclone de la zone

VOCABULAIRE

PRÉCISER ET VARIER SON VOCABULAIRE ▸ Utiliser le mot qui convient

des Caraïbes et de l'Atlantique Nord. Un cyclone de la mer de Chine et de l'océan Indien est un *typhon*. Un *tsunami* est un raz-de-marée dû à un séisme ou à une éruption volcanique en mer. C'est une énorme vague formant un mur d'eau arrivant à grande vitesse et déferlant sur le littoral.

- Un *lagon* est une étendue d'eau salée entre la terre et un récif corallien. Un *atoll* est une île corallienne formant un anneau de terre qui entoure une lagune.

- La *brousse*, dans les régions chaudes, est une zone couverte d'épaisses broussailles. La *steppe* est une vaste plaine herbeuse des zones arides, sans arbres, à la végétation pauvre. La *toundra*, dans les régions arctiques, est une vaste étendue, gelée en profondeur, sur laquelle poussent des mousses et des lichens. La *taïga* est la forêt de conifères qui borde la toundra.

LES MOTS DE LA POLITIQUE

- Les *lois* sont les règles obligatoires sanctionnées par la force publique. Les *ordonnances* sont des textes législatifs émanant du pouvoir exécutif. Les *arrêtés* sont des décisions écrites qui émanent d'une autorité administrative (ministre, préfet, maire).

- Dans le cours d'une guerre, un *cessez-le-feu* est la suspension des hostilités ; il peut être décidé par l'autorité militaire. Un *armistice* est la cessation générale et définitive d'une guerre ; il relève de l'autorité politique ; les deux partis en négocient les conditions. S'il y a *capitulation*, les vainqueurs imposent leurs conditions aux vaincus, qui se rendent.

- Une *révolution* est le renversement durable d'un régime en place, entraînant des changements profonds dans la société, la politique et l'économie. Un *coup d'État* est la conquête ou une tentative de conquête du pouvoir par des moyens illégaux. Une *insurrection* est un soulèvement qui vise à renverser le pouvoir établi ; elle implique que l'on refuse de reconnaître comme légitime l'autorité à laquelle on était jusqu'alors soumis.

- Une *république* est une forme de gouvernement où le pouvoir n'est pas détenu par un seul homme et où la fonction du chef de l'État n'est pas héréditaire. Une *démocratie* est un État pourvu d'institutions démocratiques : le peuple élit ses représentants, les lois garantissent le respect de la liberté et l'égalité des citoyens. De nombreux pays européens, qui sont des démocraties, ne sont pas des républiques (la Belgique, l'Espagne, les Pays-Bas…).

- En France, sous la Ve République, les députés, élus au suffrage direct, forment l'*Assemblée nationale*, appelée aussi *Chambre des députés*. L'autre Chambre est le *Sénat*. Les deux assemblées constituent le *Parlement*. Si un projet de révision de la Constitution est soumis au Parlement, celui-ci est alors convoqué en *congrès*.

- Un *maire* s'appelle le *bourgmestre* en Belgique, en Suisse et aux Pays-Bas.

LES MOTS DE LA RELIGION

- *Israélite* qualifie ce qui appartient à la religion juive (par exemple : le culte israélite). *Israélien* qualifie ce qui appartient à l'État d'Israël (par exemple : le Parlement israélien : la Knesset).

- Un *hindou* est un adepte de la religion hindouiste (le brahmanisme). Un *Indien* est un habitant de l'Inde. (On disait aussi « Indien » pour les populations indigènes d'Amérique. On dit aujourd'hui « Amérindien »).

- Les *Arabes* sont les populations originaires de la péninsule arabique qui se sont répandues dans de nombreux pays du pourtour méditerranéen. Les *musulmans* sont les adeptes de l'Islam, la religion musulmane (les Indonésiens, par exemple, ne sont pas arabes mais ils sont musulmans à plus de 80 %).

- Selon les règles de l'Église catholique, celui qui est mis au nombre des saints est *canonisé*. Celui qui est mis au nombre des « bienheureux » est *béatifié*. *Sanctifier* signifie rendre sacré (un lieu par exemple).

- Un *concile* est l'assemblée des évêques de l'Église catholique. Un *conclave* est l'assemblée des cardinaux réunie à huis clos pour élire le pape.

LES MOTS DE LA SCIENCE

- La force qui éloigne du centre est la force *centrifuge*. La force qui fait converger vers le centre est la force *centripète*.

- Ce qui est arrondi vers l'extérieur est *convexe*. Ce qui est arrondi vers l'intérieur est *concave*.

- Le *thermomètre* mesure la température. Le *baromètre* mesure la pression atmosphérique. L'*hygromètre* mesure le degré d'humidité de l'air. L'*anémomètre* mesure la vitesse du vent.

- Une *étoile* est un corps céleste lumineux par lui-même (le Soleil est une étoile). Une *planète* est un corps céleste sans lumière propre, qui est éclairé par les étoiles (la Terre est une planète). Tous deux sont des *astres*.

LES MOTS DE LA SOCIÉTÉ

- Un *employé* est un salarié employé à un travail non manuel (donc différent de celui de l'ouvrier) dans une entreprise, à différencier du *cadre* ou de l'*agent de maîtrise*. Un *fonctionnaire* occupe un emploi permanent dans une administration publique. Un *agent* est un employé de service public ou d'entreprise privée qui sert généralement d'intermédiaire entre la direction et les usagers. Un *commis* est un agent subalterne d'une administration, d'une banque, d'un commerce.

- On parle de la *paye* d'un ouvrier ; du *salaire* d'un cadre ; des *appointements* d'un employé ; du *traitement* d'un fonctionnaire ; de la *solde* d'un militaire ; du *cachet* d'un artiste ; des *honoraires* d'un médecin, d'un avocat.

- Sont *collègues* deux personnes qui travaillent dans la fonction publique ; sont *confrères* deux personnes qui exercent une profession libérale (médecins, avocats...).

- On parle le français dans les pays *francophones* ; l'anglais dans les pays *anglophones* ; l'allemand dans les pays *germanophones* ; le portugais dans les pays *lusophones* ; l'espagnol dans les pays *hispanophones*.

EXPRESSION

ÉVITER LES FAUTES DE CONSTRUCTION
13 Choisir la bonne préposition...96
14 Construire le verbe avec ou sans préposition ? avec *à* ? avec *de* ?.......100
15 Quel mode utiliser dans les subordonnées introduites par *que* ?.........107
16 Quel mode utiliser après les conjonctions de subordination ?...............111
17 Formuler des questions directes ou indirectes................................115
18 Bien employer le *ne* explétif...118
19 Bien employer *dont*..120
20 Éviter les pièges de la coordination..123

ÉVITER LES MOTS INUTILES, LES LOURDEURS, LES OBSCURITÉS
21 Éviter les pléonasmes..126
22 Éliminer les mots superflus...131
23 Limiter les répétitions grâce aux mots de reprise..........................135
24 Supprimer les ambiguïtés..138
25 Alléger les phrases...144

ENRICHIR ET VARIER SON EXPRESSION

26 Remplacer les verbes passe-partout 149
27 Transformer une proposition subordonnée complétive
   en groupe nominal 156
28 Transformer une proposition subordonnée circonstancielle
   en groupe nominal 159
29 Utiliser l'infinitif pour une expression plus concise 164
30 Remplacer une proposition subordonnée relative
   par un adjectif ou un nom 169
31 Varier les tournures de phrases 172

ÉCRIRE AVEC LOGIQUE

32 Apporter une explication 178
33 Établir une progression 180
34 Exprimer la cause 182
35 Exprimer la conséquence 184
36 Exprimer le but 186
37 Exprimer la comparaison 188
38 Exprimer une condition 190
39 Établir une opposition 192
40 Admettre : exprimer une concession 194

13 Choisir la bonne préposition

> *On connaît le fâcheux « aller au coiffeur », malencontreusement utilisé à la place d'« aller chez le coiffeur ».*

Une préposition mal employée suffit à compromettre la bonne tenue d'une phrase. Pour construire un complément, entre quelles prépositions peut-on hésiter ? Quelle est celle qui convient ?

À . DE . AVEC

Pour exprimer	Utiliser à	Utiliser de	Utiliser avec
la possession		C'est la bicyclette **d'**Arthur.	
l'appartenance		C'est la faute **de** son adjoint.	
la parenté		C'est le cousin **de** ma belle-sœur.	
le contenant sans son contenu	une tasse **à** thé (elle est vide mais contient habituellement du thé) un pot **à** eau un pot **à** confiture		
le contenant avec son contenu		une tasse **de** thé (on y a versé du thé) un pot **d'**eau un pot **de** confiture	
l'association après *associer, comparer, confronter, joindre*	Associer quelqu'un **à** un projet. Comparer le travail des enfants **à** un esclavage. Être confronté **à** ses responsabilités. Joindre un CV **à** un dossier.		

EXPRESSION

ÉVITER LES FAUTES DE CONSTRUCTION ▸ **Choisir la bonne préposition**

Pour exprimer	Utiliser à	Utiliser de	Utiliser avec
l'association après *associer, comparer, confronter,* quand il y a réciprocité parfaite			Associer du jaune **avec** du rouge. Comparer une clé **avec** une autre. Confronter les témoins **avec** le prévenu.

À . CHEZ . EN

Pour désigner	Utiliser à	Utiliser chez	Utiliser en
un lieu où l'on va (nom de chose)	Je vais **à** la pharmacie.		
un lieu où l'on va (nom de personne)		Je vais **chez** le pharmacien.	
le déplacement quand on est dans un moyen de locomotion			Circuler **en** voiture, **en** avion, **en** train, **en** bateau.
le déplacement quand on est sur un moyen de locomotion	Circuler **à** cheval, **à** bicyclette, **à** moto, **à** skis, **à** pied. (sans s)		

DE . POUR . EN

Pour désigner	Utiliser de	Utiliser pour	Utiliser en
le lieu d'où l'on vient	L'avion **de** Tunis a du retard.		
la direction où l'on se rend		L'avion **pour** Tunis a du retard.	
la matière	une tasse **de** porcelaine (*de* = langue soutenue)		une tasse **en** porcelaine un bijou **en** or
la matière (emplois figurés)	un moral **d'**acier un cœur **d'**or		

EN ▪ AU(X) ▪ À

Devant un nom	Utiliser EN	Utiliser AU(X)	Utiliser À
de pays qui prend l'article *la* ou *l'*	la France → Il vit **en** France. l'Italie → Il vit **en** Italie. l'Uruguay → Il vit **en** Uruguay. **REMARQUE :** *Israël* ne prend pas d'article. Mais il commence par une voyelle. → Il vit **en** Israël.		
de pays qui prend l'article *le* ou *les*		le Portugal → Il vit **au** Portugal. les États-Unis → Il vit **aux** États-Unis.	
d'île qui prend l'article *la* ou *l'*	la Corse, la Sicile, l'Australie, l'Islande → Il vit **en** Corse, **en** Sicile, **en** Australie, **en** Islande.		
d'île sans article			Chypre, Malte, Cuba, Madagascar → Il vit **à** Chypre, **à** Malte, **à** Cuba, **à** Madagascar.

À NOTER

Pour les îles des départements et territoires d'outre-mer, l'usage est changeant. Conformément à la règle, on dit bien **en** *Nouvelle-Calédonie*. On disait autrefois *à la Martinique* et *à la Guadeloupe* ; mais on a tendance à dire aujourd'hui **en** *Martinique*, **en** *Guadeloupe*. Cependant on dit toujours *à la Réunion* (l'île de la Réunion).

ÉVITER LES FAUTES DE CONSTRUCTION ▸ **Choisir la bonne préposition**

DANS . SUR . EN . À

Utiliser *dans*	**Utiliser *sur***
Il l'a lu **dans** le journal, **dans** un livre.	Il l'a lu **sur** la couverture du magazine. Vous êtes **sur** la liste. Votre nom est **sur** la liste.
S'asseoir **dans** un fauteuil.	S'asseoir **sur** une chaise, **sur** un divan, **sur** un canapé.
Marcher **dans** la rue.	Marcher **sur** une avenue, **sur** un boulevard, **sur** une place.

Utiliser *sur*	**Utiliser *à***
Il s'est trompé **sur** tous les plans.	Des vêtements produits **à** une grande échelle.
Il est irréprochable **sur** le plan moral.	On a des doutes **à** son sujet.
Il juge les gens **sur** leur apparence.	

Utiliser *en*	**Utiliser *à***
Mon cousin est général **en** retraite.	Mon cousin est un fonctionnaire **à** la retraite. Il a hâte d'être mis **à** la retraite.
Une fête est organisée pour son départ **en** retraite.	Une fête est organisée pour son départ **à** la retraite.

Validation express

A Complétez par *du (de la)*, *au (à la, à l')* ou *chez le*.
1 J'irai ... restaurant pendant que tu seras ... dentiste.
2 En sortant ... salon du Cheval, je me rendrai ... ambassade.
3 Je passerai ... boulanger après être allé ... coiffeur.
4 Rejoins-moi ... boulangerie et nous irons ... le libraire.

B Complétez par la préposition *à*, *au* ou *en*.
La Compagnie dessert tous les continents : que vous alliez ... Turquie, ... Yémen, ... Suède, ... Nouvelle-Zélande, ... Iran, ... Équateur, ... Hawaï ou ... Brésil, elle vous y conduira.

Corrigé
A 1 J'irai au restaurant pendant que tu seras chez le dentiste. – **2** En sortant du salon du Cheval, je me rendrai à l'ambassade. – **3** Je passerai chez le boulanger après être allé chez le coiffeur. – **4** Rejoins-moi à la boulangerie et nous irons chez le libraire.
B Que vous alliez en Turquie, au Yémen, en Suède, en Nouvelle-Zélande, en Iran, en Équateur, à Hawaï ou au Brésil, elle vous y conduira.

14 Construire le verbe avec ou sans préposition ? avec *à* ? avec *de* ?

▶ *Surmonter l'adversité* mais *triompher de l'adversité*.
▶ *S'occuper à* ou *s'occuper de ranger* ?
Après un verbe, faut-il *à* ? Faut-il *de* ? Ne faut-il ni l'un ni l'autre ? « Dans le doute, abstiens-toi ! », dit-on… C'est là le danger : s'interdire d'employer une forme intéressante, faute de savoir construire le verbe. Mieux vaut apprendre à manier ces constructions en les distinguant.

DES VERBES CONSTRUITS SANS PRÉPOSITION ; AVEC *À* ; AVEC *DE*

Verbes…	Suivis…	Exemples
construits sans préposition	de l'infinitif	Les voisins **affirment** avoir tout entendu. L'usager **déclare** avoir perdu sa carte de transport. L'employé **désire** prendre ses vacances en juillet. Le marathonien **espère** courir la saison prochaine. L'infirmière **estime** avoir agi au mieux. On **s'imagine** planer comme un oiseau.
	d'un nom	Les bavards **accaparent** la conversation pendant des heures. Les premiers renforts viendront **pallier** les difficultés d'approvisionnement. Les spectateurs **se rappellent** les meilleurs moments du film.
construits avec la préposition *à*	de l'infinitif	Son collègue l'**aide à** s'installer dans son nouveau poste. Il **commence à** s'habituer à son nouveau poste. Nous **cherchons à** joindre notre correspondant. La municipalité **s'est engagée à** construire des logements sociaux. Les colocataires n'**ont pas renoncé à** se défendre. Ils **ont réussi à** s'entendre. Ne **tardez pas à** rendre votre mémoire.

100 Expression

ÉVITER LES FAUTES DE CONSTRUCTION ▸ Construire le verbe...

Verbes...	Suivis...	Exemples
construits avec la préposition *à*	d'un nom	Ses supérieurs **ont acquiescé à** sa demande. L'ocelot **s'apparente au** chat sauvage. Les réfugiés **aspirent à** une vie meilleure. Les experts **s'attendent à** une chute des températures. Nous **collaborons à** la réussite de ce projet. Peut-on fumer au volant sans **contrevenir au** code de la route ? Vous pourriez **déroger à** vos principes et vous montrer plus tolérant. Les campagnes de la Sécurité routière **incitent à** la prudence. La responsabilité **incombe à** la direction du club. La police **a perquisitionné au** domicile du prévenu. On doit **procéder à** un nouveau tour de scrutin. Il faut **recourir au** dictionnaire en cas de doute. Il **se réfère à** un article paru le mois dernier. La séance permettra-t-elle de **remédier à** ses difficultés ? Tous les membres de l'association **souscrivent à** ce projet. Le jeune apprenti boulanger **succédera à** son père.
construits avec la préposition *de*	suivis de l'infinitif	Nous **sommes convenus de** nous retrouver tous les mois. Il **envisage de** partir travailler à l'étranger. On **a persuadé** les habitants **de** se réunir en association. Il ne **s'est** jamais **repenti d'**avoir tenu ces propos. Il **tente** par tous les moyens **de** résoudre le problème.
	suivis d'un nom	Les familles **bénéficieront d'**une réduction. Il nous **a fait part de** son intention. Le restaurant **jouit d'**une excellente réputation. En quelques phrases, il **a rendu compte de** sa visite.

DES CONSTRUCTIONS DIFFÉRENTES POUR UN MÊME VERBE

Il faut faire attention aux verbes qui changent de construction, selon leur tournure et selon la nature de leur complément, tout en gardant le même sens.

Verbes	Exemples
avoir le plaisir de + infinitif	Nous **aurons le plaisir de** vous faire visiter nos ateliers.
avoir grand plaisir à + infinitif	Nous **aurons grand plaisir à** vous les faire visiter.
se faire un plaisir de + infinitif	Nous **nous ferons un plaisir de** vous les faire visiter.
consister en + pronom ou nom	**En** quoi **consiste** votre travail ? Il **consiste en** différentes missions.
consister à + infinitif	Mon travail **consiste à** entrer en contact avec les associations.
contraindre à + infinitif	On le **contraint à** partir.
être contraint de + infinitif	Nous **sommes contraints de** rester à la disposition des autorités.
être contraint à + infinitif (complément d'agent exprimé)	La famille **a été contrainte** par les ravisseurs à verser une rançon.
décider de + infinitif	Nous **avons décidé d'**intervenir.
être décidé à + infinitif	Nous **sommes décidés à** intervenir.
décider quelqu'un à + infinitif	Nous l'**avons décidé à** intervenir.
se décider à + infinitif	Nous **nous sommes décidés à** intervenir.
demander à + infinitif (les deux verbes ont le même sujet)	J'**ai demandé à** venir.
demander à quelqu'un de + infinitif (les actions sont faites par deux personnes différentes)	J'**ai demandé au** responsable **de** venir.
entreprendre + nom	La filiale **a entrepris** l'exploitation du site.
entreprendre de + infinitif	La filiale **a entrepris d'**exploiter le site.
excuser quelqu'un ou *quelque chose*	Vous voudrez bien nous **excuser**. Vous voudrez bien **excuser** notre retard.
excuser quelqu'un pour (ou *de*) *quelque chose*	Vous voudrez bien nous **excuser pour** (ou **de**) ce retard.

Expression

ÉVITER LES FAUTES DE CONSTRUCTION ▸ **Construire le verbe...**

Verbes	Exemples
hériter de quelque chose	Les enfants **ont hérité d'**un heureux caractère.
hériter quelque chose de quelqu'un	Ils **ont hérité de** leur père un heureux caractère.
obliger à + infinitif	On **a obligé** l'automobiliste **à** souffler dans l'alcootest.
être obligé de + infinitif	L'automobiliste **a été obligé de** souffler dans l'alcootest.
être obligé par + *à* + infinitif (si le complément d'agent est exprimé) REMARQUE : La construction est la même pour *forcer quelqu'un à* ; *être forcé de* ; *être forcé par quelqu'un à*	L'automobiliste **a été obligé par** les gendarmes **à** souffler dans l'alcootest.
préférer quelque chose à autre chose	**Préférer** les voyages **au** repos.
préférer + infinitif + *plutôt que (de)* + infinitif	**Préférer** voyager **plutôt que (de)** se reposer.
être reconnaissant envers quelqu'un	Il faut **être reconnaissant envers** ceux qui vous aident.
être reconnaissant à quelqu'un de quelque chose ou *de* + infinitif	Je **suis reconnaissant à** mes collègues **de** leur accueil si chaleureux (ou **de** m'avoir accueilli si chaleureusement).
refuser de + infinitif	Je **refuse de** vous suivre dans cette voie.
se refuser à + infinitif	Je **me refuse à** vous suivre dans cette voie.
remercier quelqu'un pour + nom (concret)	Je vous **remercie pour** votre cadeau, **pour** ces jolies fleurs.
remercier quelqu'un de + nom (abstrait)	Je vous **remercie de** votre aide, **de** votre accueil.
souhaiter + infinitif (les deux verbes ont le même sujet)	Je **souhaite** arriver le plus tôt possible.
souhaiter à quelqu'un de + infinitif (les actions sont faites par deux personnes différentes)	Je **souhaite à** Paul **d'**arriver le plus tôt possible.
transiger avec quelqu'un	Il a fallu **transiger avec** les organisateurs.
transiger sur quelque chose	Dans l'établissement, on ne **transige** pas **sur** la ponctualité.

DES VERBES SYNONYMES QUI SE CONSTRUISENT DIFFÉREMMENT

Il faut faire attention aux verbes qui ont le même sens mais qui ne demandent pas la même construction.

Verbes	Exemples
accepter de / consentir à	Le directeur **accepte de / consent à** vous recevoir.
assister à / être témoin de	Le vigile **a assisté à / a été témoin de** l'incident.
épouser / se marier avec	L'étudiante **a épousé / s'est mariée avec** son professeur.
espérer / compter sur	Nous **espérons / comptons sur** une livraison immédiate.
essayer, s'efforcer, tâcher de / chercher à	L'élève doit **essayer de, s'efforcer de, tâcher de / chercher à** progresser.
influencer / influer sur	L'opinion des journalistes ne devrait pas **influencer / influer sur** les électeurs.
obliger à / imposer de	La présence de radars nous **oblige à / impose de** réduire notre vitesse.
s'occuper de / chercher à	Je ne **m'occupe** pas **de / ne cherche** pas à savoir qui viendra.
permettre de / aider à	La lecture de l'article me **permet de / m'aide à** mieux comprendre la situation.
se permettre de / s'autoriser à	Il **se permet de / s'autorise à** quitter la réunion au bout d'une heure.
poursuivre / persévérer dans	L'élève en difficulté doit **poursuivre / persévérer dans** ses efforts.
promettre de / s'engager à	Le propriétaire **a promis** d'effectuer **/ s'est engagé à** effectuer les travaux nécessaires.
se ranger à / s'aligner sur	Les indécis finiront par **se ranger à / s'aligner sur** l'opinion générale.
se rappeler / se souvenir de	Elle **se rappelle / se souvient de** ses dernières vacances.
songer à / envisager de	Le technicien **songe à / envisage de** démissionner.
utiliser / se servir de	Les lycéens **utilisent / se servent de** l'ordinateur pour leurs recherches.

DES VERBES QUI CHANGENT DE SENS SELON LEUR CONSTRUCTION

Il faut faire attention aux verbes qui n'ont pas le même sens quand on les construit sans préposition ; avec *à* ; avec *de* ; ou avec une autre préposition.

VERBES	SENS	EXEMPLES
commencer à + infinitif	se mettre à	**Commencez à** répondre au courrier dès 9 heures pour avoir fini à midi.
commencer par + infinitif	faire en premier	**Commencez par** répondre au courrier ; ensuite vous préparerez les dossiers.
convenir à quelqu'un	lui aller, lui agréer	Cet arrangement **convient**-il à votre client ?
convenir de quelque chose ou *de* + infinitif	se mettre d'accord	Nous **étions convenus d'**un rendez-vous (ou **de** nous retrouver) dans le courant de la semaine.
défendre quelqu'un ou quelque chose	prendre la défense	Les acteurs engagés **défendent** le droit au logement.
défendre à quelqu'un de + infinitif	interdire	Les parents **défendent à** leurs enfants **de** jouer au ballon sur l'avenue.
finir de + infinitif	achever quelque chose	Il faudra **finir de** dîner avant 20 heures.
finir par + infinitif	en venir à, se décider finalement	Ils ont **fini par** reconnaître qu'ils avaient tort.
participer à quelque chose	prendre part	Les députés **participent au** débat parlementaire.
participer de quelque chose	présenter certains caractères communs	Une telle réflexion **participe du** pessimisme ambiant.
penser + infinitif	avoir l'intention de, compter	Le joueur **pense** réaliser le meilleur score.
penser à + infinitif	se souvenir	**Pense à** fermer la porte derrière toi.
répondre à	adresser une réponse	Impossible de **répondre à** tous les messages de soutien !
répondre de	être garant de	Je **réponds de** sa parfaite honnêteté.

Verbes	Sens	Exemples
témoigner quelque chose à quelqu'un	montrer, manifester	Envoie un petit mot à ton collègue pour lui **témoigner** ton amitié.
témoigner de quelque chose	se porter garant	Je peux **témoigner de** sa bonne foi.
témoigner contre ou *en faveur de quelqu'un*	servir de témoin à charge ou à décharge dans un procès	Je **témoignerai en faveur de** l'accusé.
traiter quelque chose	examiner, tenter de résoudre	Il faut **traiter** le problème avant qu'il ne se pose à nouveau.
traiter de quelque chose	avoir pour sujet	L'exposé **traitera de** l'histoire de la cravate.

Validation express

A Complétez les phrases avec *à* ou *de*.
1 Nous aurons grand plaisir ... vous retrouver après tant d'années.
2 Nous avons le plaisir ... vous annoncer la naissance d'Arthur.
3 L'inspecteur refuse ... prendre en compte des indices aussi fragiles.
4 Il se refuse ... y croire.
5 Le peloton oblige le cycliste ... adopter un rythme soutenu.
6 Le cycliste est obligé ... accélérer son allure.

B Complétez le texte avec *à* ou *de*.
Le club sportif entreprend ... rénover ses locaux. La municipalité s'est engagée ... participer ... projet en aidant ... financer une partie du matériel. Pour le reste, nous sommes contraints ... recourir ... vos dons. Nous vous serions reconnaissants ... vous montrer généreux et vous remercions ... faire bon accueil aux vendeurs de billets de tombola. On procédera ... tirage au sort dès dimanche.

Corrigé
A 1 à vous retrouver – **2** de vous annoncer – **3** de prendre en compte – **4** à y croire – **5** à adopter – **6** d'accélérer
B entreprend de – s'est engagée à – participer au – en aidant à – nous sommes contraints de – recourir à – nous vous serions reconnaissants de – vous remercions de – on procédera au

15 Quel mode utiliser dans les subordonnées introduites par *que* ?

▶ La direction **espère que** vous **examinerez** favorablement cette demande.
▶ La direction **souhaite que** vous **examiniez** favorablement cette demande.

Les verbes de ces propositions subordonnées sont à des modes différents : le premier est à l'indicatif, le second est au subjonctif.
Le verbe principal *(espérer, souhaiter)* détermine l'emploi de ces modes.

LES VERBES QUI COMMANDENT LE SUBJONCTIF

Certains verbes imposent le subjonctif dans la subordonnée conjonctive :

- les verbes qui expriment une volonté ; une préférence : *ordonner que, exiger que, vouloir que, demander que, il faut que ; préférer que, aimer que, il est préférable que...*
  Nous **exigeons que** vous **finissiez** votre travail.
  Je **préfère que** la porte **soit** fermée.

- les verbes qui expriment un doute ; une crainte : *douter que, il se peut que, il est possible que ; craindre que, redouter que, avoir peur que, éviter que, appréhender que, trembler que...*
  Les examinateurs **doutent que** le candidat **fasse** l'affaire.
  Je **crains qu'**il ne **vienne** pour rien.
  Traitez vos murs pour **éviter qu'**ils ne **prennent** l'humidité.

- les verbes qui expriment un désir ; un regret : *désirer que, souhaiter que, attendre que, tenir à ce que ; regretter que, déplorer que, être désolé que, se plaindre que, il est dommage, regrettable que...*
  Il **désire que** vous **veniez** accompagnée.
  Je suis **désolée que** vous ne **puissiez** pas vous libérer ce jour-là.

107

● les verbes qui expriment un refus ; une acceptation : *interdire que, empêcher que, il est inacceptable, intolérable que ; accepter que, admettre que...*
Il faut **empêcher que** le témoin **sorte** par l'escalier principal.
Le président **accepte** bien volontiers **que** vous **preniez** part au débat.

● les verbes qui expriment une appréciation, positive ou négative : *se réjouir que, apprécier que, être heureux que, juger bon que, aimer que... ; détester que ; trouver (in)juste, (a)normal, important, révoltant que...*
Nous **sommes heureux que** vous ne **repartiez** pas les mains vides.
Il **est juste qu'**un tel effort **obtienne** sa récompense.

● les verbes qui expriment un étonnement : *s'étonner que, être surpris que...*
Nous **sommes surpris que** vous **arriviez** si tôt.

LES VERBES SUIVIS DU SUBJONCTIF OU DE L'INDICATIF

Certains verbes peuvent être suivis de l'indicatif ou du subjonctif, selon qu'ils sont à la forme affirmative, négative ou interrogative.

● *dire que, penser que, croire que, considérer que, supposer que...*
  • Ces verbes de déclaration ou d'opinion sont suivis de l'indicatif (ou du conditionnel) à la forme affirmative.
Je **crois**, je **pense que** c'**est** (ou ce **serait**) le moment.
  • Mais ils sont généralement suivis du subjonctif à la forme négative ou interrogative.
Je **ne crois pas**, je **ne pense pas que** ce **soit** le moment.
Croyez-vous, **pensez**-vous **que** ce **soit** le moment ?
  • Cependant, on emploiera plutôt l'indicatif pour exprimer le futur.
Je ne **crois** pas **que** le président du club **sera** réélu.

● *il me (te, lui, leur...) semble que...*
  • Ce verbe est suivi de l'indicatif (ou du conditionnel).
Il me **semble que** les autobus **sont** moins fréquents qu'autrefois.
Il me **semble qu'**on **pourrait** en faire circuler davantage sur la ligne.
  • Mais il est généralement suivi du subjonctif à la forme négative.
Il **ne** me **semble pas que** les projets **aillent** dans ce sens.

● *il paraît que...*
  • Ce verbe est suivi de l'indicatif (ou du conditionnel).
Il **paraît que** vous **êtes** venu. Il **paraît qu'**il **serait** souffrant.
  • Mais il faut le subjonctif à la forme négative.
Il **ne paraît pas qu'**un accord **soit** possible.

EXPRESSION

ÉVITER LES FAUTES DE CONSTRUCTION ▸ Quel mode utiliser...

DES VERBES QUI CHANGENT DE SENS SELON LE MODE UTILISÉ

Certains verbes prennent un sens différent selon qu'ils sont suivis de l'indicatif ou du subjonctif.

- *admettre que*

    admettre que + indicatif : reconnaître que
    J'**admets** volontiers **qu'**ils **font** tout leur possible.
    admettre que + subjonctif : supposer, prendre comme hypothèse
    Admettons que votre idée **soit** retenue...
    admettre que + subjonctif : accepter, tolérer
    J'**admets qu'**on **puisse** s'absenter un quart d'heure, mais pas davantage.

- *comprendre que*

    comprendre que + indicatif : se rendre compte, déduire
    Je **comprends**, à son air, **qu'**il **est** très déçu par ses résultats.
    comprendre que + subjonctif : s'expliquer
    Après tous ses efforts, je **comprends qu'**il **soit** déçu par ses résultats.

- *concevoir que*

    concevoir que + indicatif : se rendre compte, reconnaître
    Je **conçois que** la tâche **était** difficile.
    concevoir que + subjonctif : comprendre
    Je **conçois qu'**on **puisse** renoncer.

- *supposer que*

    supposer que + indicatif : admettre, considérer comme un fait
    Le professeur **suppose que** tout le monde **comprend** ; il ne répétera pas.
    supposer que + subjonctif : faire une hypothèse
    Supposons que le président **ait** un empêchement, maintiendrez-vous la réunion ?

VALIDATION EXPRESS

A METTEZ LES VERBES ENTRE PARENTHÈSES AU SUBJONCTIF.
1 Je souhaite vivement que votre entreprise (réussir).
2 Le directeur demande qu'on le (tenir) informé heure par heure.
3 Il est logique que le médecin (prescrire) ce traitement.
4 L'artiste accepte que vous (publier) sa photo dans le journal local.
5 Les membres du club regrettent que vous ne (participer) pas aux réunions.
6 Je doute que vous (obtenir) le remboursement de cet article.
7 Le président veut que le ministre (intervenir) dans cette affaire.
8 Je m'étonne que vous ne le (savoir) pas.

B METTEZ LE VERBE PRINCIPAL À LA FORME NÉGATIVE ET TRANSFORMEZ LE MODE DE LA SUBORDONNÉE COMME IL CONVIENT.

Les personnes interrogées pensent que le plan va dans le bon sens. Elles ont l'impression que l'on peut en tirer parti. Quant à moi, je crois que les circonstances sont favorables, car il me semble que les meilleures conditions sont réunies pour la réussite du projet.

C METTEZ LE VERBE PRINCIPAL À LA FORME INTERROGATIVE (AVEC INVERSION DU PRONOM) ET TRANSFORMEZ LE MODE DE LA SUBORDONNÉE COMME IL CONVIENT.

1 Vous <u>croyez</u> que l'enfant connaît le poème, qu'il veut l'apprendre et qu'il peut le réciter !

2 Vous <u>pensez</u> que l'interprète sait par cœur le morceau et qu'il est capable de le jouer sans partition !

Corrigé

A 1 réussisse – **2** tienne – **3** prescrive – **4** publiiez – **5** participiez – **6** obteniez – **7** intervienne – **8** sachiez

B Les personnes interrogées ne pensent pas que le plan aille dans le bon sens. Elles n'ont pas l'impression que l'on puisse en tirer parti. Quant à moi, je ne crois pas que les circonstances soient favorables, car il ne me semble pas que les meilleures conditions soient réunies pour la réussite du projet.

C 1 Croyez-vous que l'enfant connaisse le poème, qu'il veuille l'apprendre et qu'il puisse le réciter ? **2** Pensez-vous que l'interprète sache par cœur le morceau et qu'il soit capable de le jouer sans partition ?

EXPRESSION

16 Quel mode utiliser après les conjonctions de subordination ?

▶ *En admettant que* vous *changiez* d'avis, prévenez-nous.
▶ *Si* vous *changez* d'avis, prévenez-nous.
▶ *Au cas où* vous *changeriez* d'avis, prévenez-nous.

Bien qu'elles aient le même sens, les trois conjonctions de subordination imposent un mode différent au verbe qui les suit. La première est suivie d'un subjonctif ; la deuxième, d'un indicatif ; la troisième, d'un conditionnel.

LES CONJONCTIONS SUIVIES DU SUBJONCTIF

Conjonctions de subordination	Exemples
qui expriment l'opposition :	
• *quoique, bien que, encore que*	Ils attendent toujours **quoiqu'**il y **ait** peu d'espoir.
• *sans que*	La situation s'est rapidement dégradée **sans qu'**on **ait pu** intervenir.
qui expriment le temps :	
• *jusqu'à ce que, en attendant que*	Faites cuire la tarte **jusqu'à ce que** la pâte **soit** bien dorée.
• *avant que*	Le documentaliste sera heureux de vous accueillir **avant que** vous ne **commenciez** vos recherches.
qui expriment le but :	
• *pour que, afin que*	Prévenez-le **pour qu'**il **vienne** vous chercher à la gare.
• *de crainte que, de peur que...*	Le piéton porte un gilet jaune **de peur qu'**un cycliste ne **survienne** brusquement.
qui expriment la condition :	
• *à condition que, pour peu que, pourvu que*	Nous acceptons votre offre **à condition que** vous nous **consentiez** une réduction.
• *en admettant que, à supposer que*	**En admettant que** nous ne **soyons** que cinq, l'assemblée peut-elle se tenir ?
• *à moins que*	Nous nous réunirons sur le parvis, **à moins qu'**il ne **pleuve**.

111

Conjonctions de subordination	Exemples
qui expriment la cause : • *non que, non pas que, ce n'est pas que*	Nous sommes un peu brouillés ; **non pas que** je lui en **veuille**, mais il m'a déçu.
qui expriment la conséquence : • *de manière (à ce) que, de façon (à ce) que*	Placez-vous **de manière à ce que** chacun **puisse** vous entendre.
• *trop... pour que*	Il est encore **trop** tôt **pour qu'**on **puisse** le dire.
qui expriment la concession : • *quel que, qui que, quoi que*	Le client, **quel qu'**il **soit**, mérite toute votre attention.
• *si... que*	**Si** tolérant **que** vous **soyez**, vous n'accepterez certainement pas cette attitude.

LES CONJONCTIONS SUIVIES DE L'INDICATIF

Conjonctions de subordination	Exemples
qui expriment l'opposition : • *alors que, tandis que*	Vous hésitez **alors que** vous **pouvez** le faire. C'est dommage.
qui expriment le temps : • *après que*	**Après que** vous vous **serez servis**, vous nous passerez le plat.
• *aussitôt que*	**Aussitôt que** vous **serez arrivé** à la gare, téléphonez-moi.
• *pendant que, tant que*	**Tant qu'**il **continuait** à jouer, l'acteur ne se sentait pas vieillir.
• *jusqu'au moment où*	Continuez **jusqu'au moment où** on vous **dira** d'arrêter.
• *dès que*	L'inspecteur est arrivé **dès que** le trafic **a été rétabli**.
qui expriment la condition : • *si, sauf si, même si*	**Si** j'avais **vérifié** l'heure, j'aurais enregistré l'émission.
• *dans la mesure où*	Les anciens élèves seront présents, **dans la mesure où** ils **pourront** se libérer ce jour-là.

ÉVITER LES FAUTES DE CONSTRUCTION ▸ Quel mode utiliser...

Conjonctions de subordination	Exemples
qui expriment la cause : • *puisque, comme...*	**Puisque** vous le **savez**, dites-le.
qui expriment la comparaison : • *selon que, suivant que*	Le produit est plus ou moins frais **selon que** la pastille **reste** rouge ou **devient** verte.

LES CONJONCTIONS SUIVIES DU CONDITIONNEL

Conjonctions de subordination	Exemples
qui expriment la condition : • *au cas où,* *dans l'hypothèse où*	**Au cas où j'arriverais** en retard, commencez sans moi.
qui expriment l'opposition : • *quand bien même*	**Quand bien même** on m'**offrirait** la place, je n'irais pas voir le spectacle.

CAS PARTICULIERS

▸ Quelques conjonctions sont suivies du subjonctif ou de l'indicatif.

Conjonctions de subordination	Exemples
qui expriment la condition : • *pour autant que*	L'exposition a été prolongée, **pour autant que** je **sache**. Vous serez le bienvenu, **pour autant que** vous **accepterez** les règles du jeu.
• *à condition que,* *à la condition que*	J'accepte d'emmener les enfants **à condition qu**'ils **se tiennent** tranquilles. J'accepte d'emmener les enfants **à la condition qu**'ils **se tiendront** tranquilles.

▸ Quelques conjonctions sont suivies du conditionnel ou de l'indicatif.

Conjonctions de subordination	Exemples
qui expriment l'opposition : • *sauf que, si ce n'est que*	La sortie est bien organisée **sauf qu**'on **aimerait** savoir où se trouve la salle de restaurant. Tout est en place **sauf qu**'il **manque** un verre.

Validation express

METTEZ AU MODE QUI CONVIENT LES VERBES INTRODUITS PAR LA CONJONCTION DE SUBORDINATION.

1 Le rapprochement n'est pas conclu bien que des démarches positives (être) entreprises.
2 Les personnes attendent jusqu'à ce que leur numéro (s'inscrire) sur l'écran.
3 Vous devez attendre jusqu'au moment où votre numéro (s'inscrire) sur l'écran.
4 Au cas où vos amis (venir) par le train, donnez-leur les renseignements nécessaires.
5 À supposer que vous (venir) par le train, vous auriez le temps de passer nous voir.
6 L'agence vous enverra une documentation afin que vous (pouvoir) préparer votre voyage.
7 La réunion sera un échec, même si on (trouver) un compromis.
8 La réunion sera un échec, quand bien même on (trouver) un compromis.
9 La réunion ne sera un succès qu'à condition que les partis (réussir) à s'entendre.
10 Pour peu qu'on lui (faire) confiance, le jeune en alternance est capable d'initiative.

Corrigé
1 soient, aient été entreprises – 2 s'inscrive – 3 s'inscrira – 4 viendraient – 5 veniez – 6 puissiez – 7 trouve, trouvait – 8 trouverait – 9 réussissent – 10 fasse

17 Formuler des questions directes ou indirectes

▶ *Voulez-vous danser ? Pourquoi riez-vous ?*
▶ *Je vous demande simplement **si vous voulez danser**.*
▶ *J'aimerais bien savoir **pourquoi vous riez**...*

Les deux premières questions sont des interrogations directes ; les deux dernières sont des interrogations indirectes.

LES RÈGLES À RESPECTER POUR L'INTERROGATION DIRECTE

● Quand on pose une question directe, on peut :

• utiliser la tournure *est-ce que* ; cette tournure convient surtout à l'oral, on l'évitera à l'écrit ;
Est-ce que les ouvriers termineront les travaux avant la fin du mois ?
Pourquoi **est-ce que** tu es parti avant la fin de la réunion ?

• utiliser la construction avec l'inversion du pronom sujet ; cette tournure, plus correcte, est nécessaire à l'écrit.
Voudriez-vous recevoir une documentation à ce sujet ?
Comment les enfants **seront-ils** assurés pendant le voyage scolaire ?

● On ne doit pas mêler les deux tournures (*est-ce que* + reprise et inversion du pronom sujet) ; il ne faut donc pas dire :
⛔ Comment est-ce que les enfants seront-ils assurés pendant le voyage scolaire ?

● On doit placer un point d'interrogation à la fin de la phrase.
Est-ce que vous aimeriez le rencontrer ?
Le train arrivera-t-il à l'heure malgré les travaux ?

> **POUR MIEUX ÉCRIRE**
> **L'emploi de *est-ce-que* est indispensable dans certains cas.**
> La tournure *est-ce que*, bien qu'elle soit considérée comme familière, est indispensable avec certains verbes, même à l'écrit :
> • avec les formes verbales qui ne comportent qu'une syllabe ;
> On ne dit pas : ⛔ Ris-je ? Cours-je ? Dors-je ? Prends-je ? Rends-je ?

115

Il faut dire : Est-ce que je ris ? Est-ce que je cours ? Est-ce que je dors ? Exception. On dit : Vais-je ? Fais-je ?
• avec les verbes dont la première personne se termine par *-ge*.
Il faut dire (pour éviter *-ge-je*) : Est-ce que je songe ? Est-ce que je plonge ? Est-ce que je range ?

PASSER DE L'INTERROGATION DIRECTE À L'INTERROGATION INDIRECTE

Dans l'interrogation indirecte, la proposition interrogative devient subordonnée après un verbe introducteur comme *dire, raconter, ignorer, demander, se demander, préciser…*

Certains outils interrogatifs changent.

• *Est-ce que*, ainsi que la tournure avec le pronom inversé, deviennent *si*.
Est-ce que le groupe doit se rendre à la vallée Blanche ?
Le groupe doit-il se rendre à la vallée Blanche ?
→ Précisez **si** le groupe doit se rendre à la vallée Blanche.

• *Que* (ou *qu'est-ce que*) devient *ce que*.
Que pensez-vous des conditions d'hébergement ?
→ Dites-nous **ce que** vous pensez des conditions d'hébergement.

Qu'est-ce qu'il vous est arrivé pendant le trajet ?
→ Racontez aux organisateurs **ce qu'il** vous est arrivé pendant le trajet.

Certains outils interrogatifs restent les mêmes : *comment, où, quand, qui, quel, pourquoi…*
Précisez **comment** vous arriverez ; **où** l'on peut vous joindre ; **quel** organisme vous accompagne.

L'inversion du pronom personnel disparaît.
À quelle date les vacanciers arriveront-ils ? Comment seront-ils hébergés ?
→ J'aimerais savoir à quelle date **les vacanciers arriveront** et comment **ils seront hébergés**.

LES RÈGLES À RESPECTER POUR L'INTERROGATION INDIRECTE

Quand on pose une question indirecte :

• Le verbe de la subordonnée se met à l'imparfait (ou au plus-que-parfait, ou au futur dans le passé) si le verbe introducteur est au passé.
Il m'**a demandé** si je **voulais** venir.

ÉVITER LES FAUTES DE CONSTRUCTION ▸ Les questions directes ou indirectes

Pour mieux écrire

On ne doit pas coordonner dans la même phrase une interrogation indirecte et une interrogation directe.
Il ne faut pas dire : ⛔ Il serait intéressant de se demander pourquoi un tel sentiment existe et quels problèmes pose-t-il ?
Il faut dire : … et quels problèmes il pose.
Il ne faut pas dire : ⛔ J'aimerais savoir si le petit déjeuner est compris ou est-ce qu'il est en supplément ?
Il faut dire : … ou s'il est en supplément.

● Il ne faut pas de point d'interrogation à la fin de l'interrogation indirecte.
Indiquez-moi par courriel si l'heure de votre rendez-vous doit être changée.

Validation express

A À l'aide du mot interrogatif placé entre parenthèses, posez une question directe avec inversion du pronom sujet.
1 Les habitants des villes sont fatigués. (Pourquoi ?)
2 Les journalistes vont partir en reportage. (Où ?)
3 Les étudiants étrangers sont entrés en contact avec notre entreprise. (Comment ?)
4 Vous pouvez assurer des permanences. (Combien ?)

B Après un entretien d'embauche, un candidat informe les autres postulants. Transformez ses interrogations directes en interrogations indirectes (en gardant le verbe introducteur : « On va vous demander »).
On va vous demander : – À quoi passez-vous votre temps libre ? Quels sont vos centres d'intérêt ? Parlez-vous des langues étrangères ? Quel type d'emploi souhaitez-vous occuper ? Avez-vous déjà fait des stages en entreprise ? Préférez-vous travailler en équipe ou travailler seul ? Êtes-vous prêt à voyager ? Êtes-vous libre immédiatement ?

Corrigé
A 1 Pourquoi les habitants des villes sont-ils fatigués ? – **2** Où les journalistes vont-ils partir en reportage ? – **3** Comment les étudiants étrangers sont-ils entrés en contact avec notre entreprise ? – **4** Combien de permanences pouvez-vous assurer ?
B On va vous demander à quoi vous passez votre temps libre ; quels sont vos centres d'intérêt ; si vous parlez des langues étrangères ; quel type d'emploi vous souhaitez occuper ; si vous avez déjà fait des stages en entreprise ; si vous préférez travailler en équipe ou travailler seul ; si vous êtes prêt à voyager ; si vous êtes libre immédiatement.

18 Bien employer le *ne* explétif

▶ *Tout fait craindre que la planète **ne** se réchauffe plus vite que **ne** l'avaient prévu les experts.*

Dans cette phrase, le *ne* qui est employé est « explétif », c'est-à-dire presque superflu.

QU'APPELLE-T-ON *NE* EXPLÉTIF ?

- Le *ne* explétif n'est pas une négation. Il s'agit d'une particule que l'on ajoute dans certains cas, sans lui donner de valeur négative particulière.
*L'affaire a évolué autrement qu'on **ne** le prévoyait.*

- L'emploi du *ne* explétif appartient à la langue soutenue. Il apporte une certaine élégance à la phrase, mais il n'en modifie pas le sens.
*Je crains toujours qu'il **n'**arrive trop tard. / Je crains toujours qu'il arrive trop tard.*
Ces deux phrases ont exactement le même sens.

QUAND EMPLOIE-T-ON LE *NE* EXPLÉTIF ?

- On emploie le *ne* explétif :
  • avec les verbes *craindre que, redouter que, avoir peur que...*
*J'ai peur qu'il **ne** vienne après mon départ.*

> **À NOTER**
> On ne doit pas confondre le *ne* explétif avec la véritable négation *ne pas*.
> *Je crains qu'il ne pleuve.*
> Cette phrase signifie : Je suis ennuyé si la pluie tombe.
> *Je crains qu'il ne pleuve pas.*
> Cette phrase signifie : Je suis ennuyé si la pluie ne tombe pas.

  • avec les verbes *prendre garde que, éviter que, empêcher que...*
*On veut à tout prix éviter qu'ils **ne** s'ennuient.*

  • avec *avant que, à moins que, de peur que, de crainte que...*
*J'irai vous voir avant que vous **ne** partiez, à moins que vous **n'**y voyiez un inconvénient.*

Éviter les fautes de construction ▸ Bien employer le *ne* explétif

- dans les subordonnées circonstancielles de comparaison exprimant l'inégalité : *plus, moins, pire, meilleur, autre, autrement... que...*

Il est moins tard que je **ne** pensais.
Autrefois, les sommets étaient beaucoup plus enneigés qu'ils **ne** le sont aujourd'hui.

Validation express

Reliez chacune des phrases à la proposition qui convient.

1 Il devait voyager mais il avait beaucoup de travail. Je crains...
 a) ... qu'il ne soit parti.
 b) ...qu'il ne soit pas parti.

2 Je devais lui rendre visite mais je me suis attardé. Je crains...
 a) ... qu'il ne soit parti.
 b) ... qu'il ne soit pas parti.

3 Restons ensemble à la maison. À moins que...
 a) ... vous ne vouliez sortir !
 b) ... vous ne vouliez pas sortir !

4 Allons ensemble nous promener. À moins que...
 a) ... vous ne vouliez sortir !
 b) ... vous ne vouliez pas sortir !

5 Dépêchons-nous d'entrer. J'ai peur...
 a) ... que les portes ne ferment pas.
 b) ... que les portes ne ferment.

6 Méfions-nous des courants d'air. J'ai peur...
 a) ... que les portes ne ferment pas.
 b) ... que les portes ne ferment.

Corrigé
1 Je crains qu'il ne soit pas parti. – **2** Je crains qu'il ne soit parti. – **3** À moins que vous ne vouliez sortir ! – **4** À moins que vous ne vouliez pas sortir ! – **5** J'ai peur que les portes ne ferment. – **6** J'ai peur que les portes ne ferment pas.

19 Bien employer *dont*

> ▶ *Dont* est un pronom relatif très utile mais souvent mal employé. Par peur de la faute, on l'évite, on le remplace, au risque de commettre une nouvelle faute. Pourtant, *dont* signifie simplement *de qui, de que*.

QUAND FAUT-IL EMPLOYER *DONT* ?

On emploie *dont* dans une proposition relative si le verbe, ou le nom, ou l'adjectif se construit avec la préposition *de*.

- **Un verbe (ou une locution verbale) +** *de* → on emploie *dont*
On **parle** beaucoup **de** cette question ces derniers temps. (parler de)
→ C'est une question **dont** on parle beaucoup ces derniers temps.
Il **s'agit d'**un cas difficile à traiter. (s'agir de)
→ Le cas **dont** il s'agit est difficile à traiter.
Notre société **a** bien **pris conscience de** ce problème.
(prendre conscience de)
→ Voici un problème **dont** notre société a bien pris conscience.
Pour lutter contre l'isolement, nous **avons besoin de** solidarité.
(avoir besoin de)
→ La solidarité, voilà ce **dont** nous avons besoin pour lutter contre l'isolement.

> **POUR MIEUX S'EXPRIMER**
> **Quel pronom faut-il employer quand le verbe est construit sans préposition ?**
> Si le verbe se construit sans préposition, on emploie *que* dans la relative.
> J'ai **interrogé** un témoin ; il ne se souvient de rien. (interroger quelqu'un)
> → Le témoin **que** j'ai interrogé ne se souvient de rien.
> **Quel pronom faut-il employer quand le verbe est construit avec la préposition *à* ?**
> Si le verbe se construit avec la préposition *à*, on emploie *auquel, à laquelle...* dans la relative.
> Vous **faites référence à** une affaire très délicate. (faire référence à quelque chose)
> → L'affaire **à laquelle** vous faites référence est très délicate.

ÉVITER LES FAUTES DE CONSTRUCTION ▸ Bien employer *dont*

● **Un nom +** *de* → on emploie *dont*
J'ignore **la raison de** ce départ précipité ; il m'a surprise.
→ Ce départ précipité **dont** j'ignore la raison m'a surprise.

On ne doit pas sous-estimer **la valeur de** ce concurrent ; il peut gagner.
→ Ce concurrent, **dont** on ne doit pas sous-estimer la valeur, peut gagner.

● **Un adjectif +** *de* → on emploie *dont*
L'enfant est très **fier de** cette expérience.
→ L'enfant a fait une expérience **dont** il est très fier.

Je me suis toujours senti **proche des** gens du voyage. Ils m'ont accueilli.
→ Les gens du voyage, **dont** je me suis toujours senti proche, m'ont accueilli.

QUAND NE FAUT-IL PAS EMPLOYER *DONT* ?

● Il ne faut pas employer *dont* avec un déterminant possessif.
Dont exprime souvent l'appartenance et la possession ; dans ce cas, *dont* et le déterminant possessif *(son, sa, ses, leurs)* font double emploi. Il faut alors remplacer *son, sa...* par *le, la...*
Il a prononcé un beau discours. On comprend facilement **son** sens.
→ Il a prononcé un beau discours **dont** on comprend facilement **le** sens.

Cet acteur a joué dans *L'Avare*. J'apprécie beaucoup **son** humour.
→ Cet acteur, **dont** j'apprécie beaucoup **l'**humour, a joué dans *L'Avare*.

● Il ne faut pas employer *dont* avec *en*.
Dont signifie : de quelque chose, de quelqu'un ; *en* est aussi l'équivalent de : de lui, d'elle(s), d'eux, de cela. *Dont* et *en* font donc double emploi. Il faut supprimer *en* quand on emploie *dont*.
Notre correspondant attend les renseignements. Il **en** a besoin pour travailler.
→ Notre correspondant attend les renseignements **dont** il a besoin pour travailler.

La présentatrice a dit une bêtise. On n'a pas fini d'**en** rire.
→ La présentatrice a dit une bêtise **dont** on n'a pas fini de rire.

● Il ne faut pas employer en même temps *de* et *dont*.
Dans une mise en relief du nom ou du pronom *(c'est lui, c'est cela)*, on ne doit pas employer *de* et *dont* dans la même phrase puisque *dont* signifie déjà : de quelque chose, de quelqu'un. On utilise *de* avec *que*, mais on ne l'emploie pas avec *dont*.
C'est **de** ce film **que** je parlais hier.
→ C'est ce film **dont** je parlais hier.

Ce n'est pas **de** ce sujet **qu'**il est question.
→ Ce n'est pas ce sujet **dont** il est question.
C'est **d'**elle **qu'**il s'agit.
→ C'est elle **dont** il s'agit.
C'est **de** cela **que** j'ai envie.
→ C'est cela **dont** j'ai envie.

VALIDATION EXPRESS

A Complétez par *dont*, *que* ou *auquel*.
1 Un témoin ne doit-il rapporter que les détails ... il est certain ?
2 C'est l'argument ... les jurés se sont montrés le plus sensibles.
3 L'écolier a fourni tous les efforts ... il était capable.
4 L'écolier a fourni tous les efforts ... il était capable de fournir.
5 Vous devrez réorganiser le service ... vous devenez responsable.
6 On ne peut malheureusement pas s'accorder tous les plaisirs ... on a envie.

B Formez une seule phrase en utilisant *dont* comme il convient.
1 Tu t'occupes d'une personne. Elle a bien de la chance. → La personne...
2 Tes amis t'ont parlé de ce restaurant. Il va bientôt fermer.
→ Le restaurant...
3 Le petit carnet noir a été retrouvé. Le détective s'en sert dans toutes ses enquêtes. → Le petit carnet noir...
4 Tu t'es toujours plaint des délais. Ils sont devenus interminables.
→ Les délais...
5 Un appareil. Son fonctionnement est expliqué en cinq langues.
→ Un appareil...
6 Une situation difficile. Nous voudrions en sortir rapidement.
→ Une situation difficile...
7 Un héros de série bien sympathique. On attend son retour avec impatience.
→ Un héros de série bien sympathique...
8 Cet incident regrettable. Les journalistes en ont beaucoup parlé. → C'est...

CORRIGÉ
A 1 les détails dont il est certain – **2** auquel les jurés se sont montrés le plus sensibles – **3** les efforts dont il était capable – **4** les efforts qu'il était capable de fournir – **5** le service dont vous devenez responsable – **6** les plaisirs dont on a envie
B 1 La personne dont tu t'occupes a bien de la chance. – **2** Le restaurant dont tes amis t'ont parlé va bientôt fermer. – **3** Le petit carnet noir dont le détective se sert dans toutes ses enquêtes a été retrouvé. – **4** Les délais dont tu t'es toujours plaint sont devenus interminables. – **5** Un appareil dont le fonctionnement est expliqué en cinq langues. – **6** Une situation difficile dont nous voudrions sortir rapidement. – **7** Un héros de série bien sympathique dont on attend le retour avec impatience. – **8** C'est cet incident regrettable dont les journalistes ont beaucoup parlé.

20 Éviter les pièges de la coordination

▶ *Le cycliste évite **et se méfie** de la circulation sur les grands axes.* La phrase est incorrecte.

▶ *Le cycliste **évite et redoute** la circulation sur les grands axes.* La phrase est correcte.

Lorsque l'on coordonne deux verbes (ou deux adjectifs, ou deux compléments), on doit réfléchir à la façon dont se construisent ces éléments coordonnés.

NE PAS COORDONNER DEUX VERBES CONSTRUITS DIFFÉREMMENT (AVEC À, DE OU SANS PRÉPOSITION)

⊖ **Le responsable espère identifier et remédier aux dysfonctionnements.**

- Cette phrase est incorrecte car les deux verbes coordonnés se construisent différemment : *identifier les dysfonctionnements* (le verbe se construit sans préposition) ; *remédier aux dysfonctionnements* (le verbe se construit avec la préposition *à/aux*).

- Il faut unifier la construction :
– soit en employant deux verbes de même construction, si on le peut ;
  Le responsable espère **identifier** et **corriger** les dysfonctionnements.
– soit en reprenant le complément à l'aide d'un pronom.
  Le responsable espère **identifier** les dysfonctionnements et **y remédier**.

VALIDATION EXPRESS

REPÉREZ LES PHRASES CORRECTES. TRANSFORMEZ CELLES QUI NE LE SONT PAS.
1 Nous souhaitons et nous parviendrons certainement à vous donner satisfaction dans les prochains jours.
2 Les étudiants roumains comprennent bien et parlent volontiers le français.
3 On s'attend et, bien sûr, on espère obtenir une réponse satisfaisante.
4 Le témoin choisit, et même tient à garder l'anonymat.
5 Commence dès maintenant et termine vite ton travail.

CORRIGÉ
1 Nous souhaitons vous donner satisfaction et nous y parviendrons certainement dans les prochains jours. – 2 Phrase correcte. – 3 On s'attend à obtenir une réponse satisfaisante et, bien sûr, on l'espère. – 4 Le témoin choisit l'anonymat et même tient à le garder. – 5 Phrase correcte.

NE PAS COORDONNER DEUX ADJECTIFS CONSTRUITS DIFFÉREMMENT (AVEC *À* OU *DE*)

⊖ La direction se montre attachée et toujours soucieuse de la bonne marche de l'entreprise.

• Cette phrase est incorrecte car les deux adjectifs coordonnés se construisent différemment : *attachée à* la bonne marche de l'entreprise (l'adjectif se construit avec *à*) ; *soucieuse de* la bonne marche de l'entreprise (l'adjectif se construit avec *de*).

• Il faut unifier la construction :
– soit en employant deux adjectifs de même construction, si on le peut ;
   La direction se montre **attachée** et toujours **attentive à** la bonne marche de l'entreprise.
– soit en reprenant le complément à l'aide d'un pronom.
   La direction se montre **attachée à** la bonne marche de l'entreprise et elle **en** est toujours **soucieuse**.
   Ou : La direction se montre **attachée à** la bonne marche de l'entreprise **dont** elle est toujours **soucieuse**.

VALIDATION EXPRESS

REPÉREZ LES PHRASES CORRECTES. TRANSFORMEZ CELLES QUI NE LE SONT PAS.
1 En cas de grève, il est nécessaire et bien agréable d'utiliser un vélib'.
2 Les exposants étaient fatigués mais ravis d'avoir présenté leurs produits.
3 Le service est capable et d'ailleurs favorable au changement.
4 Les parents sont fiers mais certainement pas surpris de ces résultats.
5 Sachez que je ne suis pas indifférent mais au contraire conscient des problèmes.

Corrigé
1 Phrase correcte. – 2 Phrase correcte. – 3 Le service est capable de changement et y est d'ailleurs favorable. – 4 Phrase correcte. – 5 Sachez que je ne suis pas indifférent aux problèmes mais au contraire que j'en suis conscient.

NE PAS COORDONNER DES COMPLÉMENTS QUI NE SONT PAS DE MÊME NATURE

À éviter : la coordination entre un groupe nominal ou un infinitif et une proposition subordonnée conjonctive.
⊖ J'aime la mer et quand il y a du vent dans les dunes.
⊖ Je demande du silence et que vous sortiez en rang.
⊖ Il faudra que vos parents soient prévenus et apporter une autorisation signée.

124 EXPRESSION

ÉVITER LES FAUTES DE CONSTRUCTION ▸ Éviter les pièges de la coordination

- Il faut unifier la construction :
– soit en employant deux noms compléments ;
  J'aime **la mer** et **le vent** dans les dunes.
– soit en employant deux propositions subordonnées ;
  Je demande **que vous fassiez silence** et **que vous sortiez en rang**.
– soit en employant deux infinitifs.
  Il faudra **prévenir** vos parents et **apporter** une autorisation signée.

- **À proscrire :** la coordination entre un groupe nominal et une proposition subordonnée interrogative indirecte.
⊖ On doit s'interroger sur les effets de la crise et quels effets elle aura dans les prochaines années.
⊖ Le conférencier va vous parler des pôles et s'ils sont menacés à court terme.

- Il faut unifier la construction :
– soit en employant deux groupes nominaux ;
  On doit s'interroger sur **l'évolution de la crise** et sur **ses effets** dans les prochaines années.
– soit en introduisant un nouveau verbe qui peut recevoir la subordonnée comme complément.
  On doit **s'interroger** sur l'évolution de la crise et **se demander** quels effets elle aura dans les prochaines années.
  Le conférencier va vous **parler** des pôles et vous **dire** s'ils sont menacés à court terme.

Validation express

Corrigez les phrases en unifiant leur construction.

1 La personne attend votre visite et que vous lui apportiez des magazines.
2 On vous demandera de la discrétion et que les dossiers soient remis en mains propres.
3 Le public s'interroge sur le numéro du magicien et comment il s'y prend.
4 Il est difficile d'évaluer le succès du film et pourquoi il n'a pas rencontré une plus grande audience auprès des jeunes.

Corrigé
1 La personne attend que vous lui rendiez visite et que vous lui apportiez des magazines. – **2** On vous demandera d'être discret et de remettre les dossiers en mains propres. – **3** Le public s'interroge sur le numéro du magicien et sur la façon dont il s'y prend (ou : et se demande comment il s'y prend). – **4** Il est difficile d'évaluer le succès du film et de savoir pourquoi il n'a pas rencontré une plus grande audience auprès des jeunes (ou : d'évaluer le succès du film et les raisons pour lesquelles il n'a pas rencontré une plus grande audience auprès des jeunes).

21 Éviter les pléonasmes

▶ *Monter en haut, descendre en bas, un petit nain, car en effet* sont des pléonasmes bien connus.

Mais d'autres associations de ce type, dans lesquelles les mots font double emploi, sont plus difficiles à détecter et donc à éviter.

NE PAS REDOUBLER DES MOTS DE MÊME SENS

Éviter les pléonasmes demande une bonne appréciation du vocabulaire : on doit être capable de reconnaître que deux mots sont porteurs du même sens afin de ne pas les employer ensemble.

- ⊖ *abolir entièrement*
  Abolir signifie déjà *faire disparaître complètement, réduire à néant*.
  Il faut dire : Abolir un usage, une loi.
  1848, l'année où l'esclavage a été aboli en France.

- ⊖ *allumer la lumière*
  Allumer contient déjà le mot *lumière*.
  Il faut dire : Allumer une lampe.

- ⊖ *l'apparence extérieure*
  Apparence signifie déjà *ce qui est visible de l'extérieur*.
  Il faut dire : Ne pas juger sur l'apparence, ne pas se fier aux apparences.

- ⊖ *commémorer un souvenir*
  Commémorer signifie déjà *rappeler le souvenir, faire mémoire*.
  Il faut dire : Commémorer un événement, célébrer un anniversaire.

- ⊖ *comparer ensemble, comparer entre eux*
  Comparer signifie déjà *mettre en relation, confronter plusieurs choses entre elles*.
  Il faut dire : On a comparé les deux écritures.

- ⊖ *se dévisager mutuellement* (ou *l'un l'autre*)
  Dévisager signifie déjà *regarder le visage de quelqu'un*.
  Il faut dire : Ils se sont longuement dévisagés.
  Ou : Chacun a longuement dévisagé l'autre.

EXPRESSION

ÉVITER LES MOTS INUTILES... ▸ Éviter les pléonasmes

- ⊖ *divulguer publiquement*
  Divulguer signifie déjà *porter à la connaissance du public* (du latin *vulgus* : la foule).
  Il faut dire : La nouvelle a été divulguée par les journaux.

- ⊖ *une dune de sable*
  Le mot *dune* désigne *une colline de sable fin*.
  Il faut dire : La dune de Pilat est en Gironde.
  Les dunes du Sahara sont modelées par le vent.

- ⊖ *un hasard imprévu*
  Le *hasard* est, par définition, *imprévu*.
  Il faut dire : Ils se sont trouvés réunis par le plus grand des hasards.
  Ou : Ils se sont trouvés réunis de façon totalement imprévue.

- ⊖ *marcher à pied, marche à pied*
  Marcher signifie déjà *aller à pied*.
  Il faut dire : Faire une petite, une longue marche.
  Pratiquer la marche en montagne.
  Être à un quart d'heure de marche du centre-ville.

- ⊖ *avoir le monopole exclusif*
  Avoir le monopole signifie déjà *avoir l'exclusivité*.
  Il faut dire : Cette entreprise a le monopole de tel produit.
  Ou : Cette entreprise détient le marché exclusif de tel produit.

- ⊖ *la panacée universelle*
  Panacée signifie étymologiquement *qui guérit tout*.
  Il faut dire : Ce remède n'est pas la panacée, une panacée.

- ⊖ *pondre un œuf*
  Pondre signifie déjà *faire et déposer ses œufs*.
  Il faut dire : La poule a pondu.
  Mais on peut dire : Elle a déjà pondu trois œufs.

- ⊖ *la première priorité*
  Priorité signifie déjà *ce qui vient en premier*.
  Il faut dire : Le pouvoir d'achat est la priorité du gouvernement.
  Ou : Le pouvoir d'achat est la première préoccupation, la première tâche du gouvernement.

- ⊖ *se relayer tour à tour*
  Se relayer signifie déjà *se remplacer l'un l'autre tour à tour*.
  Il faut dire : Pour ce long trajet, nous nous sommes relayés au volant.
  Ou : Nous avons pris le volant chacun à notre tour.

- ⊖ *répéter deux fois la même chose*
  Répéter signifie déjà *redire* ou *dire deux fois*.
  Il faut dire : Ne répétez pas ce que vous avez déjà dit.
  Mais on peut dire : Répéter dix fois la même chose.

- ⊖ *retenir d'avance*
  Retenir signifie déjà *réserver préalablement*.
  Il faut dire : Vous auriez intérêt à retenir vos places.
  Mais on peut dire : Retenir sa place une semaine à l'avance.

- ⊖ *solidaires l'un de l'autre*
  Être solidaires signifie déjà *répondre l'un de l'autre*.
  Il faut dire : Tous se sont montrés solidaires dans cette aventure.

- ⊖ *assez suffisant*
  Suffisant signifie déjà qu'il y a *assez* de telle chose.
  Il faut dire : Nos réserves d'eau sont bien suffisantes.

- ⊖ *à l'unanimité de tous les présents*
  L'unanimité indique déjà l'accord de *tous* (ou de *tous les présents*).
  Il faut dire : Le projet a été adopté à l'unanimité.
  Ou : Le projet a été adopté par tous les présents ou par l'ensemble des présents.

- ⊖ *opposer son veto*
  Le mot latin *veto* signifie déjà : *je m'oppose*.
  Il faut dire : Mettre son veto.

ÉVITER CERTAINES ASSOCIATIONS DANS LA PHRASE

On évite les pléonasmes en supprimant les répétitions qui font double emploi dans l'organisation de la phrase.

- *D'avance*, *avant*… sont incompatibles avec **les verbes composés du préfixe pré- qui expriment déjà une action anticipée** : *prédire, prévenir, préparer, prévoir*…
  Il faut dire : Je l'ai prévenu depuis longtemps pour qu'il prenne ses dispositions. La direction aurait dû prévoir ce genre d'incident.

- *Ensemble* est incompatible avec **les verbes qui expriment déjà la mise en commun, l'action commune** : *collaborer, se concerter, débattre, joindre, mélanger, négocier, se réunir*…
  Il faut dire : Tous ont collaboré à cet ouvrage.

ÉVITER LES MOTS INUTILES... ▸ Éviter les pléonasmes

- *Encore* est incompatible avec **un verbe comportant déjà le préfixe de répétition re-** : *recommencer, refaire, redemander...*
  Il faut dire : Refaites l'exercice.
  Ou : Faites-le encore. Faites-le une nouvelle fois.

- *Environ* est à éviter avec **ou**.
  Il faut dire : Il devait être huit heures et demie ou neuf heures.
  Ou : Il devait être environ neuf heures.
  Il faut dire : La ville est à huit ou dix kilomètres.
  Ou : La ville est à huit kilomètres environ ou à une dizaine de kilomètres.

- *Faire* est incompatible avec **montrer** puisque *montrer* signifie déjà *faire voir*.
  Il faut dire : Il va vous montrer comment il a réussi à assembler les pièces.
  Ou : Il va vous faire voir comment il a réussi.

- *Faire en sorte* est inutile et doit être supprimé après **les verbes tâcher, s'efforcer...**
  Il faut dire : Les organisateurs doivent s'efforcer de satisfaire le plus grand nombre.
  Ou : Les organisateurs doivent faire en sorte de satisfaire le plus grand nombre.

- *Mutuellement*, *les uns les autres*, *réciproquement*, *ensemble*... sont incompatibles avec **les verbes composés du préfixe entre- qui expriment déjà une action mutuelle** : *s'entre-déchirer, s'entremêler, s'entretuer, s'entretenir...*
  Il faut dire : Les habitants se sont entraidés.
  Ou : Les habitants se sont aidés mutuellement.
  Il faut dire : Nous nous entretiendrons de la situation de votre fils.
  Ou : Nous parlerons ensemble de la situation de votre fils.

- *Ne... que* est incompatible avec **seulement, uniquement, juste...** On ne doit pas employer en même temps les deux tournures.
  Il faut dire : Vous n'avez qu'à vous présenter au guichet.
  Ou : Vous avez seulement à vous présenter au guichet.
  Il faut dire : C'est juste un détail.
  Ou : Ce n'est qu'un détail.

- *Ne... que* et *seulement* sont incompatibles avec **les verbes exprimant déjà la restriction** : *se borner à, se résumer à, se limiter à, s'en tenir à, se contenter de...*
  Il faut dire : Dans un exposé de ce type, on doit se limiter à, s'en tenir à l'essentiel.
  Ou : Dans un exposé de ce type, on ne doit traiter que l'essentiel.

- *Pouvoir* est incompatible avec *(im)possible* puisque *(im)possible* signifie déjà *(ne pas) pouvoir*.
  Il faut dire : Il est impossible de s'adapter en si peu de temps.
  Ou : On ne peut pas s'adapter en si peu de temps.
  Pouvoir est également incompatible avec *facile* ou *difficile*.
  Il faut dire : Il est difficile pour les étrangers de lire certains journaux.
  Ou : Les étrangers peuvent difficilement lire certains journaux.

- *Ou* est incompatible avec *sinon*. On n'emploiera donc pas les deux mots ensemble.
  Il faut dire : Venez lundi, sinon ce sera trop tard.
  Ou : Venez lundi, ou ce sera trop tard.

- *Permettre de...* est à éviter avec *pouvoir*.
  Il faut dire : Son aide nous permet de nous organiser.
  Ou : Grâce à son aide, nous pouvons nous organiser.

- Le superlatif *(le plus, le moins)* ainsi que *très*, *entièrement*... sont incompatibles avec *des adjectifs qui ont déjà une valeur de superlatif* : excellent, immense, imminent, omniprésent, maximum, minimum, supérieur...
  On ne dira pas non plus : ⛔ au grand maximum.
  Il faut dire : Vous revendrez votre voiture deux mille euros au maximum.
  Ou : Vous revendrez votre voiture tout au plus deux mille euros.
  Pour la même raison, on ne dira pas ⛔ de plus en plus omniprésent.
  Omniprésent signifiant déjà *partout présent*, il ne peut l'être ni plus ni moins.
  Il faut dire : Un phénomène de plus en plus présent.
  Ou : Un phénomène qui tend à devenir omniprésent.

- *Préférer* est incompatible avec *plutôt, plus, mieux...*
  Il faut dire : Je préfère que vous veniez demain.
  Ou : J'aimerais mieux que vous veniez demain.

- *Il suffit de* est à éviter avec *simplement*.
  Il faut dire : Il suffit que je vérifie l'adresse.
  Ou : Il faut simplement que je vérifie l'adresse.

- *Trop* est incompatible avec *les mots qui expriment déjà l'abus, la quantité excessive* : abuser, exagérer, excessif, extrême...
  Il faut dire : Il est recommandé de ne pas abuser des médicaments.
  Ou : Il est recommandé de ne pas prendre trop de médicaments.
  Il faut dire : Le mot est exagéré dans ce contexte.
  Ou : Le mot est beaucoup trop fort dans ce contexte.

22 Éliminer les mots superflus

> ▶ **À, de, comme...** Dans certains cas, ces mots sont inutiles.
> Ils encombrent le discours. Ils alourdissent la phrase. Et leur emploi
> est parfois incorrect. On a donc tout intérêt à les supprimer,
> à les éviter, ou bien à leur préférer une tournure plus légère.

LES MOTS À SUPPRIMER

● *comme quoi*
Comme quoi est une tournure fautive pour indiquer que l'on rapporte des propos. La conjonction *que* doit remplacer *comme quoi*.
On ne dit pas : ⛔ Le client nous a prévenus comme quoi il serait en retard.
⛔ J'ai été informée comme quoi mon fils s'était blessé pendant la récréation.
Il faut dire : Le client nous a prévenus **qu'**il serait en retard.
J'ai été informée **que** mon fils s'était blessé pendant la récréation.

● *de* dans *ne faire que + infinitif*
On ne dit pas : ⛔ Il n'a fait que de pleuvoir pendant nos vacances.
⛔ Je n'ai fait que de courir toute la journée.
Il faut dire : Il **n'a fait que** pleuvoir pendant nos vacances.
Je **n'ai fait que** courir toute la journée.

● *de* avant *trop*
On ne dit pas : ⛔ J'en ai de trop. Il boit de trop. Il travaille de trop.
En faire de trop.
Il faut dire : J'en ai trop. Il boit trop. Il travaille trop. En faire trop.

> **À NOTER**
> *De* est obligatoire dans : Il y a trois euros de trop.

● *ne* après *sans que*
On ne doit pas employer la particule *ne* (*ne* dit explétif) après *sans que*.
On ne dit pas : ⛔ La décision a été prise sans que les intéressés ne puissent donner leur avis.
Il faut dire : La décision a été prise **sans que** les intéressés puissent donner leur avis.

● *un* avec *un nom de profession*, *de fonction*, *de grade*, *de statut social*...
On ne doit pas employer l'article indéfini (*un, une, des*) avec un nom de profession, de fonction, de grade, de statut social... qui est attribut.

On ne dit pas : ⛔ Son mari est un chercheur en astrophysique.
⛔ Mon plus jeune fils aimerait être un député.
⛔ Ainsi, votre voisin est déjà un colonel !
⛔ Précisez si vous êtes un locataire ou un propriétaire.
Il faut dire : Son mari est **chercheur** en astrophysique.
Mon plus jeune fils aimerait être **député**.
Ainsi, votre voisin est déjà **colonel** !
Précisez si vous êtes **locataire** ou **propriétaire**.

LES MOTS À ÉVITER

à dans *c'est chaque fois*, *chaque fois que*
On dit : C'est (à) chaque fois la même chose.
Le plombier se déplacera (à) chaque fois que vous aurez besoin de lui.

comme après un *verbe d'état*
Il faut éviter *comme* après un verbe d'état *(sembler, paraître...)* et après les verbes *apparaître, se montrer, s'avérer...* suivis d'un adjectif attribut.
On dit : La situation m'apparaît (comme) de plus en plus difficile.
À l'usage, l'appareil s'est avéré (comme) plus efficace que le précédent.

> **À NOTER**
> *Comme* est nécessaire après le verbe *considérer* : On le considère comme compétent.

de avant un *adjectif* ou un *participe passé*
On dit : Vous avez une chaise (de) libre au premier rang.
Il y a un coureur (de) blessé dans le peloton.

> **POUR MIEUX ÉCRIRE**
> *De* est obligatoire dans certains cas :
> – après *en* : Sur les huit titres de l'album, il y **en** a trois **de** bons.
> – après *ne... que* : Il **n'**y a **que** le premier **de** parfait.
> – dans *de plus* (une heure **de** plus), *quoi de* (quoi **de** neuf),
> *rien de* (rien **de** nouveau sous le soleil).

de dans *c'est (de)*
On dit : C'est (de) sa faute.

étant après *comme*
Il faut éviter *étant* dans la tournure *comme* + nom ou adjectif.
On dit : La championne le considère comme (étant) son meilleur adversaire.
Ils se sont désignés comme (étant) responsables.

ÉVITER LES MOTS INUTILES… ▸ Éliminer les mots superflus

● **être** après un *verbe d'état* ou un *verbe de jugement*
Il faut éviter le verbe *être* après les verbes d'état *(paraître, sembler…)*, après le verbe *s'avérer*, ainsi qu'après les verbes *penser, croire, juger…*
On dit : Ces livres me paraissent (être) neufs.
Il semble (être) sûr de lui.
La situation s'avère (être) plus difficile que ce que prévoyaient les économistes.
Il sélectionne les chapitres qu'il croit (être) les plus intéressants.

LES TOURNURES À PRÉFÉRER

● *par* plutôt que *de par*
Il est préférable d'employer *par* plutôt que *de par* au sens de : *grâce à, à cause de, en raison de…*
Il vaut mieux dire : Elle a acquis la nationalité française (de) **par** son mariage.

● *que* plutôt que *à ce que*
Il est préférable d'employer, dans une langue soutenue, *que* plutôt que *à ce que* :

• pour introduire une subordonnée complétive après les verbes : *aimer, s'attendre, consentir, demander, faire attention…*
Il vaut mieux dire : Le directeur aime (à ce) **qu'**on le prévienne dès que le client se présente.
Je ne m'attendais pas (à ce) **que** ce soit si rapide.
Je consens (à ce) **qu'**il me fasse des excuses.
Il a demandé (à ce) **que** vous fassiez connaître votre avis.
Faites attention (à ce) **qu'**il prenne bien son médicament.

• après les conjonctions : *de manière, de façon que…*
Il vaut mieux dire : Parlez de façon (à ce) **qu'**on vous comprenne.
Préparez-vous de manière (à ce) **qu'**on ne soit pas en retard.

> **Pour mieux écrire**
> Il ne faut pas confondre *à ce que* et *à* + *ce* + pronom relatif.
> • La tournure *à ce que* est lourde et inutile.
> • La tournure composée de la préposition *à* + *ce* + *pronom relatif* est parfaitement correcte.
> Faites attention **à ce qu'**on dit.
> Je ne m'attendais pas **à ce que** vous m'avez offert.

- *que* plutôt que *de ce que*
  Il est préférable d'employer *que* plutôt que *de ce que* pour introduire une subordonnée complétive après les verbes : *s'étonner, s'inquiéter, se plaindre*.
  Il vaut mieux dire : Le conférencier s'étonne **que** le président de séance ne soit pas encore arrivé.
  Je m'inquiète **que** vous soyez parti si vite.
  Les voisins se plaignent **que** le contrebassiste fasse du bruit.
  Plutôt que : Le conférencier s'étonne de ce que le président de séance n'est pas encore arrivé.
  Je m'inquiète de ce que vous êtes parti si vite.
  Les voisins se plaignent de ce que le contrebassiste fait du bruit.

  > **À NOTER**
  > Pour les verbes *s'étonner, s'inquiéter, se plaindre*, on n'utilise pas le même mode dans les deux constructions. Il faut le subjonctif après *que* et l'indicatif après *de ce que*.

  > **POUR MIEUX ÉCRIRE**
  > Il ne faut pas confondre *de ce que* et *de* + *ce* + pronom relatif
  > • La tournure *de ce que* est lourde et inutile.
  > • La tournure composée de la préposition *de* + *ce* + *pronom relatif* est parfaitement correcte.
  > Il s'inquiète **de ce que** disent les journaux.
  > Je vous informerai **de ce que** nous avons fait pendant votre absence.

- *quelque chose + adjectif* plutôt que *quelque chose + qui est + adjectif*
  Il est préférable, quand cela permet d'alléger la phrase, de supprimer *qui est, qui sont*, entre le nom et l'adjectif.
  Il vaut mieux dire : Rappelons ce simple **fait** (qui est) **connu** de tous.
  Ces documents constituent des **preuves** (qui sont) facilement **vérifiables**.
  Vous abordez maintenant des **études** (qui sont) **déterminantes** pour votre avenir.

23 Limiter les répétitions grâce aux mots de reprise

▶ *Le jeune pianiste a étonné ses maîtres.* **Ceux-ci** *ont décelé des dons exceptionnels chez* **cet interprète de dix ans** *et* **ils le lui** *ont signifié en lui attribuant premiers prix, médailles d'or...* **Les récompenses** *ne manquent pas au* **musicien prodige**.

Dans ce texte, on est amené à parler plusieurs fois de la même chose. Des mots, mis ici en gras, permettent de reprendre d'autres mots ou groupes de mots, sans avoir à les répéter.

UTILISER LES REPRISES PRONOMINALES

Puisque les pronoms sont des **représentants**, ils permettent de reprendre un élément déjà mentionné sans avoir à le nommer une nouvelle fois.

- Les pronoms personnels de la troisième personne : ils représentent le nom.
La ponctuation est utile à **votre lecteur**. **Elle l'**aide à suivre votre pensée.

- Les pronoms *en* et *y* : ils peuvent remplacer un complément d'objet indirect non animé, parfois une proposition entière (*en* = *de* + complément ; *y* = *à* + complément).
Cette affaire est urgente. Il faut s'occuper immédiatement **de cette affaire**.
→ Il faut **s'en** occuper immédiatement.
Envoyez une lettre de motivation. Joignez **à cette lettre** la photocopie de votre diplôme.
→ Joignez-**y** la photocopie de votre diplôme.
Pensez à faire renouveler **votre carte d'abonnement**.
→ J'**y** penserai.

- Les pronoms démonstratifs : ils peuvent représenter un groupe nominal déjà énoncé.
La mesure concerne les salariés du privé aussi bien que **les salariés du public**.
→ [...] aussi bien que **ceux** du public.
Cela peut reprendre une proposition entière.
Le train part à 8 h 17 ? **Cela** m'étonne.

- **Les pronoms possessifs :** ils permettent de remplacer un nom précédé d'un déterminant possessif.
  Tous les enfants étaient contents du voyage. **Les vôtres** (= **vos enfants**) en particulier avaient l'air ravis.

- **Les pronoms indéfinis :** ils permettent de désigner un groupe dans un ensemble déjà nommé.
  Tous **les anciens élèves** étaient invités. **Certains** n'ont pas pu venir.

- Le pronom neutre *le* : il est invariable. Il peut reprendre un nom, un adjectif, un groupe verbal, une proposition.
  Les enfants sont **fatigués après leur journée de voyage**.
  Les organisateurs **le** sont aussi.

  Les marchandises **seront livrées avant le 10 de ce mois**.
  Du moins, je **l'**espère.

VALIDATION EXPRESS

A SUPPRIMEZ LES RÉPÉTITIONS EN REMPLAÇANT LES MOTS SOULIGNÉS PAR *EN* OU *Y*.

1. Vous penserez à répondre au client avant midi ! Oui, je penserai <u>à lui répondre</u>.
2. Il est prêt à assumer cette tâche. Mais est-il capable <u>de l'assumer</u> ?
3. Des difficultés sont survenues ces derniers temps. Il faut parler <u>de ces difficultés</u>.
4. Le directeur souhaite la réussite du projet et il veillera personnellement <u>à cette réussite</u>.
5. Votre proposition a été transmise. Le Conseil a fait savoir qu'il n'était pas entièrement favorable <u>à cette proposition</u>.

B EMPLOYEZ LE PRONOM NEUTRE *LE* (OU *L'*) POUR ÉVITER LA RÉPÉTITION DU GROUPE DE MOTS SOULIGNÉ.

1. Les locataires craignent d'être expulsés. Et malheureusement ils risquent d'être <u>expulsés</u>.
2. Certains experts pensent que la situation va s'améliorer. Nous sommes nombreux à espérer <u>qu'elle s'améliore</u>.
3. La ceinture de sécurité permet de sauver des vies. Les statistiques prouvent <u>qu'elle peut en effet sauver des vies</u>.
4. L'acteur est aujourd'hui adoré des Français. Qui sait s'il sera encore <u>adoré des Français</u> après ce film ?

CORRIGÉ

A 1 Oui, j'y penserai. – **2** Mais en est-il capable ? – **3** Il faut en parler. – **4** et il y veillera personnellement – **5** Le Conseil a fait savoir qu'il n'y était pas entièrement favorable.
B 1 Et malheureusement ils risquent de l'être. – **2** Nous sommes nombreux à l'espérer. – **3** Les statistiques le prouvent. – **4** Qui sait s'il le sera encore après ce film ?

UTILISER LES MOTS SUBSTITUTS

Les **substituts** sont des équivalents qui permettent de renvoyer plusieurs fois au même référent. Ils assurent l'enchaînement des phrases tout en évitant les répétitions.

- Les synonymes : il s'agit de mots de même sens, ou presque.
la manifestation ↔ le rassemblement ↔ le cortège ↔ le défilé empruntera le parcours habituel.

- Les périphrases : elles reprennent un mot par une expression détournée.
le ministre des Affaires étrangères ↔ le chef de la diplomatie rencontrera son homologue.

- Les termes génériques : ils servent à inclure le mot déjà cité à l'intérieur de sa catégorie, dans son « genre ».
la baleine → le cétacé → le mammifère → l'animal

- Les mots englobants : il s'agit de mots qui résument. Ils reprennent un ensemble, une énumération par exemple.
l'histoire, la sociologie, la psychologie, l'anthropologie → les sciences humaines

Validation express

Trouvez le mot qui pourrait servir à reprendre les mots soulignés sans les répéter.

1 *Les Misérables* ! Tout le monde aime le … de Victor Hugo. Cette … est sans doute la plus célèbre de son auteur. Gavroche a contribué au succès du … .

2 Vous vous souvenez de Gavroche, le gamin de Paris des *Misérables* ? Le … est une réussite inoubliable. Il est certainement le … le plus populaire de la littérature du XIXe siècle.

3 Beaucoup possèdent une réserve de formules toutes faites, d'idées entendues et répétées qui les dispensent de penser par eux-mêmes. Ils s'enferment dans des … .

4 On accorde trop d'importance aux jugements qui ne reposent que sur des impressions personnelles. C'est le triomphe de la … .

5 Un tremblement de terre d'une forte amplitude a secoué la région hier matin. Après les éruptions volcaniques et le tsunami, ce … d'une forte amplitude s'ajoute aux … qui affectent cette partie du globe.

Corrigé
1 Tout le monde aime le roman de Victor Hugo. Cette œuvre est sans doute la plus célèbre de son auteur. Gavroche a contribué au succès du livre. – 2 Le personnage est une réussite inoubliable. Il est certainement le héros le plus populaire de la littérature du XIXe siècle. – 3 Ils s'enferment dans des stéréotypes (ou des idées reçues ; ou des clichés). – 4 C'est le triomphe de la subjectivité. – 5 ce séisme d'une forte amplitude s'ajoute aux catastrophes naturelles qui affectent cette partie du globe.

24 Supprimer les ambiguïtés

▶ C'est en glissant sur une peau de banane que l'histoire de la vieille dame commence vraiment. Et je suis sûre que vous la trouverez aussi affreuse que moi.

Des maladresses dans le maniement de certaines tournures peuvent produire des ambiguïtés, des bizarreries, et même des phrases fautives. On doit repérer ces risques pour clarifier le propos.

COMMENT ÉVITER TOUTE AMBIGUÏTÉ DANS LA PHRASE INTERROGATIVE ?

Qui cherche le directeur ?

● Cette phrase est ambiguë :
– *qui* est-il sujet du verbe ? (= Quelqu'un cherche le directeur. *Qui ?*)
– *qui* est-il COD du verbe ? (= Le directeur cherche quelqu'un. *Qui ?*)

● Si l'on veut signaler clairement que le pronom interrogatif *qui* est le COD, on doit pratiquer l'inversion et la reprise du sujet *le directeur* par un pronom.
→ Qui le directeur cherche-t-**il** ?

Quelle spectatrice a embrassé Johnny ?

● Cette phrase aussi prête à confusion :
– *la spectatrice* est-elle sujet du verbe ? (= Une spectatrice a embrassé Johnny. *Laquelle ?*)
– *la spectatrice* est-elle COD du verbe ? (= Johnny a embrassé une spectatrice. *Laquelle ?*)

● Pour indiquer clairement où est le COD :
– on doit pratiquer l'inversion et la reprise du sujet *(Johnny)* par un pronom ;
→ Quelle spectatrice Johnny a-t-**il** embrassée ?
– on peut aussi différencier le sujet et le COD à l'aide d'une proposition relative.
→ Quelle est la spectatrice qui a embrassé Johnny ?
→ Quelle est la spectatrice que Johnny a embrassée ?

138 EXPRESSION

ÉVITER LES MOTS INUTILES… ▶ Supprimer les ambiguïtés

VALIDATION EXPRESS

A EN POSANT COMME PRINCIPE QUE LE PRONOM *QUI* EST LE COD DU VERBE, TRANSFORMEZ LA PHRASE EN SUPPRIMANT TOUTE AMBIGUÏTÉ.
1 Qui reçoit le chef des travaux en ce moment ?
2 Qui a déjà rencontré le représentant ?
3 Qui a appelé le gardien pour signaler la panne ?

B EN POSANT COMME PRINCIPE QUE LE MOT SOULIGNÉ EST LE COD DU VERBE, TRANSFORMEZ LA PHRASE EN SUPPRIMANT TOUTE AMBIGUÏTÉ.
1 Quel service a prévenu la direction ?
2 Quelle voiture a dépassée la moto ?
3 Quelle équipe a battue le Quinze de France l'année dernière ?

CORRIGÉ

A. 1 Qui le chef des travaux reçoit-il en ce moment ? – **2** Qui le représentant a-t-il déjà rencontré ? – **3** Qui le gardien a-t-il appelé pour signaler la panne ?
B. 1 Quel service a-t-elle prévenu ? *ou* Quel est le service que la direction a prévenu ? – **2** Quelle voiture la moto a-t-elle dépassée ? *ou* Quelle est la voiture que la moto a dépassée ? – **3** Quelle équipe le Quinze de France a-t-il battue l'année dernière ? *ou* Quelle est l'équipe que le Quinze de France a battue l'année dernière ?

COMMENT ÉVITER TOUTE AMBIGUÏTÉ DANS L'EMPLOI DES PRONOMS PERSONNELS ?

● **Dès qu'il est entré, Jean a embrassé son fils.**

● Qui est entré ? *Jean* ou *son fils* ? Un pronom personnel doit renvoyer au nom qu'il représente sans confusion possible. Ici, le pronom *il* a deux référents dans la phrase : le sujet *(Jean)* et le COD *(son fils)*. Il y a ambiguïté.

● Pour lever l'ambiguïté, il faut transformer la phrase afin que le pronom personnel renvoie au nom qu'il représente sans confusion possible :
– si *il* = *Jean*, il faut dire : → Dès que Jean est entré, il a embrassé son fils.
– si *il* = *son fils*, il faut dire : → Dès que son fils est entré, Jean l'a embrassé.
  Ou Jean a embrassé son fils dès que celui-ci est entré.

● **Le DVD que Paul a offert à son fils l'intéressait beaucoup.**

● Qui ce DVD intéresse-t-il ? *Paul* ou *son fils* ?

● Pour lever l'ambiguïté, il faut transformer la phrase afin que le pronom personnel renvoie au nom qu'il représente sans confusion possible :
– si *Paul* est intéressé, il faut dire : → Le DVD qu'il a offert à son fils intéressait beaucoup Paul.
– si *le fils* est intéressé, il faut dire : → Le DVD que Paul a offert à son fils intéressait beaucoup celui-ci.

> **À NOTER**
> Les pronoms *celui-ci/celle-ci, ceux-ci/celles-ci* renvoient toujours au dernier nom cité dans la phrase.

■ **Si les enfants risquent d'être attaqués par les chiens, enfermez-les.**

• Qui faut-il enfermer ? le sujet *les enfants* ou le complément d'agent *les chiens* ?

• Pour lever l'ambiguïté en indiquant qu'il s'agit bien des *chiens*, il faut mettre la subordonnée à la forme active ; il faut dire : → Enfermez les chiens, s'ils risquent d'attaquer les enfants.

VALIDATION EXPRESS

TRANSFORMEZ LA PHRASE DE FAÇON À SUPPRIMER TOUTE AMBIGUÏTÉ CONCERNANT LE PRONOM SOULIGNÉ.

1 Le professeur a embrassé son collègue parce qu'<u>il</u> avait gagné au Loto.
2 Lorsque le patron de l'entreprise en faillite a rencontré le président, <u>il</u> a promis d'injecter un milliard supplémentaire.
3 Votre correspondant vous a laissé un message. Voulez-vous <u>le</u> supprimer ?
4 Ne faites pas de reproches à vos enfants avant de <u>les</u> avoir soigneusement pesés.
5 La mère ne donne pas sa soupe à sa petite fille parce qu'<u>elle</u> n'est pas cuite.
6 Nous ne voudrions pas servir des moules à nos amis sans <u>les</u> laver.

CORRIGÉ
1 *Si il* = le collègue : Le professeur a embrassé son collègue qui avait gagné au Loto. – *Si il* = le professeur : Le professeur qui avait gagné au Loto a embrassé son collègue. **2** Lorsque le patron de l'entreprise en faillite a rencontré le président, celui-ci a promis d'injecter un milliard supplémentaire. **3** Votre correspondant vous a laissé un message. Voulez-vous supprimer celui-ci ? **4** Ne faites pas à vos enfants des reproches que vous n'auriez pas soigneusement pesés. **5** La mère ne donne pas à sa petite fille la soupe ou *Parce que sa soupe n'est pas cuite, la mère ne la donne pas à sa petite fille.* **6** Nous ne voudrions pas servir à nos amis des moules sans que celles-ci aient été lavées. *ou* Nous ne voudrions pas servir à nos amis des moules qui n'auraient pas été lavées.

■ **COMMENT SUPPRIMER TOUTE AMBIGUÏTÉ DANS L'EMPLOI DU GÉRONDIF ET DES PARTICIPES ?**

■ **En sortant de chez lui, un individu l'aborda.**

• Qui sort de chez lui ? *L'individu* qui aborde ou celui qui est abordé ? La phrase prête à confusion.

• Pour éviter toute ambiguïté, le gérondif et le participe, en position détachée, doivent se rapporter clairement au sujet de la proposition principale.

EXPRESSION

ÉVITER LES MOTS INUTILES... ▸ Supprimer les ambiguïtés

Si c'est *l'individu abordé* qui sort de chez lui, il faut dire :
→ En sortant de chez lui, il fut abordé par un individu. L'auteur de l'action exprimée par le gérondif *(en sortant)* est bien le même que le sujet du verbe principal.

● **Étant empêché ce jour, je viendrai sans mon collaborateur à notre rendez-vous.**
- Qui est empêché ? La règle voudrait que ce soit *je*, mais le sens l'interdit puisque *je* se rendra au rendez-vous. Il y a ambiguïté.
- Pour lever l'ambiguïté :
– il faut donner le même sujet au participe et au verbe principal ;
→ Étant empêché ce jour, mon collaborateur ne m'accompagnera pas à notre rendez-vous.
– ou bien donner au participe un sujet propre.
→ Mon collaborateur étant empêché ce jour, je viendrai seul à notre rendez-vous.

● **Licencié depuis peu, mon fils de six ans supporte difficilement ma nouvelle vie.**
- Qui a été licencié ? La règle voudrait que ce soit le *fils de six ans* mais la phrase est alors contraire au bon sens.
- Pour lever l'ambiguïté :
– il faut donner le même sujet au participe et au verbe principal ;
→ Licencié depuis peu, je vois mon fils supporter difficilement ma nouvelle situation.
– on peut aussi renoncer au participe.
→ Je suis licencié depuis peu et mon fils supporte difficilement ma nouvelle situation.

> **POUR MIEUX ÉCRIRE**
> **L'adjectif en position détachée doit aussi se rapporter au sujet du verbe.**
> La phrase suivante est ambiguë et incorrecte.
> Victime de plusieurs dégâts des eaux, mon assureur peut-il résilier mon contrat avant l'échéance ?
> Pour lever l'ambiguïté :
> – il faut dire : → Victime de plusieurs dégâts des eaux, puis-je voir mon contrat résilié par mon assureur avant l'échéance ?
> – ou bien inclure l'adjectif dans une proposition subordonnée :
> → Sous prétexte que j'ai été victime de plusieurs dégâts des eaux, mon assureur peut-il résilier mon contrat avant l'échéance ?

VALIDATION EXPRESS

A REPÉREZ LES PHRASES CORRECTES. MODIFIEZ CELLES QUI NE LE SONT PAS.

1 Vous remerciant de votre compréhension, je vous prie de croire, Monsieur l'Inspecteur, à l'assurance de ma considération distinguée.
2 Ne pouvant attendre plus longtemps, vous voudrez bien procéder au règlement de votre facture.
3 En attendant une confirmation dans les prochains jours, veuillez agréer, Monsieur, l'expression de nos sentiments dévoués.
4 Espérant une réponse rapide de votre part, veuillez agréer, Monsieur, l'expression de mes sentiments distingués.
5 Vous remerciant de l'attention que vous voudrez bien accorder à notre dossier, nous vous prions d'agréer l'expression de nos respectueuses salutations.

B RÉCRIVEZ LES PHRASES QUI COMPORTENT UNE AMBIGUÏTÉ.

1 Téléphonant sous le porche, mon chien m'aperçut.
2 Le prix de l'essence augmentant, je prends volontiers mon vélo pour les petits trajets.
3 Ayant ses petits-enfants à la maison, je comprends qu'il soit un peu fatigué.
4 Coincé dans l'ascenseur, le gardien est venu très vite à mon secours.
5 Étonné par votre silence, vous voudrez bien me faire connaître votre réponse dès que possible.

> **CORRIGÉ**
>
> **A** 1 Phrase correcte. – 2 Ne pouvant attendre plus longtemps, je vous demanderai de bien vouloir procéder au règlement de votre facture. – 3 En attendant une confirmation dans les prochains jours, nous vous prions d'agréer, Monsieur, l'expression de nos sentiments dévoués. – 4 Espérant une réponse rapide de votre part, je vous prie d'agréer, Monsieur, l'expression de mes sentiments distingués – 5 Phrase correcte.
> **B** 1 Téléphonant sous le porche, je fus aperçu par mon chien. *ou* Alors que je téléphonais sous le porche, mon chien m'aperçut. – 2 Phrase correcte. – 3 Ayant ses petits-enfants à la maison, il a des raisons d'être un peu fatigué. *ou* Ses petits-enfants étant chez lui, je comprends qu'il soit un peu fatigué. – 4 Coincé dans l'ascenseur, j'ai été très vite secouru par le gardien. *ou* Le gardien est venu très vite à mon secours alors que j'étais coincé dans l'ascenseur. – 5 Étonné par votre silence, je souhaiterais [que vous me fassiez] connaître votre réponse dès que possible.

COMMENT ÉVITER TOUTE AMBIGUÏTÉ DANS L'EMPLOI DE L'INFINITIF ?

➤ **Avant d'épouser ta sœur, viens donc chez moi partager un dîner de célibataires.**

- Qui épouse qui ? La phrase est confuse et absurde.
- Pour éviter toute ambiguïté, l'infinitif employé comme complément circonstanciel doit avoir le même sujet que le verbe principal. Ici, l'erreur commise produit un non-sens.

ÉVITER LES MOTS INUTILES… ▸ Supprimer les ambiguïtés

Pour que la phrase soit correcte, il faut :
- modifier le sujet du verbe principal ;

→ Avant d'épouser ta sœur, je t'invite à venir chez moi partager un dîner de célibataires.

- ou bien transformer l'infinitif et donner à la proposition subordonnée un sujet propre.

→ Avant que je n'épouse ta sœur, viens donc chez moi partager un dîner de célibataires.

VALIDATION EXPRESS

TRANSFORMEZ LES PHRASES DE FAÇON À SUPPRIMER TOUTE AMBIGUÏTÉ.

1 Après avoir vu le spectacle, le car viendra nous chercher à la sortie du théâtre.
2 Votre salon est imprégné de résidus toxiques deux mois après avoir fumé.
3 Les moniteurs ne nous laissent pas sortir sans finir nos assiettes.
4 Avant de répondre, veuillez me préciser les conditions du stage.
5 Après avoir tourné à gauche, le paysage devient différent.

CORRIGÉ

1 Après que nous aurons vu le spectacle, le car viendra nous chercher à la sortie du théâtre. – 2 Votre salon est imprégné de résidus toxiques deux mois après que vous y avez fumé (qu'on y a fumé). – 3 Les moniteurs ne nous laissent pas sortir sans que nous ayons fini nos assiettes, *ou* Les moniteurs ne nous laissent pas sortir sans vérifier que nous avons fini nos assiettes. – 4 Avant de répondre, j'aimerais avoir quelques précisions sur les conditions du stage, *ou* Avant que je ne réponde, veuillez me préciser les conditions du stage. – 5 Après avoir tourné à gauche, on voit (on s'aperçoit) que le paysage devient différent, *ou* Après qu'on a tourné à gauche, le paysage devient différent.

25 Alléger les phrases

▶ Dans son rythme et sa démarche, une phrase a parfois le pas lourd et les articulations pesantes... On peut atténuer certains de ces défauts.

ÉVITER *IL Y A*, *EST-CE-QUE*, *LE FAIT QUE*

Éviter *il y a*, expression lourde et banale.

● On doit commencer par le supprimer partout où il n'est pas indispensable au sens de la phrase.
Il y a quelqu'un qui désire vous parler.
→ Quelqu'un désire vous parler.

● On peut le remplacer par un déterminant indéfini.
Il y a des invités qui n'ont pas encore répondu.
→ Quelques (certains, plusieurs) invités n'ont pas encore répondu.

● On peut le remplacer par un verbe de sens précis.
Il y a eu un accident sur le boulevard périphérique.
→ Un accident s'est produit sur le boulevard périphérique.

● On peut remplacer *où il y a* par un adjectif qualificatif.
Les spectateurs se sont installés du côté où il y a du soleil.
→ Les spectateurs se sont installés du côté ensoleillé.

Éviter l'abus des *est-ce que* dans l'interrogation.

● On doit choisir le plus souvent possible l'interrogation avec inversion et reprise du pronom.
Où est-ce que vous allez ?
→ Où allez-vous ?
Comment est-ce que vous faites ?
→ Comment faites-vous ?

● On peut du même coup supprimer les mots parasites.
Qu'est-ce qu'il a comme métier ?
→ Quel est son métier ?

ÉVITER LES MOTS INUTILES... ▸ Alléger les phrases

Éviter *le fait que*, qui alourdit la phrase.
- On peut parfois utiliser un infinitif.

Le fait que vous changiez de département n'entraînera pour vous aucune conséquence.
→ Changer de département n'entraînera pour vous aucune conséquence.

- On peut aussi employer un participe.

Le fait que vous soyez bien préparé multiplie vos chances de réussite.
→ Bien préparé, vous multipliez vos chances de réussite.

VALIDATION EXPRESS

RÉCRIVEZ LES PHRASES POUR ÉVITER *IL Y A*, *EST-CE-QUE*, *LE FAIT QUE*.
1 Le fait qu'il habite loin de son travail représente pour lui une difficulté supplémentaire.
2 Il y a des gens parmi nous qui voudraient en savoir plus.
3 Comment est-ce que vous pouvez dire une chose pareille ?
4 Dans quelques jours, il y aura un salon de coiffure à l'emplacement de la poissonnerie.

CORRIGÉ
1 Habiter loin de son travail représente pour lui une difficulté supplémentaire. – 2 Certains parmi nous voudraient en savoir plus. – 3 Comment pouvez-vous dire une chose pareille ? – 4 Dans quelques jours, un salon de coiffure ouvrira à l'emplacement de la poissonnerie.

NE PAS ABUSER DES PARTICIPES ET DES GÉRONDIFS

On a parfois intérêt à limiter les sonorités en *-ant* des participes et des gérondifs.

On peut transformer les participes et les gérondifs compléments circonstanciels placés en tête de phrase par des noms compléments circonstanciels.

En attendant votre réponse, je vous prie d'agréer, Monsieur, l'expression de mes sentiments distingués.
→ Dans l'attente de votre réponse, je vous prie d'agréer, Monsieur, l'expression de mes sentiments distingués.

Ayant vérifié votre facture, nous avons remarqué l'absence d'un article.
→ Après vérification, nous avons remarqué l'absence d'un article sur votre facture.

Ayant patienté très longtemps, il a fini par obtenir une réponse.
→ À force de patience, il a fini par obtenir une réponse.

● On peut remplacer la forme composée du participe, qui est lourde, par une forme simple, plus élégante.
Ayant abouti aux mêmes résultats, les experts tirent des conclusions différentes.
→ Parvenus aux mêmes résultats, les experts tirent des conclusions différentes.
Le participe est remplacé par un autre participe de même sens employé sans auxiliaire.

● On peut substituer au participe un nom qui rendra le même sens.
Ayant assisté à l'accident, le garagiste s'est présenté spontanément.
→ Témoin de l'accident, le garagiste s'est présenté spontanément.
M'étant présenté au concours en 2008, je peux transmettre mon expérience.
→ Candidat au concours en 2008, je peux transmettre mon expérience.

VALIDATION EXPRESS

A REMPLACEZ LE PARTICIPE PAR UN GROUPE NOMINAL COMPLÉMENT CIRCONSTANCIEL.
1 Ayant examiné votre dossier, nous reprenons contact avec vous.
2 En travaillant régulièrement, vous rattraperez votre retard.

B REMPLACEZ LE PARTICIPE À LA FORME COMPOSÉE PAR UN PARTICIPE SANS AUXILIAIRE.
1 Ayant appris la nouvelle de votre succès, nous venons vous féliciter.
→ … de votre succès, nous venons vous féliciter.
2 Ayant perdu son sens de l'orientation, la baleine s'est échouée sur la plage.
→ … de sons sens de l'orientation, la baleine s'est échouée sur la plage.

C REMPLACEZ LE PARTICIPE PAR UN NOM DE MÊME SENS.
1 Ayant travaillé avec le grand savant, le professeur a pourtant choisi de rester dans l'ombre.
2 Ayant souhaité participer au dépistage, il a été convoqué par une lettre personnelle.

CORRIGÉ

A 1 Après examen de votre dossier, nous reprenons contact avec vous. – **2** Par (Grâce à) un travail régulier, vous rattraperez votre retard.
B 1 Informé de votre succès, nous venons vous féliciter. – **2** Privée de son sens de l'orientation, la baleine s'est échouée sur la plage.
C 1 Collaborateur du grand savant, le professeur a pourtant choisi de rester dans l'ombre. – **2** Volontaire pour participer au dépistage, il a été convoqué par une lettre personnelle.

RÉDUIRE LE NOMBRE DE CONJONCTIONS

Les conjonctions de subordination et surtout les locutions conjonctives qui sont formées de plusieurs mots *(parce que, pourvu que, sous prétexte que, depuis le temps que...)* contribuent à alourdir un propos, surtout si leur emploi est répété.
On peut limiter cet inconvénient par divers procédés.

- Il faut se souvenir que toutes les conjonctions de subordination peuvent être réduites à *que* lorsqu'elles sont répétées dans une proposition coordonnée.
Nous vous appelons parce que nous avons admiré votre spectacle et [parce] que nous aimerions vous rencontrer.

- On peut pratiquer l'ellipse de *que* et du verbe *être* après *une fois que* et *aussitôt que*.
Une fois que vous serez arrivé sur le boulevard, vous devrez tourner à droite.
→ Une fois arrivé sur le boulevard, vous devrez tourner à droite.
Aussitôt qu'il est servi, il regrette d'avoir choisi le menu.
→ Aussitôt servi, il regrette d'avoir choisi le menu.

- On peut remplacer les propositions conjonctives par un groupe nominal ou par un infinitif.
Bien qu'il soit arrivé en retard, il n'a pas manqué le début du film.
→ Malgré son retard, il n'a pas manqué le début du film.
Les voisins prétendent qu'ils n'ont rien remarqué d'inhabituel.
→ Les voisins prétendent n'avoir rien remarqué d'inhabituel.

- On peut aussi jouer sur les signes de ponctuation.
  - Les deux points peuvent remplacer *parce que* ou *puisque*.
  Il ne peut pas avoir participé à la manifestation : il était à l'étranger ce jour-là.
  - Le point-virgule peut remplacer une conjonction d'opposition dans un parallélisme.
  « Le rôle des parents est d'éduquer ; celui des enseignants est d'instruire », disait-on. (point-virgule = tandis que)

CHOISIR DE PRÉFÉRENCE LE VERBE SIMPLE

Remplacer un groupe verbal par un seul verbe représente une économie de mots, réduisant par exemple le nombre des déterminants et des prépositions.

● À la place du groupe *verbe + complément*, un seul verbe peut suffire, s'il existe :
– avoir une préférence pour → préférer
– dire des mensonges → mentir
– faire des compliments → complimenter
– donner un conseil → conseiller
– mettre à l'abri → abriter
– perdre courage → se décourager
– perdre patience → s'impatienter
– enlever le noyau → dénoyauter
– effacer avec une gomme → gommer

Au fil des semaines, la rumeur a pris de plus en plus d'ampleur.
→ Au fil des semaines, la rumeur s'est amplifiée.

● À la place du groupe *verbe d'état (être, rendre, devenir...) + attribut*, un seul verbe peut suffire, s'il existe :
– être favorable à → approuver
– être à la recherche de → rechercher
– rendre plus clair → éclaircir
– rendre plus doux → adoucir
– devenir grand → grandir
– devenir beau → embellir

Les nombreux échanges à tous les niveaux ont rendu les relations franco-allemandes plus étroites, plus solides.
→ [...] ont renforcé les relations franco-allemandes.

Validation express

Remplacez le groupe de mots par un seul terme.
1 Il est arrivé avant moi. → Il m'a ... .
2 Il est venu avec moi. → Il m'a ... .
3 Cela rend les relations plus simples. → Cela ... les relations.
4 Les services administratifs sont devenus plus modernes pour que les démarches deviennent plus faciles, et pour rendre les délais d'attente plus courts. → Les services administratifs ont été ... pour ... les démarches et ... les délais d'attente.

Corrigé
1 Il m'a devancé. **2** Il m'a accompagné. **3** Cela simplifie les relations. **4** Les services administratifs ont été modernisés pour faciliter les démarches et réduire les délais d'attente.

26 Remplacer les verbes passe-partout

▶ Dans le classement des verbes les plus fréquents du français oral contemporain, les verbes *avoir*, *dire* et *faire* figurent parmi les cinq premiers. *Mettre* et *donner* sont aussi dans la liste.

▶ Comment éviter d'employer trop souvent ces verbes qui manquent de précision ?

COMMENT REMPLACER LE VERBE *AVOIR* ?

Remplacer *avoir*...	... par un verbe de sens plus précis
avoir un résultat	**obtenir** un résultat
avoir tel avantage	**bénéficier** de tel avantage
avoir un handicap	**souffrir** d'un handicap
avoir un sentiment de joie	**éprouver** un sentiment de joie
avoir une voiture	**posséder** une voiture
avoir une profession	**exercer** une profession
avoir des revenus	**disposer** de revenus
avoir un grand succès	**connaître, rencontrer, remporter** un grand succès
avoir un retard ; un préjudice	**subir** un retard ; un préjudice
avoir des difficultés	**rencontrer, éprouver** des difficultés
avoir du courage	**faire preuve** de courage

Remplacer le groupe verbal...	... par un seul verbe
avoir mal	**souffrir**
avoir à sa disposition une voiture	**disposer** d'une voiture
avoir l'espoir de travailler	**espérer** travailler
avoir le souci de ses parents	**se soucier** de ses parents
avoir le regret de son enfance	**regretter** son enfance
avoir peur de sortir le soir	**craindre** de sortir le soir

Remplacer le groupe verbal…	… par un seul verbe
avoir l'air heureux	**sembler, paraître** heureux
avoir peu de, n'avoir pas confiance	**manquer** de confiance
avoir un comportement normal	**se comporter** normalement (adverbe)

Remplacer *avoir*	… en changeant la tournure
Le sportif a du courage.	Le sportif **est courageux**.
Le stagiaire a des diplômes.	Le stagiaire **est diplômé**.
L'artisan a une grande habileté.	L'artisan **est** très **habile**.
Le chanteur a soixante ans.	Le chanteur **est âgé** de soixante ans.
Il a des idées précises sur la question.	Ses idées sur la question **sont précises**.
Ils ont une maison en Provence.	Leur maison **est située** en Provence.

Validation express

Remplacez chaque expression soulignée par un équivalent.
1. Nous <u>avons le devoir de</u> vous prévenir.
2. Nous <u>avons le regret de</u> vous quitter.
3. Les étudiants <u>ont à</u> rendre leur dossier avant la fin du mois.
4. Le maire <u>a une bonne compréhension des</u> problèmes de pollution.
5. Elle <u>a l'espoir de</u> terminer sa thèse l'an prochain.
6. Les populations du Grand Nord <u>ont l'habitude du</u> froid extrême.

Corrigé
1 nous devons – 2 nous regrettons de – 3 les étudiants doivent rendre – 4 le maire comprend bien – 5 elle espère terminer – 6 sont habituées au froid extrême

COMMENT REMPLACER LE VERBE *DIRE* ?

Remplacer *dire*…	… par un verbe de sens plus précis
dire une histoire	**raconter** une histoire
dire un secret	**confier** un secret
dire l'avenir	**prédire** l'avenir
dire son avis, son point de vue	**donner** son avis, son point de vue
dire des injures, des menaces	**proférer** des injures, des menaces
dire les faits	**exposer** les faits

Expression

Enrichir et varier son expression ▸ Remplacer les verbes passe-partout

Remplacer *dire*...	... par un verbe de sens plus précis
dire ses remarques	**signaler** ses remarques
dire les propos de quelqu'un	**rapporter** les propos de quelqu'un
dire une nouvelle	**annoncer** une nouvelle
dire sa pensée	**exprimer** sa pensée
dire ses difficultés, ses projets	**exposer** ses difficultés, ses projets
dire ses intentions	**révéler, dévoiler** ses intentions
dire son opinion avec assurance	**affirmer** son opinion
Cela me dit quelque chose.	Cela **évoque** pour moi, me **rappelle** quelque chose.

Remplacer le groupe verbal	... par un seul verbe
dire des mensonges	**mentir**
dire en plus	**ajouter**
dire du mal	**médire**
dire souvent	**répéter**
dire tu, vous	**tutoyer, vouvoyer**
Que veut dire cela ?	Que **signifie** cela ?

> **VALIDATION EXPRESS**
>
> Remplacez le verbe *dire* par un verbe de sens plus précis.
> <u>Dites</u>-nous pourquoi vous avez voulu assister à la réunion. Peut-être souhaitez-vous <u>dire</u> votre avis ? N'hésitez pas à <u>dire</u> vos remarques. Vous pouvez, bien entendu, <u>dire</u> vos projets. Et <u>dire</u> quelque chose de plus après les paroles que vient de <u>dire</u> votre délégué.
>
> **Corrigé**
> expliquez-nous pourquoi – donner votre avis – signaler vos remarques – exposer vos projets – ajouter quelque chose aux paroles – que vient de prononcer votre délégué

COMMENT REMPLACER LE VERBE *FAIRE* ?

Remplacer *faire*...	... par un verbe de sens plus précis
faire un sport, un métier	**pratiquer** un sport, **exercer** un métier
faire une erreur	**commettre** une erreur
faire des bénéfices	**réaliser** des bénéfices
faire un compte rendu	**rédiger** un compte rendu

Remplacer *faire*...	... par un verbe de sens plus précis
faire un croquis	**exécuter** un croquis
faire des ennuis, du tort	**causer** des ennuis, du tort
faire jeune, vieux ; faire l'idiot	**avoir l'air, donner l'impression d'**être jeune, vieux ; **jouer à** l'idiot
faire semblant de se fâcher	**feindre** de se fâcher
faire une liste	**établir, dresser** une liste
faire un meuble	**fabriquer** un meuble
faire un bijou	**confectionner** un bijou
faire un procès	**intenter** un procès
faire 1 m 80, 1 kg, 100 €	**mesurer** 1 m 80, **peser** 1 kg, **coûter (valoir)** 100 €
faire deux kilomètres à pied	**parcourir** deux kilomètres à pied
faire une mission	**accomplir** une mission
faire un travail	**effectuer** un travail
faire une enquête	**procéder** à une enquête

Remplacer le groupe verbal...	... par un seul verbe
faire l'effort de	**s'efforcer de**
faire des dettes	**s'endetter**
faire des projets	**projeter**
faire des progrès	**progresser**
faire des reproches	**reprocher**
faire des voyages	**voyager**

Remplacer *faire* + infinitif...	... par un verbe synonyme
faire durer	**prolonger**
faire peur	**effrayer**
faire tomber	**renverser**
faire part	**annoncer**
faire savoir	**informer, prévenir**
faire voir	**montrer**
faire penser	**rappeler, évoquer, suggérer**

ENRICHIR ET VARIER SON EXPRESSION ▸ **Remplacer les verbes passe-partout**

REMPLACER *FAIRE*…	… EN CHANGEANT LA TOURNURE
Tu ferais mieux de partir.	Tu **devrais** partir.
Il s'est fait licencier.	Il **a été licencié**.
Il s'est fait rembourser 200 € par son assurance.	Son assurance **lui a remboursé** 200 €.

VALIDATION EXPRESS

A REMPLACEZ LE VERBE *FAIRE* PAR LE VERBE PRÉCIS QUI CONVIENT.

Cette petite vitrine fait 1 m sur 1 m 50. Elle fait 200 € mais je peux vous la faire à 199 €. Ça vous fait faire une belle économie. Allez ! l'affaire est faite !

B REMPLACEZ PAR UN ÉQUIVALENT LES EMPLOIS SOULIGNÉS.
1 Faire du judo dès sept ans fait beaucoup pour l'équilibre de l'enfant.
2 La troupe de théâtre a fait un spectacle dans lequel Paul faisait l'avare.
3 On lui a fait des compliments pour ses progrès.
4 Fais-moi voir les photos.
5 L'auteur a bien fait sentir la peur.
6 Qu'est-ce que tu fais de ton temps ?
7 Il s'est fait rattraper 2 km plus loin.

CORRIGÉ
A Cette petite vitrine mesure 1 m sur 1 m 50. Elle coûte 200 € mais je peux vous la vendre à 199 €. Ça vous permet de réaliser une belle économie. Allez ! l'affaire est conclue !
B 1 pratiquer le judo ; contribue à (favorise) l'équilibre) – **2** a donné (a représenté) un spectacle ; Paul jouait (tenait le rôle de) – **3** on l'a complimenté – **4** montre-moi – **5** l'auteur a bien suggéré, évoqué – **6** À quoi passes-tu (emploies-tu) ton temps ? – **7** il a été rattrapé (on l'a rattrapé)

COMMENT REMPLACER LE VERBE *METTRE* ?

REMPLACER *METTRE*…	… PAR UN VERBE DE SENS PLUS PRÉCIS
mettre un nom sur un document	**écrire**, **inscrire** un nom sur un document
mettre de l'argent à la banque	**placer**, **déposer** de l'argent à la banque
mettre sur un support	**poser** sur un support
mettre à la poubelle	**jeter** à la poubelle
mettre un vêtement, des gants	**enfiler** un vêtement, des gants

153

REMPLACER LE GROUPE VERBAL...	... PAR UN SEUL VERBE
mettre en place	placer, installer
mettre sur pied	préparer, organiser
mettre au courant	informer
mettre en confiance	rassurer
mettre de côté	garder
mettre ensemble	rassembler, réunir
mettre en cause	accuser
mettre à part	écarter
mettre à l'épreuve	éprouver
(se) mettre à l'abri	(s')abriter
(se) mettre à l'écart	(s')écarter
mettre en doute	douter de
(se) mettre d'accord	(s')accorder

VALIDATION EXPRESS

REMPLACER *METTRE* PAR DES VERBES DE SENS PLUS PRÉCIS.
(CES VERBES NE SE TROUVENT PAS TOUS DANS LA LISTE CI-DESSUS.)

1 Vous devez d'abord mettre votre carte bancaire dans l'appareil, puis taper votre code.
2 Il faut mettre le subjonctif après *bien que*.
3 Les ouvriers ont mis des appareils électriques dans toutes les pièces.

CORRIGÉ
1 introduire (insérer) votre carte bancaire – 2 Il faut utiliser (employer) – 3 Les ouvriers ont installé (branché)

COMMENT REMPLACER LE VERBE *DONNER* ?

REMPLACER *DONNER*...	... PAR UN VERBE DE SENS PLUS PRÉCIS
donner un prix	attribuer, décerner un prix
donner un délai	accorder un délai
donner sa confiance	accorder sa confiance
donner un stage	procurer un stage
donner l'heure	indiquer l'heure
donner les cartes	distribuer les cartes

EXPRESSION

Enrichir et varier son expression ▸ Remplacer les verbes passe-partout

Remplacer *donner*...	... par un verbe de sens plus précis
donner un conseil, des soins	**prodiguer** un conseil, des soins
donner du souci, du chagrin	**causer** du souci, du chagrin
donner l'occasion de voyager	**fournir** l'occasion de voyager
donner de l'importance à un détail (le juger important)	**attacher** de l'importance à un détail
donner de l'importance à un détail (le rendre important)	**conférer** de l'importance à un détail

Remplacer un groupe verbal...	... par un seul verbe
donner des cours	**enseigner**
donner un coup de main	**aider**
donner un cadeau	**offrir**
donner un conseil	**conseiller**
donner sa démission	**démissionner**
donner une réponse	**répondre**
donner une gifle	**gifler**

Validation express

REMPLACER *DONNER* PAR DES VERBES DE SENS PLUS PRÉCIS.
(CES VERBES NE SE TROUVENT PAS TOUS DANS LA LISTE CI-DESSUS.)

1 L'organisateur passe dans les rangs pour <u>donner</u> un bulletin d'inscription à tous les assistants.
2 N'oubliez pas de <u>donner</u> mon bon souvenir à vos parents.
3 La vigne <u>a donné</u> beaucoup de raisin cette année.
4 Les retraités <u>ont donné</u> leur pavillon à leurs héritiers.
5 On <u>donne</u> souvent les marins en exemple pour leur courage.

Corrigé
1 pour distribuer un bulletin – 2 de transmettre mon bon souvenir – 3 a produit beaucoup de raisin – 4 ont légué leur pavillon – 5 on cite souvent

27 Transformer une proposition subordonnée complétive en groupe nominal

▶ *On craint que le chômage ne reparte à la hausse.*

▶ *On craint une nouvelle hausse du chômage.*

Ces deux phrases ont le même sens, mais elles expriment le complément du verbe de façon différente.
La transformation d'une proposition subordonnée complétive en groupe nominal donne de l'élégance à la phrase.
Elle permet d'éviter l'emploi de *que*, déjà très utilisé dans la langue française.

QUELQUES EXEMPLES DE TRANSFORMATIONS

Les voyageurs attendent depuis une demi-heure que le train parte.
→ Les voyageurs attendent depuis une demi-heure **le départ du train**.

On a depuis longtemps établi que le tabac est nocif.
→ On a depuis longtemps établi **la nocivité du tabac**.

Nous prouverons que cette affaire est extrêmement grave.
→ Nous prouverons **l'extrême gravité de cette affaire**.

Vos enfants ont besoin que vous les approuviez.
→ Vos enfants ont besoin **de votre approbation**.

Le contrôleur s'est aperçu trop tard qu'il s'était trompé.
→ Le contrôleur s'est aperçu trop tard **de son erreur**.

Le professeur constate que la candidate ne répond rien et il déplore qu'elle ne connaisse rien au sujet.
→ Le professeur constate **le silence de la candidate** et il déplore **son ignorance du sujet**.

ENRICHIR ET VARIER SON EXPRESSION ▸ Transformer une subordonnée...

COMMENT S'OPÈRE LA TRANSFORMATION ?

La proposition subordonnée complétive est remplacée par un groupe nominal, complément du verbe principal.

- La transformation se fait :
  - soit à partir d'un verbe ;
  Les voyageurs attendent depuis une demi-heure que le train **parte**.
  → Les voyageurs attendent depuis une demi-heure **le départ** du train.
  - soit à partir d'un adjectif.
  On a depuis longtemps établi que le tabac est **nocif**.
  → On a depuis longtemps établi **la nocivité** du tabac.
  Nous prouverons que cette affaire est extrêmement **grave**.
  → Nous prouverons **l'extrême gravité** de cette affaire.

- Le verbe ou l'adjectif ont le plus souvent pour équivalent un nom dérivé (de la même famille).
  Vos enfants ont besoin que vous les **approuviez**.
  → Vos enfants ont besoin de **votre approbation**.

- Dans certains cas, il faut faire preuve d'un peu d'astuce, car le verbe (ou la locution verbale) n'a pas pour équivalent un nom dérivé.
  Le contrôleur s'est aperçu trop tard qu'il s'était trompé.
  → Le contrôleur s'est aperçu trop tard **de son erreur**.
  Le professeur constate que la candidate ne répond rien et il déplore qu'elle ne connaisse rien au sujet.
  → Le professeur constate **le silence** de la candidate et il déplore **son ignorance** du sujet.

LES PRÉCAUTIONS À PRENDRE

- Il faut veiller à la construction (directe ou indirecte) du verbe introduisant le groupe nominal :
  - la construction peut être directe, sans préposition ;
  Il a refusé que je l'aide. → Il a refusé mon aide.
  - la construction peut être indirecte, avec une préposition.
  Il se réjouit que je l'aide. → Il se réjouit de mon aide.

- Il faut veiller au choix du nom dérivé. En effet, un même mot peut produire plusieurs noms dérivés de sens et d'emplois différents.
  On prévoit que les salaires vont être relevés bientôt.
  → On prévoit un prochain **relèvement** des salaires.
  On prévoit que les compteurs d'eau vont être relevés bientôt.
  → On prévoit un prochain **relevé** des compteurs d'eau.

Validation express

A Remplacez la proposition subordonnée par un groupe nominal.
1. Nos amis nous ont annoncé <u>que leur fils se mariait</u>.
2. De plus en plus de conjoints admettent <u>que les tâches domestiques soient partagées</u>.
3. Vous a-t-on averti <u>que les horaires allaient prochainement changer</u> ?
4. L'hôtesse a confirmé <u>que les petits-fours avaient été livrés en retard</u>.
5. Je n'avais jamais remarqué <u>qu'il était à ce point capable d'évoluer</u>.

B Remplacez la proposition subordonnée par un groupe nominal. Veillez au choix du mot exact.
1. Le règlement intérieur interdit <u>que l'on se serve d'un téléphone portable</u> dans l'enceinte de l'établissement.
2. L'accusé a toujours proclamé <u>qu'il n'était pas coupable</u>.
3. Vérifiez bien <u>que votre billet est encore valable</u>.
4. Les délégués n'accepteront jamais <u>que la réunion de concertation soit remise à une date ultérieure</u>.
5. L'éditeur demande <u>que le texte soit abrégé</u> en vue d'une diffusion auprès du grand public.
6. Le contrôle technique vérifie <u>que les pneus adhèrent parfaitement</u> sur sol mouillé.

Corrigé

A 1 Nos amis nous ont annoncé le mariage de leur fils. – **2** De plus en plus de conjoints admettent le partage des tâches domestiques. – **3** Vous a-t-on averti du prochain changement d'horaires ? – **4** L'hôtesse a confirmé le retard dans la livraison des petits-fours. – **5** Je n'avais jamais remarqué chez lui une telle capacité à évoluer.
B 1 Le règlement intérieur interdit l'usage du téléphone portable dans l'enceinte de l'établissement. – **2** L'accusé a toujours proclamé son innocence. – **3** Vérifiez bien la validité de votre billet. – **4** Les délégués n'accepteront jamais le report de la réunion de concertation. – **5** L'éditeur demande un abrégement du texte en vue d'une diffusion auprès du grand public (et non pas une abréviation). – **6** Le contrôle technique vérifie la parfaite adhérence des pneus sur sol mouillé (et non pas adhésion).

Expression

28 Transformer une proposition subordonnée circonstancielle en groupe nominal

▶ **Quand vous reviendrez,** vous serez déchargée d'une partie de votre travail **parce que vous serez aidée par une collaboratrice.**

▶ **À votre retour,** vous serez déchargée d'une partie de votre travail **grâce à l'aide d'une collaboratrice.**

Ces deux phrases ont le même sens mais, dans la seconde, les propositions subordonnées sont remplacées par des groupes nominaux.
La proposition subordonnée circonstancielle et le groupe nominal circonstanciel jouent le même rôle dans la phrase.
Pour varier l'expression, on peut remplacer l'une par l'autre.

QUELQUES EXEMPLES DE TRANSFORMATIONS

● Pour exprimer *le temps*.

Quand ils sont arrivés, les portes se sont brusquement fermées.
→ **À leur arrivée**, les portes se sont brusquement fermées.

Dès que le communiqué a été publié, les médias l'ont diffusé.
→ **Dès sa publication**, les médias ont diffusé le communiqué.

Pendant que nous étions en Corse, nous avons bien profité de la mer.
→ **Pendant notre séjour en Corse**, nous avons bien profité de la mer.

Avant que la séance soit terminée, le spectateur émotif aura utilisé tous ses mouchoirs.
→ **Avant la fin de la séance**, le spectateur émotif aura utilisé tous ses mouchoirs.

Après qu'il eut un peu hésité, le témoin finit par répondre.
→ **Après une brève hésitation**, le témoin finit par répondre.

● Pour exprimer *la cause*.

Le ski hors-piste a été interdit parce qu'on craint les avalanches.
→ Le ski hors-piste a été interdit **par crainte des avalanches**.

Comme nous n'avions pas d'autres précisions, nous avons retourné la lettre à l'expéditeur.
→ **En l'absence d'autres précisions**, nous avons retourné la lettre à l'expéditeur.

Le feu a été éteint parce que les pompiers sont intervenus rapidement.
→ Le feu a été éteint **grâce à l'intervention rapide des pompiers**.

Parce qu'il manquait d'entraînement, le marathonien s'est arrêté après six kilomètres de course.
→ **Faute d'entraînement**, le marathonien s'est arrêté après six kilomètres de course.

● Pour exprimer *la condition*.

Si j'avais été à la place du juge, j'aurais été très troublé.
→ **À la place du juge**, j'aurais été très troublé.

Si vous aviez pris le TGV, vous seriez arrivés à l'heure pour notre mariage.
→ **Avec le TGV**, vous seriez arrivés à l'heure pour notre mariage.

Désormais, la carte ne sera plus valable si elle ne comporte pas la photo de l'assuré.
→ Désormais, la carte ne sera plus valable **sans la photo de l'assuré**.

● Pour exprimer *l'opposition*.

Bien qu'il ait été fatigué, il a fait l'effort de venir.
→ **Malgré sa fatigue**, il a fait l'effort de venir.

Bien que de nombreux pays s'efforcent de maintenir la paix dans la région, la situation reste tendue.
→ **Malgré les efforts de nombreux pays pour maintenir la paix dans la région**, la situation reste tendue.

Bien que l'équipe ait été battue, elle pourra tout de même jouer la partie suivante.
→ **Malgré sa défaite**, l'équipe pourra tout de même jouer la partie suivante.

Même si la situation paraît calme, elle peut à tout moment se dégrader.
→ **En dépit d'un calme apparent**, la situation peut à tout moment se dégrader.

Bien qu'il paraisse marcher lourdement et lentement, l'ours est un chasseur rapide.
→ **Malgré une démarche apparemment lourde et lente**, l'ours est un chasseur rapide.

ENRICHIR ET VARIER SON EXPRESSION ▸ Transformer une subordonnée...

COMMENT S'OPÈRE LA TRANSFORMATION ?

● La conjonction de subordination est remplacée par une préposition ou locution conjonctive.
jusqu'à ce que → jusqu'à
parce que → à cause de
bien que → malgré
au cas où → en cas de

● Le verbe est remplacé par un nom qui est souvent un nom dérivé (de la même famille), mais pas toujours.
Le ski hors-piste a été interdit parce qu'on **craint** les avalanches.
→ Le ski hors-piste a été interdit **par crainte** des avalanches. (nom dérivé)
Bien que l'équipe **ait été battue**, elle pourra tout de même jouer la partie suivante.
→ Malgré **sa défaite**, l'équipe pourra tout de même jouer la partie suivante. (le nom n'est pas un dérivé)

● Le sujet de la subordonnée devient un complément du nom ou un déterminant possessif.
Bien que **de nombreux pays** s'efforcent de maintenir la paix dans la région, la situation reste tendue.
→ Malgré **les efforts de nombreux pays** pour maintenir la paix dans la région, la situation reste tendue. (*de nombreux pays* est complément du nom *efforts*.)
Quand **ils** sont arrivés, les portes se sont brusquement fermées.
→ À **leur** arrivée, les portes se sont brusquement fermées. (*leur* est déterminant possessif)

● L'adverbe devient un adjectif.
Le feu a été éteint parce que les pompiers sont intervenus **rapidement**.
→ Le feu a été éteint grâce à l'intervention **rapide** des pompiers.

● Parfois, la préposition (ou la locution prépositive) prend en charge le sens du verbe.
Parce qu'il manquait d'entraînement, le marathonien s'est arrêté après six kilomètres de course.
→ **Faute d'**entraînement, le marathonien s'est arrêté après six kilomètres de course.

● On peut parfois faire l'ellipse totale du verbe.
Si j'avais été à la place du juge, j'aurais été très troublé.
→ **À la place** du juge, j'aurais été très troublé.

161

LES PRÉCAUTIONS À PRENDRE

La subordonnée que l'on souhaite transformer en groupe nominal ne doit pas contenir de trop nombreuses informations. En effet, un groupe nominal ne peut rendre un contenu long et dense, à moins de multiplier les prépositions qui obscurciraient le sens.
Bien que nos services vous aient accordé un délai d'une semaine, vous devez néanmoins remplir le formulaire.
Cette proposition subordonnée ne gagnerait rien à être remplacée par :
En dépit de l'accord par nos services d'un délai d'une semaine…

Il faut qu'il existe un groupe nominal équivalant à la subordonnée.
Si vous prenez le TGV, vous arriverez plus vite.
→ **Avec le TGV**, vous arriverez plus vite.
Mais dans la phrase : Si vous prenez **tous** le TGV, vous arriverez ensemble, *tous* ne sera pas rendu par le groupe nominal. Il faudra employer le gérondif.
→ **En prenant tous le TGV**, vous arriverez ensemble.

LES AVANTAGES DE LA TRANSFORMATION

La transformation d'une proposition subordonnée circonstancielle en groupe nominal permet :

• d'éviter l'accumulation des conjonctions de subordination qui alourdiraient la phrase ;

• de limiter le risque dans le choix du mode verbal après les conjonctions (indicatif ? subjonctif ? conditionnel ?) ;

• d'obtenir des formulations concises, notamment grâce au jeu des ellipses ;

• de préciser le sens, au cas où la conjonction de subordination serait ambiguë.
Quand il a absorbé des produits stupéfiants, l'automobiliste n'est plus maître de ses réflexes. → **Sous l'effet de** produits stupéfiants, l'automobiliste n'est plus maître de ses réflexes. (La transformation fait apparaître plus nettement la relation de cause.)

Comme la nuit tombait, les joueurs ont interrompu la partie.
→ **À cause de** la nuit, les joueurs ont interrompu la partie.
(La transformation fait apparaître la relation de cause.)
→ **À la tombée de** la nuit, les joueurs ont interrompu la partie.
(La transformation fait apparaître l'expression du temps.)

ENRICHIR ET VARIER SON EXPRESSION ▸ Transformer une subordonnée…

VALIDATION EXPRESS

A TRANSFORMEZ LA SUBORDONNÉE CIRCONSTANCIELLE EN GROUPE NOMINAL PRÉPOSITIONNEL.

1 Quand je me suis approché, le bruit a cessé. → À…
2 Lorsqu'il était enfant, le peintre copiait déjà les grands maîtres. → Dans…
3 Bien que nous lui ayons adressé de nombreuses lettres de rappel, le client n'a pas encore réglé le solde de sa commande. → Malgré…
4 Si l'équipe avait eu un peu de chance, elle aurait pu se qualifier. → Avec…
5 Dès que les secours sont arrivés, le blessé a été évacué. → Dès…

B TRANSFORMEZ LA SUBORDONNÉE CIRCONSTANCIELLE EN GROUPE NOMINAL. VEILLEZ AU CHOIX DE LA PRÉPOSITION.

1 <u>Comme il était très en retard</u>, il a manqué la moitié de la conférence.
2 <u>Alors qu'il n'y a plus aucun espoir</u>, on continue à fouiller.
3 <u>Si j'étais toi</u>, j'utiliserais les remontées mécaniques.
4 Il est interdit d'emprunter l'escalier principal <u>tant que durent les travaux</u>.

CORRIGÉ

A 1 à mon approche – **2** dans son enfance – **3** malgré nos nombreuses lettres de rappel – **4** avec un peu de chance – **5** dès l'arrivée des secours
B 1 à cause de son important retard – **2** contre tout espoir – **3** à ta place – **4** durant les travaux

29 Utiliser l'infinitif pour une expression plus concise

▶ *Même s'il n'est pas gravement blessé, le skieur préfère qu'un guide l'accompagne pour qu'il fasse avec lui le trajet du retour jusqu'à la station.*

▶ *Sans être gravement blessé, le skieur préfère être accompagné d'un guide pour rejoindre la station.*

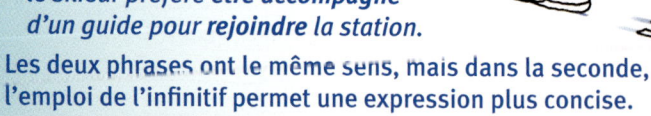

Les deux phrases ont le même sens, mais dans la seconde, l'emploi de l'infinitif permet une expression plus concise.

UTILISER L'INFINITIF POUR ALLÉGER LA PROPOSITION SUBORDONNÉE CIRCONSTANCIELLE

On a intérêt à employer l'infinitif si l'on veut soulager la phrase d'une locution conjonctive souvent lourde. Mais la transformation infinitive n'est possible que si le sujet de la proposition subordonnée est le même que celui de la proposition principale.

Les élèves mineurs peuvent s'inscrire **à condition qu'ils présentent** une autorisation écrite de leurs parents.
→ Les élèves mineurs peuvent s'inscrire **à condition de présenter** une autorisation écrite de leurs parents.

L'étudiante est folle de joie **parce qu'elle a obtenu** le prix de trompette.
→ L'étudiante est folle de joie **d'avoir obtenu** le prix de trompette.

Bien qu'il n'ait jamais remporté d'étapes, le coureur réalise un parcours exceptionnel.
→ **Sans avoir jamais remporté** d'étapes, le coureur réalise un parcours exceptionnel.

Les candidats attendent longtemps **avant qu'ils soient interrogés**.
→ Les candidats attendent longtemps **avant d'être interrogés**.

EXPRESSION

Enrichir et varier son expression ▸ Utiliser l'infinitif…

L'automobiliste doit payer une amende **parce qu'il téléphone** au volant.
→ L'automobiliste doit payer une amende **pour avoir téléphoné** au volant.

> **À NOTER**
> L'**infinitif passé** est obligatoire après la préposition *pour* exprimant la **cause**.
> L'automobiliste doit payer une amende pour **avoir téléphoné** au volant.

VALIDATION EXPRESS

REMPLACEZ LE VERBE DE LA PROPOSITION SUBORDONNÉE PAR UN INFINITIF.
1. L'encre a pâli sur le manuscrit au point qu'elle devient illisible.
2. Au moment où vous quitterez l'autoroute, téléphonez-nous.
3. Les locataires n'ont pas pu assister à la réunion parce qu'on ne les avait pas informés.
4. Prévenez votre client qu'il ne se rende pas en voiture sur le chantier.

CORRIGÉ
1 au point de devenir illisible – 2 au moment de quitter l'autoroute – 3 faute d'avoir été informés – 4 de ne pas se rendre en voiture sur le chantier

---

UTILISER L'INFINITIF DANS UNE PROPOSITION SUBORDONNÉE COMPLÉTIVE OBJET POUR ÉVITER LA CONJONCTION *QUE*

● L'utilisation de l'infinitif entraîne des transformations plus ou moins délicates selon que le verbe de la subordonnée a le même sujet que celui de la principale ou selon qu'il a un sujet différent.

● Quand le sujet de la proposition principale est le même que celui de la proposition subordonnée, la transformation est facile.
Les joueurs étaient certains **qu'ils remporteraient** le tournoi cette année.
→ Les joueurs étaient certains **de remporter** le tournoi cette année.
Le suspect nie **qu'il se trouvait** ce jour-là sur le port.
→ Le suspect nie **s'être trouvé** ce jour-là sur le port. (infinitif passé)
Le président a promis **qu'il recevrait** les délégués dans la semaine.
→ Le président a promis **de recevoir** les délégués dans la semaine.
Le nageur prétend **qu'il peut atteindre** l'île en vingt minutes.
→ Le nageur prétend **(pouvoir) atteindre** l'île en vingt minutes.

165

● Quand le sujet de la proposition principale et celui de la proposition subordonnée sont différents, la transformation est plus délicate. Il faut recourir à des moyens détournés.

• On peut employer *de* + *l'infinitif* après les verbes **demander, conseiller, persuader, empêcher...**
Les bandes rugueuses empêchent **que les automobilistes roulent** trop vite.
→ Les bandes rugueuses empêchent **les automobilistes de rouler** trop vite.
Demande au serveur **qu'il nous apporte** une carafe d'eau.
→ Demande au serveur **de nous apporter** une carafe d'eau.

• On peut employer l'*infinitif* à la *voix passive* à condition que le sujet du verbe de la proposition principale soit le même que le COD du verbe de la proposition subordonnée.
L'automobiliste prétend **que le cycliste l'a injurié**. (*l'automobiliste* est sujet de *prétendre* ; *l'*, mis pour *l'automobiliste*, est COD d'*injurier*)
→ L'automobiliste prétend **avoir été injurié par le cycliste**.
Les victimes de la tempête pensent **qu'on les indemnisera** dans le courant du mois. (*les victimes* est sujet de *penser* ; *les*, mis pour *les victimes*, est COD d'*indemniser*)
→ Les victimes de la tempête pensent **être indemnisées** dans le courant du mois.

• On peut employer l'*infinitif* avec un *complément d'objet second*.
Si vous signalez votre absence, cela évitera **que le facteur s'inquiète**.
→ Si vous signalez votre absence, cela évitera **au facteur de s'inquiéter**.
Votre participation permettra **que l'association connaisse** un plus grand rayonnement.
→ Votre participation permettra **à l'association de connaître** un plus grand rayonnement.

• On peut employer *voir* + *l'infinitif* après les verbes **désirer, souhaiter, vouloir, espérer, refuser, accepter, attendre**.
Le patronat veut que des négociations s'ouvrent au plus tôt.
→ Le patronat veut **voir** des négociations **s'ouvrir** au plus tôt (ou **voir s'ouvrir** des négociations).
La prévention routière espère que le nombre d'accidents diminuera.
→ La prévention routière espère **voir diminuer** le nombre d'accidents (ou **voir** le nombre d'accidents **diminuer**.)

ENRICHIR ET VARIER SON EXPRESSION ▶ Utiliser l'infinitif…

VALIDATION EXPRESS

EMPLOYEZ L'INFINITIF POUR ÉVITER LA CONJONCTION *QUE*.
1 Je me souviens que j'ai passé des vacances exquises à Arcachon.
2 L'automobiliste a décidé qu'il se rendrait au bureau à bicyclette.
3 Les délégués demandent que la direction les reçoive dans la semaine.
4 Il faut éviter que les spectateurs attendent longtemps qu'on les place.
5 Passé ce délai, il faudra que vous rendiez vos documents ou que vous renouveliez votre emprunt.
6 Il ne suffit pas que vous ayez été présent pour que vous obteniez votre validation.
7 L'agriculteur refuse que son exploitation soit morcelée.
8 Les adolescents aimeraient qu'on les écoute avec plus d'attention.

CORRIGÉ
1 Je me souviens d'avoir passé des vacances exquises à Arcachon. – 2 L'automobiliste a décidé de se rendre au bureau à bicyclette. – 3 Les délégués demandent à être reçus dans la semaine par la direction. – 4 Il faut éviter aux spectateurs d'attendre longtemps d'être placés. – 5 Passé ce délai, il (vous) faudra rendre vos documents ou renouveler votre emprunt. – 6 Il ne suffit pas d'avoir été présent pour obtenir votre validation. – 7 L'agriculteur refuse de voir morceler son exploitation. – 8 Les adolescents aimeraient être écoutés avec plus d'attention.

UTILISER L'INFINITIF POUR ALLÉGER LE GROUPE NOMINAL

L'infinitif peut être utilisé à la place d'un nom pour apporter une rupture dans une suite de compléments « en chaîne ». Le nombre des prépositions se trouve réduit et la phrase gagne en clarté.

L'installation permettra **la réduction des émissions** de gaz à effet de serre.
→ L'installation permettra **de réduire les émissions** de gaz à effet de serre.

Le conseil municipal a proposé **l'augmentation du nombre** de commerces de proximité.
→ Le conseil municipal a proposé **d'augmenter le nombre** de commerces de proximité.

Le maître s'étonne de la rapidité **de l'adaptation des élèves** aux nouvelles méthodes.
→ Le maître s'étonne de la rapidité **des élèves à s'adapter** aux nouvelles méthodes.

L'hôtesse est chargée **de l'accueil des représentants** des délégations étrangères.
→ L'hôtesse est chargée **d'accueillir les représentants** des délégations étrangères.

Validation express

**Utilisez l'infinitif pour alléger le groupe nominal.
Effectuez les transformations nécessaires.**

1 Vous pouvez demander la réception à domicile de votre commande.
2 L'Histoire nous permet la connaissance des conditions de vie du passé.
3 Le traitement léger d'un sujet d'actualité aussi grave est un exercice délicat.
4 La loi Littoral a pour rôle la protection des côtes françaises contre des dégradations éventuelles.
5 La direction a souhaité le règlement rapide de l'incident du bâtiment 5.
6 Par imprudence, on peut aller jusqu'à la mise en danger de la vie d'autrui.
7 Nous prenons des mesures pour l'amélioration de la régularité du trafic sur nos lignes.

Corrigé

1 Vous pouvez demander à recevoir votre commande à domicile. – 2 L'Histoire nous permet de connaître les conditions de vie du passé. – 3 Traiter légèrement un sujet d'actualité aussi grave est un exercice délicat. – 4 La loi Littoral a pour rôle de protéger les côtes françaises contre des dégradations éventuelles. – 5 La direction a souhaité régler (ou voir régler) rapidement l'incident du bâtiment 5. – 6 Par imprudence, on peut aller jusqu'à mettre en danger la vie d'autrui. 7 Nous prenons des mesures pour améliorer la régularité du trafic sur nos lignes.

30 Remplacer une proposition subordonnée relative par un adjectif ou un nom

▶ *Souvenez-vous de la merveilleuse actrice **qui joue** dans ce film **que** Truffaut avait tourné l'année **où il est** mort, et **qui avait été** tellement admiré par tous ceux **qui aiment** les films policiers.*

▶ *Souvenez-vous de la merveilleuse actrice de ce film tourné par Truffaut l'année de sa mort, et tellement admiré par tous les amateurs de films policiers.*

Pour une phrase plus élégante, on peut remplacer les propositions relatives.

REMPLACER LA PROPOSITION SUBORDONNÉE RELATIVE PAR UN ADJECTIF

Remplacer une proposition subordonnée relative par un adjectif rend la phrase plus courte et moins lourde.

Les habitants sont confrontés à une situation que personne ne pouvait prévoir.
→ Les habitants sont confrontés à une situation **imprévisible**.

Le personnage rencontre alors des mésaventures qui prêtent à rire.
→ Le personnage rencontre alors des mésaventures **risibles**.

L'association recherche les jeunes diplômés qui manquent encore d'expérience et elle leur procure une formation.
→ L'association recherche les jeunes diplômés **encore inexpérimentés** et elle leur procure une formation.

Les mirabelles sont des fruits qui mûrissent tard en saison.
→ Les mirabelles sont des fruits **tardifs**.

Un élève qui a pu faire de tels progrès mérite d'être encouragé.
→ Un élève **capable de tels progrès** mérite d'être encouragé.

Dans le village, qui est éloigné d'une dizaine de kilomètres, on ne trouve plus ni boulangerie ni bureau de poste.
→ Dans le village, **distant d'une dizaine de kilomètres**, on ne trouve plus ni boulangerie ni bureau de poste.

REMPLACER LA PROPOSITION SUBORDONNÉE RELATIVE ET SON ANTÉCÉDENT PAR UN NOM

Remplacer une proposition subordonnée relative et son antécédent par un nom permet d'obtenir une formulation plus élégante et plus précise.
Le livreur a demandé son chemin à une personne qui passait.
→ Le livreur a demandé son chemin **à un passant**.

La personne qui est à la réception de l'hôtel s'est absentée provisoirement.
→ **Le (ou la) réceptionniste** de l'hôtel s'est absenté(e) provisoirement.

L'approvisionnement en eau est un problème pour ceux qui vivent sur l'île.
→ L'approvisionnement en eau est un problème pour **les insulaires**.

Celui qui vous écrit n'a pas daté son courrier.
→ **Votre correspondant** n'a pas daté son courrier.

Il faut indiquer dans deux cases différentes le nom de celui qui envoie la lettre et le nom de celui à qui elle est adressée.
→ Il faut indiquer dans deux cases différentes le nom **de l'expéditeur** et le nom **du destinataire**.

LES CONDITIONS NÉCESSAIRES

Remplacer la proposition subordonnée relative par un adjectif ou un nom requiert une bonne connaissance du vocabulaire. En effet, le mot de remplacement n'est pas toujours un dérivé des mots présents dans la relative.
Manger un délicieux gâteau est un plaisir **qui ne dure pas**.
→ Manger un délicieux gâteau est un plaisir **éphémère**.

Les fraises sont des fruits **qui mûrissent tôt en saison**.
→ Les fraises sont des fruits **précoces**.

La fuite d'eau provient de l'appartement **qui est juste à côté du nôtre**.
→ La fuite d'eau provient de l'appartement **mitoyen**.

Ce fut une journée **dont on se souviendra longtemps**.
→ Ce fut une journée **mémorable**.

L'avis s'adresse à tous ceux **qui payent des impôts**.
→ L'avis s'adresse à tous les **contribuables**.

La transformation de la proposition subordonnée relative n'est possible qu'à la condition qu'il existe un substitut de même sens.
Le personnage rencontre des mésaventures **qui prêtent à rire**.
→ Le personnage rencontre des mésaventures **risibles**.
Mais aucun adjectif ne pourrait remplacer exactement : des mésaventures **qui prêtent à sourire**.

Enrichir et varier son expression ▸ Remplacer une proposition relative...

Validation express

Remplacez la proposition relative soulignée par l'adjectif ou le nom qui convient.

1 Il est obligatoire d'éloigner les produits <u>qui peuvent s'enflammer</u>.
2 L'activité est réservée aux enfants <u>qui ont des dons</u> pour le dessin.
3 Ne jugeons pas les gens sur <u>ce qu'ils disent</u> mais sur <u>ce qu'ils font</u>.
4 Évitez de tenir des propos <u>que ne pourra pas comprendre celui à qui vous vous adressez</u>.
5 Il faudra d'abord expliquer <u>ce que veut dire le texte</u> avant de le résumer.
6 Mieux vaut éliminer de vos courriels les détails <u>qui ne servent à rien</u>.
7 Le directeur de l'agence a réuni <u>toutes les personnes qui travaillent avec lui</u> pour leur expliquer la situation.

Corrigé
1 les produits inflammables – 2 aux enfants doués pour le dessin – 3 sur leurs paroles mais sur leurs actes – 4 des propos incompréhensibles pour votre interlocuteur – 5 le sens du texte – 6 les détails inutiles – 7 tous ses collaborateurs (toutes ses collaboratrices).

31 Varier les tournures de phrases

▶ *Un cerf a été accidenté.*
On l'a transporté à Fontainebleau.
On l'a confié aux soins d'un vétérinaire.
On est maintenant rassuré sur son état.
On croit savoir que l'animal sera relâché dès demain dans la forêt.

▶ *Un cerf a été accidenté.*
Il a été transporté à Fontainebleau et confié aux soins d'un vétérinaire.
Son état est maintenant rassurant. L'animal sera relâché dès demain dans la forêt, à ce que l'on croit savoir.

Quand certaines tournures apparaissent trop souvent, on a intérêt à les remplacer par d'autres pour donner de la variété à l'expression.

REMPLACER *ON*

Un emploi trop fréquent de *on* en début de phrase peut être évité.

● En employant la voix passive.
Dans ce service, on trie les emballages et on les recycle.
→ Dans ce service, les emballages **sont triés et recyclés**.

● En employant un verbe pronominal de sens passif.
On ne visite pas les musées nationaux le mardi.
→ Les musées nationaux **ne se visitent pas** le mardi.

> **À NOTER**
> Seuls les verbes transitifs directs qui ont pour COD un **nom non animé** peuvent être mis à la forme pronominale de sens passif :
> visiter (un musée), vendre (un objet), porter (un vêtement), conclure (une affaire), cuisiner, servir, manger (des aliments)...

● En employant *se faire, se laisser, se voir* suivis de l'infinitif.
On respecte le jeune stagiaire.
→ Le jeune stagiaire **se fait respecter**.
On a refusé l'accès de la salle à mes collaborateurs.
→ Mes collaborateurs **se sont vu refuser** l'accès de la salle.

ENRICHIR ET VARIER SON EXPRESSION ▸ Varier les tournures de phrases

> **À NOTER**
> Aux temps composés, les participes passés *fait*, *laissé*, *vu* restent invariables.

VALIDATION EXPRESS

A EMPLOYEZ LA VOIX PASSIVE POUR ÉVITER *ON*.
1 On sert toujours les invités en premier.
2 On accomplit des progrès tous les jours dans ce domaine.
3 On demande un agent de service sur le quai n° 3.

B ÉVITEZ *ON* EN EMPLOYANT UN VERBE PRONOMINAL DE SENS PASSIF.
1 On sert les asperges froides ou tièdes.
2 On ramasse les feuilles mortes à la pelle.
3 On prépare ordinairement le bœuf mode la veille.

C REMPLACEZ *ON* PAR LA TOURNURE *SE FAIRE*, OU *SE LAISSER*, OU *SE VOIR* SUIVIE DE L'INFINITIF.
1 On a reproché au ministre son absence pendant le conflit.
2 On a décerné à la commune le prix du jumelage.
3 On a convaincu le chanteur de prolonger sa tournée.
4 On a opéré les jumeaux le même jour.

CORRIGÉ
A 1 Les invités sont toujours servis en premier. – **2** Des progrès sont accomplis tous les jours dans ce domaine. – **3** Un agent de service est demandé sur le quai n° 3.
B 1 Les asperges se servent froides ou tièdes. – **2** Les feuilles mortes se ramassent à la pelle. – **3** Le bœuf mode se prépare ordinairement la veille.
C 1 Le ministre s'est vu reprocher son absence pendant le conflit. – **2** La commune s'est vu décerner le prix du jumelage. – **3** Le chanteur s'est laissé convaincre de prolonger sa tournée. – **4** Les jumeaux se sont fait opérer le même jour.

ÉVITER DE COMMENCER TOUTES LES PHRASES PAR *JE* OU *NOUS*

▶ On peut remplacer *je* (ou *nous*) en changeant le sujet de la phrase.
Je manque de temps pour vous répondre.
→ **Le temps** me manque pour vous répondre.

Nous avons compris d'après votre lettre que vous ne souhaitiez pas participer à la rencontre.
→ **Votre lettre** nous a fait comprendre que vous ne souhaitiez pas participer à la rencontre.

● On peut remplacer *je* (ou *nous*), sujet d'un verbe passif, en mettant la phrase à la voix active.
Nous avons été alertés par les usagers.
→ Les usagers nous ont alertés.

● On peut éviter *je crois*, *je pense*, et d'autres verbes de sentiment en ouvrant une proposition incise entre virgules.
Je suis sûre que vous continuerez à nous faire confiance.
→ Vous continuerez, **j'en suis sûre**, à nous faire confiance.

VALIDATION EXPRESS

A POUR ÉVITER DE COMMENCER PAR *NOUS*, TRANSFORMEZ LES MOTS SOULIGNÉS EN SUJET DE LA PHRASE.
1 Nous avons eu des difficultés à cause d'une erreur de transmission de notre courriel.
2 Nous sommes tous très heureux de votre réussite.
3 Nous nous passionnons pour l'histoire du Moyen Âge depuis très longtemps.

B POUR ÉVITER DE COMMENCER PAR *JE*, METTEZ LA PHRASE À LA VOIX ACTIVE.
1 Je suis agacée par ses interventions ridicules.
2 J'ai été déçu par ce nouveau spectacle.
3 J'ai été profondément peiné par votre malheur.

C ÉVITEZ DE COMMENCER PAR *JE* (OU *NOUS*) EN CRÉANT UNE INCISE DANS LA PHRASE.
1 Je pense qu'il est trop tard pour intervenir.
2 Je puis vous assurer que le service de l'aide sociale s'intéresse à votre cas.
3 Nous sommes convaincus que vous avez agi pour le mieux en choisissant cette filière.

CORRIGÉ
A 1 Une erreur de transmission de notre courriel nous a causé des difficultés. – 2 Votre réussite nous a tous rendus très heureux. – 3 L'histoire du Moyen Âge nous passionne depuis très longtemps.
B 1 Ses interventions ridicules m'agacent. – 2 Ce nouveau spectacle m'a déçu. – 3 Votre malheur m'a profondément peiné.
C 1 Il est trop tard, à mon avis, pour intervenir. – 2 Le service de l'aide sociale s'intéresse à votre cas, je vous assure. – 3 Vous avez agi pour le mieux, nous en sommes convaincus, en choisissant cette filière.

EXPRESSION

ENRICHIR ET VARIER SON EXPRESSION ▸ Varier les tournures de phrases

FAIRE ALTERNER VOIX ACTIVE, VOIX PASSIVE ET VOIX PRONOMINALE

● Pour éviter les répétitions, on peut employer alternativement la voix active et la voix passive.
Les pompiers arrivent sur les lieux à 10 h 30. À partir de ce moment, tout s'accélère. Les pompiers évacuent les blessés à 11 h 45.
→ Les pompiers arrivent sur les lieux à 10 h 30. À partir de ce moment, tout s'accélère. **Les blessés sont évacués** à 11 h 45.

> **À NOTER**
> Seuls les verbes **transitifs directs** (qui se construisent avec un COD) peuvent être transformés à la voix passive.
> Le président **ouvre la séance** (COD) à 20 h 30.
> → **La séance est ouverte** par le président à 20 h 30. (voix passive)

● Les voix active, passive et pronominale peuvent être utilisées, au choix, avec les verbes qui expriment des états psychologiques : *amuser, émouvoir, étonner, fatiguer, indigner, intéresser, passionner, préoccuper, vexer...*
L'actualité internationale **intéresse** les élèves de terminale.
→ Les élèves de terminale **sont intéressés** par l'actualité internationale.
→ Les élèves de terminale **s'intéressent** à l'actualité internationale.

VALIDATION EXPRESS

A METTEZ À LA VOIX PASSIVE LA DEUXIÈME PHRASE DE CHAQUE GROUPE EN VEILLANT À ÉVITER LA RÉPÉTITION.
1 La direction regrette la gêne occasionnée. La direction transmettra votre plainte au service compétent.
2 Nos services enregistrent votre réservation. Nos services vous avertiront dès que le livre aura été rapporté.
3 Le magasin vous remercie de votre commande. Le magasin effectuera la livraison dans les meilleurs délais.

B TRANSFORMEZ LA PHRASE À LA VOIX PASSIVE, PUIS À LA VOIX PRONOMINALE.
1 Son silence m'étonne.
2 Les indices intéressent les enquêteurs.
3 Avoir été écarté du jeu l'a vexé.

CORRIGÉ
A 1 Votre plainte sera transmise au service compétent. – **2** Vous serez averti dès que le livre aura été rapporté. – **3** La livraison sera effectuée dans les meilleurs délais.
B 1 Je suis étonné par son silence. Je m'étonne de son silence. – **2** Les enquêteurs sont intéressés par les indices. Les enquêteurs s'intéressent aux indices. – **3** Il a été vexé d'avoir été écarté du jeu. Il s'est vexé d'avoir été écarté du jeu.

UTILISER LA PHRASE IMPERSONNELLE

- La tournure impersonnelle permet d'éviter l'infinitif en début de phrase.
Reconnaître ses erreurs est difficile.
→ **Il est difficile** de reconnaître ses erreurs.
Répondre par retour du courrier est recommandé.
→ **Il est recommandé** de répondre par retour du courrier.

- Elle permet d'éviter que le verbe ou l'adjectif attribut ne soit rejeté à la fin de la phrase.
La liste des participants ainsi que les bulletins d'inscription manquent.
→ **Il manque** la liste des participants ainsi que les bulletins d'inscription.
Une solution pour régler l'incident à l'amiable existe sûrement.
→ **Il existe** sûrement une solution pour régler l'incident à l'amiable.
Que le dossier soit remis dans les délais et en mains propres au destinataire est indispensable.
→ **Il est indispensable** que le dossier soit remis dans les délais et en mains propres au destinataire.

- Elle s'emploie :
  - avec les verbes intransitifs : *arriver, convenir, exister, importer, manquer, paraître, rester, sembler, suffire, survenir, se passer, se produire, se trouver...*
  - avec les adjectifs : *(il est) certain, difficile, important, impossible, interdit, nécessaire, indispensable, obligatoire, préférable, recommandé, urgent, utile, vrai...*

VALIDATION EXPRESS

A ÉVITEZ L'INFINITIF EN DÉBUT DE PHRASE EN EMPLOYANT LA TOURNURE IMPERSONNELLE.
1 Fumer dans un lieu public est interdit.
2 Composter son billet avant de monter dans le train est obligatoire.
3 Insister pour qu'il vienne serait inutile.

B ÉVITEZ LE VERBE EN FIN DE PHRASE EN EMPLOYANT LA TOURNURE IMPERSONNELLE.
1 Un incident impliquant deux cyclistes en état d'ébriété s'est produit.
2 Quelques dossiers de demande de subvention restent à remplir.
3 Une lettre recommandée avec accusé de réception est arrivée pour vous.

CORRIGÉ
A 1 Il est interdit de fumer – **2** Il est obligatoire de composter – **3** Il serait inutile d'insister.
B 1 Il s'est produit un incident – **2** Il reste à remplir quelques dossiers – **3** Il est arrivé pour vous une lettre.

Enrichir et varier son expression ▸ Varier les tournures de phrases

EMPLOYER ALTERNATIVEMENT LES VERBES QUI VONT PAR PAIRE

Certains verbes, à la voix active, mettent en avant soit l'**agent** de l'action soit le **bénéficiaire** de l'action. Ils vont par paires :
- *donner / recevoir*
- *vendre / acheter*
- *prêter / emprunter*
- *effrayer / craindre*
- *posséder / appartenir*
- *rendre visite à / recevoir la visite de*
- *exercer* (une influence, une contrainte...) */ subir...*

Grâce à ces verbes, on peut varier l'expression en transformant la phrase sans que le sens soit modifié.

L'entreprise **donne** un cadeau à ses employés. / Les employés **reçoivent** un cadeau de leur entreprise.

La publicité **exerce une influence** indiscutable sur le consommateur. / Le consommateur **subit l'influence** indiscutable de la publicité.

VALIDATION EXPRESS

CHANGEZ LE VERBE SOULIGNÉ POUR ÉVITER LA RÉPÉTITION.

1 Le retraité possède un petit studio. C'est le seul bien qu'il possède.

2 Les jeunes ont tendance à craindre l'avenir. Il est tout à fait compréhensible qu'ils craignent celui qui s'annonce aujourd'hui.

3 Quand vous rendez visite à une personne âgée, arrangez-vous pour que la visite que vous lui rendez ne la fatigue pas trop.

CORRIGÉ

(suggestions) **1** C'est le seul bien qui lui appartienne. – **2** Il est tout à fait compréhensible que celui qui s'annonce aujourd'hui les effraie. – **3** Arrangez-vous pour que la visite qu'elle reçoit ne la fatigue pas trop.

32 Apporter une explication

▶ *Les musées nationaux, **c'est-à-dire** ceux qui sont propriétés de l'État, ferment le mardi. Mais les musées de la ville de Paris, **notamment** le Petit-Palais, ne ferment pas. **Autrement dit**, vous trouverez toujours un musée ouvert, quel que soit le jour de la semaine.*

C'est-à-dire, notamment, autrement dit... permettent d'apporter une explication.

DES OUTILS POUR APPORTER UNE EXPLICATION

■ Dans le groupe nominal : *c'est-à-dire, soit, à savoir, notamment, par exemple...*
Les ministères, **notamment** celui de l'Économie, seront sollicités.

■ Entre deux phrases : *en effet, par exemple, ainsi, d'ailleurs, c'est-à-dire que, c'est ainsi que...*
Il a fallu prendre des mesures pour assurer la sécurité du bâtiment. **Ainsi** tous les voyageurs ont dû quitter l'hôtel.

L'épaisseur de la glace va diminuer, **c'est-à-dire que** le niveau des eaux va s'élever progressivement.

En d'autres termes, autrement dit permettent d'expliquer en proposant une nouvelle formulation.

CE QU'IL FAUT SAVOIR

■ *C'est-à-dire, notamment, par exemple* ne sont pas synonymes. On ne les emploiera pas l'un pour l'autre. *C'est-à-dire* fournit une explication à ce qui précède. *Notamment* distingue un élément qui fait partie d'un ensemble. *Par exemple* introduit une illustration donnée au moyen d'un exemple.

■ *En effet*, en apportant une explication, peut aussi exprimer la cause.
Nous comprenons mal vos reproches ; **en effet**, nos services ont toujours été assurés en temps voulu. (en effet = car)

ÉCRIRE AVEC LOGIQUE ▶ Apporter une explication

D'ailleurs, en apportant une explication, confirme le propos principal.
Les lois anti-tabac doivent réduire au minimum la consommation ;
d'ailleurs la vente de cigarettes a déjà chuté fortement.

VALIDATION EXPRESS

COMPLÉTEZ LES PHRASES PAR *C'EST-À-DIRE, NOTAMMENT* OU *PAR EXEMPLE*.

1 Le prince consort, … l'époux de la reine, ne montera jamais lui-même sur le trône.
2 Les commerces de proximité, … ceux des centres historiques, devraient être intéressés par la nouvelle mesure.
3 Les services publics, … La Poste, connaîtront des réformes importantes dans les prochains mois.
4 Pour éviter les accidents domestiques, on doit prendre certaines précautions, … placer les produits dangereux hors de portée des enfants.
5 Le mardi 6, … deux jours après la réunion, on a perdu sa trace.

CORRIGÉ
1 c'est-à-dire l'époux de la reine – 2 notamment ceux des centres historiques – 3 notamment La Poste – 4 par exemple placer les produits dangereux – 5 c'est-à-dire deux jours après la réunion

33 Établir une progression

> ▶ Restez avec nous pour la suite de notre programme. **Tout d'abord**, nous nous rendrons en Patagonie ; nous nous intéresserons **ensuite** au tri postal ; **enfin** notre chef vous présentera ses meilleures recettes.
>
> **Tout d'abord**, **ensuite**, **enfin** permettent d'établir une progression.

DES OUTILS POUR ÉTABLIR UNE PROGRESSION

- Pour commencer : *d'abord, tout d'abord, premièrement, en premier lieu, avant tout...*
  En premier lieu, nous présenterons les problématiques de notre travail.

- Pour ajouter : *en outre, de plus, de même, également, ensuite, par ailleurs, de surcroît, puis, aussi, et même...*
  Puis nous exposerons les réponses déjà apportées à ces sujets délicats.
  Vous trouverez ci-joint notre facture de 500 euros. **Par ailleurs**, votre compte est débiteur de la somme de 100 euros.

- Pour terminer : *enfin, en dernier lieu, surtout, finalement, en définitive, en somme, pour toutes ces raisons, pour conclure...*
  Nous proposerons **enfin** quelques solutions originales pour résoudre, en partie, les difficultés.

- On emploie aussi les parallélismes : *non seulement... mais encore ; d'une part... d'autre part ; d'un côté... d'un autre côté.*

CE QU'IL FAUT SAVOIR

- *Également, aussi* (lorsqu'il exprime l'addition) ne s'emploient pas en début de phrase.
  Il faudra **également** prévoir un repas froid. Pensez **aussi** à réserver votre place pour le spectacle.

- *Aussi* devient *non plus* dans une tournure négative.
  Pensez **aussi** à réserver votre place pour le spectacle.
  → N'oubliez pas **non plus** de réserver votre place pour le spectacle.

- Dans le parallélisme *non seulement... mais*, les deux éléments doivent précéder directement les termes qu'ils distinguent.

ÉCRIRE AVEC LOGIQUE ▸ Établir une progression

La réunion vous permettra **non seulement** de mieux connaître l'association, **mais** aussi de rencontrer des partenaires.
Et non pas : ⊖ Non seulement la réunion vous permettra de mieux connaître l'association mais aussi de rencontrer des partenaires.

• On ne doit pas employer *dernièrement* pour introduire un dernier argument. *Dernièrement* signifie *récemment, depuis peu de temps*.

VALIDATION EXPRESS

A REMPLACEZ *ET* PAR UN AUTRE MOT QUI EXPRIME LA PROGRESSION. CHANGEZ L'ORDRE DES MOTS SI C'EST NÉCESSAIRE.

Pour poser votre candidature, vous devez remplir le formulaire en trois exemplaires. *(Et)* il faudra joindre votre CV. *(Et)* vous ajouterez deux photos récentes. *(Et)* vous inscrivez votre adresse électronique dans la case 8 bis. *(Et)* n'oubliez pas la photocopie de votre diplôme !

B RELIEZ LES DEUX PHRASES PAR *NON SEULEMENT… MAIS ÉGALEMENT*. SUPPRIMER LES MOTS INUTILES.

Dans ces hôtels de charme, vous trouverez un accueil chaleureux. Dans ces hôtels de charme, vous trouverez une architecture élégante.

C RÉTABLISSEZ LA PROGRESSION LOGIQUE DE CES PHRASES CITÉES DANS LE DÉSORDRE. PUIS RELIEZ-LES PAR L'OUTIL DE LIAISON QUI CONVIENT.

1 … ces jeux sont de mieux en mieux conçus et beaucoup sont plus astucieux qu'abrutissants. **2** Le jeu vidéo est considéré par certains parents comme un danger pour le développement intellectuel des jeunes enfants. Les enquêtes apportent pourtant des éléments rassurants. **3** On avance … le fait que la plupart des enfants ne placent pas le jeu vidéo parmi leurs loisirs favoris, contrairement aux idées reçues. **4** … il ne semble donc pas fondé de diaboliser le jeu vidéo. **5** … les scénarios de ces jeux ne sont pas très éloignés de ceux des contes, réputés formateurs pour l'esprit.

CORRIGÉ

A (suggestions) Il faudra également joindre votre CV. Vous ajouterez aussi deux photos récentes. Enfin, inscrivez votre adresse électronique dans la case 8 bis. Surtout, n'oubliez pas la photocopie de votre diplôme !

B Dans ces hôtels de charme, vous trouverez non seulement un accueil chaleureux mais également une architecture élégante.

C 2 Le jeu vidéo est considéré par certains parents comme un danger pour le développement intellectuel des jeunes enfants. Les enquêtes apportent pourtant des éléments rassurants. **1** Avant tout, ces jeux sont de mieux en mieux conçus et beaucoup sont plus astucieux qu'abrutissants. **5** Par ailleurs, les scénarios de ces jeux ne sont pas très éloignés de ceux des contes, réputés formateurs pour l'esprit. **3** On avance enfin le fait que la plupart des enfants ne placent pas le jeu vidéo parmi leurs loisirs favoris, contrairement aux idées reçues. **4** Pour toutes ces raisons, il ne semble donc pas fondé de diaboliser le jeu vidéo.

34 Exprimer la cause

▶ *Les secours sont intervenus rapidement.
L'incendie a pu être maîtrisé.*
▶ *L'incendie a pu être maîtrisé
grâce à l'intervention rapide des secours.*
▶ *L'incendie a pu être maîtrisé **parce que**
les secours sont intervenus rapidement.*

Grâce à, parce que permettent d'exprimer la cause.

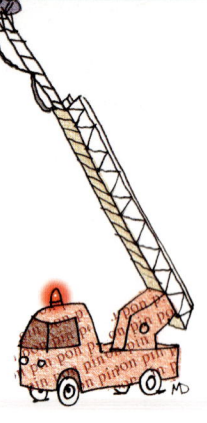

DES OUTILS POUR EXPRIMER LA CAUSE

■ Dans le groupe nominal : *à cause de, du fait de, sous l'effet de, en raison de, à force de, faute de, grâce à, par suite de, suite à, étant donné, pour, vu...*
En raison de difficultés économiques, nous sommes dans l'obligation de résilier notre contrat.
Faute d'instructions précises, le stagiaire n'a pas pu exécuter sa tâche.
L'employé a été décoré **pour** services rendus à la commune.
Vu les circonstances, mieux vaut éviter de le déranger.

■ Entre deux propositions : *car, en effet, c'est que...*
Il est bon que les municipalités consacrent une grande part de leur budget aux équipements sportifs. **En effet**, le sport est reconnu comme facteur d'intégration sociale.

■ Dans une proposition subordonnée :
• *parce que, étant donné que, puisque, sous prétexte que, comme, attendu que, vu que, du fait que, non que, ce n'est pas que...*
Étant donné que l'on ne peut rien prévoir en ce domaine, mieux vaut se tenir prêt.

• *faute de, sous prétexte de* + **infinitif** et *pour* + **infinitif passé**
Le conducteur est arrêté **pour avoir utilisé** son téléphone au volant.

CE QU'IL FAUT SAVOIR

■ *À cause de* exprime généralement une cause défavorable. *Grâce à* exprime toujours une cause considérée comme favorable.
On a dû renoncer **à cause des** mauvaises conditions.
Il a réussi **grâce à** sa persévérance.

EXPRESSION

ÉCRIRE AVEC LOGIQUE ▶ **Exprimer la cause**

- Après *faute de* + **infinitif**, on n'emploie jamais *ne... pas*, puisque *faute de* exprime déjà la négation.
  Je fais appel à vos services, **faute d'être** parvenu à un accord satisfaisant. (n'étant pas parvenu)

- *Car* n'est jamais placé en tête de phrase. Il est généralement précédé d'une virgule. Contrairement à *parce que*, il ne peut pas être précédé de *c'est*.
  Vous ne le trouverez pas dans son bureau, **car** il vient de changer de service.

- *Ce n'est pas que, non que*, qui expriment la cause rejetée, sont suivis du **subjonctif**.
  Ce n'est pas que je vous **aie** oublié, mais votre nom ne figure plus sur ma liste.

- *Puisque* exprime une cause évidente.
  Je le sais bien **puisque** vous venez de me le dire.

VALIDATION EXPRESS

A COMPLÉTEZ LES PHRASES PAR *PUISQUE* OU PAR *PARCE QUE*.
1 Je suis parti ... il était déjà tard.
2 Je ne vous ai pas attendu ... vous m'aviez dit de partir sans vous.
3 Il est inutile de faire la queue ... le musée ferme dans un quart d'heure.
4 Vous ne pouvez pas nier ... vous venez d'avouer ! J'ai avoué ... vous m'avez influencé.

B RELIEZ LES PHRASES EN EXPRIMANT LA CAUSE PAR UN MOYEN QUI NE SOIT PAS UNE PROPOSITION SUBORDONNÉE.
1 La vitesse est réduite à 90 km/h sur l'autoroute ; le degré de pollution est élevé.
2 Un anticyclone est présent sur notre pays ; les températures vont baisser dans les prochains jours.
3 Son temps de trajet a été divisé par deux ; il emprunte une piste cyclable.
4 Notre intention est d'utiliser la salle municipale ; nous sollicitons votre autorisation.

CORRIGÉ

A 1 parce qu' – **2** puisque – **3** puisque – **4** puisque ; parce que

B (suggestions) **1** La vitesse est réduite à 90 km/h sur l'autoroute car le degré de pollution est élevé. À cause du degré de pollution élevé, la vitesse est réduite à 90 km/h sur l'autoroute. – **2** Les températures vont baisser dans les prochains jours, car un anticyclone est présent sur notre pays. En raison de la présence d'un anticyclone sur notre pays, les températures vont baisser dans les prochains jours. – **3** Son temps de trajet a été divisé par deux grâce à la piste cyclable qu'il emprunte. Son temps de trajet a été divisé par deux ; c'est qu'il emprunte une piste cyclable. – **4** Nous sollicitons votre autorisation ; en effet, notre intention est d'utiliser la salle municipale. Étant donné notre intention d'utiliser la salle municipale, nous sollicitons votre autorisation.

35 Exprimer la conséquence

▶ *La sécurité a été renforcée ; par conséquent, tous les visiteurs devront passer par l'entrée principale.*

▶ *La sécurité a été renforcée si bien que tous les visiteurs devront passer par l'entrée principale.*

Par conséquent, si bien que permettent d'exprimer la conséquence.

DES OUTILS POUR EXPRIMER LA CONSÉQUENCE

● Dans le groupe nominal : *d'où, de là...*
Le journaliste a pu se rendre sur les lieux et interroger les témoins, **d'où** la précision de son reportage.

● Entre deux phrases : *ainsi, donc, par conséquent, en conséquence, c'est pourquoi, de ce fait, dès lors, de là, de la sorte, aussi, par suite...*
Le contrôleur a été retardé dans les embouteillages. Il a **donc** manqué le train de 16 h 18.

Cette offre me paraît tout à fait insuffisante. **En conséquence**, je vous prie de reconsidérer votre position.

● Dans une proposition subordonnée :

• *de sorte que, de façon que, si bien que...* + **indicatif**
La neige est tombée subitement ce matin, **de sorte que** personne n'**a pu** franchir le col.

• *au point que, tant que* + **verbe**, *tant de* + **nom**, *tel... que, si* + **adjectif** + *que, tellement* + **adjectif** + *que, tellement de* + **nom** + *que...* pour exprimer un degré d'intensité
Le facteur est **si serviable que** tout le monde le regrettera quand il partira.

• *assez de... pour que..., trop de... pour que...* + **subjonctif**
Je suis resté **trop** peu **de** temps dans le pays **pour que** la situation m'**apparaisse** clairement.

• *assez de... pour, trop de... pour* + **infinitif** lorsque le sujet de la subordonnée est le même que celui de la principale
Je suis resté **trop** peu **de** temps dans le pays **pour comprendre** clairement la situation.

ÉCRIRE AVEC LOGIQUE ▸ **Exprimer la conséquence**

CE QU'IL FAUT SAVOIR

● *Donc* s'emploie de préférence dans le cours de la phrase.

● *Aussi*, lorsqu'il exprime la conséquence, s'emploie en tête de la proposition. On doit :
  ● inverser le pronom sujet ;
  Les ressources s'épuisent ; **aussi** doit-**on** économiser l'énergie.
  ● ou répéter le sujet sous la forme d'un pronom personnel.
  La situation devient critique ; **aussi** les autorités ont-**elles** décidé d'annuler la réunion.

● *Si... que, tant... que, tellement... que, tel... que* sont suivis du **subjonctif** lorsque la proposition principale est négative ou interrogative.
  Est-il déjà **si** tard **que** vous **soyez** obligés de partir ?

VALIDATION EXPRESS

A COMPLÉTEZ LES PHRASES PAR *C'EST POURQUOI* OU PAR *AUSSI*.
1 L'entreprise s'agrandit et s'installe en région. … la famille devra-t-elle déménager au mois de janvier.
2 Nous ne pourrons pas traiter toutes les demandes aujourd'hui. … nous vous invitons à laisser vos coordonnées au bureau d'accueil.
3 Cette information est de la plus haute importance. … ne peut-il être question de la passer sous silence.

B RELIEZ LES DEUX PHRASES EN EXPRIMANT LA CONSÉQUENCE AU MOYEN D'UNE PROPOSITION SUBORDONNÉE.
1 Ses résultats l'ont déçu. Il a renoncé à passer l'examen final.
2 Les feux de signalisation étaient déréglés. Les trains ont subi un énorme retard.
3 Cette initiative est récente. Nous ne pouvons pas nous prononcer sur ses chances de succès.
4 Les eaux ont monté brusquement. Les habitants ont dû être évacués.

CORRIGÉ
A 1 aussi – **2** c'est pourquoi – **3** aussi
B (suggestions) **1** Ses résultats l'ont déçu au point qu'il a renoncé à passer l'examen final. – **2** Les feux de signalisation étaient déréglés de sorte que les trains ont subi un énorme retard. – **3** Cette initiative est trop récente pour que nous puissions nous prononcer sur ses chances de succès. – **4** Les eaux ont monté brusquement si bien que les habitants ont dû être évacués.

36 Exprimer le but

▶ *Tous les habitants devront être associés à l'événement.*
Dans ce but, *la rencontre sera retransmise sur des écrans géants.*
▶ *La rencontre sera retransmise sur des écrans géants* **de façon que** *tous les habitants puissent être associés à l'événement.*
Dans ce but, de façon que permettent d'exprimer le but.

DES OUTILS POUR EXPRIMER LE BUT

● Dans le groupe nominal : *pour, en vue de, en faveur de...*
Pour votre sécurité, n'ouvrez pas cette porte.

● Entre deux phrases : *dans ce but, à cette fin, à cet effet...*
Vous souhaitez renouveler votre abonnement ; **à cet effet**, nous vous adressons l'imprimé ci-joint.

● Dans une proposition subordonnée :

• *pour que, afin que, dans le but que, de (telle) sorte que, de manière (à ce) que, de façon (à ce) que, de crainte que, de peur que...* **+ subjonctif**
Nous faisons de notre mieux **pour que** notre clientèle **soit** satisfaite.
Relisez le contrat attentivement de **peur qu'un** oubli n'**ait** été commis.

• *pour, afin de, dans le but de, de manière à, de façon à, dans l'intention de...* **+ infinitif**
Nous faisons de notre mieux **pour satisfaire** notre clientèle.
Pressez les citrons **afin d'**en **extraire** le jus.

> **À NOTER**
> **Infinitif ou subjonctif ?**
>
> • On utilise les locutions suivies du subjonctif si le sujet de la principale est différent de celui de la subordonnée.
> **Je** viendrai te chercher afin que **tu** ne manques pas ton train.
>
> • On utilise les locutions suivies de l'infinitif si le sujet de la principale est le même que celui de la subordonnée.
> Prends un taxi afin de ne pas manquer ton train.

ÉCRIRE AVEC LOGIQUE ▸ **Exprimer le but**

CE QU'IL FAUT SAVOIR

● La locution *de (telle) sorte que* exprime :
  • le but si elle est suivie d'un verbe au **subjonctif** ;
  Les caténaires ont été vérifiées, **de sorte que** les trains **puissent** circuler. (dans le but)
  • la conséquence si elle est suivie d'un verbe à l'**indicatif**.
  Les caténaires ont été vérifiées, **de sorte que** les trains **peuvent** circuler. (en conséquence, les trains circulent)

● Après les verbes de mouvement *(aller, venir, partir...)*, le verbe à l'**infinitif** peut s'employer sans la préposition *pour*.
  Je suis venu vous dire au revoir. (pour vous dire)
  Ils sont partis le chercher. (pour le chercher)

● Avec *de crainte que, de peur que*, le verbe s'accompagne de la particule *ne*, recommandée dans la langue soutenue.
  Nous vous envoyons ce courriel **de peur (de crainte) que** notre lettre **n'**ait été perdue.
  Ce *ne*, dit explétif, n'a pas de valeur négative. Il ne faut pas le confondre avec la véritable négation.
  Je vous envoie ce plan **de peur (de crainte) que** vous **ne** trouviez **pas** votre chemin.

VALIDATION EXPRESS

RELIEZ CES PHRASES EN EXPRIMANT LE BUT AU MOYEN D'UNE PROPOSITION SUBORDONNÉE. ATTENTION AU MODE DU VERBE DANS LA SUBORDONNÉE.
1 La municipalité s'est mobilisée. Tout est prêt pour Noël.
2 Laissez-nous vos coordonnées. Nous pourrons vous prévenir.
3 Le moniteur parle très distinctement. Même un étranger peut le comprendre.
4 Je ne leur ai rien dit ; ils ne s'inquiéteront pas.
5 Préviens tes assureurs ; ils viendront constater les dégâts.
6 Il faut écouter la radio ; il faut se tenir régulièrement informé.
7 Les pompiers ont installé un périmètre de sécurité. Ils craignaient que l'incendie ne se propage.

Corrigé
(suggestions) **1** La municipalité s'est mobilisée de façon que tout soit prêt pour Noël. – **2** Laissez-nous vos coordonnées afin que nous puissions vous prévenir. – **3** Le moniteur parle très distinctement pour que même un étranger puisse le comprendre. – **4** Je ne leur ai rien dit de peur qu'ils ne s'inquiètent. – **5** Préviens tes assureurs pour qu'ils viennent constater les dégâts. – **6** Il faut écouter la radio pour se tenir régulièrement informé. – **7** Les pompiers ont installé un périmètre de sécurité de crainte que l'incendie ne se propage.

37 Exprimer la comparaison

▶ *L'entraîneur fait confiance à ses stagiaires ; il ferait **de même** avec des professionnels expérimentés.*

▶ *L'entraîneur fait confiance à ses stagiaires **comme** s'ils étaient des professionnels expérimentés.*

▶ *L'entraîneur fait confiance à ses stagiaires **autant qu'**à des professionnels expérimentés.*

De même, comme si, autant que permettent d'exprimer la comparaison.

DES OUTILS POUR EXPRIMER LA COMPARAISON

- Dans le groupe nominal :
  - *comme, tel, pareil à, à la façon de, semblable à, par rapport à, en comparaison de...*

  Le clown se mit à marcher de côté, **à la façon d'un** crabe.

  - *plus de... que, moins de... que, autant de... que...* qui expriment un degré d'intensité ou une proportion

  La classe compte cette année **autant de** filles **que** de garçons.

- Entre deux phrases ou deux propositions indépendantes :
  - *de même, de la même manière, de la même façon...*

  Pliez le bord de la boîte. **De la même manière**, rabattez les languettes de part et d'autre du couvercle.

  - *plus... plus..., moins... moins, autant... autant..., plus... moins..., moins... plus...,* qui expriment un degré d'intensité ou une proportion

  Plus le présentateur parlait, **moins** on comprenait où il voulait en venir.

- Dans une proposition subordonnée :
  - *comme, comme si, ainsi que, tel que, de même que..., de la même manière que...*

  Exigeant **comme** vous l'êtes, vous ne vous contenterez pas de ce brouillon.

  - *plus... que, moins... que, autant... que, aussi... que, d'autant plus... que, d'autant moins... que...* qui expriment un degré d'intensité ou une proportion

  Le chef est **d'autant plus** contrarié **que** l'île flottante est depuis longtemps sa spécialité.

EXPRESSION

ÉCRIRE AVEC LOGIQUE ▶ Exprimer la comparaison

CE QU'IL FAUT SAVOIR

● *Comme* peut être :

- une conjonction de comparaison ;
Je suis venue par le métro **comme** il me l'avait dit.

- une conjonction de temps ;
Je suis arrivée **comme** la station ouvrait.

- une conjonction de cause.
Comme il n'y avait personne, je suis repartie.

● La locution *comme si* est toujours suivie d'un verbe à l'imparfait ou au plus-que-parfait de l'indicatif. Elle apporte à la comparaison une nuance hypothétique (c'est une comparaison supposée).
Vous cuisinez **comme si** vous **aviez fait** cela toute votre vie.

● *Aussi... que* s'emploie avec l'adjectif, le participe ou l'adverbe.
Il est **aussi** patient **que** moi. Il ne travaille plus **aussi** bien **qu'**avant.

● *Autant... que* s'emploie avec les noms et les verbes.
Vous trouverez **autant** de confort **que** dans un train.
J'aime **autant** sortir **que** (de) rester chez moi.

● *Tel que* peut être :

- une conjonction de comparaison ;
Il est **tel que** je l'imaginais. (comme je l'imaginais)

- une conjonction de conséquence.
Le brouillard était **tel qu'**on ne voyait pas à cinq mètres. (était épais, de sorte qu'on ne voyait pas...)

VALIDATION EXPRESS

COMPLÉTEZ LES PHRASES EN EMPLOYANT LE LIEN DE COMPARAISON QUI CONVIENT, EXPRIMANT LE DEGRÉ OU LA PROPORTION.

1 ... vous aérerez la maison, ... elle sera saine.
2 Sa démission est ... surprenante ... il semblait très à l'aise dans ce poste.
3 ... j'avais apprécié son premier film, ... j'ai été déçu par celui-ci.
4 Mes recherches généalogiques ne sont pas ... avancées ... elles ne l'étaient il y a un an.
5 La circulation est ... difficile ... le brouillard s'épaissit peu à peu.

CORRIGÉ
1 Plus vous aérerez la maison, plus elle sera saine. – 2 Sa démission est d'autant plus surprenante qu'il semblait très à l'aise dans ce poste. – 3 Autant j'avais apprécié son premier film, autant j'ai été déçu par celui-ci. – 4 Mes recherches généalogiques ne sont pas plus avancées qu'elles ne l'étaient il y a un an. – 5 La circulation est d'autant plus difficile que le brouillard s'épaissit peu à peu.

38 Exprimer une condition

▶ *Si* la recherche dispose d'un budget plus important, elle progressera vite.
▶ La recherche progressera vite **à condition de** disposer d'un budget important.

Si, **à condition de** permettent d'exprimer la condition.

DES OUTILS POUR EXPRIMER UNE CONDITION

● Dans le groupe nominal : *à moins de, en cas de, sauf…*
En cas de danger, utilisez le signal d'alarme.
Sauf empêchement, la distribution sera assurée le lundi.

● Entre deux phrases : *sinon, à défaut…*
Le journal doit être soutenu par les abonnés ; **sinon** il disparaîtra.

● Dans la proposition subordonnée :

• *si, alors que, sauf si, même si…* + **indicatif**
Si ces conditions vous **agréent**, veuillez renvoyer les deux exemplaires signés de votre contrat.

• *au cas où, dans le cas où, quand, quand bien même…* + **conditionnel**
Dans le cas où votre paiement et notre lettre **se seraient croisés**, veuillez considérer celle-ci comme sans objet.

• *à condition que, pourvu que, pour peu que, si tant est que, en admettant que, en supposant que, à supposer que, à moins que…* + **subjonctif**
Notre site est accessible à tous les adhérents **à condition qu'**ils **connaissent** le mot de passe.

• *à condition de, à moins de* + **infinitif** lorsque le sujet de la subordonnée est le même que celui de la principale.
À condition de connaître le mot de passe, tous les adhérents peuvent accéder au site.
Une association ne peut plus fonctionner **à moins de disposer** d'un budget important.

ÉCRIRE AVEC LOGIQUE ▸ **Exprimer une condition**

CE QU'IL FAUT SAVOIR

- Avec *à moins que*, le verbe s'accompagne de la particule *ne*, recommandée dans la langue soutenue. Ce *ne*, dit explétif, n'a pas de valeur négative.
Je prendrai un taxi, **à moins que** tu **ne** viennes me chercher.

- *Si (même si, si jamais, sauf si)* est toujours suivi de l'**indicatif**. Mais on a le choix entre le présent, l'imparfait ou le plus-que-parfait selon que l'hypothèse est réalisable, que sa réalisation est peu probable, ou bien encore que l'hypothèse n'a pas été réalisée.

  • On emploie *si* + **présent** quand l'hypothèse est réalisable.
  Si notre équipe **gagne**, elle participera aux demi-finales.

  • On emploie *si* + **imparfait** quand l'hypothèse est considérée comme peu probable.
  Si notre équipe **gagnait**, elle participerait aux demi-finales.

  • On emploie *si* + **plus-que-parfait** quand l'hypothèse n'a pas été réalisée.
  Si notre équipe **avait gagné**, elle aurait participé aux demi-finales.

VALIDATION EXPRESS

A REMPLACEZ *POUR PEU* PAR *SI JAMAIS* ; *EN ADMETTANT QUE* PAR *MÊME SI* ; *À MOINS QUE* PAR *SAUF SI*. ATTENTION AU MODE ET AU TEMPS DU VERBE.
1 Pour peu qu'un événement survienne, la championne perd son sang-froid.
2 En admettant que le train rattrape son retard, j'aurais trop peu de temps pour rejoindre l'aéroport.
3 Le parti perdra les élections à moins que ses dirigeants ne fassent la paix.

B REMPLACEZ *SI* POUR EXPRIMER LA CONDITION DANS LES PROPOSITIONS SUBORDONNÉES. ATTENTION AU MODE DU VERBE.
1 Si je disposais de la somme nécessaire, je n'achèterais pourtant pas cette grosse voiture trop polluante.
2 S'il reprenait contact avec vous, prévenez nous.
3 Si vous suivez attentivement le mode d'emploi, le meuble peut facilement être monté en une demi-heure.
4 Si les pays producteurs se mettaient d'accord, pensez-vous que les cours baisseraient ?

CORRIGÉ
A 1 Si jamais un événement survient, la championne perd son sang-froid. – **2** Même si le train rattrapait son retard, j'aurais trop peu de temps pour rejoindre l'aéroport. – **3** Le parti perdra les élections sauf si ses dirigeants font la paix.
B (suggestions) **1** Quand bien même je disposerais de la somme nécessaire, je n'achèterais pourtant pas cette grosse voiture trop polluante. – **2** Au cas où il reprendrait contact avec vous, prévenez-nous. – **3** À condition que vous suiviez attentivement le mode d'emploi, le meuble peut facilement être monté en une demi-heure. – **4** À supposer que les pays producteurs se mettent d'accord, pensez-vous que les cours baisseraient ?

39 Établir une opposition

▶ La compagnie propose des tarifs intéressants, **mais** les dates de départ sont imposées. **Cependant, malgré** ces contraintes, l'offre séduit de plus en plus **tandis que** les autres formules sont délaissées par la clientèle.

Mais, cependant, malgré, tandis que servent à établir une opposition.

DES OUTILS POUR ÉTABLIR UNE OPPOSITION

Dans le groupe nominal :
- opposition forte : *mais, excepté, mis à part, au contraire de, contrairement à, à l'inverse de…*
Les bibliothèques sont ouvertes tous les jours, **excepté** le lundi.

- opposition faible : *en dépit de, malgré…*
En dépit de nos recherches, il ne nous a pas été possible de retrouver l'article manquant.

Entre deux phrases :
- opposition forte : *mais, en revanche, au contraire, par contre, à l'inverse…*
Les nouvelles ampoules coûtent plus cher ; **par contre**, elles consomment beaucoup moins d'énergie.

- opposition faible : *cependant, toutefois, néanmoins, or…*
Nous ne sommes pas en mesure de satisfaire votre demande. **Cependant** nous conservons vos coordonnées.

Dans une proposition subordonnée :
- opposition forte : *alors que, tandis que* + **indicatif** ; *sans que* + **subjonctif** ; *loin de, au lieu de, sans* + **infinitif**
Le camembert est produit en Normandie **tandis que** le maroilles **est** un fromage du Nord.

Les places peuvent être réservées **sans qu'**on **ait** à se présenter au guichet.

Loin de satisfaire tous les riverains, le projet d'aménagement de l'avenue est vivement critiqué.

- opposition faible : *bien que, quoique* + **subjonctif** ; *encore que* + **subjonctif** (généralement)
Bien qu'ils **aient** tous plus de soixante-dix ans, les retraités viennent de créer un club Internet.

EXPRESSION

ÉCRIRE AVEC LOGIQUE ▶ **Établir une opposition**

CE QU'IL FAUT SAVOIR

● *Alors que* et *tandis que* permettent d'établir une opposition ; mais ce sont également des conjonctions de temps.
Le chameau a une bosse, **alors que (tandis que)** le dromadaire en a deux. (opposition)
L'orage les a surpris **alors qu'**ils (**tandis qu'**ils) installaient leur bivouac. (temps).

● *Or* introduit une contradiction dans un raisonnement. Il s'emploie toujours en tête de la proposition.
Le suspect prétend ne rien connaître de l'affaire ; **or** des documents ont été trouvés chez lui.

● Après *quoique, bien que, encore que*, on peut parfois faire l'ellipse du verbe.
L'élève parvient à suivre **quoique** [ce soit] avec difficulté.
Bien qu'[étant] en grande difficulté, il a gardé confiance.

VALIDATION EXPRESS

A ÉTABLISSEZ UNE OPPOSITION ENTRE LES PHRASES PAR UN MOYEN AUTRE QUE CELUI DE LA SUBORDINATION.
1 La première période a été décevante. L'équipe a remporté le match.
2 Ce qui a été annoncé est faux ; le magasin sera bien ouvert le dimanche.
3 Le chanteur a connu de nombreux succès ; il reste très modeste.
4 L'association manque de moyens ; elle équilibre son budget tout en proposant de nombreuses activités ; on peut donc dire que c'est une réussite.

B RELIEZ LES DEUX PHRASES PAR UN LIEN DE SUBORDINATION QUI EXPRIME L'OPPOSITION (ATTENTION AU MODE DE LA PROPOSITION SUBORDONNÉE).
1 La situation s'améliore ; il faut rester très vigilant.
2 Des mesures sont prises ; le taux d'échec demeure élevé.
3 On l'attend toujours ; il avait promis d'arriver à l'heure.
4 Les émissions sont diffusées dès 20 h 35 ; avant elles commençaient à 21 h.

CORRIGÉ

A (Suggestions) **1** La première période a été décevante ; cependant, l'équipe a remporté le match. – **2** À l'inverse de (au contraire de, contrairement à) ce qui a été annoncé, le magasin sera bien ouvert le dimanche. – **3** Le chanteur a connu de nombreux succès mais (pourtant) il reste très modeste. Malgré ses nombreux succès, le chanteur reste très modeste. – **4** L'association manque de moyens ; or, elle équilibre son budget tout en proposant de nombreuses activités ; on peut donc dire que c'est une réussite.
B (Suggestions) **1** Quoique la situation s'améliore, il faut rester très vigilant. – **2** Bien que des mesures soient prises, le taux d'échec demeure élevé. – **3** On l'attend toujours alors qu'il avait promis d'arriver à l'heure. – **4** Les émissions sont diffusées dès 20 h 35 tandis qu'avant elles commençaient à 21 h.

40 Admettre : exprimer une concession

▶ *Assurément l'entreprise était risquée, vous avez raison...*
Pourtant, elle méritait d'être tentée.

On exprime ici une concession, c'est-à-dire que l'on admet provisoirement un fait ou un jugement pour ensuite lui opposer un autre point de vue.

DES OUTILS POUR EXPRIMER UNE CONCESSION

La concession est une forme de l'opposition ; elle utilise en partie les mêmes outils, mais ceux-ci servent à mettre en perspective les deux énoncés pour que l'un des deux apparaisse renforcé.

- Dans le groupe nominal : *malgré, en dépit de...*
  Malgré quelques difficultés, le projet a finalement abouti.

- Entre deux phrases : *sans doute, certes, peut-être, bien sûr, assurément... mais (pourtant, néanmoins)...*
  Le voyage était **sans doute** très bien préparé ; **mais** des imprévus ont surgi **néanmoins**.
  Certes, la démocratie est un régime impossible... **Pourtant** il n'y en a pas de meilleur.

- Dans la proposition subordonnée : *bien que, quoique, quelque... que* + **subjonctif**.
  Quelque invraisemblable **qu'il paraisse**, le scénario est inspiré d'un fait réel.

- On emploie aussi *avoir beau* + **infinitif**.
  Les médiateurs **ont beau déployer** leurs efforts, la situation reste néanmoins tendue.

194 EXPRESSION

ÉCRIRE AVEC LOGIQUE ▸ **Admettre : exprimer une concession**

CE QU'IL FAUT SAVOIR

● Après *sans doute* et *peut-être*, placés en début de phrase, il est recommandé de pratiquer l'inversion du pronom sujet ou la reprise du sujet sous la forme du pronom.
Sans doute fallait-**il** interrompre le spectacle. **Peut-être** les organisateurs devaient-**ils** faire une annonce. Mais personne n'a pris la décision.

● *Quelque* + **adjectif** + *que* appartiennent à la langue soutenue. Lorsqu'il qualifie un adjectif, il est invariable.
Quelque mignons **qu**'ils puissent être, les lionceaux restent des animaux sauvages.

VALIDATION EXPRESS

A Reliez les phrases en exprimant la concession au moyen de *sans doute... mais*, puis en utilisant la structure *quelque* + adjectif + *que*.

1 La haute montagne est attrayante ; elle exige du randonneur un certain nombre de précautions.

2 Cette offre est séduisante ; elle ne pourra satisfaire tout le monde.

B Reliez les phrases en exprimant une concession par un moyen autre que celui de la subordination.

1 L'énergie solaire est trop peu exploitée encore ; on peut être certain qu'elle connaîtra un développement important dans les années à venir.

2 Le stagiaire est très timide ; il a pris la parole devant le groupe pour défendre son projet.

3 La crise économique entraîne un accroissement du chômage ; elle stimule certains secteurs.

Corrigé

A 1 Sans doute la haute montagne est-elle attrayante mais elle exige du randonneur un certain nombre de précautions. Quelque attrayante que soit la haute montagne, elle exige du randonneur un certain nombre de précautions. – **2** Sans doute cette offre est-elle séduisante, mais elle ne pourra satisfaire tout le monde. Quelque séduisante que soit cette offre, elle ne pourra satisfaire tout le monde.

B (suggestions) **1** Sans doute l'énergie solaire est-elle trop peu exploitée encore, mais on peut être certain qu'elle connaîtra un développement important dans les années à venir. – **2** Malgré (en dépit de) sa très grande timidité, le stagiaire a pris la parole devant le groupe pour défendre son projet, *ou* le stagiaire a beau être timide, il a pris... – **3** Assurément, la crise économique entraîne un accroissement du chômage ; néanmoins elle stimule certains secteurs.

ORTHOGRAPHE

NE PAS CONFONDRE LES HOMOPHONES GRAMMATICAUX
41 Les homophones grammaticaux 198

FORMER LE PLURIEL OU LE FÉMININ
42 Le pluriel des noms 207
43 Le pluriel et le féminin de l'adjectif qualificatif 212

ACCORDER LES ADJECTIFS
44 Accorder l'adjectif qualificatif 215
45 Reconnaître et accorder l'adjectif verbal 220

ACCORDER LE VERBE
46 Accorder le verbe avec son sujet 223
47 Accorder le verbe avec un nom collectif 228
48 Accorder le verbe avec un pronom indéfini 229
49 Accorder le verbe avec un adverbe de quantité 230

ACCORDER LE PARTICIPE PASSÉ

50 Accorder le participe passé employé sans auxiliaire, avec *être*, avec *avoir* 231

51 Accorder le participe passé d'un verbe pronominal 234

52 Accorder le participe passé suivi d'un infinitif 236

CONNAÎTRE LES PRINCIPALES RÈGLES D'USAGE

53 Doit-on doubler la consonne en début de mot ? 238

54 Connaître quelques terminaisons usuelles 242

55 Des terminaisons inattendues 245

PLACER LES ACCENTS, LA MAJUSCULE, LA PONCTUATION

56 Où placer les accents et le tréma ? 247

57 Le trait d'union, l'apostrophe, la cédille 251

58 La majuscule et la ponctuation 255

41 Les homophones grammaticaux

▶ *Est* et *ait* ; *plus tôt* et *plutôt* ; *quoique* et *quoi que*...

À l'oral, on prononce ces homophones de la même façon ou presque. Mais à l'écrit, on ne peut pas faire illusion, et le sens de la phrase dépend de ces mots qui jouent un rôle grammatical de premier plan.

A OU À ?

Le pingouin **a** mal **à** la tête.

- ***A*** est le verbe *avoir* à la 3e personne du singulier de l'indicatif. Pour ne pas se tromper, on peut remplacer *a* par un autre temps de l'indicatif.
  Il **a** tort. (Il avait tort.)

- ***À*** est une préposition. C'est un mot invariable.
  Il parle **à** tort et **à** travers.

CE OU SE ?

Ce plan est commode ; il **se** déplie facilement.

- ***Ce*** est un déterminant démonstratif masculin singulier. Il est placé devant un groupe nominal. Il sert à désigner.
  Appelle-moi à **ce** numéro.

- ***Se*** est un pronom personnel à la 3e personne. Il est placé devant un verbe appelé justement pronominal. Pour ne pas se tromper, on peut remplacer *se* par *me* ou *te*.
  Elle **se** doute de quelque chose. (je me doute, tu te doutes)

CE QUI OU CEUX QUI ?

Voici **ce qui** est décidé ; **ceux qui** veulent feront comme moi.

- ***Ce qui*** (*ce que, ce dont*...) est un pronom démonstratif neutre suivi d'un pronom relatif. Pour ne pas se tromper, on peut remplacer *ce qui* par *la chose qui* (*que, dont*...).
  Dis-moi **ce qui** te ferait plaisir. (la chose qui te ferait plaisir)

ORTHOGRAPHE

NE PAS CONFONDRE ▸ Les homophones grammaticaux

- *Ceux qui* (ceux que, ceux dont...) est un pronom démonstratif masculin pluriel suivi d'un pronom relatif. Pour ne pas se tromper, on peut remplacer *ceux qui* par *les gens* ou bien par le féminin pluriel *celles*.
  Parmi **ceux qui** sont venus, quels sont **ceux qui** peuvent rester ?
  (celles qui sont venues ; les gens qui peuvent rester)
  Attention ! On écrit : **Ce** sont les meilleurs. (L'équivalent au singulier est : c'est le meilleur.)

CES OU SES ?

Qui sont **ces** personnes qu'on voit chez lui ? **Ses** oncles et **ses** tantes, je crois.

- *Ces* est un déterminant démonstratif au pluriel. Il sert à montrer, à désigner. Pour ne pas se tromper, on peut remplacer *ces* par le singulier *ce*, *cet* ou *cette*. On peut aussi ajouter *là* après le nom.
  Ces Jeux sont les plus réussis de **ces** cinquante dernières années.
  (de ce demi-siècle ; ces Jeux-là)

- *Ses* est un déterminant possessif au pluriel. Il exprime l'appartenance. Pour ne pas se tromper, on peut remplacer *ses* par le singulier *sa* ou *son*. On peut aussi ajouter *les siens*.
  Ses voisins sont finalement **ses** plus chers amis. (son voisin... ; son plus cher ami ; ou bien : ses voisins = les siens ; ses plus chers amis = les siens)

C'EST OU S'EST ?

« **C'est** bien fait ! » **s'est**-il écrié.

- *C'est* est le pronom démonstratif *ce* + le verbe *être*. Pour ne pas se tromper, on peut remplacer *c'est* par *cela est*.
  Vous trouvez que **c'est** drôle ? (que cela est drôle)

- *S'est* est le pronom personnel *s'* + le verbe *être*. Pour ne pas se tromper, on peut remplacer *s'est* par *je me suis*...
  Le facteur **s'est** trompé d'immeuble. (je me suis trompé)

EST OU AIT ?

Il **est** si étourdi ! Je m'étonne qu'il y **ait** pensé !

- *Est* est le verbe *être* à la 3e personne du singulier du présent de l'indicatif. Pour ne pas se tromper, on peut remplacer *est* par *était*.
  Le train **est** en gare ; il **est** arrivé à l'heure. (était en gare ; était arrivé)

Ait (ou *aient*) est le verbe *avoir* à la 3ᵉ personne du présent du subjonctif. Pour ne pas se tromper, on peut remplacer *ait* par *(nous) ayons*.
Je ne crois pas qu'il **ait** tout à fait tort. (que nous ayons)

On peut aussi remplacer mentalement *est* par *être* et *ait* par *avoir* pour vérifier de quel verbe il s'agit.

LÀ, LA OU L'A ?

Jusque-**là** elle était **la** favorite ; on **la** félicitait déjà ! Mais sa concurrente **l'a** doublée.

- *Là* est un adverbe qui exprime en général le temps ou le lieu. Pour ne pas se tromper, on peut remplacer *là* par *-ci* ou *ici*.
Asseyez-vous **là**. (ici) Sur ce fauteuil-**là**. (sur ce fauteuil-ci)

- *La* est un article féminin singulier. Il détermine un nom. Pour ne pas se tromper, on peut remplacer *la* par un autre article.
la chanteuse (le chanteur)

- *La* est aussi un pronom personnel COD. Il accompagne un verbe. Pour ne pas se tromper, on peut remplacer *la* par un autre pronom personnel *(me, nous…)*.
Tout le monde **la** connaît. (me connaît, nous connaît)

- *L'a* est le verbe *avoir* précédé du pronom personnel élidé *l'*. Pour ne pas se tromper, on peut remplacer *a* par *avait*.
On **l'a** entendue chanter l'année dernière. (on l'avait entendue)

LEURS OU LEUR ?

Quel est **leur** avis ? Quelles sont **leurs** conclusions ? Vous **leur** avez demandé ?

- *Leur*, quand il est un déterminant possessif, s'écrit *leur* s'il se rapporte à un nom singulier et *leurs* s'il se rapporte à un nom pluriel.
Ils ont mis dans **leur** voiture **leurs** skis et **leurs** bouées.

- *Leur*, quand il est pronom personnel, ne prend jamais de **s**. Pour ne pas se tromper, on peut remplacer *leur* par *lui* (ou par *à eux*).
J'ai appelé mes voisins. Je **leur** ai demandé de venir. (je lui ai demandé ; j'ai demandé à eux)

NE PAS CONFONDRE ▸ Les homophones grammaticaux

NI OU *N'Y* ?

Un orchestre sans tambour **ni** trompette ? Je **n'y** crois pas !

- *Ni* est une conjonction de coordination employée dans une phrase négative à la place de *et* ou bien *ou*.
  Il n'a **ni** parents **ni** amis. (il a des parents <u>et</u> des amis)
  Le matin, je ne prends **ni** thé **ni** café. (je prends du thé <u>ou</u> du café)

- *N'y* est composé de *ne* + *y* (adverbe de lieu ou pronom personnel). Il est placé juste avant le verbe. Pour ne pas se tromper, on peut remplacer *n'y* par *ne* + *là* ou *ne* + *à cela*.
  Je **n'y** vais pas. (je ne vais pas là)
  Je **n'y** comprends rien. (je ne comprends rien à cela)

ON OU *ONT* ?

On a raison d'encourager ceux qui **ont** de bonnes idées.

- *On* est un pronom indéfini sujet. On peut le remplacer par *il*, *quelqu'un* ou *l'homme*.
  On peut toujours rêver. (il peut ; l'homme peut)
  On a sonné à la porte. (quelqu'un a sonné)

- *Ont* est le verbe *avoir* à la 3e personne du pluriel du présent de l'indicatif. Pour ne pas se tromper, on peut remplacer *ont* par *avaient*.
  Les absents **ont** toujours tort. (avaient)

ON N' OU *ON* ?

On **n'**a pas toujours vingt ans ! Mais **on** a raison d'essayer.

- *On ne* suivi d'une voyelle entraîne l'élision de *ne* en *n'* : on n'a.

- *On* suivi d'une voyelle entraîne la liaison avec cette voyelle : on a.

- On entend le même son dans **on n'a** et **on a**. Pour ne pas oublier le *n'* à l'écrit, on peut remplacer *on* par *je*.
  On **n'**est pas à plaindre. → Je **ne** suis pas à plaindre. (il faut le *n'*)
  On a de la chance. → J'ai de la chance. (il ne faut pas de *n'*)

201

OÙ OU *OU* ?

À l'heure **où** nous parlons, on ignore **où** il se trouve : au Chili **ou** au Paraguay ?

- *Où* exprime le lieu ou le temps.
  Une heure et un endroit **où** j'aime me promener. (pendant laquelle ; dans lequel)

> **À NOTER**
> On écrit *au cas où*.
> Je te donne un plan, au cas **où** tu te perdrais.

- *Ou* est une conjonction de coordination qui exprime le choix. Pour ne pas se tromper, on peut remplacer *ou* par *ou bien*.
  Le thé ? avec du lait **ou** du citron ? (ou bien avec du citron)

PEUT ÊTRE OU *PEUT-ÊTRE* ?

Je me demande où **peut être** ma carte d'identité. Je l'ai **peut-être** laissée à la maison.

- *Peut être* (sans trait d'union) est le verbe *pouvoir* + le verbe *être*. Pour ne pas se tromper, on peut remplacer *peut* par *pouvait* ou par le pluriel *peuvent*.
  Avec lui, on **peut être** rassuré. (on pouvait être ; ils peuvent être)

- *Peut-être* (avec un trait d'union) est un adverbe. Pour ne pas se tromper, on peut remplacer *peut-être* par un autre adverbe *(probablement, éventuellement...)*.
  Vous avez **peut-être** raison. (vous avez probablement)

PLUTÔT OU *PLUS TÔT* ?

Rencontrons-nous chez moi **plutôt** qu'au café. Où vous voulez, mais le **plus tôt** sera le mieux.

- *Plutôt* (en un mot) exprime un choix ou une appréciation.
  On lui conseille le vélo **plutôt** que la course à pied.
  L'imitation était **plutôt** réussie.

- *Plus tôt* (en deux mots) exprime le temps. Pour ne pas se tromper, on peut remplacer *plus tôt* par son contraire *plus tard*.
  J'espère arriver vers 18 h ; ne m'attendez pas **plus tôt**. (plus tard)

NE PAS CONFONDRE ▸ Les homophones grammaticaux

QUEL(LES) OU QU'ELLE(S) ?

Quelle heure est-il ? On m'a dit **qu'elle** viendrait à 6 h. Je ne sais pas pour **quelles** raisons elle est en retard.

Quel(les) (en un mot) est un déterminant interrogatif ou exclamatif. Il s'accorde avec le nom auquel il se rapporte.
Quel jour sommes-nous ? **Quelle** soirée !

Qu'elle(s) (en deux mots) est composé de *que* suivi du pronom personnel *elle(s)*. Pour ne pas se tromper, on peut remplacer *qu'elle(s)* par *qu'il(s)* ou *que lui*.

Que peut être :

- un pronom relatif ;
Elle parle du film **qu'elle** a vu hier. (qu'il a vu)
- un adverbe d'intensité ;
Qu'elle est bonne cette eau ! (qu'il est bon)
- une conjonction de subordination ;
Il faut **qu'elle** téléphone à l'entreprise. (qu'il téléphone)
- le deuxième élément de la locution adverbiale *ne... que*.
On **ne** voit **qu'elle**. (que lui)

QUELQUES, QUELQUE OU QUEL(LES) QUE ?

Vous découvrirez **quelques** centaines d'espèces animales dispersées sur **quelque** deux cents hectares et cela, **quelle que** soit l'option que vous aurez choisie.

Quelques s'écrit avec un **s** s'il a le sens de *plusieurs*. Il est déterminant indéfini.
J'ai pris **quelques** photos intéressantes ; je les ai montrées à **quelques** bons amis. (plusieurs photos ; plusieurs bons amis)

> **À NOTER**
> **L'expression *et quelques***
> On écrit *et quelques* toujours au pluriel : dix euros et quelques.

Quelques s'écrit avec un **s** s'il est suivi d'un nom pluriel lui-même suivi de *que*. On peut remplacer *quelques* par *qu'importent les*.
Quelques résultats **que** vous obteniez, vous ne le convaincrez pas. (qu'importent les résultats)

- *Quelque* est invariable s'il a le sens de *environ*.
  Il vous en coûtera **quelque** trois cents euros. (environ trois cents euros)

- *Quelque* est invariable s'il est suivi d'un adjectif ou d'un adverbe, lui-même suivi de *que* dans une phrase à valeur concessive. On peut remplacer *quelque* par *si*.
  Quelque intelligents **qu'**ils soient, ils ne trouveront pas. (si intelligents qu'ils soient)

- *Quel(les) que* s'écrit en deux mots devant le verbe *être*. Dans ce cas, *quel* s'accorde en genre et en nombre avec le sujet du verbe *être*.
  Quelles que soient les difficultés, il continue avec courage.
  On peut transformer la phrase : Que les difficultés soient telles ou telles…

QUOIQUE OU QUOI QUE ?

Quoique le film ait plus de cinquante ans, il est resté moderne, **quoi que** vous pensiez par ailleurs du jeu des acteurs.

- *Quoique* s'écrit en un mot si on peut le remplacer par *bien que*.
  Il est sorti, **quoiqu'**il ne soit pas encore tout à fait guéri. (bien qu'il ne soit pas)

- *Quoi que* s'écrit en deux mots si on peut le remplacer par *quelle que soit la chose que*.
  Quoi qu'il fasse, un génie reste un génie. (quelle que soit la chose qu'il fasse)

> À NOTER
> On emploie *quoi que* en deux mots dans les expressions :
> quoi qu'il en soit, quoi qu'il arrive, quoi que ce soit.

SI OU S'Y ?

C'est un jeu **si** compliqué que même **si** on y jouait tous les jours on ne **s'y** retrouverait pas.

- *Si* est un adverbe d'intensité. Pour ne pas se tromper, on peut le remplacer par *tellement*.
  Ce n'est pas **si** loin. (pas tellement)

- *Si* est aussi une conjonction qui introduit une proposition de condition. Pour ne pas se tromper, on peut remplacer *si* par *en supposant que*.
  À demain, **si** vous le voulez bien. (en supposant que vous le vouliez)

ORTHOGRAPHE

NE PAS CONFONDRE ▸ Les homophones grammaticaux

- ***S'y*** (en deux mots) est le pronom personnel *s'* + *y* (adverbe de lieu ou pronom). Pour ne pas se tromper, on peut remplacer *s'y* par *(je) m'y, (tu) t'y...* On **s'y** perd. (je m'y perds)

SON OU SONT ?

Le maire et **son** adjoint **sont** venus inaugurer la salle.

- *Son* est un déterminant possessif. Il équivaut à *le sien, la sienne*.
Pour ne pas se tromper, on peut remplacer *son* par *mon, ton*...
Son avenir est devant lui. (mon avenir)

- *Sont* est le verbe *être* à la 3e personne du singulier du présent de l'indicatif.
Pour ne pas se tromper, on peut remplacer *sont* par *étaient*.
Quelles **sont** ses priorités ? (quelles étaient)

TOUT ? TOUS ? TOUTE ? QUAND ACCORDER TOUT ?

Tous les abonnés ont écrit au journal. Ils voulaient **tous** répondre à l'annonce. Mais certains sont restés **tout** déconcertés. Ils s'attendaient à **tout** autre chose.

- *Tout* s'accorde s'il est déterminant indéfini. Il s'accorde avec le nom ou le pronom qui suit. Pour ne pas se tromper, on peut le remplacer par *chaque*.
Tous les jours, **toutes** les fois. (chaque jour, chaque fois)

> **À NOTER**
> **On emploie *tout* au singulier dans certaines expressions.**
> en tout cas, tout compte fait, de toute façon, en tout genre, de toute manière, à tout prix, à tout propos, de tout temps.
> **On emploie *tout* au pluriel dans certaines expressions.**
> de tous côtés, en toutes lettres, toutes proportions gardées, toutes réflexions faites.

- *Tout* s'accorde s'il est pronom indéfini. Il remplace un nom qui a été employé avant et il s'accorde en genre et en nombre avec ce nom.
Pour ne pas se tromper, on peut remplacer *tout* par *chacun*.
J'ai invité mes collègues ; ils m'ont **tous** répondu. (chacun m'a répondu)

- *Tout* est invariable s'il est adverbe. Pour ne pas se tromper, on peut le remplacer par un autre adverbe : *entièrement, tout à fait*.
Des toits **tout** crevés, des poteaux **tout** tordus : la région **tout** entière est sinistrée.
La salle **tout** éclairée, l'assistance **tout** agitée : elles étaient **tout** heureuses.

205

Cependant, si *tout* (adverbe) est suivi d'un adjectif féminin commençant par une consonne ou un *h* aspiré, il s'accorde avec cet adjectif (pour ne pas choquer l'oreille).

Perette était partie **toute** contente, mais elle est revenue **toute** honteuse. Les **toutes** dernières nouvelles sont bonnes.

Validation express

A Complétez par *ce* ou *se* ; par *c'est* ou *s'est* ; par *est* ou *ait*.

1 Pourquoi ... présentateur ... trompe-t-il tout le temps ?
2 Il dit qu'il ... perdu ; mais je sais bien que ... faux.
3 Il n'... pas certain qu'on ... une réponse avant demain.

B Complétez par *-là*, *la* ou *l'a* ; par *leurs* ou *leur* ; par *on n'* ou *on*.

1 Quand il ... verra, qu'il lui rende ... montre qu'elle a perdue puisqu'il ... retrouvée.
2 ... voisins ... confient ... clés. Fais-... plaisir ; dis-... bonjour.
3 Quand ... y pense, ... en revient pas ! ... est si peu de chose.

C Complétez par *quel(les)* ou *qu'elle(s)* ; par *quelque*, *quelques* ou *quel(le) que* ; par *quoique* ou *quoi que*.

1 ... est le problème ? Je désirerais savoir ... sont vos conditions.
2 ... soit votre décision, rappelez-nous dans ... jours.
3 ... ils fassent, ils m'amusent toujours, ... je connaisse leur sketch par cœur.

D Complétez par *tout* ou *tous*.

1 Les cours sont proposés ... les soirs pour ... les niveaux.
2 ... les bénévoles sont venus ; ils ont ... très bien travaillé ; certains étaient ... tristes de partir.
3 Ne vous découragez pas ; nous sommes ... passés par là ; vous aurez à résoudre de ... autres problèmes dans le service.
4 C'est une ... autre stratégie qui s'impose.

Corrigé

A 1 ce, se – 2 s'est, c'est – 3 est, ait
B 1 la (pronom personnel), la (article), l'a – 2 leurs, leur, leurs ; fais-leur, dis-leur 3 on, on n', on
C 1 quel, quelles – 2 quelle que, quelques – 3 quoi qu'ils fassent, quoique
D 1 tous, tous – 2 tous, tous, tout – 3 tous, tout – 4 tout

42 Le pluriel des noms

▶ *Les détails des vitraux.*
▶ *Des petits trous et des petits cailloux.*
▶ *Les Dupont, victimes des qu'en-dira-t-on.*

Comme on le voit dans ces exemples, non seulement le **-s** ne constitue pas toujours la marque du pluriel du nom, mais certains noms qui sont pourtant au pluriel n'en portent pas la marque.

METTRE UN NOM COMMUN AU PLURIEL

Pour mettre un nom commun au pluriel, on ajoute généralement un **-s** au nom singulier. Mais il existe des règles particulières selon la terminaison.

Le pluriel des noms en -s, -x ou -z

● Les noms qui se terminent par **-s**, **-x** ou **-z** au singulier **ne changent pas** au pluriel : le secour**s** → les secour**s** ; la voi**x** → les voi**x** ; un ne**z** → des ne**z**.

Le pluriel des noms en -eau

● Les noms qui se terminent par **-eau** au singulier font leur pluriel en **-eaux** : des bur**eaux**, des bat**eaux**, des niv**eaux**, des drap**eaux**.

Le pluriel des noms en -ou

● Les noms qui se terminent par **-ou** au singulier font généralement leur pluriel en **-ous** : des verr**ous**, des s**ous**, des tr**ous**, des cl**ous**.

● Sept noms font leur pluriel en **-oux** : un bijou → des bij**oux** ; un caillou → des caill**oux** ; un chou → des ch**oux** ; un genou → des gen**oux** ; un hibou → des hib**oux** ; un joujou → des jouj**oux** ; un pou → des p**oux**.

Le pluriel des noms en -al

● Les noms qui se terminent par **-al** au singulier font généralement leur pluriel en **-aux** : des anim**aux**, des journ**aux**, des minér**aux**, des arsen**aux**.

● Quelques noms font leur pluriel en **-als** : un bal → des b**als** ; un carnaval → des carnav**als** ; un cérémonial → des cérémoni**als** ; un chacal → des chac**als** ; un étal → des ét**als** ; un festival → des festiv**als** ; un récital → des récit**als** ; un régal → des rég**als**…

Le pluriel des noms en -ail

- Les noms qui se terminent par *-ail* au singulier font généralement leur pluriel en *-ails* : des dét**ails**, des chand**ails**, des port**ails**, des r**ails**, des épouvant**ails**.
- Quelques mots font leur pluriel en *-aux* : un bail → des b**aux** ; un corail → des cor**aux** ; l'émail → des ém**aux** ; un soupirail → des soupir**aux** ; un travail → des trav**aux** ; un vantail → des vant**aux** ; un vitrail → des vitr**aux**.

Le pluriel des noms en -eu

- Les noms qui se terminent par *-eu* au singulier font généralement leur pluriel en *-eux* : des av**eux**, des adi**eux**, des li**eux**, des mili**eux**.
- Quelques noms font leur pluriel en *-eus* : un pneu → des pn**eus** ; un bleu → des bl**eus** ; un émeu (oiseau d'Australie) → des ém**eus** ; un lieu (poisson) → des li**eus**.

VALIDATION EXPRESS

A Complétez par *s* ou *x*.

1 des pneu… lisses – **2** des eau… minérales – **3** des petits bateau… – **4** jeu… interdits – **5** les château… de la Loire – **6** des bleu… de travail – **7** des bureau… de poste – **8** des verrou… de sûreté – **9** une machine à sou… – **10** les feu… de la Saint-Jean – **11** une boîte à bijou…

B Mettez au pluriel.

1 un idéal et un régal – **2** un éventail et un vitrail – **3** un carnaval et un récital – **4** un arsenal – **5** un gouvernail – **6** un ananas

Corrigé
A 1 pneus – 2 eaux – 3 bateaux – 4 jeux – 5 châteaux – 6 bleus – 7 bureaux – 8 verrous – 9 sous – 10 feux – 11 bijoux
B 1 des idéaux et des régals – 2 des éventails et des vitraux – 3 des carnavals et des récitals – 4 des arsenaux – 5 des gouvernails – 6 des ananas

---

METTRE UN NOM PROPRE AU PLURIEL

Le pluriel des noms propres obéit à des règles assez subtiles qui ne sont pas toujours respectées dans l'usage.

Les noms de personnes

- Les noms de personnes **ne prennent pas la marque** du pluriel.
Ces Dupont, qu'ils sont drôles !

FORMER LE PLURIEL OU LE FÉMININ ▸ **Le pluriel des noms**

Exceptions : les noms de familles très illustres (les Bourbons) et les noms de personnes célèbres prises comme modèles.
Tous les enfants ne deviendront pas des Mozart**s**, des Shakespeare**s**, des Einstein**s**. (des génies comparables à…)

Les noms de marques, de journaux

● Les noms de marques **ne prennent pas la marque** du pluriel.
les nouvelles Peugeot, trois Badoit
Les Dupont ont loué deux Vespa.
Deux Mirage passent dans le ciel.

● Les noms des journaux, des revues, des magazines **ne prennent pas la marque** du pluriel.
J'ai reçu cette semaine deux *Télérama*, deux *Nouvel Observateur*.

Les noms géographiques

● Les noms de pays, de régions, de départements **prennent la marque** du pluriel à condition qu'ils désignent deux lieux portant le même nom.
les départements de Savoie et de Haute-Savoie = les deux Savoie**s**
l'Amérique du Nord et l'Amérique du Sud = les deux Amérique**s**

● Les habitants d'un pays, d'une ville **prennent la marque** du pluriel.
les Suisse**s**, les Belge**s**, les Parisien**s**

Les noms d'œuvres artistiques

● Les noms d'œuvres artistiques **prennent parfois la marque** du pluriel, surtout s'il s'agit de peinture, sculpture, gravure.
les Modigliani**s** vendus chez Sotheby's

● Mais on écrira plus volontiers : les trois Zola les plus connus.

METTRE UN NOM COMPOSÉ AU PLURIEL

Un nom composé est un nom formé de deux mots (ou plus) reliés ou non par un trait d'union. Pour mettre au pluriel un nom composé, il faut considérer les différents éléments qui composent ce nom.

Aucun des éléments ne prend la marque du pluriel

● Aucun élément ne prend la marque du pluriel si le nom composé est :
– une phrase, une expression : des sauve-qui-peut ;
– un verbe + un verbe : des laissez-passer, des savoir-faire ;
– un verbe + un complément indirect (avec une préposition) :
 des touche-à-tout ;

– un verbe + un complément non comptable (qu'on ne peut pas compter) : des rabat-joie, des pare-brise, des chasse-neige ;
> Les rectifications orthographiques (1990) du Conseil supérieur de la langue française recommandent cependant l'emploi du **s** sur le second élément quel que soit le sens : des rabat-joie**s**, des pare-brise**s**, des chasse-neige**s**.

– un verbe + un adverbe : des passe-partout.

> **À NOTER**
> **Les noms composés avec *aide* et *garde***
> Dans certains noms composés, les mots *aide* et *garde* ne sont pas des verbes mais des noms, qui sont donc variables : des aide**s**-soignantes, des garde**s**-malades.

Le second élément prend la marque du pluriel

● Le second élément prend la marque du pluriel si le nom composé est :
– un verbe + un nom : des tire-bouchon**s**, des pare-choc**s**, des compte-goutte**s** ; parfois, le sens impose le singulier pour le nom : des serre-tête (qui serrent la tête) ;
> Les rectifications orthographiques généralisent l'emploi du **s** sur le second élément quel que soit le sens : des serre-tête**s**.

– un mot tronqué (abrégé) + un nom : des auto-stoppeur**s**, des Afro-Américain**s** ;
– un adverbe (ou une préposition ou tout autre mot invariable) + un nom : des haut-parleur**s**, des à-côté**s**, des contre-performance**s**.
> Les rectifications orthographiques généralisent cet emploi du **s** sur le second élément à tous les mots composés avec un trait d'union formés d'une préposition + nom : des après-midi**s**, des sans-domicile**s**-fixe**s**.

Les deux éléments prennent la marque du pluriel

● Les deux éléments prennent la marque du pluriel si le nom composé est :
– un nom + un adjectif : des coffre**s**-fort**s** (exception : des terre-plein**s**) ;
– un adjectif + un nom : des rouge**s**-gorge**s**, des court**s**-circuit**s**, des beau**x**-frère**s** (exception : *demi* placé juste avant le nom est toujours invariable : des demi-journée**s**) ;
– un adjectif + un adjectif : des sourd**s**-muet**s**, les premier**s**-venu**s** ;
Exception : des nouveau-né**s** ; *nouveau* a valeur d'adverbe : nouvellement.
– un nom + un nom : des chou**x**-fleur**s**, des wagon**s**-lit**s**.

● Mais le deuxième nom reste invariable s'il est précédé d'une préposition, même sous-entendue : des clin**s** d'œil ; des chef**s**-d'œuvre ; des pomme**s** de terre ; des timbre**s** poste (pour la poste), des petit**s**-beurre (des petits [gâteaux] au beurre).

FORMER LE PLURIEL OU LE FÉMININ ▶ Le pluriel des noms

● **Quelques noms composés sont toujours invariables**
des bric-à-brac, des faire-part, des pied-à-terre, des pur-sang,
des rez-de-chaussée, des tête-à-tête, des trompe l'œil, des va-et-vient…

> **VALIDATION EXPRESS**
> METTEZ AU PLURIEL LES NOMS COMPOSÉS EN SUIVANT LES RÈGLES DE LA NOUVELLE ORTHOGRAPHE.
> 1 On considère trop souvent le sans-abri comme un hors-la-loi.
> 2 Ce grille-pain vous permettra de faire un excellent casse-croute.
> 3 Sa belle-sœur est allée jusqu'à la demi-finale du concours de cerf-volant.
> 4 Il recherche une armoire à glace et un porte-savon dans un bric-à-brac ou un vide-grenier.
> 5 Le court-métrage projeté dans ce ciné-club avait pour thème une course-poursuite dans un libre-service.

CORRIGÉ
1 les sans-abris, des hors-la-loi – 2 ces grille-pains, des casse-croutes – 3 ses belles-sœurs, jusqu'aux demi-finales, de cerfs-volants – 4 des armoires à glace, des porte-savons, les bric-à-brac, les vide-greniers – 5 les courts-métrages, ces ciné-clubs, des courses-poursuites, des libres-services.

METTRE AU PLURIEL LES MOTS ÉTRANGERS

En français, la marque du pluriel est généralement l'ajout d'un **s** à la forme du singulier.
Mais il n'en va pas de même dans toutes les langues : en latin, le pluriel de minim**um** est minim**a**, par exemple ; en anglais, le pluriel de gentlem**an** est gentlem**en** ; en allemand, on dit un land (une région) et des länd**er** ; en italien, des spaghett**i** (sans **s**)…

● **Quel pluriel pour ces mots ?**

> Les rectifications (1990) du Conseil supérieur de la langue française recommandent d'appliquer à tous les mots empruntés les marques du pluriel français.

On écrira donc :
– les média**s**, des produits multimédia**s**, des intérim**s**, des référendum**s**, des fac similé**s**, des placebo**s**, des addenda**s**, des duplicata**s**, des extra**s**, des requiem**s**, des veto**s**, des statuquo**s**…
– des scénario**s**, des spaghetti**s**, des soprano**s**…
– des match**s**, des sandwich**s**, des rugbyman**s**…
– des land**s**, des lied**s**…
– des touareg**s**…

43 Le pluriel et le féminin de l'adjectif qualificatif

▶ *Un service spécial, des services spéciaux.*
▶ *Un faux billet, deux faux billets.*
▶ *Un ami attentif, une amie attentive.*
▶ *Un acte citoyen, une initiative citoyenne.*

Comme on le voit dans ces exemples, il ne suffit pas toujours d'ajouter un -s ou un -e pour former le pluriel ou le féminin d'un adjectif qualificatif.

FORMER LE PLURIEL D'UN ADJECTIF QUALIFICATIF

La règle générale

• Le pluriel de l'adjectif se forme généralement en ajoutant un **-s** à l'adjectif singulier : gentil → gentil**s** ; franc → franc**s** ; fou → fou**s**.

Mais il existe des règles particulières selon la terminaison du mot au singulier.

Le pluriel des adjectifs en -s et en -x

• Les adjectifs qui se terminent par **-s** ou **-x** au singulier **ne changent pas** au pluriel : un détail préci**s** → des détails préci**s** ; un souvenir confu**s** → des souvenirs confu**s** ; un film ennuyeu**x** → des films ennuyeu**x**.

Le pluriel des adjectifs en -al

• Les adjectifs qui se terminent par **-al** au singulier font généralement leur pluriel en **-aux** : spécial → spéci**aux** ; général → génér**aux**.

• Quelques adjectifs font leur pluriel en **-als** : banals, bancals, fatals, finals, glacials, natals, navals, tonals.

> **POUR MIEUX ÉCRIRE**
>
> • **Le cas particulier de *banal***
> Au sens premier, *banal* fait au pluriel *banaux* : des fours ban**aux** (communaux). Mais il fait *banals* au sens figuré, qui est le plus courant : des propos, des arguments ban**als** (sans originalité).
>
> • **Le cas particulier de *tribal* et de *final***
> *Tribal* et *final* ont deux pluriels : les conflits trib**als** ou trib**aux** ; les examens fin**als** ou fin**aux** (le pluriel en *-aux* tend à l'emporter).

FORMER LE PLURIEL OU LE FÉMININ ▸ Le pluriel et le féminin de l'adjectif

Le pluriel des adjectifs en *-eau*

- Les adjectifs qui se terminent par *-eau* au singulier font leur pluriel en *-eaux* : beau → beau**x** ; nouveau → nouveau**x**.

VALIDATION EXPRESS

METTEZ AU PLURIEL.
1 un arrêté préfectoral – **2** un sport cérébral – **3** le pays natal – **4** un cabinet médical – **5** un hiver glacial – **6** un oreiller mou et doux – **7** le chantier naval

Corrigé
1 des arrêtés préfectoraux – **2** des sports cérébraux – **3** les pays natals – **4** des cabinets médicaux – **5** des hivers glacials – **6** des oreillers mous et doux – **7** les chantiers navals

---

FORMER LE FÉMININ D'UN ADJECTIF QUALIFICATIF

La règle générale

- Pour former le féminin de l'adjectif, on ajoute un *-e* à l'adjectif masculin.
adroit → adroit**e** ; pointu → pointu**e** ; ravi → ravi**e**

Quelques terminaisons particulières

- Les adjectifs terminés par *-er* font leur féminin en *-ère*.
amer → am**ère** ; entier → enti**ère** ; premier → premi**ère**

- Les adjectifs terminés par *-eau* font leur féminin en *-elle*.
nouveau → nouv**elle** ; jumeau → jum**elle**

- Les adjectifs terminés par *-f* font leur féminin en *-ve*.
neuf → neu**ve** ; bref → brè**ve**

- Les adjectifs terminés par *-x* font leur féminin en *-se*.
nerveux → nerveu**se** ; curieux → curieu**se**

- Les adjectifs terminés par *-ou* font généralement leur féminin en *-olle*.
mou → m**olle** ; fou → f**olle**

- La plupart des adjectifs terminés par *-c* changent le *-c* en *-que*.
laïc → laï**que** ; turc → tur**que**
Exceptions : grec → gre**cque** ; blanc → blan**che** ; franc → fran**che** ; sec → sè**che** et chic, qui est invariable (une soirée très chic).

- Quelques autres adjectifs ont un féminin irrégulier.
bénin → bénig**ne** ; favori → favori**te** ; frais → fraî**che** ;
hébreu → hébr**aïque** ; long → long**ue** ; malin → malig**ne** ;
traître → traître**sse** ; vieux → vie**ille**

Faut-il doubler la consonne finale ?

• Pour former le féminin, **on double la consonne** des adjectifs :
– qui se terminent par *-el, -eil* : mortel → morte**ll**e ; annuel → annue**ll**e ; pareil → parei**ll**e ; vermeil → vermei**ll**e ;
– qui se terminent par *-ien, -en* et *-on* : ancien → ancie**nn**e ; méditerranéen → méditerranée**nn**e ; bon → bo**nn**e ;
Exceptions : lapon → lapone ; mormon → mormone.
– qui se terminent par *-et* : muet → mue**tt**e ; net → ne**tt**e ; coquet → coque**tt**e.
Exceptions : huit adjectifs très employés font leur féminin en *-ète* : complète, concrète, désuète, discrète, incomplète, inquiète, replète, secrète.

• **On ne double pas la consonne** des adjectifs qui se terminent par *-al, -at* : amical → amicale ; idéal → idéale ; délicat → délicate ; ingrat → ingrate.

VALIDATION EXPRESS

REMPLACEZ LE NOM MASCULIN PAR UN NOM FÉMININ ET ACCORDEZ L'ADJECTIF.

1 un chocolat amer – **2** un spectateur attentif – **3** un projet hardi – **4** votre air favori – **5** un rire nerveux – **6** un beau jour – **7** un discours électoral – **8** l'enseignement public – **9** départ immédiat – **10** un magazine culturel – **11** un engagement citoyen – **12** un plat bourguignon

CORRIGÉ

(suggestions) **1** une orange amère – **2** une spectatrice attentive – **3** une entreprise hardie – **4** votre chanson favorite – **5** une crise nerveuse – **6** une belle journée – **7** une campagne électorale – **8** l'école publique – **9** arrivée immédiate – **10** une émission culturelle – **11** une initiative citoyenne – **12** une fondue bourguignonne

44 Accorder l'adjectif qualificatif

▶ Il faut écrire : *un joli sourire,
une soirée exceptionnelle,
des adieux émus.*
▶ Mais pourquoi écrit-on : *des yeux bleus,
des yeux bleu clair* ?
▶ Faut-il écrire : *un ensemble de mesures
efficace* ou *efficaces* ?
L'accord de l'adjectif qualificatif présente quelques subtilités.

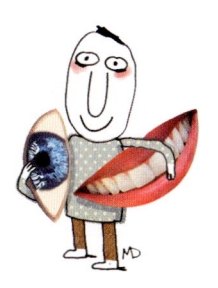

LA RÈGLE GÉNÉRALE

L'adjectif qualificatif sert à caractériser un nom. Quelles que soient sa place et sa fonction, il **s'accorde en genre et en nombre** avec le nom ou le pronom auquel il se rapporte.
L'auditrice n'en croyait pas ses oreilles : les cour**tes** journées hivernal**es** devaient être ensoleill**ées**, la température dou**ce**… Ces informations, tout à fait incroyabl**es** en cette saison, l'ont rendue très heureu**se**.

L'adjectif qualificatif peut être :

● **épithète** : les **courtes** journées **hivernales**
L'adjectif *courtes*, placé avant le nom *journées*, s'accorde au féminin pluriel avec ce nom. L'adjectif *hivernales*, placé après le nom *journées*, s'accorde au féminin pluriel avec ce nom.

● **apposé** : ces informations, tout à fait **incroyables**
L'adjectif *incroyables*, mis en apposition, s'accorde au féminin pluriel avec le nom *informations*.

● **attribut du sujet** : les courtes journées devaient être **ensoleillées**, la température **douce**…
L'adjectif attribut *ensoleillées* s'accorde au féminin pluriel avec le sujet *journées*. L'adjectif attribut *douce* s'accorde au féminin singulier avec le nom *température* : le verbe *être* est sous-entendu (la température [devait être] douce).

● **attribut du COD** : Ces informations l'ont rendue très **heureuse**.
L'adjectif *heureuse*, attribut du COD, s'accorde au féminin singulier avec le pronom COD *l'* mis pour *l'auditrice* (ont rendu *elle* très heureuse).

ACCORDER L'ADJECTIF ÉPITHÈTE SE RAPPORTANT À PLUSIEURS NOMS

L'adjectif qualifie deux noms reliés par *et*

- Avec deux noms au singulier de genre différent reliés par *et*, l'adjectif se met au **masculin pluriel**.

Il porte une écharpe et un blouson neufs. (On a intérêt dans ce cas à placer le nom masculin le plus près possible de l'adjectif.)

L'adjectif qualifie deux noms reliés par *ou*

- Avec deux noms au singulier de genre différent reliés par *ou*, l'adjectif se met au **masculin pluriel**, à condition qu'il qualifie les deux mots.

Le service devra être assuré par un homme ou une femme expérimentés.

- Si l'adjectif ne qualifie qu'un des noms, l'accord se fait avec ce nom.

des petits pois ou des frites croustillantes

L'adjectif qualifie le complément d'un nom collectif

- Avec un nom collectif, l'adjectif s'accorde soit **avec le nom collectif**, soit **avec le complément**, selon le sens.

une dizaine de jours bien remplie (la dizaine) ou remplis (les jours)
une foule de spectateurs enthousiaste(s) (la foule ou les spectateurs)
une série de questions embarrassantes

Plusieurs adjectifs qualifient un même nom pluriel

- Lorsque plusieurs adjectifs qualifient chacun un des objets désignés par un nom pluriel, chaque adjectif reste **au singulier**.

les civilisations grecque et romaine
Les deuxième et troisième années sont les plus difficiles.

VALIDATION EXPRESS

ACCORDEZ, SI NÉCESSAIRE, L'ADJECTIF PLACÉ ENTRE PARENTHÈSES.

1. Dans ce domaine, on doit sa réussite à la chance ou à un travail (acharné).
2. Un groupe d'étudiants (hirsute) a interprété avec brio l'Ouverture de *Carmen*.
3. Les (sixième) et (septième) arrondissements de Paris sont proches l'un de l'autre.
4. De nombreux animaux ont prospéré dans la réserve et le parc (naturel).
5. Pour réussir si jeune dans ce domaine, il faut une aptitude ou un don (particulier).

CORRIGÉ
1 acharné – 2 hirsutes – 3 sixième ; septième – 4 naturels – 5 particuliers

ORTHOGRAPHE

ACCORDER L'ADJECTIF DE COULEUR

- L'adjectif de couleur **s'accorde avec le nom** s'il est **employé seul**.
  un humour **noir** ; une peur bleu**e** ; des teints verdâtre**s**

- L'adjectif de couleur est **invariable** s'il est **suivi d'un nom** ou d'un autre **adjectif**.
  des parapluies **vert olive** ; une peinture **blanc cassé** ; une encre **bleu pâle**

- L'adjectif de couleur est **invariable** s'il est formé à partir d'un **nom** commun **pris comme adjectif**.
  des couvertures **marron** (de la couleur du marron) ; des murs **crème** (de la couleur de la crème) ; des rideaux **turquoise**

> **À NOTER**
> **Comment accorder quand les objets comportent plusieurs couleurs ?**
> Les adjectifs de couleur restent invariables : des drapeaux bleu, blanc, rouge ; des maillots rouge et noir.

ACCORDER L'ADJECTIF COMPOSÉ

Un adjectif composé est un adjectif formé de deux mots reliés ou non par un trait d'union. Pour savoir comment accorder l'adjectif composé, il faut prendre en compte les éléments qui composent cet adjectif.

- Lorsque l'adjectif composé est formé de **deux adjectifs**, les deux adjectifs **s'accordent** avec le nom.
  une personne sourd**e**-muett**e**

> **À NOTER**
> *Mi-, semi-* et *demi-* s'accordent-ils ?
> Comme premier élément de l'adjectif composé, *mi-, semi-* et *demi* restent invariables : des yeux mi-clos ; une pierre semi-précieuse ; des élèves demi-pensionnaires.

- Lorsque l'adjectif composé est formé d'un **adverbe** ou d'une **préposition** et d'un **adjectif**, le **premier élément** reste **invariable** ; le **second élément s'accorde** avec le nom.
  des enfants bien-aimé**s** ; des signes avant-coureur**s**

> **À NOTER**
> **Le cas de *tout-puissant***
> Dans l'adjectif *tout-puissant*, le mot *tout* est un adverbe ; il reste donc invariable : des empires tout-puissant**s**.
> Mais il s'accorde au féminin : des nations tout**es**-puissant**es**.

217

- Lorsque l'adjectif composé est formé d'un **adjectif employé comme adverbe** et d'un **adjectif**, le **premier élément** reste **invariable** ; le **second élément s'accorde** avec le nom.
  des hôtesses cour<u>t</u>-vêtu**es**

- Lorsque l'adjectif composé est formé d'un **mot tronqué** et d'un **adjectif**, le **premier élément** reste **invariable** ; le **second élément s'accorde** avec le nom.
  des accords franc<u>o</u>-allemand**s**

- Lorsque l'adjectif composé est formé d'une **proposition,** il reste **invariable**.
  des gens « très comme il faut »

> **VALIDATION EXPRESS**
>
> ACCORDEZ LES ADJECTIFS AU PLURIEL.
>
> **1** un rêve bleu – **2** un gant gris clair – **3** un canapé orange – **4** un traitement contre-indiqué – **5** l'industrie agro-alimentaire – **6** une affaire politico-judiciaire – **7** un plan semi-circulaire – **8** un adhérent nouveau-venu
>
> CORRIGÉ
> **1** des rêves bleus – **2** des gants gris clair – **3** des canapés orange – **4** des traitements contre-indiqués – **5** les industries agro-alimentaires – **6** des affaires politico-judiciaires – **7** des plans semi-circulaires – **8** des adhérents nouveaux-venus

QUELQUES ADJECTIFS PARTICULIERS

- L'adjectif pris comme **adverbe** reste **invariable** : on le trouve généralement placé après un verbe.
  Ils voient **clair**. (clairement)
  Elles parlent **fort**. (fortement)
  Elles chantent **faux**.
  Haut les mains !

- *Nu*, *demi*, placés avant le nom et reliés à ce nom par un trait d'union, restent **invariables**.
  des nu-pieds ; des demi-heures
  Ils **s'accordent** s'ils sont placés après le nom.
  marcher pieds nu**s** ; attendre deux heures et demi**e** (*demi* s'accorde en genre seulement)

- *Possible* s'accorde s'il qualifie un nom.
  Essayez tous les moyens possible**s**. (qui sont possibles)
  Il reste généralement **invariable** avec *le plus, le moins, le mieux*.
  Essayez de commettre le moins possible d'erreurs.
  Posez le plus de questions possible. (qu'il est possible de poser)

ORTHOGRAPHE

Accorder les adjectifs ▸ Accorder l'adjectif qualificatif

● *Grand* **ne s'accorde pas** au féminin dans certaines expressions ou certains noms composés.
grand-chose ; à grand-peine ; une grand-mère ; une grand-tante ;
la grand-route ; la grand-rue ; la grand-voile
Au pluriel, on écrira le plus souvent : des grand-mères ; des grand-tantes ; des grand-routes ; des grand-voiles.

● Cinq adjectifs ont deux formes différentes au masculin : *beau, fou, mou, nouveau, vieux*. Suivis d'un mot commençant par une voyelle ou un *h* muet, ils deviennent : *bel, fol, mol, nouvel, vieil*.
un **bel** hommage ; un **fol** espoir ; un **mol** oreiller ; un **nouvel** ami ; un **vieil** hélicoptère

Validation express

A Accordez, si nécessaire, l'adjectif placé entre parenthèses.
1 Il voit encore sa (grand)-mère et son grand-père (maternel).
2 Ses arguments visent (juste), mais ils ne pèsent pas (lourd).
3 On ne peut pas se contenter de (demi)-mesures.
4 Les parfums sentent (bon), mais ils coûtent (cher).
5 Il a effectué toutes les démarches (possible) pour obtenir ses papiers.

B Qualifiez les noms suivants par : 1. beau, 2. fou, 3. mou, 4. nouveau, 5. vieux.
1 un … effort ; un … jour – **2** un … héroïsme ; un rêve … – **3** un … édredon – **4** un … horizon ; un … héros – **5** un … camarade

Corrigé
A 1 grand-mère, maternels – **2** juste, lourd – **3** demi-mesures – **4** bon, cher – **5** possibles
B 1 un bel effort ; un beau jour – **2** un fol héroïsme ; un rêve fou – **3** un mol édredon – **4** un nouvel horizon ; un nouveau héros – **5** un vieux camarade

45 Reconnaître et accorder l'adjectif verbal

▶ *Voici des propos **étonnants** ! **Excellents** sans doute et très **convaincants** mais peu **rassurants** et, à vrai dire, plutôt **inquiétants**.*

Tous les mots en gras sont des adjectifs verbaux accordés au masculin pluriel avec le nom *propos*.

LA RÈGLE GÉNÉRALE

Un certain nombre d'adjectifs sont formés à partir de verbes. Pour cette raison, on les appelle des adjectifs verbaux. L'adjectif verbal, comme les autres adjectifs, **s'accorde en genre et en nombre** avec le nom ou le pronom auquel il se rapporte.
enseigner (verbe) → les personnels **enseignants** (adjectif verbal)
converger (verbe) → des avis **convergents** (adjectif verbal)

L'adjectif verbal peut être :

● **épithète :**
– placé après le nom : des récits fascinant**s**.
   L'adjectif *fascinants* s'accorde avec le nom *récits*.
– placé avant le nom : d'excellent**s** résultats.
   L'adjectif *excellents* s'accorde avec le nom *résultats*.

● **apposé :** Elle se leva, rayonnant**e**.
L'adjectif *rayonnante* s'accorde avec le pronom *elle*.

● **attribut du sujet :** Les deux produits sont équivalent**s**.
L'adjectif *équivalents* s'accorde avec le nom *produits*.

● **attribut du COD :** Cette rumeur, vous ne la trouvez pas surprenant**e** ?
L'adjectif *surprenante* s'accorde avec le pronom *la*, mis pour *rumeur*.

ACCORDER LES ADJECTIFS ▸ Reconnaître et accorder l'adjectif verbal

DISTINGUER L'ADJECTIF VERBAL ET LE PARTICIPE PRÉSENT

- L'adjectif verbal ressemble au participe présent, mode impersonnel du verbe. On veillera à ne pas les confondre.
un cadre **dirigeant** (adjectif verbal)
Dirigeant l'équipe depuis vingt ans, il en connaît bien les qualités. (participe présent)

Comment peut-on les distinguer ?

- Il s'agit d'un adjectif verbal :
– si on peut le remplacer par un autre adjectif ;
  un récit **bouleversant** → un récit mystérieux
– si on peut l'employer comme attribut.
  un horaire **contraignant** → Cet horaire est contraignant.

- Il s'agit d'un participe présent si on peut le modifier par *ne... pas*.
Il reprit son discours, **contraignant** l'auditoire à l'écouter.
→ ne contraignant pas l'auditoire...

Pourquoi faut-il les distinguer ?

- Il faut les distinguer parce que l'adjectif verbal s'accorde alors que le participe présent reste invariable.
– Son humeur **changeante** lui a causé du tort.
  L'adjectif verbal *changeante* s'accorde avec le nom *humeur*.
– Son humeur, **changeant** du jour au lendemain, lui a causé du tort.
  Le participe présent *changeant* est invariable.

> **À NOTER**
> ***Soi-disant* est invariable.**
> Dans *soi-disant*, *disant* est un participe présent. Il est donc toujours invariable.
> Une **soi-disant** comtesse cherche à rencontrer de **soi-disant** généalogistes.

- Il faut les distinguer parce que l'adjectif verbal n'a pas toujours la même orthographe que le participe présent.
– Le participe présent est toujours terminé par *-ant*. L'adjectif verbal peut se terminer par *-ent*.
  Le présentateur, influant sur le choix des spectateurs, a été contesté. / Un présentateur **influent**.
  Autres adjectifs verbaux en *-ent* : adhérent, différent, équivalent, précédent, somnolent…

– Le participe présent des verbes en *-ger* est toujours terminé par *-geant*.
L'adjectif verbal peut se terminer par *-gent*.
Négligeant son travail, il sortit. / Un comportement **négligent**.
Autres adjectifs verbaux en *-gent* : convergent, divergent, émergent…
Mais affligeant, exigeant, obligeant ont la même orthographe, qu'ils soient participes présents ou adjectifs verbaux.
– Le participe présent des verbes en *-guer* est toujours terminé par *-guant*.
L'adjectif verbal peut se terminer par *-gant*.
Naviguant par temps clair, il ne risquait rien. / Le personnel **navigant**.
Autres adjectifs verbaux en *-gant* : fatigant, intrigant, zigzagant…
– Le participe présent des verbes en *-quer* est toujours terminé par *-quant*.
L'adjectif verbal peut se terminer par *-cant*.
Il posa une question, provoquant une vive réaction dans le public. /
Un air **provocant**.
Autres adjectifs verbaux en *cant* : communicant, convaincant, suffocant, vacant…

Validation express

A Accordez l'adjectif verbal.
1 Proposez des projets plus (intéressant).
2 À travers quelques faits (marquant), voici une synthèse (éclairant) sur le monde contemporain.
3 La commission a jugé les propositions de l'architecte (enthousiasmant).
4 La crise, d'abord (gênant) pour tout le monde, est devenue aujourd'hui (préoccupant).

B Complétez avec le participe présent ou l'adjectif verbal formé à partir du verbe entre parenthèses.
1 Les candidats (désirer) être reçus doivent se présenter au guichet 13.
2 On les croirait (équivaloir), mais ils sont en vérité (différer) de taille.
3 Le président a convoqué une réunion des pays (émerger) pour le mois prochain.
4 La semaine (précéder), un accident avait endommagé la chaussée, (provoquer) l'arrêt momentané du trafic.
5 On a dit qu'il percevait un salaire (équivaloir) à dix fois le SMIC.
6 C'est une affaire (intriguer) que vous nous racontez là !

Corrigé
A 1 intéressants – **2** marquants, éclairante – **3** enthousiasmantes – **4** gênante, préoccupante
B 1 désirant – **2** équivalents, différents – **3** émergents – **4** précédente, provoquant – **5** équivalant – **6** intrigante

46 Accorder le verbe avec son sujet

> ▶ « Les avions de ma compagnie **décollent** de la piste C » **fit** remarquer aux touristes l'hôtesse qui les **accueillait** à l'aéroport.
> « Au fait, **avez**-vous l'heure ? » **demanda**-t-elle soudain.
> Ils la lui **donnèrent**.
> Elle **blêmit** et les **quitta** précipitamment.
> Les verbes en gras sont accordés avec le sujet.

LA RÈGLE GÉNÉRALE

Un verbe s'accorde avec son sujet :
- il s'accorde en **nombre** si le sujet est un nom ;
Les hirondelles ne **font** pas le printemps.

- il s'accorde en **nombre** et en **personne** si le sujet est un pronom personnel : *je, tu, il, elle, nous, vous, ils, elles*.
Nous le **savons** bien.

> **À NOTER**
> **On doit penser à accorder également en genre :**
> • les formes composées des verbes qui se conjuguent avec l'auxiliaire *être* (aller, rester, partir…) ;
> Les hirondelles sont parti**es** beaucoup trop tôt.
> • toutes les formes passives.
> La migration a été perturb**ée**. Elles ont été retardé**es**.

Pour accorder le verbe, on doit poser sur ce verbe la question *qui est-ce qui ?* ou *qu'est-ce qui ?* afin de trouver le sujet.

BIEN IDENTIFIER LE SUJET

Repérer le sujet quelle que soit sa place
- Le sujet peut être éloigné du verbe.
Des lieux aussi remarquables que le Mont-Saint-Michel ou le centre de Lyon, par exemple, **font** partie du patrimoine de l'Unesco.

- Le sujet peut être placé après le verbe.
Voici le stade où s'entraîn**ent** les joueurs.

- Le sujet est inversé dans l'interrogation directe.
Comment s'appell**ent** donc vos amis ? Que deviendr**ons**-nous ?
On aura intérêt à rétablir mentalement l'ordre sujet-verbe pour accorder correctement : Vos amis s'appell**ent** comment ?

- Un sujet peut être séparé du verbe par un pronom personnel complément : il ne faut pas confondre le sujet avec ce pronom complément.
Ses études le passionn**ent**. (Le verbe s'accorde avec le sujet ses études ; le pronom le est le COD du verbe.)
Ses examens, il les passe avec plaisir. (Le verbe s'accorde avec le pronom sujet il ; le pronom les est le COD du verbe.)

> **À NOTER**
> Le sujet n'est pas toujours répété dans une proposition coordonnée.
> Ils la reconnaiss**ent** et la regard**ent** partir. Il faut comprendre et (ils) la regardent partir. Le pronom ils est sous-entendu.

- **Reconnaître le sujet « grammatical »**

- Dans les tournures impersonnelles *(il se passe, il se produit, il se trouve, il reste)*, le verbe possède deux sujets : un sujet grammatical, *il*, et un sujet logique *(ce qui se passe, ce qui reste…)*.
Dans ces tournures impersonnelles, le verbe s'accorde toujours à la 3e personne du singulier avec le sujet « grammatical » *il*.
Il se **passera** plusieurs semaines avant mon retour.
Il se **trouve** toujours des bénévoles pour vous guider dans votre visite.

- Le présentatif *il y a* suit la même règle.
Il y **avait** des embouteillages ce matin-là.

> **VALIDATION EXPRESS**
> METTEZ AU PRÉSENT DE L'INDICATIF LES VERBES ENTRE PARENTHÈSES ET ACCORDEZ-LES COMME IL CONVIENT.
> **1** Les documentaires que (présenter) la télévision sont remarquables.
> **2** L'arrivée des grosses chaleurs (entraîner) toujours de fortes pluies.
> **3** Tous les jours, il se (produire) des changements.
> **4** L'intérêt que (porter) les lecteurs à ce genre de livres me (surprendre).
> **5** Que (chercher), à votre avis, les chercheurs ?
> **6** L'usager de la ligne A (prétendre) que ces problèmes le (concerner).
> **7** Il se (passer) des événements considérables dans le monde.
> **8** Le journaliste (choisir) les informations et les (commenter).

> **CORRIGÉ**
> **1** présente (sujet : la télévision) – **2** entraîne (sujet : l'arrivée) – **3** il se produit (tournure impersonnelle) – **4** portent (sujet : les lecteurs) ; surprend (sujet : l'intérêt) – **5** cherchent (sujet : les chercheurs) – **6** prétend (sujet : l'usager) ; concernent (sujet : ces problèmes) – **7** il se passe (tournure impersonnelle) – **8** choisit (sujet : le journaliste) ; commente (sujet : le journaliste ou « il » sous entendu).

ORTHOGRAPHE

ACCORDER LE VERBE AVEC LE PRONOM RELATIF SUJET *QUI*

- Dans une proposition subordonnée relative introduite par *qui*, le verbe de la relative s'accorde toujours en **genre** et en **nombre** avec l'**antécédent** de *qui*.
  L'entreprise recherche des employés qui s'investi**ssent** dans leur travail.
  Ceux qui voud**ront** prendront le train.

- Lorsque l'antécédent de *qui* est un pronom personnel, le verbe prend le **nombre** et la **personne** de ce pronom : *moi qui suis ; toi qui es ; lui, elle qui est ; nous qui sommes ; vous qui êtes ; eux, elles qui sont.*
  Toi qui le **verras** bientôt, dis-lui bonjour de ma part.
  Eux qui **sont** si malins sauront résoudre le problème.

> **Pour mieux écrire**
> **Le bon accord du verbe avec les pronoms *moi, toi, nous***
> • Avec le pronom de la 2e personne du singulier *toi*, il ne faut pas oublier le **s** de cette 2e personne.
> Toi qui **es** un bon nageur. Toi qui comprend**s** si vite.
> • Au futur, avec le pronom *moi*, il faut la terminaison *-rai*.
> C'est moi qui se**rai**… qui fe**rai**… qui di**rai**…
> • Avec le pronom *nous*, le verbe doit bien être à la 1re personne du pluriel.
> C'est nous, les graphistes de l'association, qui **avons** réalisé l'affiche.

- Lorsque le pronom relatif *qui* est employé sans antécédent, l'accord du verbe se fait au masculin singulier.
  Qui m'aime me suive. (même si *qui* représente *ceux qui* aussi bien que *celui qui*)

> **Validation express**
> Complétez les phrases par le pronom personnel qui convient : *moi, toi, lui* ou *elle, nous, vous, eux* ou *elles*.
> 1 … qui cherches un appartement, téléphone à l'agence.
> 2 Parlez-nous de … qui est maintenant tiré d'affaire.
> 3 C'est … qui irai acheter les billets.
> 4 Pour …, les demandeurs d'emploi qui habitez si loin, le coût du transport devrait être remboursé.
> 5 …, qui seront arrivés les premiers, auront chauffé la maison. Tant mieux pour … qui les rejoindrai le lendemain.
>
> **Corrigé**
> 1 toi – 2 lui – 3 moi – 4 vous – 5 eux ; moi

ACCORDER LE VERBE AVEC PLUSIEURS SUJETS

Plusieurs sujets coordonnés par *et, ou, ni*

- Avec plusieurs noms sujets au singulier coordonnés par *et*, le verbe s'accorde au **pluriel**. Le syndicat et la direction cherche**nt** un compromis.
- Avec deux noms sujets au singulier coordonnés par *ou* :
  – le verbe s'accorde généralement au **pluriel** s'il s'applique aux deux sujets ensemble ; Le vélo ou la marche procure**nt** un bon exercice physique.
  – le verbe s'accorde généralement au **singulier** si l'un des deux sujets exclut l'autre. Le changement ou l'immobilisme sortira de ces élections.
- Avec plusieurs sujets coordonnés par *ni* :
  – le verbe s'accorde généralement au **pluriel** si *ni* est la négation de *et* ; Avez-vous fixé le jour et l'heure de notre rendez-vous ?
  → Ni le jour ni l'heure ne **sont** fixés.
  – le verbe s'accorde généralement au **singulier** si *ni* est la négation de *ou*. Pour notre rendez-vous, préférez-vous lundi ou mardi ?
  → Ni lundi ni mardi ne conv**ient**.

Plusieurs sujets comprenant des pronoms personnels

- Si, parmi les sujets, se trouve un pronom personnel, le verbe prend la personne de ce pronom. Mais il existe certaines priorités parmi les pronoms :
  – un pronom de la 1re personne impose un accord à la 1re personne du pluriel ; Mon ami et moi (mes amis et moi, toi et moi, lui et moi…) viendr**ons** en voiture.
  – un pronom de la 2e personne impose un accord à la 2e personne du pluriel ; Mon ami et toi (mes amis et toi, toi et lui, toi et eux, elle et toi…) viendr**ez** par le car. (à condition qu'il n'y ait pas de pronom de la 1re personne parmi les sujets : voir plus haut)
  – un pronom de la 3e personne impose un accord à la 3e personne du pluriel. Mon ami et lui (mes amis et lui, elle et lui, lui et eux…) hésit**ent** encore. (à condition qu'il n'y ait pas de pronoms de la 1re ni de la 2e personne parmi les sujets : voir plus haut)

- Pour l'accord du verbe avec des pronoms personnels, on retiendra donc que la 1re personne l'emporte sur la 2e et que la 2e l'emporte sur la 3e. Cette règle est valable également si les sujets sont coordonnés par *ni* ou par *ou*. Ni toi ni moi ne viendr**ons**. Ni elle ni toi ne viendr**ez**. Toi ou lui viendr**ez** les premiers. Ni elle ni lui ne viendr**ont**.

LE CAS DE *C'EST, CE SONT* ET DE QUELQUES EMPLOIS FIGÉS

Dans les tournures comprenant les présentatifs *c'est..., ce sont...*
- L'auxiliaire *être* se met au **singulier** :
– avec *nous, vous* ; **c'est** nous, **c'est** vous.
– avec les indications d'heure, de date, de prix, de poids... ; **C'est** déjà onze heures qui sonnent ? **C'était** trois jours avant Noël. **C'est** deux euros.
– avec plusieurs noms dont le premier est au singulier ; **C'est** le français et les arts plastiques qui l'intéressent.
– devant une préposition ; **C'est** à eux de jouer.
– dans l'expression figée *si ce n'est* ; Il ne lit plus, **si ce n'est** les journaux.
- L'auxiliaire *être* se met généralement au **pluriel** :
– avec un nom au pluriel ; **Ce sont** les risques du métier.
– avec *eux, elles* ; **Ce sont** eux qui ont pris contact.
– avec les pronoms possessifs pluriels *les miens, les tiens, les siens, les nôtres, les vôtres, les leurs*. Ces skis rouges, **ce sont** les tiens ?

À NOTER

Les formes verbales figées : *soit, peu importe, vive...*
Placées en début de phrase, ces formes sont considérées aujourd'hui comme invariables.
Soit deux droites parallèles... Peu importe ces détails. Vive les vacances !

VALIDATION EXPRESS

A Remplacez les pointillés par la terminaison qui convient.
1 Le nord et l'est du pays bénéficier... de larges éclaircies.
2 La réussite ou l'échec de l'entreprise dépendr... de votre ténacité.
3 Le lieu et l'heure de l'incident devr... figurer dans le constat.
4 Parler ou se taire ne changer... rien maintenant.
5 Ni le froid ni la pluie ne le fer... renoncer.

B Complétez les phrases par le pronom personnel *moi* ou *toi*.
1 Elle et ... serons présents dès le début.
2 ... et lui partirez avant la fin.
3 Les invités et ... prendrez ma chambre.
4 Eux et ... avons été contactés.
5 Ni lui ni ... ne sommes responsables.

Corrigé
A 1 bénéficieront – **2** dépendra – **3** devront – **4** changera – **5** feront (ou fera)
B 1 moi – **2** toi – **3** toi – **4** moi – **5** moi

47 Accorder le verbe avec un nom collectif

> ▶ **Une foule de, une multitude de, un groupe de, un grand nombre de, une dizaine de…** sont des noms collectifs.
> Bien qu'ils soient au singulier, ils évoquent une idée de pluriel.
> Comment faut-il accorder le verbe ?

- Le verbe s'accorde généralement au **pluriel** avec le complément.
  Une foule de voyageurs attendai**ent** le TGV.
  Un ensemble de circonstances l'**ont** favorisé.

- Le verbe peut s'accorder au **singulier** si l'on veut insister sur le nom collectif lui-même.
  Une foule de manifestants se dirig**e** vers le ministère.
  Une vingtaine d'adhérents **a** déjà répondu.

- Avec *la plupart*, l'accord se fait :
  • très généralement au **pluriel** ;
  La plupart des gens emprunt**ent** l'autoroute.
  • toujours au **pluriel** si *la plupart* est employé sans complément ;
  La plupart préfèr**ent** cette solution.
  • à la 3e personne du **pluriel** quand *la plupart* est associé à *d'entre nous, d'entre vous*.
  La plupart d'entre nous (d'entre vous) le sav**ent**.

- *Tout le monde* entraîne toujours l'accord au **singulier**.
  Tout le monde **était** présent. Tout le monde **était** ravi.

VALIDATION EXPRESS

REMPLACEZ L'INFINITIF ENTRE PARENTHÈSES PAR UNE FORME CONJUGUÉE ET ACCORDEZ LE VERBE.
1 Quantité de gens (prendre) des vacances en août.
2 La plupart (ne pas pouvoir) faire autrement.
3 Un grand nombre d'électeurs (s'abstenir).
4 Une foule d'ennuis lui (gâcher) ses dernières vacances.
5 Une dizaine de touristes français (se trouver) encore dans l'aéroport.

CORRIGÉ
1 prennent – 2 ne peuvent pas – 3 s'est abstenu *ou* se sont abstenus –
4 lui ont gâché – 5 se trouve

48 Accorder le verbe avec un pronom indéfini

▶ Les pronoms indéfinis comme *chacun(e)*, ou comme *aucun(e)*, *pas un* imposent à l'esprit l'idée du singulier.

▶ Mais ils sont parfois suivis d'un complément au pluriel. Comment faut-il accorder le verbe ?

Je n'arrive pas à m'accorder avec les autres !

▬ Avec les pronoms indéfinis *aucun(e) des, chacun(e) des, (pas) un des, personne*, le verbe s'accorde au **singulier** même si le pronom est suivi d'un pluriel.
<u>Aucune des</u> deux propositions ne convien**t** vraiment. <u>Chacune des</u> deux présent**e** un inconvénient.
<u>Pas un des</u> opposants n'expliqu**a** son choix.
<u>Personne</u>, parmi tous les associés réunis, ne contest**a** la décision.

▬ Avec le pronom indéfini *on*, le verbe prend la 3ᵉ **personne du singulier**.
Quand <u>on</u> aim**e**, <u>on</u> ne compt**e** pas.

> **À NOTER**
> **L'accord avec *on* équivalent de *nous***
> Même si *on* est l'équivalent de *nous* (▶ **P. 288**), le verbe s'accorde au singulier ; seul l'attribut prend le pluriel.
> On ét**ait** jeune**s** à l'époque !

VALIDATION EXPRESS
METTEZ AU PRÉSENT DE L'INDICATIF LES VERBES ENTRE PARENTHÈSES ET ACCORDEZ-LES COMME IL CONVIENT.
1 Dans les lieux touristiques, on (visiter) tous plus ou moins les mêmes sites.
2 Chacun des participants (pouvoir) intervenir dans le débat.
3 Aucune des personnes présentes n'(avoir) le courage de prendre la parole.
4 On les (écouter) attentivement quand ils parlent.
5 Pas un de leurs concurrents ne les (contredire).

CORRIGÉ
1 on visite – **2** chacun peut – **3** aucune n'a – **4** on écoute – **5** pas un ne contredit

49 Accorder le verbe avec un adverbe de quantité

▶ *Plus d'un, peu de gens, moins de dix, bien des aventures.*
Ces groupes de mots sont des adverbes de quantité suivis d'un complément. Quand ces mots sont sujets d'un verbe, comment faut-il accorder ce verbe ?

- Avec les adverbes de quantité *beaucoup de, peu de, assez de, bien des, trop de, tant de, combien de, que de* suivis d'un complément, le verbe **s'accorde avec ce complément** :
  • au **pluriel** si l'adverbe de quantité a pour complément un nom pluriel ;
  Beaucoup d'usagers **sont** satisfaits. Bien des projets **ont** été réalisés.
  Trop de gens l'ignor**ent** encore.
  • au **singulier** si l'adverbe de quantité a pour complément un nom singulier (il s'agit alors d'un nom non comptable, c'est-à-dire qu'on ne peut pas compter).
  Beaucoup de temps **a** passé. Bien du courage **sera** nécessaire.
  Trop de sucre fini**t** par écœurer.

- Avec *moins de deux*, le verbe s'accorde au **pluriel** (alors que *moins de deux* impose à l'esprit l'idée d'un singulier).
  Moins de deux pages m'**ont** suffi pour comprendre.

- Avec *plus d'un*, le verbe s'accorde généralement au **singulier** (alors que *plus d'un* impose à l'esprit l'idée d'un pluriel).
  Plus d'un voudr**a** tenter l'aventure. Plus d'un s'en repentir**a**.

VALIDATION EXPRESS

METTEZ AU PRÉSENT DE L'INDICATIF LES VERBES ENTRE PARENTHÈSES ET ACCORDEZ-LES COMME IL CONVIENT.
1 Trop peu de gens (avoir) la possibilité de voyager.
2 Beaucoup d'adhérents (régler) la cotisation en deux fois.
3 Tant de spectacles (se jouer) en ce moment dans les capitales régionales ! Plus d'un (partir) ensuite en tournée à travers l'Europe.
4 Moins de deux euros par jour ne (permettre) pas de se nourrir correctement.
5 Trop d'informations (tuer) l'information.

CORRIGÉ
1 ont – 2 règlent – 3 se jouent ; partira. 4 ne permettent pas – 5 tue

50 Accorder le participe passé employé sans auxiliaire, avec *être*, avec *avoir*

▶ *Que de promesses **faites** et non **tenues** !*
▶ *Tous les appareils sont **garantis** deux ans.*
▶ *Nous vous remercions de la lettre que vous nous avez **adressée** ; nous avons **examiné** avec attention votre candidature.*

Tous les mots en gras sont des participes passés. Ils sont employés soit sans auxiliaire, soit avec l'auxiliaire *être*, soit avec l'auxiliaire *avoir*. Certains s'accordent, d'autres non.

ACCORDER LE PARTICIPE PASSÉ SANS AUXILIAIRE

La règle

- Le participe passé sans auxiliaire **s'accorde** comme un adjectif, c'est-à-dire **en genre et en nombre avec le nom ou le pronom** auquel il se rapporte.
L'<u>an</u> passé, l'<u>année</u> passée
Interrogés dans le cadre de l'enquête, les <u>témoins</u> se rétractent.
<u>Elle</u> semble bien adaptée à son nouveau mode de vie.
Il a cru sa dernière <u>heure</u> arrivée.

Les participes passés *excepté, passé, étant donné, mis à part, vu...*

- Ils restent **invariables** s'ils sont placés immédiatement **avant le nom ou le pronom** auxquels ils se rapportent.
Ils sont tous venus, excepté les <u>enfants</u>.
C'est parfait, mis à part une petite <u>erreur</u> ! Étant donné vos <u>difficultés</u>...

- Ils **s'accordent** s'ils sont placés **après le nom ou le pronom** auxquels ils se rapportent.
Ils sont venus, les <u>enfants</u> exceptés. Le prix est de 20 €, <u>TVA</u> comprise.

Les participes passés *ci-joint, ci-inclus*

- Ils restent **invariables** s'ils sont placés **en tête de phrase** ou s'ils sont suivis d'un nom sans article.
Ci-joint ma <u>participation</u> aux frais. Veuillez trouver ci-joint trois <u>photocopies</u>.

- Ils **s'accordent** s'ils sont placés **après le nom** ou s'ils sont suivis d'un nom avec article.
Les <u>photocopies</u> ci-incluses seront adressées aux organismes concernés.

ACCORDER LE PARTICIPE PASSÉ CONJUGUÉ AVEC *ÊTRE*

La règle

• Le participe passé employé avec l'auxiliaire *être* **s'accorde en genre et en nombre avec le sujet** du verbe.
Ils sont partis. Votre lettre nous est bien parvenue.
Ses problèmes ne sont pas encore réglés. Un congé leur a été accordé.

> **À NOTER**
> **L'auxiliaire *être* aux temps composés de la voix passive**
> Aux temps composés de la voix passive, l'auxiliaire *être* devient : *a été, ont été, avait été, aurait été*. Mais il s'agit toujours du verbe *être*. La règle de l'accord avec le sujet reste donc la même.

Quelques accords particuliers

• Si le sujet est le pronom relatif *qui*, l'**accord** se fait **avec l'antécédent** du pronom relatif (le nom que le pronom relatif représente).
Bonne chance aux candidats qui sont venus ; et félicitations à ceux qui seront reçus !

• Si le sujet est *on*, *ce*, *cela*, l'**accord** se fait au **masculin singulier**.
On est arrivé en retard. C'est devenu une plaisanterie.
Pour *on*, l'accord peut aussi se faire selon la personne envisagée.
On est très émus ou émues.

• Si le sujet *nous* ou *vous* désigne une seule personne, l'**accord** se fait au **singulier**.
Dans cet ouvrage, nous nous sommes intéressé aux peuples amérindiens.
Madame, avez-vous été informée ?

ACCORDER LE PARTICIPE PASSÉ CONJUGUÉ AVEC *AVOIR*

La règle

• Le participe passé employé avec l'auxiliaire *avoir* **s'accorde** avec le **complément d'objet direct** quand celui-ci est placé **avant le verbe**.
– Ces places de concert, nous les avons choisies entre mille. (Le COD est *les*, mis pour *ces places de concert*. Il est placé **avant le verbe** : le participe s'accorde au féminin pluriel.)
– Nous avons choisi les meilleures places. (Le COD est *les meilleures places*. Il est placé **après le verbe** : le participe ne s'accorde pas.)
– Nous avons très bien choisi ! (Il n'y a pas de COD : le participe ne s'accorde pas.)

ACCORDER LE PARTICIPE PASSÉ ▶ ... sans auxiliaire, avec *être*, avec *avoir*

La nature du complément d'objet direct

● Le complément d'objet direct placé avant le verbe peut être :
– un pronom personnel ;
  Vos cartes, je ne l<u>es</u> ai reçues qu'hier.
– le pronom relatif *que* ;
  Les nouvelles <u>que</u> j'ai apprises ne sont pas bonnes.
– un groupe nominal interrogatif ou exclamatif ;
  <u>Quelles démarches</u> avez-vous effectuées ?
– le pronom adverbial *en* :
  • en général, le participe passé ne s'accorde pas ;
  De la glace, j'<u>en</u> ai déjà repris. (*En* représente une partie d'un tout non dénombrable.)
  • mais il peut s'accorder.
  Des pommes, j'<u>en</u> ai acheté(**es**) hier. (On considère que *en* représente *des pommes* en quantité dénombrable.)
– le pronom neutre *l'* :
  • en général, le participe passé ne s'accorde pas ;
  La course a été plus facile que je ne l<u>'</u>aurais cru. (*l'* équivaut à *cela* ; il représente la proposition *que je n'aurais cru qu'elle serait*.)
  • mais il peut s'accorder.
  La chanteuse est plus petite que je ne l<u>'</u>avais imaginé(**e**). (On considère que *l'* représente ici la chanteuse.)

Quelques participes passés invariables

● Quelques participes passés sont **toujours invariables** puisqu'ils ne peuvent pas avoir de COD : (avoir) agi, cessé, circulé, contribué, disparu, dormi, failli, insisté, participé, plu (déplu), pu, réagi, ri, suffi, tâché, toussé, voyagé…

VALIDATION EXPRESS

REMPLACEZ LE VERBE ENTRE PARENTHÈSES PAR LE PARTICIPE PASSÉ CORRECTEMENT ORTHOGRAPHIÉ.

1 Les marchandises ne nous étant pas (parvenir), nous avons (signaler) le retard.
2 Aucune livraison n'a encore été (effectuer).
3 Nous vous remercions de nous avoir (avertir).
4 Vous nous avez (proposer) vos nouveaux modèles ; nous les avons (utiliser) et nous avons (apprécier) leurs qualités.

CORRIGÉ — 1 parvenues ; signalé – 2 effectuée – 3 avertis – 4 proposé ; utilisés ; apprécié

51 Accorder le participe passé d'un verbe pronominal

▶ *L'hôtesse **s'est absentée** quelques instants. Elle **s'est rendu compte** à son retour qu'une longue file **s'était formée**, comme si les visiteurs **s'étaient donné** le mot.*

Les verbes en gras sont des verbes pronominaux. Certains s'accordent, d'autres non.

QU'EST-CE QU'UN VERBE PRONOMINAL ?

- Les verbes pronominaux se conjuguent tous avec un pronom réfléchi qui représente la même personne que le sujet : je, *me* ; tu, *te* ; il, *se* ; nous, *nous* ; vous, *vous* ; ils, *se*.
  Ils forment leurs temps composés avec l'auxiliaire *être*.

- Certains de ces verbes sont **essentiellement pronominaux**. Ils n'existent qu'à la forme pronominale : se souvenir, se méfier, se taire, se repentir, s'en aller, s'absenter… ; ou bien ils ont un sens particulier à la forme pronominale : s'apercevoir de quelque chose, s'asseoir, se lever, s'exprimer, s'ennuyer, se douter, se plaindre…
  Dans ces verbes, le pronom réfléchi n'a pas de fonction précise.

- Certains de ces verbes sont **réfléchis**. Ils expriment une action faite par le sujet sur lui-même : se regarder, se cacher, se laver…

- Certains sont **réciproques**. Ils expriment l'action que plusieurs sujets exercent l'un sur l'autre : se battre, se retrouver, se rejoindre, se rencontrer, se comprendre, s'aimer, se réconcilier, s'entraider…

QUEL ACCORD POUR LE PARTICIPE PASSÉ DE CES VERBES ?

- **Le participe passé des verbes essentiellement pronominaux**
  • Le participe passé des verbes essentiellement pronominaux **s'accorde avec le sujet** du verbe : Les rumeurs se sont tue<u>s</u>. Ils se sont plaint<u>s</u>.

- **Le participe passé des verbes pronominaux réfléchis**
  • Le participe passé suit la règle d'accord du participe passé conjugué avec

ORTHOGRAPHE

Accorder le participe passé ▸ ... d'un verbe pronominal

avoir : il **s'accorde** avec le **complément d'objet direct** si celui-ci est placé **avant le verbe**.
– Elle s'est lavé**e** puis s'est séché**e**. (laver qui ? sécher qui ? *s'* mis pour *elle*. Le COD est placé **avant le verbe** : le participe passé s'accorde au féminin singulier.)
– Elle s'est lav**é** les cheveux. (laver quoi ? *les cheveux*. Le COD est placé **après le verbe** : le participe passé ne s'accorde pas.)

● **Le participe passé des verbes pronominaux réciproques**
• Le participe passé suit la règle d'accord du participe passé conjugué avec *avoir* : il **s'accorde** avec le **complément d'objet direct** si celui-ci est placé **avant le verbe**.
– Ils se sont battu**s**... (battre qui ? *se* mis pour *ils* (l'un l'autre). Le COD est placé **avant le verbe** : le participe passé s'accorde au masculin pluriel.)
– ... puis ils se sont donn**é** une poignée de main... (donner quoi ? *une poignée de main*. Le COD est placé **après le verbe** : le participe passé ne s'accorde pas.)
– ... et ils se sont sour**i**. (*se*, mis pour *ils*, n'est pas un COD mais un complément **d'objet indirect** : ils se sont souri l'un **à** l'autre. Le participe passé ne s'accorde pas.)

QUELQUES PARTICIPES PASSÉS INVARIABLES

Quelques participes passés de verbes pronominaux sont **toujours invariables** puisqu'ils ne peuvent pas avoir de COD.
ils se sont convenu, se sont parlé, souri, menti, plu, déplu...
ils se sont succédé, ils se sont rendu compte...

Validation express

Remplacez le verbe entre parenthèses par le participe passé correctement orthographié.
1 Les piétons ne se sont pas (méfier).
2 Elle s'est (permettre) quelques libertés avec son régime.
3 Elle s'est (accorder) une semaine de vacances.
4 Ils se sont (assurer) une confortable retraite.
5 Après les inondations, les habitants se sont (entraider).
6 Ils se sont (rencontrer) rue du Cherche-Midi à 14 h.
7 Ils se sont (rendre) compte de leur erreur et ils s'en sont (vouloir).

Corrigé
1 ne se sont pas méfiés (verbe essentiellement pronominal) – 2 elle s'est permis (COD placé après le verbe) – 3 elle s'est accordé (COD placé après le verbe) – 4 ils se sont assuré (COD placé après le verbe) – 5 se sont entraidés (l'un l'autre). – 7 ils se sont rendu compte (pas de COD) ; s'en sont voulu (pas de COD).

52 Accorder le participe passé suivi d'un infinitif

▶ *Ils éprouvent une fatigue qu'ils n'ont pas **sentie** venir ou qu'ils n'ont pas **voulu** admettre.*
Les participes passés en gras sont suivis de l'infinitif. L'un s'accorde, l'autre ne s'accorde pas.

LE PARTICIPE PASSÉ EMPLOYÉ AVEC *AVOIR* ET SUIVI D'UN INFINITIF

Le participe passé **s'accorde** si le **COD** placé avant **fait l'action** exprimée par l'infinitif.
Cette entreprise, il l'a vue grandir d'année en année. (*L'*, mis pour *entreprise*, est COD et c'est l'entreprise qui grandit. On pourrait dire *il l'a vue qui grandissait* : le participe passé s'accorde au féminin singulier.)

Le participe passé **ne s'accorde pas** si le **COD** placé avant **ne fait pas l'action** exprimée par l'infinitif.
Quelle réforme a-t-il souhaité mettre en place ? (*Réforme* est COD mais la réforme ne « met pas en place », elle est « mise en place » : le participe passé ne s'accorde pas.)

> **POUR MIEUX ÉCRIRE**
> **L'accord du participe passé quand l'infinitif est précédé de *à* ou *de***
> • Le participe passé s'accorde si le COD placé avant fait l'action exprimée par l'infinitif : *Voici mes sœurs que j'ai invitées à venir.*
> • Le participe ne s'accorde pas si le COD placé avant ne fait pas l'action exprimée par l'infinitif : *C'est la méthode que j'ai cherché à suivre.*
> • Les participes *donné* et *eu* peuvent parfois s'accorder dans ce dernier cas.
> *Les textes que vous m'avez donné(s) à relire ; que j'ai eu(s) à finir.*

LES PARTICIPES PASSÉS *DIT, DÛ, CRU, PU, SU...* *FAIT* ET *LAISSÉ*

Les participes passés *dit, dû, cru, pu, su...* restent **invariables** si l'on peut sous-entendre après eux le verbe principal à l'infinitif.
Il n'a pas fait toutes les démarches qu'il aurait dû. (toutes les démarches qu'il aurait dû faire : le participe passé ne s'accorde pas.)

ACCORDER LE PARTICIPE PASSÉ ▸ ... suivi d'un infinitif 52

- Le participe passé *fait* suivi d'un infinitif est toujours **invariable**.
  Les lettres que nous avons **fait** suivre.

  > D'après les rectifications de l'orthographe (1990) du Conseil supérieur de la langue française, le participe passé *laissé* suivi d'un infinitif est lui aussi **invariable**.
  > Et vous les avez laiss**é** continuer !

LE PARTICIPE PASSÉ DES VERBES PRONOMINAUX SUIVIS D'UN INFINITIF

- Le participe passé **s'accorde si le sujet fait l'action** exprimée par l'infinitif.
  Elle s'est senti**e** revivre. (C'est elle qui revit.)

- Le participe passé **ne s'accorde pas si le sujet ne fait pas l'action** exprimée par l'infinitif.
  Ils se sont v**u** refuser l'entrée de la discothèque. (Ils ne refusent pas ; c'est l'entrée qui leur est refusée.)

- Le participe passé *fait* suivi d'un infinitif est toujours **invariable**.
  Elles se sont **fait** rembourser leurs places.

  > D'après les rectifications de l'orthographe (1990), le participe passé *laissé* suivi d'un infinitif est lui aussi **invariable**.
  > Elles se sont laiss**é** prendre par le temps.

VALIDATION EXPRESS

Remplacez le verbe entre parenthèses par le participe passé correctement orthographié.
1 Le temps passe... Ses enfants, il ne les a pas (voir) grandir.
2 Ce sont les deux objectifs qu'ils avaient (espérer) atteindre.
3 C'est l'émission que j'ai (préférer) regarder.
4 Il les a (prier) de venir tôt.
5 Les produits que j'ai (choisir) d'acheter m'ont déçu.
6 C'est bien la lettre que j'ai (oublier) de poster.
7 Ils ont appliqué tous les remèdes qu'ils ont (pouvoir).
8 Les travaux qu'il a (faire) faire étaient urgents.

CORRIGÉ
1 vus (ce sont eux qui grandissent) – 2 espéré (les objectifs n'atteignent pas ; ils sont atteints) – 3 préféré (l'émission ne regarde pas ; elle est regardée) – 4 priés (ce sont eux qui viennent) – 5 choisi (les produits sont achetés) – 6 oublié (la lettre est postée) – 7 qu'ils ont pu (appliquer est sous-entendu) – 8 fait (toujours invariable s'il est suivi d'un infinitif)

53 Doit-on doubler la consonne en début de mot ?

▶ Pourquoi faut-il deux *r* à *errant* et un seul à *éreinté* ?
deux *p* à *appuyer* et un seul à *aplatir* ?

Il existe à cela plusieurs raisons, l'étymologie en particulier. Mais si on ne la connaît pas, un classement de ces débuts de mots permet au moins d'y voir plus clair.

LES MOTS DONT LA CONSONNE EST LE PLUS SOUVENT DOUBLÉE

- Les mots qui commencent par *ac-* [ak] s'écrivent avec **deux c**.
  accentuer, accélérer, accord, acclimater, acclamer, accuser…
  Exceptions : acabit, acacia, académie (et ses dérivés), acajou, acanthe, acariâtre, acarien, acolyte, acompte, acoustique, acupuncture.

- Les mots qui commencent par *af-* s'écrivent avec **deux f**.
  affaire, affectation, affirmer, afficher, affolant, affranchir, affubler…
  Exceptions : afin, afghan, africain (et ses dérivés).

- Les verbes et leurs dérivés qui commencent par *ap-* s'écrivent avec **deux p**.
  apparaître, appeler, apporter, apprécier, approfondir, apprivoiser, appuyer…
  Exceptions : apaiser, apercevoir, apeurer, apitoyer, aplanir, aplatir, apostropher et quelques autres.

- Les verbes et leurs dérivés qui commencent par *at-* s'écrivent avec **deux t**.
  attacher, attendrir, atteindre, atténuer, attirer, attribuer, attrister, attrouper…
  Exceptions : atermoyer, atomiser, atrophier (et leurs dérivés).

- Les mots qui commencent par *com-* s'écrivent avec **deux m**.
  commencer, commander, commenter, commémorer, commerce, commettre, commissaire, commode, commun…
  Exceptions : coma, comédie, comédon, comestible, comète, comique, comice, comité (et leurs dérivés).

LES PRINCIPALES RÈGLES D'USAGE ▶ **Doit-on doubler la consonne...**

- Les mots qui commencent par *cor-* s'écrivent avec **deux r.**
  correction, correspondre, corroder, corriger, corrida, corrompu...
  Exceptions : coran, corail, coriace, corolle, coron, coronaire (et leurs dérivés), coreligionnaire et quelques autres.

- Les mots qui commencent par *il-* s'écrivent avec **deux l.**
  illégal, illimité, illisible, illusion, illustrer...
  Exceptions : île, îlot, ilote, iléon, ilion.

- Les mots qui commencent par *ir-* s'écrivent avec **deux r.**
  irradier, irrationnel, irréel, irrémédiable, irresponsable, irriguer, irriter...
  Exceptions : iranien, irakien, irascible (et ses dérivés), iris (et ses dérivés), ironie (et ses dérivés), iroquois.

- Les mots qui commencent par *oc-* [ɔk] s'écrivent avec **deux c.**
  occasion, Occident, occlusion, occulter, occuper, occurrence...
  Exceptions : ocarina, oculaire (et ses dérivés).

- Les mots qui commencent par *raf-* s'écrivent avec **deux f.**
  raffoler, raffinement, raffermir, raffut...
  Exceptions : rafale, rafistoler, rafler, rafraîchir (et leurs dérivés), rafiot.

- Les mots qui commencent par *souf-* s'écrivent avec **deux f.**
  souffrir (et ses dérivés), souffler (et ses dérivés)...
  Exceptions : soufre (et ses dérivés : soufrer, soufrière), soufisme.

- La consonne est **toujours doublée** dans :
  - les mots en *bouf-* : bouffant, bouffi, bouffon...
  - les mots en *dif-* : diffamation, différent, difforme, difficulté, diffuser...
  - les mots en *ef-* : effacer, effectif, effiler, effleurer, effondrer, effrayant...
  - les mots en *of-* : offense, officiel, offrande, offusquer...
  - les mots en *sif-* : siffler, sifflement, siffloter...
  - les mots en *suf-* : suffire, suffisant, suffixe, suffoquer, suffrage...

LES MOTS DONT LA CONSONNE N'EST GÉNÉRALEMENT PAS DOUBLÉE

- Les mots qui commencent par *ab-* s'écrivent avec **un seul b.**
  abaisser, abattre, abîmer, abominable...
  Exceptions : abbé (et ses dérivés : abbesse, abbaye, abbatiale).

- Les mots qui commencent par *ad-* s'écrivent avec un **seul d.**
  adapter, adoption, adosser, adoucir, s'adonner, adresse...
  Exceptions : addition (et ses dérivés), adduction, addiction.

239

- Les mots qui commencent par *ag-* s'écrivent avec **un seul g**.
  agrandir, agréer, agresser, agripper, agrume…
  Exceptions : agglomérer (et ses dérivés), agglutiner (et ses dérivés), aggraver (et ses dérivés).

- Les mots qui commencent par *am-* s'écrivent avec **un seul m**.
  amortir, amenuiser, amener, amateur, amélioration…
  Exceptions : ammonite, ammoniac (et ses dérivés).

- Les mots qui commencent par *dom-* s'écrivent avec **un seul m**.
  domaine, domicile, dominer, dominical…
  Exceptions : dommage (et ses dérivés).

- Les mots qui commencent par *ec-* [ek] s'écrivent avec **é** et **un seul c**.
  écarter, éclectique, éclipser, écologie, écourter, éclore, écuyer, écorce…
  Exceptions : ecchymose, ecclésiastique, ecclésial.

- Les mots qui commencent par *el-* [el] s'écrivent avec **é** et **un seul l**.
  élastique, élaborer, éliminer, éligible, élocution, élucider…
  Exceptions : ellaborer, ellipse (et ses dérivés).

- Les mots qui commencent par *er-* [eR] s'écrivent avec **é** et **un seul r**.
  érailler, éreinté, ériger, érosion, érudit, éruption…
  Exceptions : errer (et ses dérivés). On prononce [εR].

- Les mots qui commencent par *hor-* s'écrivent avec **un seul r**.
  horaire, horizon, horoscope…
  Exceptions : horreur (et ses dérivés), horripiler (et ses dérivés).

- Les mots qui commencent par *pal-* et *pol-* s'écrivent avec **un seul l**.
  palabre, palissade, paludisme, palier, palette, polémique, politesse, polaire…
  Exceptions : pallier (et son dérivé palliatif), pollen, polliniser (et ses dérivés), polluer (et ses dérivés).

- Les mots qui commencent par *rab-* s'écrivent avec **un seul b**.
  rabâcher, rabattre, rabrouer, rabougri…
  Exceptions : rabbin (et ses dérivés).

- Les mots qui commencent par *sal-* s'écrivent avec **un seul l**.
  salaire, saluer, salière, salir, salon, salubre…
  Exception : salle.

- Les mots qui commencent par *val-* s'écrivent avec **un seul l**.
  valable, valeureux, valider, valoriser…
  Exceptions : vallée, vallon (et leurs dérivés).

Les principales règles d'usage ▸ Doit-on doubler la consonne...

La consonne n'est **jamais doublée** dans :
- les mots en *déf-* : défense, déférence, défaillant, déformer, défriser, défoliant...
- les mots en *ép-* : épargner, éprouver, épier, épouvanter, époustouflant...
- les mots en *prof-* : profusion, professeur, profiterole...

Validation express

A DOUBLEZ LA CONSONNE QUAND IL LE FAUT.
1 Pol...émique sur les pol...utions chimiques.
2 Cor...espondance pour Moulins sur le même quai.
3 On est prié de verser un ac...ompte.
4 Un prof...esseur de yoga a été ag...ressé.
5 Il ne faut pas se laisser ab...attre.
6 Voici un bref ap...erçu de la situation.
7 On roule à 50 km/h en ag...lomération.

B REMPLACEZ LE MOT SOULIGNÉ PAR LE MOT DE SENS CONTRAIRE COMMENÇANT PAR *RAF-*, *DIF-*, *AP-*, *AC-*, *COM-*, *AG-*, *AB-*, *AG-*.
1 Son entrée a réchauffé l'atmosphère.
2 Un match retransmis en direct.
3 Éloignez-vous du micro.
4 Ralentissez pour passer la seconde.
5 Un champignon vénéneux.
6 La situation s'améliore.
7 Les négociations ont échoué.
8 Copie à réduire au format A4.

CORRIGÉ
A 1 polémique, pollution – 2 correspondance – 3 acompte – 4 professeur, agressé – 5 abattre – 6 aperçu – 7 agglomération
B 1 a rafraîchi – 2 en différé – 3 approchez-vous – 4 accélérez – 5 comestible – 6 s'aggrave – 7 ont abouti – 8 à agrandir

54 Connaître quelques terminaisons usuelles

▶ On hésite souvent sur l'orthographe de certaines terminaisons. Une lettre s'écrit alors qu'elle ne se prononce pas (« *un remerciement* »). Certaines lettres, qui se prononcent de la même façon, s'écrivent différemment (*essentiel/superficiel*).

LA BONNE LETTRE BIEN PLACÉE

Quelques noms terminés par *-ment* prennent un *e* intermédiaire. Il s'agit des noms dérivés :
- des verbes en *-ier* : remerciement...
- des verbes en *-ouer* : dévouement...
- des verbes en *-uer* : éternuement...
- des verbes en *-yer* : bégaiement...

Exception : châtiment.

Les noms terminés par le son [œj] s'écrivent ;
- généralement *-euil* ;
fauteuil, chevreuil, écureuil, deuil, seuil...
- mais *-ueil* lorsque le son [œj] est précédé de *c* ou de *g*.
écueil, accueil (et ses dérivés), cercueil, recueil (et ses dérivés), orgueil (et ses dérivés).

Le *n* est doublé :
- dans les noms en *-onnage* ;
personnage, griffonnage, crayonnage, espionnage...
Exceptions : patronage, ramonage.
- dans les noms et les adjectifs en *-ionnisme* et *-ionniste* ;
perfectionnisme, impressionniste, interventionniste...
Exceptions : unionisme, unioniste et sionisme, sioniste.
- dans les adjectifs en *-ionnel*.
rationnel, traditionnel, passionnel, fonctionnel, exceptionnel, occasionnel...

Les noms terminés par le son [yʀ] s'écrivent *-ure*.
voiture, nourriture, aventure, rupture, murmure...
Exceptions : azur, fémur, futur, mur.

ORTHOGRAPHE

LES PRINCIPALES RÈGLES D'USAGE ▸ Quelques terminaisons usuelles

● Les noms terminés par le son [yl] s'écrivent *-ule*.
majuscule, pendule, péninsule, véhicule, scrupule…
Exceptions : calcul, consul, cumul, nul, recul (bulle et tulle s'écrivent avec *deux l*).

> **VALIDATION EXPRESS**
>
> **A** ÉCRIVEZ LES NOMS CORRESPONDANT AUX VERBES SUIVANTS.
> licencier – manier – tutoyer – rapatrier – déployer – aboyer
>
> **B** COMPLÉTEZ PAR *-ULE* OU *-UL* ; PAR *-URE* OU *-UR* ; PAR *-EUIL* OU *-UEIL*.
> **1** Le fascic… a été remis au vice-cons… .
> **2** Votre signat… engage le présent et le fut… .
> **3** Le ridic… ne tue pas, contrairement au cyan… et au merc… .
> **4** Son rec… de poésie a reçu un bon acc… ; il en a tiré beaucoup d'org… .
>
> **CORRIGÉ**
> **A** licenciement – maniement – tutoiement – rapatriement – déploiement – aboiement
> **B 1** fascicule, vice-consul – **2** signature, futur – **3** ridicule, cyanure, mercure – **4** recueil, accueil, orgueil

LES TERMINAISONS EN *-TION* OU *-SION* ; EN *-TIEL* OU *-CIEL*

● Les noms terminés par *-tion* ou *-sion*
  • On écrit *-tion* :
  – après *a* : circulation, conversation, domination, nation, ration, situation…
    Exceptions : passion, compassion.
  – après *i* : addition, disposition, exhibition, munition, pétition…
    Exceptions : suspicion, fission, scission, mission (et les dérivés des verbes terminés par mettre : admission, permission, compromission, transmission…).
  – après *o* : émotion, locomotion, notion, promotion…
  – après *ven* : convention, intervention, prévention, subvention…

  • On écrit *-sion* :
  – après *l* : convulsion, pulsion (expulsion, impulsion, propulsion, répulsion)…
  – après *r* : aversion, conversion, dispersion, diversion, excursion, inversion, torsion, version…
    Exceptions : assertion, désertion, insertion, (dis)(pro)portion.

● Les adjectifs terminés par le son [sjɛl] s'écrivent *-tiel*, avec *un t*.
partiel, essentiel, confidentiel, torrentiel…
Exceptions : circonstanciel, révérenciel, tendanciel.

● Les adjectifs terminés par le son [isjɛl] s'écrivent tous *-iciel*, avec *un c*.
officiel, superficiel, artificiel…

VALIDATION EXPRESS

ÉCRIVEZ LE NOM CORRESPONDANT AUX VERBES SUIVANTS EN CHOISISSANT ENTRE *-TION*, *-SION* OU *-SSION*.
1 occuper – **2** promouvoir – **3** permettre – **4** simplifier – **5** intervenir – **6** expulser – **7** appliquer – **8** disperser – **9** compatir

CORRIGÉ
1 occupation – **2** promotion – **3** permission – **4** simplification – **5** intervention – **6** expulsion – **7** application – **8** dispersion – **9** compassion

LA TERMINAISON DES ADVERBES EN *-MENT*

● Le suffixe *-ment* s'ajoute généralement à l'**adjectif au féminin**.
naturelle/ment ; joyeuse/ment ; fière/ment ; légère/ment
Exception : gentille → gentiment.

> **À NOTER**
> **Certains adverbes ont une terminaison en *-ément* au lieu de *-ement*.**
> énormément, expressément, obscurément, précisément, profondément

● Le suffixe *-ment* s'ajoute à l'**adjectif au masculin** si celui-ci se termine par une voyelle : *ai, é, i, u*.
vrai/ment ; aisé/ment ; poli/ment ; absolu/ment
Exceptions : cinq adverbes se terminent en *-ûment* :
assidûment, congrûment, continûment, crûment, goulûment.

● Le suffixe *-mment* s'ajoute aux adjectifs qui se terminent par *-ant* ou *-ent*.
étonnant → étonnamment ; puissant → puissamment ;
évident → évidemment ; fréquent → fréquemment
Exceptions : lent → lentement ; présent → présentement ;
véhément → véhémentement.

VALIDATION EXPRESS

FORMEZ L'ADVERBE EN *-MENT* OU EN *-MMENT* À PARTIR DES ADJECTIFS SUIVANTS.
sûr – élégant – rapide – brillant – joli – précis – franc – patient – obstiné

CORRIGÉ
sûrement – élégamment – rapidement – brillamment – joliment – précisément – franchement – patiemment – obstinément

244 ORTHOGRAPHE

55 Des terminaisons inattendues

▶ On écrit *la foi* sans *-e*,
le foie avec un *-e*
et *une fois* avec un *-s* !
Cette orthographe nous surprend parce que le *-e* final est généralement la marque du féminin et que le *-s* est très souvent la marque du pluriel. Comme on le voit dans ces exemples, les règles générales connaissent des exceptions.

DES TERMINAISONS INATTENDUES POUR DES MOTS MASCULINS

Des noms masculins qui se terminent par un *-e*

- Des noms masculins terminés par *-ée* : un athée, un caducée, un camée, l'empyrée, un hyménée, un lycée, un mausolée, un musée, un pygmée, un scarabée, un trophée…

- Des noms masculins terminés par *-ie* : un amphibie, un génie, un incendie, un parapluie, un sosie ; le foie…

- Des noms masculins terminés par *-oire* : un accessoire, un auditoire, un conservatoire, un interrogatoire, l'ivoire, un laboratoire, un observatoire, un pourboire, un réfectoire, un réquisitoire, un territoire…

- Des noms masculins terminés par *-eure* : le beurre, un leurre.

- Un nom masculin terminé par *-ette* : un squelette

Des adjectifs au masculin qui se terminent par un *-e*

- Les adjectifs masculins terminés par le son [il] s'écrivent *-ile* : habile, tranquille, débile, immobile (à noter les *deux l* de tranquille)…
Exceptions : civil, puéril, subtil, vil, viril, volatil.

- Les adjectifs masculins terminés par le son [waʀ] s'écrivent *-oire* : aléatoire, illusoire, méritoire, préparatoire…
Exception : noir.

- Les adjectifs masculins terminés par le son [ik] s'écrivent *-ique* : aquatique, authentique, caractéristique, élastique, féérique…
Exception : public.

DES TERMINAISONS INATTENDUES POUR DES MOTS AU SINGULIER

- Certains noms au singulier se terminent par *-s* : un croquis, le cambouis, une fois, un héros, un legs, un poids, un puits, un remords, un relais, un tiers, un concours, un discours, un parcours, un recours, le velours…
- Certains noms au singulier se terminent par *-x* : une croix, un crucifix, une faux, le flux, une noix, la paix, une perdrix, le prix, la toux, la voix…
- Tous les adjectifs masculins terminés par le son [ø] s'écrivent *-eux*, même au singulier : ambitieux, mystérieux, précieux, respectueux…
Exception : bleu (qui fait au pluriel bleus).

DES TERMINAISONS INATTENDUES POUR DES MOTS FÉMININS

- Les noms féminins terminés par le son [tje] s'écrivent *-tié*. Ils ne prennent jamais de *-e* final : la pitié, l'amitié, la moitié…
- Quatre noms féminins terminés par le son [y] s'écrivent *-u* sans *-e* final : la bru, la glu, la tribu, la vertu.
- Les noms féminins terminés par le son [œR] s'écrivent *-eur* et *-œur*, sans *-e* final : la douceur, la fraîcheur, la fleur, la douleur, l'horreur, l'humeur, la minceur, l'odeur, la pesanteur, la rigueur… la rancœur, la sœur…
Exceptions : la demeure, l'heure.
- Les noms féminins terminés par le son [te] s'écrivent *-té*, sans *-e* final. la beauté, la cité, la gaieté, la fierté, l'humanité, la quantité, la propriété…
Exceptions : la butée, la dictée, la jetée, la montée, la nuitée, la pâtée, la portée, la têtée ; les noms qui expriment un contenu : une assiettée, une pelletée, une platée, une potée…

VALIDATION EXPRESS

A TRANSFORMEZ EN NOMS LES ADJECTIFS EN VEILLANT À L'ORTHOGRAPHE.
anxieux – propre – solidaire – amical – pauvre – égal, libre, fraternel

B ÉCRIVEZ LA TERMINAISON QUI CONVIENT.
1 La première moiti… de la mont… a été gravie avec rapidit… .
2 On atteint la jet… sans difficult… grâce à la fluidit… du trafic.
3 Les indemnit… sont une nécessit… et une priorit… .
4 La sociét… Sanzeu recrute pour ses services publicit… et comptabilit… .

CORRIGÉ
A anxiété – propreté – solidarité – amitié – pauvreté – égalité, liberté, fraternité
B 1 moitié, montée, rapidité – **2** jetée, difficulté, fluidité – **3** indemnités, nécessité, priorité – **4** société, publicité, comptabilité

ORTHOGRAPHE

56 Où placer les accents et le tréma ?

▶ On peut avoir à placer l'accent aigu sur la voyelle *e*, l'accent grave sur les voyelles *a*, *e*, *u*, l'accent circonflexe sur *a*, *e*, *i*, *o*, *u* et le tréma sur *e*, *i*, *u*.

L'ACCENT AIGU

Où placer l'accent aigu ?

- On doit placer l'accent aigu dans de nombreuses formes, parmi lesquelles :
- le participe passé des verbes du 1er groupe ;
  ayant plac**é**, étant plac**é** (Il ne faut pas confondre cette finale *-é* avec la finale *-er* de l'infinitif des mêmes verbes.)
- les mots formés des préfixes *dé-*, *pré-*.
  d**é**couvrir, d**é**couper… pr**é**venir, pr**é**dire…

Quelques repères sûrs

- **Il n'y a jamais** d'accent aigu sur un *e-* initial suivi d'une double consonne.
ecchymose, **e**ffacer, **e**ffort, **e**nnemi, **e**ssayer, **e**ssoufflé

- **Il n'y a jamais** d'accent aigu sur un *e-* initial suivi de *x* ou de *xc*.
exemple, **e**xact, **e**xcuser

> D'après les rectifications orthographiques (1990) du Conseil supérieur de la langue française, on remplace l'accent aigu par l'accent grave, plus conforme à la prononciation usuelle et aux autres mots de la même famille, dans les mots év**é**nement qui devient év**è**nement ; r**é**glementaire qui devient r**è**glementaire.
> L'accent aigu est maintenu sur le **é-** initial de : **é**chelon, **é**dredon, **é**lever, **é**peler… ainsi que sur m**é**decin et m**é**decine.

L'ACCENT GRAVE

Où placer l'accent grave ?

- On place l'accent grave :
- sur les voyelles *a*, *e* et *u* pour distinguer les homophones grammaticaux :
  à/a ; *là /la* ; *où/ou* ; *dès/des* ;

– sur : deçà, en-deçà, delà, au-delà, par-delà, çà et là, là-bas, là-haut et les pronoms démonstratifs celui-là, celle-là, ceux-là, celles-là ;
– généralement sur le -e suivi d'une syllabe contenant un -e muet (qui ne se prononce pas), par exemple :
  • les mots au féminin : dernière, discrète, secrète ;
  • certaines formes de la conjugaison des verbes du 1er groupe : je cède, je repère, j'achète…

> D'après les rectifications orthographiques (1990), les formes conjuguées des verbes du type céder s'écrivent avec un accent grave au futur et au conditionnel.
> je cèderai (plutôt que je céderai) ; nous règlerons (plutôt que nous réglerons) ; elle espèrera (plutôt que elle espérera)…

Quelques repères sûrs

● Il n'y a jamais d'accent grave sur un e suivi de deux t.
une couette, une brouette, je projette, qu'il permette

● Il n'y a pas d'accent grave sur le a des mots latins.
a priori, a posteriori, a fortiori

● Il y a un accent grave sur un e suivi d'un s à la finale du mot.
succès, congrès, progrès, près, auprès, après, très…

Mots à surveiller

● Il ne faut pas d'accent grave sur :
– ça, cela (ça ne fait rien ; cela me concerne) ;
– concret, discret, complet, regret et les mots en -et.

L'ACCENT CIRCONFLEXE

Où placer l'accent circonflexe ?

● On place l'accent circonflexe :
– sur tous les verbes :
  • au passé simple de l'indicatif à la 1re et à la 2e personne du pluriel ;
  nous partîmes, nous voyageâmes, que vîtes-vous ?
  • à l'imparfait du subjonctif à la 3e personne du singulier.
  qu'il comprît, qu'il connût, qu'il allât, bien qu'il eût, bien qu'il fût
– sur le participe passé masculin singulier des verbes croître (ou croitre), devoir, mouvoir : crû, dû, mû ;
– sur les formes du verbe croître (ou croitre : grandir) qui pourraient être confondues avec celles du verbe croire : je croîs ; l'arbre croît tous les ans ; ils crûrent ;
– sur le verbe être à l'infinitif et à la 2e personne du pluriel de l'indicatif présent : être, vous êtes ;

LES ACCENTS, LA MAJUSCULE, LA PONCTUATION ▸ **Les accents et le tréma**

– sur les pronoms possessifs *le nôtre, le vôtre, les nôtres, les vôtres*
(à ne pas confondre avec les déterminants possessifs *notre, votre*) ;
– sur les adjectifs *sûr, mûr* ainsi que sur le mot *jeûne* (pour ne pas les confondre avec leurs homophones *sur* [préposition], *le mur* et *jeune*) ;
– sur certains adverbes en *-ûment* (▸ P. 244).

> D'après les rectifications orthographiques (1990) et à l'exception des cas cités plus haut, l'accent circonflexe disparaît sur les lettres *i* et *u*. On écrira donc : une boite, le dégout, assidument (plutôt que une *boîte, le dégoût, assidûment*) ; il parait, il connaitra, s'il vous plait (plutôt que *il paraît, il connaîtra, s'il vous plaît*)...

Quelques repères sûrs

● **Il n'y a jamais** d'accent circonflexe avant une consonne double.
une butte, la passion
Exception : châssis et les mots de la même famille.

● **Il n'y a pas** d'accent circonflexe sur le suffixe *-iatre* qui désigne une spécialité médicale.
pédiatre, psychiatre, phoniatre
Il ne faut donc pas confondre ce suffixe avec le suffixe péjoratif *-âtre* :
jaunâtre, bellâtre.

Mots à surveiller

● **Il faut** un accent circonflexe sur :
un câble, un diplôme, les impôts, la mâchoire, drôle, bâiller, flâner.

● **Il ne faut pas** d'accent circonflexe sur :
un atome, un bateau, un chapitre, une chute, une cime, un cyclone,
un égout, un havre, un maçon, un toit, une zone, infamant, déjeuner.

> **À NOTER**
> **L'accent circonflexe résulte souvent de la disparition d'un *s* à l'intérieur d'un mot.**
> On peut donc supposer qu'il y a un accent circonflexe dans un mot si un mot de la même famille comporte encore ce *s* : bête ← bestial ;
> fête ← festival ; ancêtre ← ancestral ; hôpital ← hospitaliser...

LE TRÉMA

Où placer le tréma ?

● Le tréma est utilisé pour indiquer qu'une voyelle doit être prononcée séparément d'une autre voyelle placée avant ou après elle.
un canoë, un glaïeul, un capharnaüm, le maïs, coïncidence (pour éviter *coi*) ; naïf (pour éviter *nai*) ; égoïsme (pour éviter *goi*)

249

Un repère sûr

- **Il n'y a jamais** de tréma sur un **i** qui suit un **é**.
la caféine, un séisme

Mots à surveiller

- **Il ne faut pas** de tréma sur : la moelle, moelleux, un moellon.

On écrivait *ambiguïté, contiguïté, exiguïté* et *ambiguë, contiguë, exiguë, aiguë* et *ciguë*… avec le tréma sur le **e** pour que l'on ne prononce pas la finale *-gue* (comme dans figue).
Mais les rectifications orthographiques (1990) du Conseil supérieur de la langue française déplacent dans tous les cas le tréma sur le **u** pour indiquer que c'est ce **u** que l'on doit prononcer : ambigüité, contigüité, exigüité et ambigüe, contigüe, exigüe, aigüe, cigüe…
Les rectifications orthographiques préconisent aussi l'ajout d'un tréma sur le **u** de gageüre et de argüer (et ses formes conjuguées) pour que le **u** soit prononcé, ainsi qu'il doit l'être dans ces mots.

VALIDATION EXPRESS

A PLACEZ LES ACCENTS (AIGU, GRAVE, CIRCONFLEXE) COMME IL CONVIENT.
1 Veuillez agreer, Madame, l'expression de mes sentiments distingues.
2 Voila un exercice essentiel pour vos progres.
3 L'effort des jours precedents s'est revele efficace.
4 Nous esperons vous etre agreable.
5 Nous entrons dans une zone de turbulences.
6 Le couple est inquiet. Il demande qu'on lui remette sa dette.
7 Un tel exces ! Cela n'aurait jamais du arriver.
8 Ces assiettes ? etes-vous bien sur que ce sont les votres ?

B FAUT-IL UN TRÉMA SUR LES MOTS SUIVANTS ?
1 l'école la(i)que
2 un bel héro(i)sme
3 un fort absenté(i)sme
4 je l'ai longtemps ha(i) mais je ne le ha(i)s plus.

CORRIGÉ
A 1 agréer, distingués – **2** voilà, progrès – **3** précédents, révélé – **4** espérons, être, agréable – **5** aucun accent – **6** aucun accent – **7** excès, dû – **8** êtes, sûr, les vôtres
B laïque – héroïsme – absentéisme – haï, hais

57 Le trait d'union, l'apostrophe, la cédille

▶ Le trait d'union est un signe typographique qui se place entre deux mots.
▶ L'apostrophe remplace une voyelle finale supprimée.
▶ La cédille se place sous la lettre *c*.

LE TRAIT D'UNION

Le trait d'union est un signe qui sert à réunir des mots, soit pour montrer qu'ils ont un lien dans la phrase, soit pour indiquer qu'ils forment ensemble un seul mot composé.

Le trait d'union dans la phrase

- **Il faut** un trait d'union :
– entre le verbe et le pronom sujet quand il y a inversion ;
  Où vas-tu ? « Nulle part » dit-il. Comment est-ce possible ?
– entre le verbe à l'impératif et le(s) pronom(s) complément(s) ;
  allons-y, sauvons-les, donne-le-lui
– avec les adverbes de lieu et de temps *ci* et *là* ;
  cet homme-là, ces deux-là ; ceux-ci, ceux-là, par-ci, par-là, ci-joint, ci-contre, ces jours-ci, là-haut, là-bas, jusque-là, là-dedans…
– dans les locutions ;
  par-delà, par-devant, par-derrière, par-dessus, par-dessous…
– entre le pronom personnel et *même(s)* ;
  moi-même, vous-même(s), eux-mêmes
– dans les numéraux composés.
  quatre-vingt-dix-sept euros

> Les rectifications orthographiques (1990) du Conseil supérieur de la langue française préconisent l'emploi du trait d'union dans tous les numéraux composés, même s'ils sont supérieurs à *cent* et même s'ils sont reliés par *et*.
> deux-cents, soixante-et-onze

Le trait d'union dans les mots composés

- **Il faut** un trait d'union :
– après *mi-*, *demi-*, *semi-* ;
  à mi-chemin, une demi-journée, un semi-remorque

– après *non-* si le mot qui suit est un nom ;
un non-sens, la non-violence (mais pas s'il est adjectif : une copie non conforme)
– en général, après *sous* ;
sous-entendre, sous-titre, sous-traitant
– après *ex-* (antérieurement) ;
mon ex-femme
– après *outre* (au-delà) ;
les départements d'outre-mer ;
– aux noms composés de rues, boulevards, avenues, quais...
rue des Quatre-Vents, avenue François-Mitterrand

> D'après les rectifications orthographiques (1990), la soudure s'impose à la place du trait d'union :
> • dans les mots composés de *contr(e)* et *entr(e)* : contrexemple, contrecourant ;
> • dans les mots composés de *extra-*, *infra-*, *intra-*, *ultra-* : extraterrestre, intraveineuse ;
> • dans les mots composés avec les radicaux *aéro-*, *audio-*, *hydro-*, *socio-*... : aéroclub, audiovisuel, hydroélectrique, socioéconomique ;
> • dans les onomatopées et les mots empruntés : tictac, weekend.
> De façon générale, la soudure est aujourd'hui privilégiée.
> Le trait d'union est maintenu dans les mots où la soudure entraînerait une prononciation défectueuse : agro-industrie (pour éviter « groin »).

Mots à surveiller

● **Ne pas oublier** le trait d'union dans :
c'est-à-dire, peut-être (adverbe), sur-le-champ, un va-et-vient...

● **Ne pas mettre** de trait d'union dans :
à peu près, en tout cas, un fait divers, un trait d'union, des mots croisés, le Moyen Âge, un parti pris, tout de suite, tout à coup, tour à tour...

L'APOSTROPHE

L'apostrophe résulte d'une élision. L'élision consiste à supprimer une voyelle (le plus souvent *e*) si le mot qui suit commence par une **voyelle** ou par un *h* muet.

L'élision devant une voyelle

● Une voyelle finale s'élide au contact de la voyelle initiale du mot suivant. La voyelle supprimée est remplacée par une apostrophe. Ce type d'élision concerne :
– les articles *le*, *la* ;

Les accents, la majuscule, la ponctuation ▸ Le trait d'union...

l'intérêt, l'expérience
Exceptions : la ouate, le oui, le onze, le énième, la une (d'un journal), le ululement, le ouistiti…
– la préposition *de* ;
un relevé **d'**identité, une demande **d'**exonération
– *que* pronom relatif, conjonction ou adverbe ;
La lettre **qu'**il vous a envoyée, savez-vous ce **qu'**elle est devenue ?
Qu'importe, après tout !
– les pronoms *je, me, te, se, le, la* ;
Donne-**m'**en. Il faut **m'**avertir. Il faut **l'**examiner. Il **s'**endort. Elle **l'**observe.
– la négation *ne* ;
Je **n'**y crois pas. Je **n'**en veux pas.
– *ce* dans les formes du verbe *être* commençant par une voyelle.
C'est bien lui. **C'**était bien.

Quelques cas particuliers

● *Parce que* :
– s'élide devant la préposition *à*, devant les pronoms *il(s)*, *elle(s)*, *on*, devant les articles *un*, *une* ;
C'est vrai parce qu'on le dit, parce qu'un témoin l'a vue.
– ne s'élide pas devant *ainsi*, *alors*.
parce que ainsi, parce que alors

● *Puisque, quoique, lorsque* :
– s'élident devant *il(s), elles(s), en, on, un(e)* ;
puisqu'elles le disent ; quoiqu'on soit très occupés ; lorsqu'il le faut
– l'élision devant d'autres mots est à éviter. On écrit : puisque aujourd'hui, quoique après tout, lorsque enfin.

● *Jusque* s'élide devant une voyelle : jusqu'à présent, jusqu'ici, jusqu'en 2012 ; mais on écrit : jusque-là ; jusque vers onze heures ; jusque chez lui.

● *Quelque* s'élide s'il est suivi de *un*, *une* : quelqu'un, quelqu'une.

● *Si* s'élide seulement devant le pronom *il(s)* : s'il vous plaît ; s'ils voulaient.

● *Presque* ne s'élide pas : presque aussitôt. Exception : presqu'île.

● *Entre* ne s'élide pas dans : entre eux, entre autres.

L'élision devant un *h* muet

● On fait l'élision de l'article, du pronom, de la préposition, etc. devant un mot commençant par un *h muet*.
L'heure est indiquée par l'horloge.

● C'est cette élision qui permet de distinguer le *h* que l'on appelle muet du *h* que l'on appelle aspiré.

l'humour (**h** muet = élision) / la honte (**h** aspiré = pas d'élision)
Je m'habitue. (**h** muet = élision) / Il se hâte. (**h** aspiré = pas d'élision)
Il vient d'hériter. (**h** muet = élision) / Il n'arrête pas de hurler. (**h** aspiré = pas d'élision).
Les mots commençant par un **h** aspiré, devant lesquels on ne fait donc pas l'élision, sont généralement signalés dans les dictionnaires par un astérisque (*).

LA CÉDILLE

● On place une cédille sous la lettre **c** devant *a*, *o* et *u* pour indiquer que *c* se prononce [s] (et non pas [k] comme il le faudrait).
agaçant, remplaçant, façade, garçon, soupçon, façon, leçon, aperçu, reçu
Exceptions : on ne met pas de cédille dans les mots scientifiques d'origine grecque ou latine transcrits *cœ* (qui se prononce [se]) ; cœlacanthe, cœlioscopie.

▶ **Mots à surveiller**
● **Il ne faut pas** de cédille à *c'est*, *c'était*.
Mais **il en faut une** devant l'auxiliaire *avoir* aux formes composées du verbe *être*.
Ç'aurait été pire sans vous. De tous les spectacles, ç'a été le plus réussi.

> D'après les rectifications orthographiques (1990), on écrit douçâtre (et non plus douceâtre, considéré comme une anomalie).

VALIDATION EXPRESS

A METTEZ À L'IMPÉRATIF.
Vous le faites. – Tu le lui dis. – Nous en prenons.

B METTEZ UN TRAIT D'UNION LÀ OÙ IL EST NÉCESSAIRE.
Une organisation non( )gouvernementale qui ne nourrirait pas les populations sous( )alimentées se considérerait coupable de non( )assistance à personnes en danger.

C COMPLÉTEZ PAR *c* OU *ç*.
un bon commer( )ant – un bref aper( )u – un joli coup de pin( )eau – sans s'en aper( )evoir – la fonte des gla( )iers – une fa( )on de parler

CORRIGÉ
A Faites-le. – Dis-le-lui. – Prenons-en.
B non gouvernementale – sous-alimentées – non-assistance
C commerçant – aperçu – pinceau – apercevoir – glaciers – une façon

ORTHOGRAPHE

58 La majuscule et la ponctuation

▶ La majuscule est un signe typographique placé au début d'un mot pour mettre ce mot en valeur.
▶ La ponctuation s'est développée tardivement (après le XVIe siècle) dans l'écriture. Aujourd'hui, elle est considérée comme nécessaire pour baliser un texte et garantir sa lisibilité.

LA MAJUSCULE

On peut jouer sur le pouvoir expressif de la majuscule, comme on le voit en poésie ou dans la publicité. Mais dans l'usage courant, l'emploi de la majuscule est soumis à quelques principes stricts.

Le début d'une phrase

● On met une majuscule au premier mot d'une phrase.
L'amateur trouve la pièce très bonne.
Cette règle s'applique aussi à une phrase dans le dialogue.
L'amateur s'exclame : « Quelle bonne pièce ! »

● On met une majuscule après un point, et généralement après une ponctuation forte : point, point d'interrogation, point d'exclamation et points de suspension.
L'amateur trouve la pièce très bonne. Il exprime son enthousiasme.

> **À NOTER**
> **Le cas du point-virgule et des deux-points**
> On ne met pas de majuscule après un point-virgule ni après des deux-points (sauf s'ils introduisent une prise de parole dans le dialogue).

Les noms de personnes

● On met une majuscule aux noms, prénoms, surnoms.
Bianca Castafiore, mon ami Pierrot
Mais l'article ou la préposition inclus dans un surnom ne prend pas la majuscule.
Alexandre le Grand, Jean sans Peur, Philippe de Valois

> **POUR MIEUX ÉCRIRE**
> ***De* ou *de* dans les noms à particule ?**
> • En français, la particule nobiliaire s'écrit sans majuscule.
> le duc de La Rochefoucauld, Alfred de Musset, le maréchal de Lattre

• Cependant, l'usage consiste à écrire *De* avec une majuscule quand il y a rencontre de deux « de » (la préposition suivie de la particule). La première armée **de De** Lattre. (Cette rencontre ne peut concerner que les noms monosyllabiques car les autres perdent leur particule lorsqu'ils sont utilisés sans le prénom ou le titre de noblesse : les pièces de Musset ; les *Maximes* de La Rochefoucauld.)

• La particule *De* dans **De Gaulle** témoigne de l'origine flamande de ce nom et pour cette raison s'écrit parfois avec une majuscule. Mais l'usage français de la minuscule l'emporte le plus souvent. Ce nom étant monosyllabique, on écrira de toute façon : les discours de De Gaulle.

Les noms de lieux

● On met une majuscule :
– aux noms géographiques ;
l'océan Atlantique, le fleuve Amour, l'Himalaya
– aux noms d'astres et de planètes ;
La Terre tourne autour du Soleil.
– aux noms de pays, de régions, de villes ;
l'Italie, le Midi, l'accent du Nord, plus précisément de Lille
– aux noms de rue, de ponts, d'édifices ;
la rue du Bac, le Pont-Neuf, l'Arc de triomphe
– aux noms de peuples, d'habitants.
les Français, un Marocain

Les institutions et les événements historiques

● On met une majuscule :
– aux institutions si elles sont uniques ;
le ministère de l'Intérieur, l'Assemblée nationale, la Sécurité sociale (l'adjectif ne prend pas la majuscule)
– aux grandes périodes ou aux grandes dates de l'histoire ;
l'Antiquité, la Renaissance, la Saint-Barthélemy, la Révolution française, la Libération
– aux jours de fête.
Noël, Pâques, le Nouvel An

Les noms de marques et de titres

● On met une majuscule aux noms de marques, aux titres de publication, aux noms des journaux.
Rapporte-moi des Kleenex. Le premier tome des *Misérables*. *Le Point* et *Le Monde*.

LES ACCENTS, LA MAJUSCULE, LA PONCTUATION ▸ La majuscule et la ponctuation

> **POUR MIEUX ÉCRIRE**
> **Les formules d'appel et de salutation**
> Dans la correspondance, on écrit en formule d'appel et en formule de salutation : Monsieur, Madame, Maître, Monsieur le Proviseur, Madame la Directrice, Cher Monsieur, Chère Madame, Veuillez agréer, Madame…

À surveiller

- **On ne met pas** de majuscule :
– aux adjectifs qui désignent un pays, une région ;
   le territoire français, un ressortissant algérien, le cidre breton, la cuisine chinoise
– aux noms de langues ;
   parler couramment l'italien, chanter en basque
– aux noms de produits régionaux ;
   un verre de cognac, un excellent bourgogne
– aux noms de jours et de mois ;
   fermé le lundi et le mardi, le 31 octobre 2011, en septembre, le mois de mars
– aux noms désignant une appartenance religieuse.
   un juif, un chrétien, un musulman

LA PONCTUATION

Le point

- Le point a un **rôle grammatical**. Il marque la fin d'une phrase déclarative.
   Tout le monde peut participer au jeu.

- Le **point d'interrogation [?]**, le **point d'exclamation [!]**, les **points de suspension […]** jouent le rôle d'un point pour les phrases interrogatives, exclamatives ou laissées en suspens.

- Le point **abréviatif** est un simple signe typographique utilisé dans les abréviations si les lettres ont été supprimées à la fin de ce mot.
   M. (Monsieur)
   Mais on ne met pas de point si les lettres sont supprimées au milieu du mot.
   Dr Folamour. **St** Médard. **Bd** du Temple.
   Attention : on met un point (et un seul) après *etc.*

Le point-virgule

- Le point-virgule indique les **sous-parties** d'une phrase.

- Il sert à organiser les énumérations, y compris les énumérations verticales.

Ajoutez à votre dossier :
– une photocopie du dernier bulletin de salaire ;
– une enveloppe timbrée ;
– deux photos d'identité.

● Il sépare des groupes de mots déjà séparés par des virgules.
Le premier délégué s'occupera du secteur ouest ; le second, du sud ; et vous, du nord-est.

● On l'emploie parfois à la place d'un coordonnant ou d'un lien logique.
Le roi est mort ; vive le roi !

La virgule

● On met une virgule **pour séparer des propositions** :
– les subordonnées circonstancielles, en début ou en fin de phrase ;
Afin de vous aider dans vos démarches, nous vous adressons le livret d'accompagnement. Nous vous adressons le livret d'accompagnement, comme nous vous l'avions annoncé par téléphone.
– toute proposition mise en évidence en tête de phrase ;
Qu'il vienne demain, cela m'étonnerait.
– les propositions incises ;
« Je ne crois pas, dit-il, vous avoir déjà rencontrée. »
– les propositions relatives explicatives.
Les candidats, qui avaient terminé avant l'heure, se sont retrouvés au café. (Ayant tous terminé avant l'heure, ils sont allés au café.)
La mise entre virgules marque la différence avec la relative déterminative.
Les candidats qui avaient terminé avant l'heure se sont retrouvés au café. (Seuls ceux qui avaient terminé avant l'heure se sont retrouvés)

> **POUR MIEUX ÉCRIRE**
> **Les propositions coordonnées par *et* ou par *ou***
> • On ne met pas de virgule entre deux propositions coordonnées par *et* ou par *ou*.
> Envoyez-nous votre adresse et nous vous ferons parvenir la documentation.
> • Mais on met une virgule avant *et* ou bien *ou* s'ils relient une troisième proposition après deux propositions juxtaposées.
> Envoyez-nous votre adresse, joignez une enveloppe timbrée, et nous vous ferons parvenir la documentation.

● On met une virgule **pour séparer des mots ou des groupes de mots** :
– les mots en apposition ;
Milou, un charmant petit chien blanc, accompagne le reporter dans tous ses déplacements.
La région, célèbre pour ses fromages, possède des atouts certains.

LES ACCENTS, LA MAJUSCULE, LA PONCTUATION ▸ **La majuscule et la ponctuation**

– les mots en apostrophe ; dans la correspondance, il faut :
 • en tête : Monsieur,
 En réponse à votre lettre du…
 • et en formule de conclusion : Croyez, Monsieur, à mes sentiments distingués.
– les compléments circonstanciels ;
 Dès le lendemain, le voilier reprit la mer.
– les formes accentuées du pronom personnel ;
 Tout le monde est assis. La conférencière, elle, reste debout.
– les mots de liaison en tête de phrase ;
 En effet, le client s'est plaint du retard de livraison.
– les mots en énumération.
 La France, l'Allemagne, l'Italie font partie de l'Union européenne.
 On ne met pas de virgule entre le dernier mot d'une énumération et le verbe ; ni avant un *et* final.
 La France, l'Allemagne, l'Italie et les Pays-Bas font partie de l'Union européenne.

▶ **Les deux-points**

• Les deux-points introduisent :
– une explication, comme le ferait une conjonction de cause ou de conséquence ;
 On m'a appelé : j'avais laissé ma carte d'identité sur la photocopieuse. (= parce que)
– le discours direct ;
 Elle nous demanda : « Savez-vous planter les choux ? »
– une énumération.
 Il recevra toute sa famille : enfants, petits-enfants, neveux, cousins…

> **À NOTER**
> **Il est préférable de ne pas séparer par des deux-points un verbe et son COD (ou son attribut).**
> • Dans la phrase suivante, le verbe et son COD ne sont pas séparés par des deux-points.
> Pensez à emporter un petit sac à dos ; une bouteille Thermos ; un imperméable.
> • Si l'on utilise les deux-points, il vaut mieux ajouter un nouveau COD avant l'énumération.
> Pensez à emporter les objets suivants : un petit sac à dos ; une bouteille Thermos ; un imperméable.

GRAMMAIRE

RECONNAÎTRE LE NOM, LES DÉTERMINANTS, L'ADJECTIF QUALIFICATIF

- 59 Qu'est-ce qu'un nom ? 262
- 60 Qu'est-ce qu'un déterminant ? 264
- 61 Les déterminants 266
- 62 L'adjectif qualificatif 275

DISTINGUER LES PRONOMS

- 63 Qu'est-ce qu'un pronom ? 279
- 64 Les pronoms personnels 281
- 65 Les pronoms démonstratifs 285
- 66 Les pronoms possessifs 287
- 67 Les pronoms indéfinis 288
- 68 Les pronoms interrogatifs 290
- 69 Les pronoms relatifs 292

DISTINGUER LES MOTS INVARIABLES

- 70 Les adverbes 295
- 71 Les prépositions 298
- 72 Les conjonctions 300

CARACTÉRISER UN VERBE

- 73 Les verbes intransitifs et les verbes transitifs 302
- 74 Les verbes attributifs 304
- 75 Les verbes auxiliaires 306
- 76 Les voix active, passive, pronominale 308
- 77 Les verbes impersonnels 311
- 78 La valeur des modes 313

79	L'indicatif	315
80	Les autres modes personnels : impératif, subjonctif, conditionnel	317
81	Les modes non personnels : infinitif, participe, gérondif	324
82	Les temps simples de l'indicatif : présent, imparfait, passé simple, futur	329
83	Les temps composés de l'indicatif	334
84	La concordance des temps	337

RECONNAÎTRE LES FONCTIONS DANS LA PHRASE

85	Qu'est-ce qu'une fonction ?	340
86	Le sujet	342
87	L'attribut	345
88	Les compléments d'objet	347
89	Les compléments circonstanciels	350
90	Le complément du nom	353
91	L'épithète	355
92	L'apposition	356

ANALYSER LA CONSTRUCTION D'UNE PHRASE

93	Qu'est-ce qu'une phrase ?	358
94	Les types de phrases	360
95	La forme négative	363
96	Les propositions	365
97	La proposition subordonnée conjonctive complétive	367
98	Les propositions subordonnées circonstancielles	370
99	La proposition subordonnée relative	379
100	La proposition subordonnée interrogative indirecte	381
101	Les propositions subordonnées infinitive et participiale	383

59 Qu'est-ce qu'un nom ?

▶ **Labourage** et **pâturage** sont les deux **mamelles** de la **France**. (**Sully**)
Labourage, pâturage, mamelles, France, Sully sont des noms.

LES NOMS COMMUNS

- Les noms communs **désignent** une **chose** ou un **être**.
  - Ils sont le plus souvent précédés d'un **article**.
  le **commerce**, la **balance**, un **déficit**
  - Mais ils peuvent être employés **sans article**.
  Travaillez avec **courage**. Il est **professeur** et on l'a élu **maire**.

- Ils ont toujours un **genre défini**. Ils se répartissent :
  - en noms **masculins** : un meuble, un gendarme ;
  - en noms **féminins** : une fenêtre, une infirmière.

- Ils **varient en nombre** : ils peuvent être mis au singulier et au pluriel.
  une réunion, des réunions

- Des adjectifs, des pronoms, des mots invariables peuvent aussi être employés comme noms.
  le beau et le vrai ; le tout ; un rien ; le pour et le contre

> **À NOTER**
> **Qu'est-ce qu'un groupe nominal ?**
> On appelle groupe nominal un nom précédé d'un article ou d'un autre déterminant et éventuellement suivi d'un adjectif ou d'un complément du nom.
> On nous a raconté les aventures palpitantes d'un explorateur.

LES NOMS PROPRES

- Les noms propres donnent une **identité aux personnes** et aux **choses** qu'ils désignent. Parmi eux, on trouve les prénoms, les noms de famille, les noms géographiques, les noms de marques, etc.
  - Ils s'écrivent avec une **majuscule**.
  France, Sully

GRAMMAIRE

LE NOM, LES DÉTERMINANTS, L'ADJECTIF ▸ Qu'est-ce qu'un nom ?

- Ils sont le plus souvent employés **sans article**.
Mozart, Bayonne, Monoprix
- Mais ils peuvent recevoir un article et être employés avec n'importe quel déterminant, y compris au pluriel.
les Alpes ; mon Paris bien-aimé ; des Renault bleues
Ces Dupont, qu'ils sont drôles !

Ils ont le plus souvent un **genre défini**.

- Il y a des prénoms **féminins** *(Claire)* ou **masculins** *(Paul)*.
- Le genre des noms de pays et de villes est parfois donné par un article.
la Patagonie, le Cambodge ; La Havane, Le Mans

> **POUR MIEUX ÉCRIRE**
> **Quel est le genre des noms de villes ?**
> • En l'absence d'article, les noms de ville sont considérés comme **féminins** s'ils ont une terminaison en **-e** (*Rome éternelle*) et **masculins** dans les autres cas (« *Paris libéré* »).
> • Cependant, l'usage n'est pas précisément fixé. En contradiction avec cette règle, on dit aussi : *Alger la blanche, Saint-Malo la voyageuse…*
> • Habituellement, **le féminin l'emporte**, le mot *ville* étant considéré comme sous-entendu. Mais si un adjectif précède le nom de la ville, l'ensemble sera au masculin.
> *le vieux Rennes, tout Marseille*

> **À NOTER**
> • **Certains noms communs sont utilisés comme noms propres.**
> *Le Monde* (le journal) ; *Carrefour* (les hypermarchés) ; *Concorde* (l'avion)
> • **Certains noms propres sont devenus des noms communs.**
> *un don juan* (du personnage Don Juan) ; *une poubelle* (du nom de M. Poubelle, préfet de la Seine).

VALIDATION EXPRESS

PARMI CES SIX PHRASES, TROIS NE COMPORTENT PAS DE NOMS. LESQUELLES ?
1 Elles paraissaient ravies de leur succès inespéré.
2 Il compte réussir facilement aujourd'hui.
3 Certains préfèrent se lever tôt, contrairement à moi.
4 J'aimerais bien voir Perrine avant de m'en aller.
5 De nombreux randonneurs se sont arrêtés ici.
6 Beaucoup auraient continué si les autres les avaient encouragés.

CORRIGÉ
Les phrases 2, 3 et 6 ne comportent pas de nom. Dans les autres phrases, les noms sont « succès » (phrase 1), « Perrine » (phrase 4), « randonneurs » (phrase 5).

60 Qu'est-ce qu'un déterminant ?

> ▶ Les dictionnaires présentent ainsi les noms communs :
> **rencontre** (n.f.), **proposition** (n.f.), **avenir** (n.m.), **semaine** (n.f.).
> ▶ Lorsque ces noms sont employés dans une phrase,
> ils sont précédés de déterminants.
> **Des** rencontres et **plusieurs** propositions éclaireront **votre** avenir
> professionnel durant **cette** semaine.

RECONNAÎTRE LES DÉTERMINANTS

Un déterminant permet d'**introduire un nom** dans une phrase ; il forme avec lui un groupe de mots qu'on appelle un groupe nominal.
Les différents déterminants sont :
- les articles : **la** semaine, **une** semaine ;
- les déterminants démonstratifs : **cette** semaine ;
- les déterminants possessifs : **ma** semaine ;
- les déterminants indéfinis : **chaque** semaine ;
- les déterminants interrogatifs et exclamatifs : **Quelle** semaine ? **Quelle** semaine ! ;
- les déterminants numéraux cardinaux : **trois** semaines.

L'ACCORD DU DÉTERMINANT

Un déterminant **s'accorde avec le nom** qu'il détermine.
Tous les goûts sont dans **la** nature.

Il est, dans certains cas, le seul **indice du genre et du nombre** du nom.
un collègue/**une** collègue ; **un** tour/**une** tour ; **un** choix/**des** choix

Cependant, certains déterminants n'ont qu'une seule forme pour le masculin et le féminin.
son avis/**son** idée ; **ces** documents/**ces** lettres ; **quelques** jours/**quelques** années

LA PLACE DU DÉTERMINANT

Le déterminant précède le nom. Il peut être séparé du nom par un adjectif qualificatif mais il est toujours **en tête du groupe nominal**.
Les petites filles modèles

LE NOM, LES DÉTERMINANTS, L'ADJECTIF ▶ Qu'est-ce qu'un déterminant ?

● Certains déterminants peuvent être accompagnés d'autres déterminants.
la même chanson ; **tous ses** enfants

L'ABSENCE DE DÉTERMINANT

● Un nom commun peut être employé **sans déterminant**. C'est le cas :
• dans les apostrophes ;
Taxi ! Garçon ! Ami, entends-tu ?
• dans certaines locutions verbales ;
avoir peur, prendre froid, prêter attention, porter secours
• après certaines prépositions, dans des expressions figées ;
sans abri, avec préméditation
• dans les devises ou les proverbes ;
Noblesse oblige. Comparaison n'est pas raison.
• dans certaines phrases nominales.
Demain, pluie au nord, nuages et soleil au sud.

> **POUR MIEUX ÉCRIRE**
> **Le cas des noms attributs employés sans article**
> En français, on n'emploie pas l'article indéfini *(un, une, des)* devant les noms de métier, de fonction, de grade, de statut qui sont attributs.
> Mon cousin est professeur. (et non : Mon cousin est un professeur.)
> Employer l'article est un anglicisme.

VALIDATION EXPRESS

A VÉRIFIEZ S'IL EST POSSIBLE DE TRANSFORMER EN NOMS LES VERBES, ADJECTIFS, PRONOMS ET ADVERBES SUIVANTS. POUR CELA, EMPLOYEZ CES MOTS AVEC *LE* OU LES DÉTERMINANTS DE VOTRE CHOIX DANS UN GROUPE NOMINAL DE VOTRE INVENTION.

1 coucher – **2** être – **3** sourire – **4** inconnu – **5** couvert – **6** personne – **7** bien – **8** espérer – **9** seulement

B CHOISISSEZ POUR LES MOTS SUIVANTS UN DÉTERMINANT MASCULIN, PUIS UN DÉTERMINANT FÉMININ. EMPLOYEZ CES GROUPES NOMINAUX DE FAÇON À MONTRER LEUR DIFFÉRENCE DE SENS.

1 pendule – **2** livre – **3** voile – **4** manche – **5** moule – **6** somme

---

CORRIGÉ (suggestions)
A 1 le coucher du soleil – **2** un être charmant – **3** un certain sourire – **4** mon bel inconnu – **5** quelques couverts de pique-nique – **6** plusieurs personnes – **7** le bien et le mal – **8** et **9** *Espérer* et *seulement* ne peuvent pas recevoir de déterminant.
B 1 le pendule du magnétiseur, ma pendule de voyage – **2** son livre préféré, une livre de carottes – **3** le voile de la mariée, la voile du bateau – **4** son manche à balai, sa manche de veste – **5** Quel moule à tarte ? Quelles moules marinières ? – **6** son petit somme d'après-dîner, une petite somme d'argent

61 Les déterminants

> **Les** explorateurs ont renoncé à **leur** expédition.
> **Ce** voyage leur paraissait trop long. **Quelle** corvée !
> Ils n'avaient **aucune** envie de s'absenter **quinze** jours.
>
> Les, leur, ce, quelle, aucune, quinze
> sont des déterminants.

LES ARTICLES

Qu'est-ce qu'un article ?
Le Jeu de l'amour et du hasard, L'Île des esclaves sont **des** comédies de Marivaux.
- L'article fait partie des déterminants du nom.
- Il indique le genre (masculin ou féminin) et le nombre de ce nom (singulier ou pluriel).
  le/un jeu ; **les/des** jeux ; **la/une** comédie ; **les/des** comédies.
- L'article se place avant le nom.

Reconnaître l'article défini
- **Les articles définis** sont : *le, la, les*.
Ils s'emploient devant des noms dont on a parlé, qui sont identifiés, ou devant des noms abstraits désignant une espèce, une notion générale…
J'ai oublié **le** code. **Le** client a envoyé un nouveau courriel.
La patience est une vertu.

- **L'article élidé.** L'article défini s'élide (*le, la* deviennent *l'*) :
– devant un nom commençant par une voyelle : **l'**automne, **l'**été ;
– devant un nom commençant par un *h* muet (non aspiré) : **l'**hiver.

> **À NOTER**
> *Le* et *la* ne s'élident pas toujours.
> Attention, dans quelques cas, *le* et *la* ne s'élident pas devant une voyelle.
> le onze, le oui, la ouate, le ouistiti, le ululement

- **L'article contracté.** L'article défini se contracte avec les prépositions *à* et *de*.
– Au masculin singulier, devant une consonne ou un *h* aspiré, *à + le* devient *au* ; *de + le* devient *du*.
   Le Jeu de l'amour et du hasard
– Au pluriel, *à + les* devient *aux* ; *de + les* devient *des*.
   L'Île des esclaves

GRAMMAIRE

LE NOM, LES DÉTERMINANTS, L'ADJECTIF ▶ Les déterminants

● Reconnaître l'article indéfini

• Les articles indéfinis sont : *un, une, des*.
Ils s'emploient devant des noms dont on n'a pas encore parlé, qui ne sont pas identifiés.
Un jour, tu verras… **Une** dame est venue vous voir. Il y a **des** nuages.

• Les articles indéfinis deviennent *de* (ou *d'*) à la forme négative devant un nom COD.
Vous avez des bagages ? Non, nous n'avons pas **de** bagages.
Tu as eu un appel ? Non, je n'ai pas eu **d'**appel.

> **POUR MIEUX ÉCRIRE**
> **Des** ou *de* devant un adjectif ?
> On emploie de préférence *de* (ou *d'*) à la place de *des* lorsqu'un adjectif qualificatif est placé avant le nom.
> Vous avez **de** jolies chaussures. Je vous souhaite **d'**agréables vacances.

● Reconnaître l'article partitif

• Les articles partitifs sont : *du* (*de l'*), *de la* (*de l'*), *des*.
Ils s'emploient devant les noms de choses non dénombrables dont on prend une quantité non définie.
Tiens, voilà **du** boudin. Tu me fais **de la** peine.

• Les articles partitifs se changent en *de* (ou *d'*) :
– à la forme négative devant un nom COD ;
Je veux encore des petits pois. → Je ne veux plus **de** petits pois.
– après les adverbes de quantité qui se construisent avec *de* : *beaucoup, trop, peu, assez, moins, plus, combien, guère…*
Beaucoup **de** bruit pour rien ; J'ai moins **d'**argent que toi.

VALIDATION EXPRESS

METTEZ LES PHRASES SUIVANTES À LA FORME NÉGATIVE EN VEILLANT À LA TRANSFORMATION DE L'ARTICLE.
1 L'inspecteur lui a accordé un délai.
2 Cette fois-ci, ils ont eu de la chance.
3 Dans ce restaurant, on propose un menu végétarien.
4 Il prend des risques dans cette entreprise.
5 Vous avez encore des unités sur votre carte.
6 En cette saison, on peut acheter du fromage à la ferme.

CORRIGÉ
1 L'inspecteur ne lui a pas accordé de délai. – 2 Cette fois-ci, ils n'ont pas eu de chance. – 3 Dans ce restaurant, on ne propose pas de menu végétarien. – 4 Il ne prend pas de risques dans cette entreprise. – 5 Vous n'avez plus d'unités sur votre carte. – 6 En cette saison, on ne peut pas acheter de fromage à la ferme.

LES DÉTERMINANTS DÉMONSTRATIFS

Qu'est-ce qu'un déterminant démonstratif ?

Vous voyez **ce** bâtiment ? En suivant **cette** direction, juste après **ces** immeubles, vous trouverez la porte.

- Un déterminant démonstratif détermine le nom de la personne ou de la chose que l'on « montre ».

	MASCULIN	FÉMININ
singulier	ce, cet	cette
pluriel	ces	ces

- **Ce** devient **cet** devant un nom ou un adjectif masculin commençant par une voyelle ou un **h** non aspiré.
cet âge ; **cet** hiver
cet étonnant spectacle
cet horrible souvenir

> **À NOTER**
> **Ce** : déterminant démonstratif ou pronom démonstratif ?
> Un déterminant démonstratif précède toujours un nom ou un groupe nominal.
> Lisez donc **ce** roman captivant.
> Dans **Ce** sont eux ou Dites-moi **ce** qui ne va pas, **ce** n'est pas un déterminant démonstratif ; c'est un pronom démonstratif.

L'emploi des déterminants démonstratifs

- Le déterminant démonstratif sert :
– à désigner ce qui est proche dans l'espace ou dans le temps au moment où l'on parle ;
Regardez **cet** arbre. **Cette** année, il est magnifique.
– à rappeler ce dont on a déjà parlé ;
Partir ? Mais **cette** solution est-elle la bonne ?
– à annoncer ce dont on va parler.
Il envisageait **cette** solution : partir.

- Les adverbes *-ci* et *-là* peuvent s'ajouter au nom précédé d'un déterminant démonstratif pour insister sur :
– une opposition ;
Tu préfères **cette** couleur-**ci** ou **cette** teinte-**là** ?
– la proximité *(ci)* ou l'éloignement *(là)* dans le temps.
ces jours-**ci**
en **ce** temps-**là**

Le nom, les déterminants, l'adjectif ▸ **Les déterminants**

Pour mieux écrire

Là pour le moment dont on parle dans le récit
Là est nécessaire pour les repères temporels qui ne correspondent pas au moment où l'on parle.
aujourd'hui → ce jour-**là** ; cette année → cette année-**là** ;
ce soir → ce soir-**là**

Validation express

Complétez les phrases par *cet* ou *cette*.
1 On n'a jamais résolu … énigme.
2 Qui est donc … homme dont vous parliez ?
3 Voulez-vous régler … achat par carte ?
4 La direction a toujours fait confiance à … employé.
5 … hebdomadaire est mieux que l'autre.

Corrigé
1 cette énigme – 2 cet homme – 3 cet achat – 4 cet employé – 5 cet hebdomadaire

LES DÉTERMINANTS POSSESSIFS

● **Qu'est-ce qu'un déterminant possessif ?**

C'est **votre** dernier mot ? C'est **mon** dernier mot.

• Un déterminant possessif détermine le nom de l'objet (ou des objets) possédé(s) par un ou plusieurs possesseurs. L'objet possédé peut être :
– un objet concret : c'est **mon** stylo ;
– une notion abstraite : c'est **mon** idée ;
– un être vivant : c'est **mon** beau-frère.

• La notion de « possession » doit parfois être comprise au sens large.
Passe **ton** bac d'abord !
Votre soirée cinéma.

● **L'accord des déterminants possessifs**

• Un déterminant possessif s'accorde en genre et en nombre avec l'objet possédé.
mon récit (nom masculin singulier)
mes aventures (nom féminin pluriel)

• De plus, il varie selon la personne du possesseur auquel il renvoie (1re, 2e, 3e personne du singulier ou du pluriel).
le récit de **mes** aventures, de **tes** aventures, de **ses** aventures,
de **nos** aventures, de **vos** aventures, de **leurs** aventures

		UN SEUL OBJET POSSÉDÉ		PLUSIEURS OBJETS POSSÉDÉS	
		MASCULIN	FÉMININ	MASCULIN	FÉMININ
un seul possesseur	1re pers.	mon	ma	mes	
	2e pers.	ton	ta	tes	
	3e pers.	son	sa	ses	
plusieurs possesseurs	1re pers.	notre		nos	
	2e pers.	votre		vos	
	3e pers.	leur		leurs	

À NOTER
Mon, ton, son : déterminants féminins
Les déterminants possessifs *ma, ta, sa* deviennent *mon, ton, son* devant un mot féminin commençant par une voyelle ou par un *h* muet.
mon amie ; **mon** incroyable idée ; **mon** héroïne de roman

L'emploi des déterminants possessifs quand le possesseur est un indéfini
- Quand le possesseur est *on*
  – Le déterminant possessif est généralement à la 3e personne : *son*, *sa*, *ses*.
  On en a pour **son** argent. On est prié de réserver **sa** place.
  – Mais lorsque *on* signifie *nous*, on emploie les déterminants : *notre*, *nos*.
  Cette année, on a décidé d'envoyer **notre** déclaration de revenus par Internet.
- Quand le possesseur est *tout le monde* ou *chacun*
  – Le déterminant possessif est généralement à la 3e personne : *son*, *sa*, *ses*.
  Tout le monde pense à **son** avenir.
  Chacun a **ses** soucis !
  – Mais lorsque *chacun* représente un pronom personnel d'une des trois personnes du pluriel *(nous, vous, ils)*, on emploie : *notre*, *nos* ; *votre*, *vos* ; *leur*, *leurs*.
  Vous entrerez et gagnerez chacun **votre** place.

POUR MIEUX ÉCRIRE
La désignation des parties du corps
Pour désigner les parties du corps, puisque l'appartenance est évidente, on n'emploie pas le déterminant possessif. On le remplace par l'article défini.
J'ai mal à **la** tête, **aux** pieds.
Il s'est blessé à **la** jambe.
Elle en a plein **le** dos.

LE NOM, LES DÉTERMINANTS, L'ADJECTIF ▸ **Les déterminants**

VALIDATION EXPRESS

A METTEZ AU PLURIEL LA PERSONNE DU POSSESSEUR EN GARDANT AU SINGULIER L'OBJET POSSÉDÉ.
1 Il a passé son permis de conduire.
2 Agis suivant ton instinct.
3 Je connais très mal mon propre cousin.

B METTEZ AU PLURIEL LA PERSONNE DU POSSESSEUR ET LES OBJETS POSSÉDÉS.
1 Je dois réserver ma soirée.
2 Tu as rendu ton livre à la bibliothèque ?
3 Elle a rappelé son correspondant.

CORRIGÉ
*A **1** Ils ont passé leur permis de conduire. – **2** Agissez suivant votre instinct. – **3** Nous connaissons très mal notre propre cousin.*
*B **1** Nous devons réserver nos soirées. – **2** Vous avez rendu vos livres à la bibliothèque ? – **3** Elles ont rappelé leurs correspondants.*

LES DÉTERMINANTS INDÉFINIS

● **Qu'est-ce qu'un déterminant indéfini ?**

Chaque joueur reçoit **plusieurs** cartes de différentes couleurs.
Certaines figures doivent être associées.

• Les déterminants indéfinis déterminent le nom de façon assez peu précise. C'est pourquoi on les appelle indéfinis. Ils expriment en général une idée de quantité. Selon le cas, ils marquent :

– **une quantité non précisée**
C'est le cas de : *quelque(s), certain(s), plusieurs, divers, différents* et des locutions indéfinies *n'importe quel, la plupart de, beaucoup de, peu de, plus de, moins de, assez de, trop de, trop peu de...*
dans **quelques** jours ; à **certaines** heures ; pour **plusieurs** raisons ; **beaucoup de** bruit ; **peu d'**espoir

– **une quantité nulle**
C'est le cas de : *aucun, nul(le), pas un*. Ces trois déterminants sont toujours accompagnés de la négation *ne* (employée seule, sans *pas*).
Vous **n'**aurez **aucune** difficulté à trouver.

– **la totalité ou la singularité**
C'est le cas de :
• *tout le, toute la, tous les, toutes les* (totalité) ;
• *chaque, tout, quelque, un(e) certain(e), tel(s), telle(s)* (singularité).
Toutes les gares seront desservies. **Chaque** âge a ses plaisirs.
Signalez-nous **tout** colis abandonné. Rendez-vous **tel** jour **telle** heure.

271

– une différence ou une similitude
C'est le cas de : *autre(s), même(s)*. Viens un **autre** jour à la **même** heure.

> **À NOTER**
>
> *Un(e) autre* a pour pluriel *d'autres* (et non *des autres*).
> Avez-vous exercé un autre emploi ? → Avez-exercé **d'autres** emplois ?

L'accord des déterminants indéfinis

- Les déterminants indéfinis s'accordent avec le nom qu'ils déterminent.
Venez **à n'importe quelle heure**, **n'importe quel jour**.
- *Plusieurs*, *différents*, *divers* n'existent qu'au pluriel.
Plusieurs possibilités se présentent. **Divers sujets** furent abordés.
- *Aucun*, *chaque*, *nul*, *pas un*, *plus d'un* n'existent qu'au singulier.
Aucune nouvelle ne nous est parvenue. **Plus d'un spectateur** avait pleuré.

> **À NOTER**
>
> *Aucun(e)*, s'il détermine un nom qui n'a pas de singulier,
> prend exceptionnellement la marque du pluriel.
> Sans aucuns frais de votre part.

La place des déterminants indéfinis

- Certains déterminants indéfinis peuvent s'employer avec un autre déterminant, placé en première ou en seconde position.
le **même** jour ; **tous** les jours ; ces **quelques** jours ; un **autre** jour
- *Même* peut se placer avant ou après le nom. Selon le cas, il change de sens.
– Placé avant le nom, *même* exprime l'identité : les **mêmes** mots.
– Placé après le nom ou le pronom, *même* marque une insistance : les mots **mêmes** (les mots exacts) ; moi-**même**, eux-**mêmes**, soi-**même**.
- *Tout* change de sens s'il détermine un nom avec article ou sans article.
La perturbation traversera **tout** le pays. (le pays tout entier)
Tout pays a son charme. (chaque pays)

VALIDATION EXPRESS

COMPLÉTEZ LA PHRASE EN CHOISISSANT UN DÉTERMINANT INDÉFINI :
DIFFÉRENTS, CHAQUE, TOUTES LES, N'IMPORTE QUEL, AUCUNE.

1 Un hebdomadaire paraît ... semaines.   2 ... fenêtre ne ferme.
3 Ne choisissez pas ... moment.   4 ... place vous sera remboursée.
5 Pour voir changer le paysage, il suffit de le regarder à ... moments.

CORRIGÉ
1 toutes les semaines – 2 aucune fenêtre – 3 n'importe quel moment – 4 chaque place – 5 à différents moments

GRAMMAIRE

LE NOM, LES DÉTERMINANTS, L'ADJECTIF ▸ **Les déterminants**

LES DÉTERMINANTS INTERROGATIFS ET EXCLAMATIFS

➤ **Qu'est-ce qu'un déterminant interrogatif ou exclamatif ?**

• Un déterminant **interrogatif** détermine le nom sur lequel on interroge.
Quelles couleurs préférez-vous ?
Dites-moi **quel** modèle vous ferait plaisir.

• Un déterminant **exclamatif** détermine un nom sur lequel on s'exclame.
Quelle audace !

➤ Le déterminant s'accorde en genre et en nombre avec le nom sur lequel porte la question ou l'exclamation : *quel, quelle, quels, quelles*.

➤ **L'emploi des déterminants interrogatifs**

• Le déterminant interrogatif s'emploie :
– dans l'interrogation directe ;
   Quel temps fera-t-il ?
   La phrase se termine par un point d'interrogation.
– dans l'interrogation indirecte.
   J'aimerais bien savoir **quel** temps il fera.
   La phrase se termine par un point.

• Le déterminant interrogatif peut s'employer aussi avec une valeur d'adjectif qualificatif, en fonction d'attribut.
Quelle est votre opinion ? (*Quelle* est attribut du sujet *opinion* et s'accorde donc au féminin singulier.)
Rappelez-moi **quel** est cet air célèbre. (*Quel* est attribut du sujet *air* et s'accorde donc au masculin singulier.)

> **POUR MIEUX ÉCRIRE**
> *Quel est* ou *qui est* ?
> • Dans la langue d'aujourd'hui, *quel* en fonction d'attribut est couramment remplacé par *qui* s'il désigne un être humain.
> **Quel** est cet acteur ? → **Qui** est cet acteur ?
> **Quelles** sont ces personnes ? → **Qui** sont ces personnes ?
> • Mais *quel* s'emploie obligatoirement pour une abstraction, une chose ou un animal.
> **Quelle** a été votre réaction ?
> **Quel** est votre verre ?
> **Quels** sont ces superbes oiseaux ?

LES DÉTERMINANTS NUMÉRAUX CARDINAUX

● Qu'est-ce qu'un déterminant numéral cardinal ?
Sept Ans de réflexion et Les **Cent-un** Dalmatiens sont mes **deux** films préférés.

- Les déterminants numéraux cardinaux déterminent le nom en donnant une précision de nombre.

C'est à **deux-cents** mètres ; vous y serez en **cinq** minutes.

> Il faut des traits d'union entre les différents éléments d'un déterminant numéral. Les rectifications orthographiques (1990) du Conseil supérieur de la langue française étendent l'emploi du trait d'union à tous les numéraux composés, y compris les numéraux supérieurs à *cent* et même s'ils sont reliés par *et* : deux-cents ; soixante-et-onze.

> **À NOTER**
> Il ne faut pas confondre les déterminants numéraux cardinaux avec les numéraux ordinaux.
> Les numéraux ordinaux indiquent un ordre de classement et sont considérés comme des adjectifs.
> premier, deuxième, centième

● L'accord des déterminants numéraux cardinaux
- Les déterminants numéraux cardinaux sont invariables, sauf :
  – *un* qui varie en genre *(une)*.
  – *vingt* et *cent* qui prennent un **s** s'ils sont « multipliés » et si le nombre de vingtaines ou de centaines est entier.
  Quatre-vingt**s** ans, deux-cent**s** euros ; mais quatre-vingt-dix ans, deux-cent-cinquante euros.

- Dans les dates :
  – *vingt* et *cent* restent invariables : dans les années **quatre-vingt** ;
  – *mille* s'écrit *mil* : l'an mil.

● La place des déterminants numéraux cardinaux
- Les déterminants numéraux cardinaux se placent **avant** le nom. Placés **après** le nom, ils indiquent le rang (valeur d'ordinal).
  acte trois, scène cinq ; page huit ; numéro deux

- Les déterminants numéraux cardinaux peuvent s'employer avec un autre déterminant.
  Les Trois Mousquetaires ; tous les huit jours ; mes deux amours

62 L'adjectif qualificatif

> *Aujourd'hui, temps **couvert**, **froid** au nord, **pluvieux** au sud. Demain, un **franc** soleil brillera. Les températures deviendront plus **clémentes**.*

Couvert, froid, pluvieux, franc et ***clémentes*** sont des adjectifs qualificatifs.

RECONNAÎTRE UN ADJECTIF QUALIFICATIF

- L'adjectif qualificatif **exprime** une **qualité** de l'**être** ou de l'**objet** nommé.

- L'adjectif peut être :

    - **épithète** s'il qualifie directement le nom ;
    *une chaleur **étouffante***

    - **attribut** s'il qualifie le nom par l'intermédiaire d'un verbe attributif ;
    *Cette chaleur devient **étouffante**.*

    - **apposition** s'il est séparé du nom qu'il qualifie par une virgule.
    *La chaleur, **étouffante**, s'est installée sur le pays.*

> **A NOTER**
> **Certains adjectifs qualificatifs n'expriment pas exactement une « qualité ».**
> • Ils sont en relation avec le nom comme le serait un complément du nom. On les appelle adjectifs relationnels.
> *une carte **bancaire** ; le soleil **couchant** ; les transports **maritimes** ; l'énergie **solaire***
> • Ils ne peuvent pas être précédés de *très*. (⛔ *une carte très bancaire*)
> • Ils ne peuvent pas être attributs. (⛔ *Le soleil devient couchant.*)

L'ACCORD DE L'ADJECTIF QUALIFICATIF

- L'adjectif qualificatif s'accorde en genre et en nombre avec le nom ou le pronom qu'il qualifie.
*De **nombreux** vacanciers séjournent dans la région. Ils paraissent **contents**.*
(Pour les accords particuliers de l'adjectif, voir ▶ PP. 216-219)

LA PLACE DE L'ADJECTIF

- L'adjectif **épithète** se place généralement après le nom. C'est le cas :
  - des adjectifs de forme et de couleur ;
  un chapeau **pointu** ; une colère **noire**
  - des adjectifs relationnels ;
  une centrale **nucléaire**
  - des adjectifs suivis d'un complément.
  des candidates **fières** de leur réussite

- L'adjectif peut se placer avant le nom si celui-ci est suivi d'un complément du nom.
  un **émouvant** dîner d'adieu ; un **excellent** spectacle de danse

- Certains adjectifs changent de sens selon leur place (avant ou après le nom).
  un **certain** succès (= relatif) / un succès **certain** (= indiscutable)
  une **simple** question (= rien qu'une question) / une question **simple** (= facile)

> **VALIDATION EXPRESS**
>
> PLACEZ LES ADJECTIFS SUIVANTS AU BON ENDROIT DANS LA PHRASE (AVANT OU APRÈS LE NOM QU'ILS QUALIFIENT) : *PRESTIGIEUSE, EXALTANTE, CÉLÈBRE, PROPRES, PASSÉS, BREF.*
>
> En prenant la direction de la chaîne de télévision, le journaliste d'investigation présenta un aperçu de la situation. Une aventure comme celle-ci, selon ses mots, récompensait ses efforts.
>
> **CORRIGÉ**
> En prenant la direction de la *prestigieuse* chaîne de télévision, le *célèbre* journaliste d'investigation présenta un *bref* aperçu de la situation. Une *exaltante* aventure comme celle-ci, selon ses *propres* mots, récompensait ses efforts *passés*.

LES DEGRÉS DE SIGNIFICATION DE L'ADJECTIF

- La qualité exprimée par un adjectif qualificatif peut être située à un degré plus ou moins élevé. **Comparatifs** et **superlatifs** permettent d'exprimer ces degrés de signification.
L'agence peut vous montrer un appartement **moins spacieux** que l'autre mais situé dans un quartier **plus central**. Il est **très clair**. C'est certainement **le plus agréable** de tous ceux que nous proposons. (*Moins spacieux, plus central* sont des comparatifs ; *très clair, le plus agréable* sont des superlatifs.)

GRAMMAIRE

Les comparatifs

• Ils expriment le degré supérieur : *plus... que* ; le degré égal : *aussi... que* ; le degré inférieur : *moins... que*.

• Ils peuvent comparer :
– une qualité par rapport à elle-même ;
   Les bleuets sont **moins (plus, aussi) bleus qu'**autrefois.
– une même qualité entre deux êtres ou deux objets ;
   La tour de gauche est **moins (plus, aussi) élevée que** celle de droite.
– deux qualités différentes chez un même être ou un même objet.
   Elle est **aussi (moins, plus) belle qu'**intelligente.

> À NOTER
> **Trois adjectifs ont un comparatif de supériorité irrégulier.**
> • *Bon* → *meilleur*.
> • *Mauvais* → *pire*. (en concurrence avec *plus mauvais* employé dans la langue courante)
> • *Petit* → *moindre*. (en concurrence avec *plus petit* employé dans la langue courante)
> Attention ! On ne doit donc pas mettre au comparatif *meilleur*, *pire*, *moindre* puisque ce sont déjà des comparatifs.

Les superlatifs

• **Le superlatif relatif.** Il exprime le plus haut ou le plus bas degré d'une qualité par rapport à un ensemble :
– degré supérieur : *le plus... de* ;
– degré inférieur : *le moins... de*.

L'avant-centre est le joueur **le plus jeune de** l'équipe.
(On peut dire aussi : le plus jeune joueur de l'équipe).

> À NOTER
> **Trois adjectifs ont un superlatif relatif irrégulier.**
> • *Bon* → *le meilleur*.
> • *Mauvais* → *le pire*. (en concurrence avec *le plus mauvais* employé dans la langue courante)
> • *Petit* → *le moindre*. (en concurrence avec *le plus petit* employé dans la langue courante)

• **Le superlatif absolu.** Il exprime le plus haut degré d'une qualité à l'aide de l'adverbe *très* (ou un équivalent) placé avant l'adjectif.
Le chat est **très** (extrêmement, excessivement...) **peureux**.

À NOTER
Des adjectifs sans comparatifs ni superlatifs
Certains adjectifs qualificatifs n'ont jamais ni comparatifs ni superlatifs parce que leur sens n'admet pas de degré. Par exemple : *unique, premier, dernier, immense, infini*.

Les compléments du comparatif et du superlatif
• Le comparatif a toujours un complément, introduit par *que*.
Avoir les yeux **plus** gros **que** le ventre.

• Le superlatif peut avoir un complément, introduit par *de*.
Le plus beau **de** tous les tangos.
Mais il peut ne pas avoir de complément exprimé.
Les plaisanteries les plus courtes sont toujours **les meilleures**.

• Le superlatif absolu n'a jamais de complément.
Merci. Vous êtes **très aimable**.

VALIDATION EXPRESS
COMPLÉTEZ LES PHRASES.
1 Mon voisin est moins grand que mon beau-frère qui l'est plus que son cousin. Mon beau-frère est donc … des trois.
2 Le Kilimandjaro est plus haut que le mont Blanc et l'Aconcagua est plus haut que le Kilimandjaro. Le mont Blanc est donc … des trois sommets.
3 La gazelle est plus rapide que le cheval mais pas aussi rapide que le léopard. Le cheval est donc … des trois.

CORRIGÉ
1 le plus grand des trois – 2 le moins haut des trois sommets – 3 le moins rapide des trois

---

À NOTER
Les degrés de signification de l'adverbe
• Comme pour l'adjectif qualificatif, il existe des degrés de signification de l'adverbe.
Au comparatif : *plus loin que, aussi lentement que, moins souvent que…*
Au superlatif : *le plus tard, très près…*
• Trois adverbes ont un comparatif et un superlatif irréguliers :
bien → *mieux* → *le mieux* ;
peu → *moins* → *le moins* ;
beaucoup → *plus* → *le plus*.

63 Qu'est-ce qu'un pronom ?

> ▶ *On* distribuera à *tout le monde* un audioguide pour la visite. Au cours de *celle-ci*, *chacun* sera responsable *du sien*. *Vous le* remettrez dans le bac *que vous* trouverez à la sortie. *Qui* a une question ?
>
> *On, tout le monde, celle-ci, chacun, du sien, vous, le, que, vous, qui* sont des pronoms.

À QUOI SERT UN PRONOM ?

● Un pronom **représente** le plus souvent un **nom** ou un **groupe nominal** déjà nommé. Il évite de le répéter en le reprenant sous une autre forme.
Le guide fait visiter le quartier aux touristes. **Il le leur** fait admirer.
(*Il* remplace *le guide* ; *le* remplace *le quartier* ; *leur* remplace *aux touristes*.)

● Certains pronoms ne renvoient pas à un mot déjà cité dans le contexte.
Quelqu'un est venu. **Qui** veut jouer ? **Chacun** fait ce qu'il peut.
Je t'ai appelé hier. (*je* et *te* sont les interlocuteurs eux-mêmes.)

LES DIFFÉRENTS PRONOMS

● On distingue :
- les pronoms personnels : *je, tu, on, vous, me, leur, en, y…*
- les pronoms démonstratifs : *celui, ce, celle-ci…*
- les pronoms possessifs : *le mien, le sien…*
- les pronoms interrogatifs : *qui, lequel…*
- les pronoms indéfinis : *chacun, tout le monde, beaucoup, plusieurs…*
- les pronoms relatifs : *qui, que, quoi, dont, où, auquel…*

> **Pour mieux écrire**
>
> La plupart des pronoms se substituent à un nom précédé du déterminant correspondant.
>
> <u>cette</u> année-là → **celle-là**
>
> <u>Certaines</u> (<u>plusieurs</u>, <u>quelques</u>) villes ont participé. (déterminants indéfinis) → **Certaines (plusieurs, quelques-unes)** ont participé. (pronoms indéfinis)
>
> <u>Quelle</u> candidature sera choisie ? (déterminant interrogatif)
> → **Laquelle** sera choisie ? (pronom interrogatif)

BIEN EMPLOYER LES PRONOMS

Le pronom s'emploie dans les mêmes fonctions que le nom. Il peut être :
- sujet : **Certains** l'aiment chaud.
- attribut : Votre heure sera **la nôtre**.
- COD : Je **vous** admire.
- COI : On **y** pense toujours.
- COS : Il y a un commencement à **tout**.
- complément circonstanciel : Travailler chez **soi**, avec **eux**, pour **cela**, **où** l'on veut…
- complément du nom : Le malheur **des uns** fait le bonheur **des autres**.
- complément d'agent : Vous êtes demandé par **quelqu'un**.

> **VALIDATION EXPRESS**
>
> LE TEXTE SUIVANT CONTIENT DIX PRONOMS. RETROUVEZ-LES.
>
> Si ma candidature correspond à celle que vous recherchez pour le poste, ayez l'amabilité de me le dire. Je sais que plusieurs en ont adressé de semblables à vos services. Mais la mienne est évidemment la plus sérieuse de toutes.
>
> **CORRIGÉ**
> Les dix pronoms : celle ; que ; vous ; me ; le ; je ; plusieurs ; en ; la mienne ; toutes.

64 Les pronoms personnels

> *Je suis venue te dire que je m'ennuie. Comprends-le. Et excuse-moi.*
>
> **Je, te, m', le, moi** sont des pronoms personnels.

RECONNAÎTRE LES PRONOMS PERSONNELS

- Le pronom personnel représente :
  - la personne qui parle : *je, me, moi, nous* (1re personne) ;
  - la personne à qui l'on parle : *tu, te, toi, vous* (2e personne) ;
  - la personne dont on parle : *il, elle, le, la, lui, ils, elles, les, leur, eux* (3e personne).

- Les pronoms personnels de la 3e personne servent aussi à remplacer des noms ou des groupes nominaux qui ne sont pas des « personnes ».
Je tends la main → je **la** tends. Je range les livres → Je **les** range.

TABLEAU DES PRONOMS PERSONNELS

- Les pronoms personnels varient selon la personne qu'ils représentent et selon leur fonction dans la phrase.

- On distingue les pronoms personnels **simples**, **renforcés** et **réfléchis**.
Les pronoms personnels simples et renforcés sont :

		SUJET	COD	COI	FORMES RENFORCÉES
singulier	1re pers.	je	me	me	moi
	2e pers.	tu	te	te	toi
	3e pers.	il, elle, on	le, la, en	lui, en, y	lui, elle
pluriel	1re pers.	nous	nous	nous	nous
	2e pers.	vous	vous	vous	vous
	3e pers.	ils, elles	les	leur, en, y	eux, elles

- Les pronoms personnels réfléchis sont : **me, te, se, nous, vous, se, soi**.

> **Pour mieux écrire**
> **Les pronoms *leur* et *vous***
> • Le pronom personnel *leur* (pluriel de *lui*) est **toujours invariable**.
> • Lorsque le pronom personnel *vous* représente une seule personne (*vous* de politesse), le verbe se met au pluriel et l'adjectif ou le participe prend le genre de la personne représentée (masculin ou féminin).
> Vous **devez** être patient(e). Vous n'**êtes** pas encore arrivé(e).

BIEN EMPLOYER LES PRONOMS PERSONNELS

moi, toi, lui, eux… : **pronoms renforcés**

• Ils mettent en relief les autres formes du pronom personnel et parfois les remplacent.
Tu sais, **toi** ? **Moi**, je ne sais pas. **Lui** sait sûrement.

• Ils peuvent s'employer seuls, sans verbe, ou séparés du verbe. Pour cette raison, on les appelle aussi pronoms disjoints.
Toi, Jane ; **moi**, Tarzan.

• Ils sont employés obligatoirement :
– dans une réponse à une question : Qui est là ? **Nous**.
– après *c'est* : C'est **moi**.
– comme complément du comparatif ou dans la tournure *ne… que* :
   Il est plus malin que **toi**. Je ne pense qu'à **toi**.
– à l'impératif 1re et 2e personnes, à la forme affirmative : Réponds-**moi**.
– après une préposition : Tu iras chez **eux**.
– comme antécédent d'un pronom relatif : **Toi** qui sais tout.
– comme sujet ou objet coordonné : Mes enfants et **moi** serons heureux de vous recevoir.

> **Pour mieux écrire**
> Par politesse, la personne qui parle se désigne après les autres.
> Il faut donc dire : vous et **moi** ; mes amis et **moi**.

me, te, se, nous, vous, se, soi : **pronoms réfléchis**

• Ils désignent la même personne que le sujet du verbe lorsque ce verbe est à la voix pronominale.
s'ennuyer → je **m'**ennuie, nous **nous** ennuyons, ils **s'**ennuient…

• *Soi* s'emploie lorsque le sujet est un pronom indéfini.
C'est chacun pour **soi**. On ne peut compter que sur **soi**.
Il est employé aussi avec l'infinitif (avoir confiance en **soi** ; rester chez **soi**) et dans la locution invariable **soi**-disant.

GRAMMAIRE

DISTINGUER LES PRONOMS ▸ Les pronoms personnels

- ***le* : pronom neutre**
  - Il reprend un attribut mis en relief en tête de phrase.
  Heureuse, je **le** suis de plus en plus.
  - Il représente un verbe ou une proposition.
  Partir, il **le** faut. Il faut partir, elle **le** sait bien.

- **Les pronoms *en* et *y***
  - ***En*** remplace un nom ou un pronom précédé de la préposition *de* ou de l'article partitif *(du, de la, des)*.
  Je veux des résultats. → J'**en** veux.
  - ***Y*** remplace un nom ou un pronom précédé de la préposition *à (au, aux)*.
  Je pense à mon avenir. → J'**y** pense.

> **POUR MIEUX ÉCRIRE**
> ***En* et *y* peuvent-ils désigner une personne ?**
> *En* et *y* représentent une idée ou un nom animé. Pour désigner une personne, il est plus correct d'employer les autres pronoms.
> Vous connaissez nos amis Dupond, nous avons parlé d'**eux** hier est plus correct que Nous en avons parlé hier.
> Et ton père, tu penses souvent à **lui** ? est plus correct que Tu y penses souvent ?

LA PLACE DU PRONOM PERSONNEL

- Le pronom personnel **COD** se place **avant** le verbe.
  Je **le** préviens. Ne **l'**appelle pas.
  Sauf à l'impératif affirmatif où il se place **après** le verbe, avec un trait d'union.
  Attends-**le**.

- Le pronom personnel **COI** ou **COS** se place **avant** le verbe.
  Je **te** parle. Je **te** prête ma chandelle.
  Sauf à l'impératif affirmatif où il se place **après** le verbe, avec un trait d'union.
  Réponds-**lui**. Prête-**moi** ta plume.

- Lorsque deux pronoms personnels se suivent, le pronom **COS** est placé en première position s'il est à la 1re ou à la 2e personne.
  La Poste **te** le transmettra. La Poste **vous** le transmettra.
  Mais s'il est à la 3e personne (pronoms *lui* et *leur*), il est en deuxième position.
  La Poste le **lui** transmettra. La Poste le **leur** transmettra.
  (Pour la place de deux pronoms personnels avec un verbe à l'impératif ▸ P. 318)

VALIDATION EXPRESS

A RÉPONDEZ AUX QUESTIONS EN REMPLAÇANT LE GROUPE NOMINAL SOULIGNÉ PAR UN PRONOM PERSONNEL.
1 Vous réexpédierez <u>le courrier</u> ? Oui, ...
2 Tu as bien profité <u>de tes vacances</u> ? Oui, ...
3 Est-ce que tu as <u>de la chance</u> dans ce domaine ? Oui, ...
4 Tu enverras une carte <u>à tes amis</u> ? Oui, ...
5 Peut-on s'attendre à un <u>dénouement rapide</u> ? Oui, ...

B RÉPONDEZ AUX QUESTIONS EN REMPLAÇANT LE GROUPE NOMINAL SOULIGNÉ PAR UN PRONOM PERSONNEL.
1 Est-ce que tu lui as prêté <u>ton portable</u> ? Oui, ...
2 Est-ce que vous leur avez donné <u>votre adresse</u> ? Oui, ...
3 Est-ce qu'ils vous demandent souvent <u>votre aide</u> ? Oui, ...
4 Tu as lu <u>la circulaire</u> <u>à tes élèves</u> ? Oui, ...
5 Vous avez confié <u>vos clés</u> <u>au gardien</u> ? Oui, ...

CORRIGÉ
A 1 Oui, nous le réexpédierons. – 2 Oui, j'en ai bien profité. – 3 Oui, j'en ai dans ce domaine. – 4 Oui, je leur enverrai une carte. – 5 Oui, on peut s'y attendre.
B 1 Oui, je le lui ai prêté. – 2 Oui, nous la leur avons donnée (ou je la leur ai donnée). – 3 Oui, ils nous la demandent souvent (ou ils me la demandent). – 4 Oui, je la leur ai lue. – 5 Oui, nous les lui avons confiées.

GRAMMAIRE

65 Les pronoms démonstratifs

> ▶ Les deux côtés du bâtiment ont été endommagés. **Celui** de gauche est en cours de restauration. Pour **celui-ci**, à droite, **ce** sera beaucoup plus difficile.
>
> **Celui, celui-ci, ce** sont des pronoms démonstratifs.

RECONNAÎTRE LES PRONOMS DÉMONSTRATIFS

Le pronom démonstratif représente :

- l'être ou la chose que l'on montre ;
Dites-moi si vous préférez **celui-ci** ou **celui-là**.

- l'être ou la chose dont on a parlé ;
Les histoires à dormir debout sont **celles** que je préfère.

- l'être ou la chose dont on va parler.
J'aimerais vous dire **ceci** : la saison sera bonne.

TABLEAU DES PRONOMS DÉMONSTRATIFS

Les pronoms démonstratifs varient selon le genre et le nombre des êtres ou des choses qu'ils représentent.

SINGULIER		NEUTRE	PLURIEL	
MASCULIN	FÉMININ		MASCULIN	FÉMININ
celui	celle	ce, c'	ceux	celles
celui-ci	celle-ci	ceci	ceux-ci	celles-ci
celui-là	celle-là	cela (ça)	ceux-là	celles-là

BIEN EMPLOYER LES PRONOMS DÉMONSTRATIFS

Les **formes simples** *(celui, celle, ceux, celles)* sont toujours suivies :

- d'un groupe nominal complément introduit par *de*, *du*, *des* ;
Les plus beaux tableaux sont **ceux** de la jeunesse du peintre. Mais **ceux** de sa vieillesse sont plus intéressants.

- ou d'une proposition relative.
Il n'est pire sourd que **celui** qui ne veut pas entendre.
La java la plus belle, **celle** qui ensorcelle.

- Les **formes composées** s'emploient seules sans groupe nominal ni proposition relative.
  Dans les formules proposées, **celles-là** peuvent vous intéresser.
  Pour les plats, le chef recommande **celui-ci**.

- Les **formes neutres** servent à représenter des non-animés, des groupes à l'infinitif, des propositions.
  Le parapente, tu aimes **ça** ? Partir, **c'**est mourir un peu. Il reviendra bientôt ; mais **ceci** est une autre histoire.
  Ce s'emploie surtout avec le verbe *être* avec lequel il forme le présentatif *c'est*, *ce sont* ou comme antécédent d'un pronom relatif.
  Ce sont les inconvénients du métier. Voilà **ce** que je pense.

> **VALIDATION EXPRESS**
>
> CORRIGEZ LES PHRASES DANS LESQUELLES LE PRONOM DÉMONSTRATIF EST EMPLOYÉ DE FAÇON INCORRECTE.
>
> **1** ⛔ Les lettres sont sur le bureau. Laissez celles déjà affranchies ; prenez celles dans le dossier bleu.
>
> **2** ⛔ Vous aviez deux chiens. Je me souviens bien de celui-là que vous emmeniez avec vous en vacances.
>
> **3** ⛔ Vous mettrez deux pains de côté, s'il vous plaît. Je prendrai celui-là de ma voisine en même temps que le mien.
>
> **CORRIGÉ**
> **1** Laissez celles qui sont déjà affranchies ; prenez celles qui sont dans le dossier bleu.
> **2** Je me souviens bien de celui que vous emmeniez avec vous en vacances.
> **3** Je prendrai celui de ma voisine en même temps que le mien.

66 Les pronoms possessifs

> *Les places sont numérotées.*
> *La **tienne** est au troisième rang ;*
> *la **vôtre** est au cinquième ;*
> *les **leurs** sont au balcon.*
>
> **La tienne, la vôtre, les leurs** sont des pronoms possessifs.

RECONNAÎTRE LES PRONOMS POSSESSIFS

Le pronom possessif permet de désigner un objet en précisant à qui il appartient. Il remplace et reprend un nom précédé d'un déterminant possessif. C'est votre responsabilité ; ce n'est pas notre responsabilité.
→ C'est **la vôtre** ; pas **la nôtre**.

TABLEAU DES PRONOMS POSSESSIFS

Les pronoms possessifs varient :
- selon la personne et le nombre des possesseurs : *le mien, le vôtre, le leur...*
- selon le genre et le nombre des objets possédés (par exemple *le mien* = un seul objet au masculin ; *les miennes* = plusieurs objets au féminin).

		UN SEUL OBJET POSSÉDÉ		PLUSIEURS OBJETS POSSÉDÉS	
		MASCULIN	FÉMININ	MASCULIN	FÉMININ
singulier	1re pers.	le mien	la mienne	les miens	les miennes
	2e pers.	le tien	la tienne	les tiens	les tiennes
	3e pers.	le sien	la sienne	les siens	les siennes
pluriel	1re pers.	le nôtre	la nôtre	les nôtres	
	2e pers.	le vôtre	la vôtre	les vôtres	
	3e pers.	le leur	la leur	les leurs	

VALIDATION EXPRESS

REMPLACEZ LE GROUPE NOMINAL PAR UN PRONOM POSSESSIF.
1 sa petite entreprise – **2** mon amie – **3** mon ami – **4** vos projets – **5** leur collection de timbres – **6** notre avenir – **7** leurs clefs

CORRIGÉ : **1** la sienne – **2** la mienne – **3** le mien – **4** les vôtres – **5** la leur – **6** le nôtre – **7** les leurs

67 Les pronoms indéfinis

▶ Les amateurs se sont **tous** rassemblés.
Certains viennent de loin.
Beaucoup ne verront **rien** du spectacle.
Mais **personne** ne repartira déçu.
Tous, certains, beaucoup, rien, personne sont des pronoms indéfinis.

RECONNAÎTRE LES PRONOMS INDÉFINIS

Les pronoms indéfinis désignent les êtres ou les choses sans préciser leur identité ni leur nombre. Selon le cas, les pronoms indéfinis marquent :
• une quantité non précisée : *plusieurs, certains, beaucoup, la plupart, quelques-uns, les uns, les autres...*
Le malheur **des uns** fait le bonheur **des autres**.

• une quantité nulle : *nul, personne, aucun, rien, pas un.*
Nul n'est censé ignorer la loi.
Ces cinq pronoms accompagnés d'un verbe s'emploient avec la négation *ne*.

• la totalité : *tous, tout, tout le monde, on...*
Tout est bien qui finit bien.

• une quantité unique :
– (pour les personnes) *quelqu'un, chacun, n'importe qui, qui que ce soit, quiconque, tel, on...*
  Chacun se reconnaîtra.
– (pour les objets) *un, quelque chose, n'importe quoi, quoi que ce soit...*
  Avez-vous **quelque chose** à déclarer ?

• une différence : *l'autre, les autres* ; ou une similitude : *le (la) même, les mêmes.*
Vous êtes bien toujours **le même**.

> **À NOTER**
>
> *On* : pronom indéfini ou pronom personnel ?
> • *On* est un pronom indéfini s'il peut être remplacé par un autre pronom indéfini (*quelqu'un* ou *tout le monde*).
> • S'il peut être remplacé par *nous*, il est classé parmi les pronoms personnels.
> Dans les deux cas, *on* est toujours sujet du verbe.

DISTINGUER LES PRONOMS ▶ **Les pronoms indéfinis**

BIEN EMPLOYER LES PRONOMS INDÉFINIS

▶ La plupart des pronoms indéfinis peuvent être suivis d'un complément (aucun de mes amis ; certains de mes amis) ou d'un adjectif épithète introduit par *de* (quelque chose de remarquable).

▶ Le pronom *chacun*, employé avec un pronom sujet de la 1re, 2e ou 3e personne du pluriel, est en général accompagné du déterminant possessif de la personne correspondante.
Nous avons **chacun** nos raisons pour refuser.
Vous avez bien réussi **chacun** à votre manière.
Heureusement, ils avaient **chacun** leur parapluie.

Mais on emploie aussi le possessif de la 3e personne du singulier, en particulier dans *chacun de son côté* ou *chacun à son tour*.

QUELQUES ACCORDS

▶ *Personne*, bien qu'il soit formé sur le nom féminin *une personne*, commande pourtant un accord au masculin singulier.
Personne n'est parfait.

▶ *Quelque chose*, formé du nom féminin *chose*, commande pourtant un accord au masculin singulier.
Quelque chose d'intéressant est arrivé ?

▶ *La plupart*, formé d'un singulier, commande pourtant un accord au pluriel.
La plupart prendront le train.
Mais *tout le monde* commande un accord au singulier.
Il faut que tout le monde le sache.

▶ *Quelqu'un de*... n'a pas de féminin.
Votre assistante est quelqu'un de très compétent.

VALIDATION EXPRESS

COMPLÉTEZ LES PHRASES AVEC : *PERSONNE, TOUT LE MONDE, LA PLUPART, QUELQUE CHOSE*.
1 ... ont choisi de partir en juillet.
2 ... apprécie les congés.
3 La liberté est ... de précieux.
4 ... ne vous contredira.

CORRIGÉ
1 la plupart ont choisi – 2 tout le monde apprécie – 3 quelque chose de précieux – 4 personne ne vous contredira

68 Les pronoms interrogatifs

> *Pour **qui** pensez-vous voter ? **Que** demandez-vous aux candidats ?*
> ***Auquel** accordez-vous le plus de confiance ?*
>
> *Qui, que, auquel* sont des pronoms interrogatifs.

RECONNAÎTRE LES PRONOMS INTERROGATIFS

- Le pronom interrogatif permet de poser une question sur un être ou une chose, dans l'interrogation directe comme dans l'interrogation indirecte. On le rencontre sous plusieurs formes.

- **Les formes simples.** Il en existe trois : *qui, que, quoi*.
  - *Qui* fait référence à une personne ;
  - *Que* et *quoi* s'emploient pour une chose.
  Quoi s'emploie après une préposition.

- Ces pronoms simples se répartissent aussi selon leur fonction dans la phrase.
  Qui est là ? (sujet) **Qui** avez-vous invité ? (COD) **Que** regardez-vous ? (COD)
  À **qui** pensez-vous ? (COI) En **quoi** pouvons-nous vous aider ? (COI)

- **Les formes composées.** Elles varient en genre et en nombre selon ce que les pronoms représentent.

SINGULIER		PLURIEL	
MASCULIN	FÉMININ	MASCULIN	FÉMININ
lequel	laquelle	lesquels	lesquelles
auquel	à laquelle	auxquels	auxquelles
duquel	de laquelle	desquels	desquelles

Lequel des deux préfères-tu ? (COD) **Auquel** penses-tu ? (COI)
Je me demande **par lequel** il faut commencer. (CC)

- **Les formes complexes.** Il s'agit des locutions interrogatives formées avec le verbe *être*. Leur forme varie selon leur référent (être ou chose) mais aussi selon leur fonction.

	PERSONNES	CHOSES
sujet	qui est-ce qui ?	qu'est-ce qui ?
compléments	qui est-ce que ?	qu'est-ce que ?
	à qui est-ce que ?	à quoi est-ce que ?
	de qui est-ce que ?…	de quoi est-ce que ?…

GRAMMAIRE

Distinguer les pronoms ▸ Les pronoms interrogatifs

Qui est-ce qui vient de t'appeler ? (sujet)
Qu'est-ce qui empêche les portes de fermer ? (sujet)
Qu'est-ce que tu chantes ? (COD)
À quoi est-ce que tu penses ? (COI)

> **POUR MIEUX ÉCRIRE**
> Les formes complexes ne s'emploient pas dans l'interrogation indirecte.
> On doit dire :
> Dis-moi **qui** vient de t'appeler, **ce que** tu chantes, **à quoi** tu penses.
> J'aimerais comprendre **ce qui** empêche les portes de fermer.

BIEN EMPLOYER LES PRONOMS INTERROGATIFS

- *Que* ne s'emploie jamais comme sujet. Il faut utiliser à la place la forme *qu'est-ce qui*.
  Qu'est-ce qui vous intéresse dans la vie ?
  Qu'est-ce qui vous choque dans ces paroles ?

- *Lequel, laquelle...* interrogent sur une personne ou une chose déjà nommée ou qui va être nommée.
  Si vous avez une profession, précisez **laquelle**.
  Lequel des deux candidats vous paraît le plus compétent ?

- Les pronoms interrogatifs *qui* et *lequel* peuvent être suivis d'un complément.
  Qui de vous deux est le plus grand ?
  Dites-nous **lesquels** d'entre eux partiront les premiers.

- *Que* devient *ce que* dans l'interrogation indirecte.
  Que devient le projet d'aménagement de la commune ? (interrogation directe) → Expliquez-nous **ce que** devient le projet d'aménagement de la commune. (interrogation indirecte)

> **VALIDATION EXPRESS**
>
> COMPLÉTEZ LES PHRASES PAR LE PRONOM INTERROGATIF À LA FORME COMPOSÉE : *LEQUEL, LESQUELS...*
>
> Vous nous avez présenté quatre photos. ... vous paraissent les meilleures ? S'il fallait en retenir une, ... choisiriez-vous ? S'il fallait n'en garder que deux, ... accepteriez-vous de vous séparer ? ... des deux photos restantes comptez-vous pour obtenir le premier prix ?
>
> **CORRIGÉ** : lesquelles – laquelle – desquelles – sur laquelle

69 Les pronoms relatifs

> ▶ Ne manquez pas les articles **que** vous trouverez au rez-de-chaussée et **qui** sont marqués d'un point rouge. Renseignez-vous sur les remises **dont** vous pouvez bénéficier. Profitez des avantages **auxquels** vous avez droit.
>
> **Que, qui, dont, auxquels** sont des pronoms relatifs.

QU'EST-CE QU'UN PRONOM RELATIF ?

Le pronom relatif joue deux rôles dans la phrase :

- c'est un **pronom**, car il représente un nom ou un pronom placé avant lui, qui est son antécédent ;
Vous pouvez bénéficier de remises exceptionnelles.
→ Les remises **dont** vous pouvez bénéficier sont exceptionnelles.
(*Dont* représente *les remises*, qui est son antécédent.)

- c'est un **mot subordonnant** car il permet de relier deux propositions. La proposition introduite par le pronom devient proposition subordonnée relative.
Renseignez-vous sur les remises. Vous pouvez bénéficier de ces remises.
(deux propositions indépendantes)
→ Renseignez-vous sur les remises **dont** vous pouvez bénéficier.
(une proposition principale et une proposition subordonnée relative)

RECONNAÎTRE LES PRONOMS RELATIFS

Les pronoms relatifs simples : *qui, que, quoi, dont, où.*
Leur forme varie selon leur fonction dans la proposition relative.
Voici quelques exemples.
La maison **qui** lui appartient est en Provence. (sujet)
Les gens **à qui** il loue la maison l'entretiennent bien. (COS)
Le dernier film **que** le réalisateur a tourné est superbe. (COD)
Le champion **que** vous êtes ne doit pas renoncer. (attribut)
Voilà **à quoi** il faut croire. (COI)
Ce sont des faits **dont** il faut vérifier l'exactitude. (complément du nom)
Voici l'espace **où** il faut signer. (complément circonstanciel de lieu)

292 GRAMMAIRE

DISTINGUER LES PRONOMS ▸ Les pronoms relatifs

> **POUR MIEUX ÉCRIRE**
> **Comment accorder le verbe avec les pronoms relatifs ?**
> • Les pronoms relatifs simples prennent le genre et le nombre de leur antécédent. L'accord du verbe dépend donc de cet antécédent.
> Précise bien *les jours* **qui** te *conviendraient*. (*Qui*, sujet du verbe, a pour antécédent *les jours* : accord du verbe au pluriel.)
> Retiens *les dates* **que** je *t'ai proposées*. (*Que*, COD du verbe, a pour antécédent *les dates* : accord du participe passé au féminin pluriel avec ce COD.)
> • Quand l'antécédent est un pronom personnel, l'accord se fait avec la personne de ce pronom.
> C'est *vous* **qui** le *dites*. (*Qui*, sujet du verbe, a pour antécédent *vous*, 2e personne du pluriel : le verbe est à la 2e personne du pluriel.)

● **Les pronoms relatifs composés** : *lequel, lesquels…*
Leur forme varie selon le genre et le nombre de leur antécédent.

SINGULIER		PLURIEL	
MASCULIN	**FÉMININ**	**MASCULIN**	**FÉMININ**
lequel	laquelle	lesquels	lesquelles
auquel	à laquelle	auxquels	auxquelles
duquel	de laquelle	desquels	desquelles

● Ces pronoms sont le plus souvent précédés d'une préposition.
L'assemblée **devant laquelle** il se trouvait l'impressionnait.
Lequel, lesquel(le)s se contractent avec les prépositions *à* et *de*.
Ce sont des problèmes **auxquels** on doit penser.

BIEN EMPLOYER LES PRONOMS RELATIFS

● *Qui*, lorsqu'il est employé après une préposition, ne peut représenter que des personnes.
Voici le responsable **à qui** vous vous adresserez.
Quand l'antécédent désigne un objet ou une notion abstraite, il faut utiliser *auquel, duquel, de (pour, vers, sur, par) laquelle…*
Voici le sujet **auquel** je pense, **sur lequel** je travaille, **par lequel** j'ai commencé.

● *Quoi* est employé lorsque l'antécédent est un pronom indéfini : *cela, rien, quelque chose*.
C'est au moins *quelque chose* **à quoi** on peut se raccrocher.
Dans les autres cas, on emploie *lequel, auquel…*
C'est *un espoir* **auquel** on peut se raccrocher.

- **Ce dont** s'emploie avec les verbes construits avec **de**.
  C'est précisément **ce dont** je parle. (je parle de quelque chose)

- **Ce à quoi** s'emploie avec les verbes construits avec **à**.
  C'est précisément **ce à quoi** je pense. (je pense à quelque chose)

- **Qui, quoi, où** peuvent aussi s'employer sans antécédent.
  Qui vole un œuf vole un bœuf.
  Il n'y a pas de **quoi** être fier.
  Où il passe, l'espoir renaît.

> **À NOTER**
>
> **Qui, que, où, lequel… : pronoms relatifs ou pronoms interrogatifs ?**
> • *Qui, que, où, lequel, laquelle, lesquels, lesquelles* sont des pronoms relatifs si la proposition relative qu'ils introduisent complète l'antécédent comme le ferait un adjectif.
> • *Qui, que, où, lequel, laquelle, lesquels, lesquelles* sont des pronoms interrogatifs s'ils servent à poser une question directe ou indirecte.

VALIDATION EXPRESS

A COMPLÉTEZ LES PHRASES PAR LE PRONOM RELATIF QUI CONVIENT :
QUI, QUE, DONT, À LAQUELLE.

1 C'est une histoire … je pense souvent.
2 Faites-nous connaître les conditions … vous paraissent justes.
3 On a saisi l'ordinateur … il s'était servi.
4 La question … lui pose le journaliste l'embarrasse beaucoup.
5 Vous vous trouvez ici dans une pièce ovale … servait autrefois de bureau.

B DANS QUELLES PHRASES *QUI, QUE, OÙ, LEQUEL, LAQUELLE* SONT-ILS PRONOMS RELATIFS ? DANS QUELLES PHRASES SONT-ILS PRONOMS INTERROGATIFS ?

1 J'appelle mon beau-frère qui doit venir demain.
2 Dites-moi où vous passez vos vacances.
3 Vous connaissez l'endroit où je passe mes vacances ?
4 L'association à laquelle il appartient change de nom.
5 Que deviendra-t-elle dans les prochaines années ?
6 Vous saurez retrouver l'escalier par lequel vous êtes monté ?

CORRIGÉ
A 1 à laquelle – 2 qui – 3 dont – 4 que – 5 qui
B 1 mon beau-frère qui : pronom relatif – 2 dites-moi où : pronom interrogatif – 3 l'endroit où : pronom relatif – 4 l'association à laquelle : pronom relatif – 5 que deviendra-t-elle : pronom interrogatif – 6 l'escalier par lequel : pronom relatif

70 Les adverbes

▶ *Oui, non, pourquoi, trop, vraiment…*
Tous ces mots sont des adverbes. Ils nous sont indispensables pour dialoguer, pour nous exprimer avec cohérence, pour nuancer nos propos.

QU'EST-CE QU'UN ADVERBE ?

- Un adverbe est un mot invariable qui sert à modifier le sens d'un verbe, d'un adjectif, d'un autre adverbe ou d'une phrase.
Il voyage **beaucoup**. Il est **très** occupé. Il est **rarement** là.
Heureusement, il téléphone.

- Les adverbes nous sont nécessaires dans de nombreuses opérations du langage :
  • pour le récit, comme repères de temps et de lieu : *aujourd'hui, longtemps ; loin, ailleurs…*
  • pour l'argumentation, comme liens logiques : *pourtant ; au contraire ; par conséquent…*
  • pour poser une question, comme outils interrogatifs : *où ? quand ?*
  • pour affirmer ou nier ; exprimer la certitude ou le doute : *oui, tout à fait ; non, pas du tout ; certainement ; apparemment ; probablement…*

- Les adverbes formés de plusieurs mots sont appelés locutions adverbiales : *peut-être, à côté, tout à fait, sans doute, bien sûr…*

LES DIFFÉRENTS ADVERBES

On peut classer les adverbes selon leur sens. On distingue plusieurs catégories.

- Les adverbes de **lieu** : *ici, là, devant, derrière, partout, en, y…*
Locutions adverbiales : *en avant, en arrière, quelque part…*

> **À NOTER**
> *Ici* et *y*
> • *Ici* devient *ci* dans *de-ci de-là, par-ci par-là, ci-contre,* ou quand il est joint à un nom ou à un pronom : Cette porte-**ci** ? Oui, celle-**ci**.
> • *Y* ne s'emploie pas devant le futur ni le conditionnel du verbe *aller* (pour éviter y-i) : Mes amis vont à Rome. Moi, je **n'irai** pas.

- Les adverbes de **temps** : *maintenant, jamais, tôt, tard, bientôt, depuis, toujours, aussitôt...*
Locutions adverbiales : *de temps en temps, tout de suite, tout à l'heure, plus tôt, plus tard...*

- Les adverbes de **manière** : *bien, mal, vite, lentement, sûrement, plutôt, ensemble, presque...* et la plupart des adverbes en *-ment* (▸ P. 244).
Locutions adverbiales : *peu à peu, au hasard, à tort et à travers...*

> **À NOTER**
> **Certains adjectifs qualificatifs sont employés comme adverbes de manière.**
> Parler **fort**. Vendre **cher**. S'arrêter **net**.
> On pourrait les remplacer par des adverbes en *-ment* : fortement, chèrement, nettement.

- Les adverbes de **quantité** : *beaucoup, peu, assez, trop, plus, moins, autant, davantage, environ, presque...* ou d'**intensité** : *si, tellement, très, tant, tout...*
Locutions adverbiales : *trop peu, le plus possible, à peine, à peu près, pas du tout, tout à fait...*

> **À NOTER**
> **Plus, très, beaucoup**
> • Il faut distinguer par la prononciation *plus* [plys] qui signifie *davantage* et *plus* [ply] qui signifie *pas* et doit être accompagné de *ne* : J'en veux plus. Il n'y a plus d'espoir.
> • *Très* modifie un adjectif ou un autre adverbe : Il est très doué. Il travaille très bien.
> • *Beaucoup* modifie un verbe : Il travaille beaucoup.

- Les adverbes de **liaison** : *ainsi, cependant, alors, enfin...*
Locutions adverbiales : *en effet, par conséquent, c'est pourquoi...*
Ces adverbes servent à relier des propositions ou des phrases, comme les conjonctions de coordination. C'est pourquoi on les appelle aussi des coordonnants.

- Les adverbes d'**interrogation** : *où, quand, comment, pourquoi, combien.*
Locutions adverbiales : *est-ce-que ? n'est-ce-pas ?*

- Les adverbes d'**opinion** : *oui, non, soit, naturellement, certainement, évidemment...*
Locutions adverbiales : *peut-être, sans doute, en vérité...*

> **À NOTER**
> *Oui* devient *si* en réponse à une question posée sous la forme négative.
> Tu l'as vu ? **Oui**. → Tu ne l'as pas vu ? **Si**.

DISTINGUER LES MOTS INVARIABLES ▸ Les adverbes

● Les adverbes de **négation** : *non, guère, jamais, pas.*
Locutions adverbiales : *ne... pas, ne... plus, jamais, guère, rien...*
Une lettre **non** affranchie. On **ne** sait **jamais**.

> **POUR MIEUX ÉCRIRE**
> **Les adverbes, mots invariables**
> • Les adverbes sont des mots invariables. Ils ne prennent donc pas la marque du pluriel. Il faut être attentif aux adverbes de quantité, et en particulier à *tout*.
> Ils étaient **tout** contents. (parfaitement contents) **(▸ P. 205)**
> • Les adjectifs employés comme adverbes sont eux aussi invariables. On ne les mettra donc pas au pluriel même s'ils se trouvent dans le voisinage d'un pluriel.
> Il connaît des gens **haut** placés. Ses scrupules ne pèsent pas **lourd**. (On reconnaît que le mot est un adverbe si on peut le remplacer par un autre adverbe : *haut placés* = <u>bien</u> placés ; *peser lourd* = peser <u>lourdement</u>.)

> **VALIDATION EXPRESS**
> COMPLÉTEZ LES PHRASES EN CHOISISSANT ENTRE L'ADVERBE INVARIABLE ET L'ADJECTIF (OU LE DÉTERMINANT) AU PLURIEL.
> **1** (clair/claires) Avec des idées ... et des réponses ..., ils y verront plus ... .
> **2** (cher/chers) Acheter toujours les produits les plus ... ; voilà des fantaisies qui coûtent ... .
> **3** (fort/forts) Vous ne frapperez ... qu'avec des arguments ... .
> **4** (creux/creuses) Des paroles ... sonneront toujours ... .
> **5** (tout/tous) Si on ne veut pas cuisiner ... les jours, on achète des plats ... préparés.
>
> **CORRIGÉ**
> **1** des idées claires ; des réponses claires ; ils y verront plus clair – **2** les plus chers ; qui coûtent cher – **3** frapperez fort ; des arguments forts – **4** des paroles creuses ; sonneront toujours creux – **5** tous les jours ; tout préparés

71 Les prépositions

> ▶ Ayez confiance **en** l'avenir. Intégrez-vous **à** une équipe dynamique.
> Le travail **avec** vos collègues vous permettra **de** donner
> le meilleur **de** vous-même **pour** faire avancer vos projets.
> **En, à, avec, de, pour** sont des prépositions.

RECONNAÎTRE LES PRÉPOSITIONS

- Les prépositions sont des mots invariables qui servent à relier des mots dans une phrase en indiquant leur fonction.
  Je parle **à** mon ami ; **de** mon ami ; **avec** mon ami ; **comme** mon ami ; **pour** mon ami…

- Les prépositions peuvent relier :
  - un nom à un nom : un jeu **de** cartes ;
  - un verbe à un nom : jouer **à** la belote ;
  - un verbe à un pronom : jouer **avec** quelqu'un ;
  - un verbe à un verbe : jouer **pour** gagner.

- Les prépositions formées de plusieurs mots sont appelées locutions prépositionnelles : *au-dessus de, à côté de, vis-à-vis de, en comparaison de, par rapport à, grâce à…*

LES FONCTIONS EXPRIMÉES PAR LES PRÉPOSITIONS

- Les principales fonctions indiquées par les prépositions sont :
  - le complément du nom ;
  des économies **d'**énergie ; des larmes **de** crocodile
  - le complément d'objet indirect ;
  Pensez **à** votre avenir. N'oubliez pas **de** descendre.
  - le complément d'agent ;
  Le soliste est acclamé **par** la foule et comblé **d'**éloges.
  - les compléments circonstanciels.
  Appuyez **sur** la touche dièse **pour** réécouter votre message.

- Une même préposition peut servir à exprimer plusieurs fonctions. Par exemple, *de* permet d'introduire un complément du nom, un COI, un complément d'agent, mais aussi un complément circonstanciel de cause (mourir **de** rire), de lieu (partir **de** Roissy)…

DISTINGUER LES MOTS INVARIABLES ▶ Les prépositions

DISTINGUER LES PRÉPOSITIONS ET LES ADVERBES

● Certaines prépositions ont pour équivalent un adverbe de forme différente, facile à distinguer.
Montez **sur** le banc. (préposition) → Montez **dessus**. (adverbe)
Passez **sous** le pont. (préposition) → Passez **dessous**. (adverbe)
Rangez vos affaires **dans** le sac. (préposition) → Rangez-les **dedans**. (adverbe)

● Dans certains cas, la préposition et l'adverbe sont identiques.
Ils ne se distinguent que par leur place dans la phrase.
• Le coureur était **derrière** le maillot jaune. Mettez-vous **devant** moi. Il est parti **depuis** trois ans. (Dans ces phrases, *derrière, devant, depuis* sont des prépositions. Les prépositions sont placées avant le nom ou le pronom.)

• Le coureur était loin **derrière**. Mettez-vous **devant**. On ne l'a pas revu **depuis**. (Dans ces phrases, *derrière, devant, depuis* sont des adverbes. Les adverbes peuvent être utilisés seuls en fin de phrase.)

> **POUR MIEUX ÉCRIRE**
> **Des prépositions en fin de phrase ?**
> Il faut éviter d'employer des prépositions seules en fin de phrase comme s'il s'agissait d'adverbes.
> • Les constructions suivantes sont considérées comme incorrectes :
> ⊖ Je ne cours pas après. C'est fait pour. La mer, on ne peut pas lutter contre. Il faut faire avec.
> • D'autres sont aujourd'hui admises : être pour ; voter contre.

72 Les conjonctions

▶ *Tant qu'ils sont crus, les homards et les langoustes gardent leur couleur. Mais si vous les ébouillantez ou les grillez, ils deviennent rouges.*
Et, mais, ou sont des conjonctions de coordination.
Tant que, si sont des conjonctions de subordination.

QU'EST-CE QU'UNE CONJONCTION ?

Une conjonction est un mot invariable qui relie des mots, des propositions ou des phrases.
- Les conjonctions de coordination sont : *mais, ou, et, donc, or, ni, car.*
- Les conjonctions de subordination sont : *que, quand, comme, si, puisque, quoique...*

Les conjonctions de subordination qui sont formées de plusieurs mots sont appelées locutions conjonctives : *après que, parce que, de sorte que, pour que, bien que, à condition que...*

À QUOI SERVENT LES CONJONCTIONS DE COORDINATION ?

Les conjonctions de coordination servent à relier :
- des mots et des groupes de mots qui ont la même fonction dans la phrase ;

Les rires **et** les larmes. Thé **ou** café. **Ni** toi **ni** moi.

- des propositions de même nature ;

La parole est d'argent **mais** le silence est d'or.

- des phrases.

Je me permets de vous signaler que je n'ai reçu aucune information. **Or**, j'ai déjà versé un acompte.

> **POUR MIEUX ÉCRIRE**
> **Où placer les conjonctions de coordination ?**
> Elles se placent toujours en tête de l'élément qu'elles coordonnent. Seul *donc* a une place variable. Il est préférable d'éviter de le placer en tête de phrase.
> Sa commande ne lui est pas parvenue. Le client demande **donc** qu'on le rembourse.

DISTINGUER LES MOTS INVARIABLES ▸ **Les conjonctions**

À QUOI SERVENT LES CONJONCTIONS DE SUBORDINATION ?

- Les conjonctions de subordination servent à relier deux propositions, l'une devenant subordonnée à l'autre. Puisqu'elle est introduite par une conjonction de subordination, la proposition subordonnée est appelée « proposition subordonnée conjonctive ».
Il n'a pas pris le train ; la gare était fermée.
→ Il n'a pas pris le train **parce que** la gare était fermée.
Il viendra malgré tout ; nous l'espérons.
→ Nous espérons **qu'**il viendra malgré tout.

- La conjonction *que* introduit le plus souvent des propositions subordonnées conjonctives COD.
On peut espérer **que** la situation s'arrangera.
Les voisins prétendent **qu'**ils n'ont rien vu.

- Les autres conjonctions de subordination introduisent des subordonnées conjonctives compléments circonstanciels.
Il faut battre le fer **pendant qu'**il est chaud. (temps)
Si tu veux un conseil, téléphone-moi. (hypothèse)
S'arranger **pour que** tout fonctionne. (but)

> **POUR MIEUX ÉCRIRE**
> **Où placer les conjonctions de subordination ?**
> • Elles se placent toujours en tête de la proposition subordonnée qu'elles introduisent.
> • Lorsque des propositions subordonnées circonstancielles sont coordonnées ou juxtaposées, on peut éviter de répéter la conjonction de subordination en la remplaçant par *que*.
> **Si** vous branchez l'appareil et **que** vous n'entendez aucune tonalité, appelez les services compétents.

73 Les verbes intransitifs et les verbes transitifs

▶ *Le détective **hésite**. Doit-il **suivre** son instinct ou **obéir à** sa raison ?*
Hésiter est ici un verbe intransitif.
Le verbe **suivre** est transitif direct ;
obéir à est transitif indirect.

QU'EST-CE QU'UN VERBE INTRANSITIF ?

Un verbe intransitif est un verbe qui se construit sans complément d'objet.
Le jury **délibère**.
Il arrive que les chiens **éternuent** et **bâillent**.

QU'EST-CE QU'UN VERBE TRANSITIF ?

Un verbe transitif est un verbe qui se construit avec un complément d'objet.

● Le verbe est **transitif direct** s'il se construit avec un **complément d'objet direct** (sans l'intermédiaire d'une préposition).
La réalité **dépasse** la fiction.

● Le verbe est **transitif indirect** s'il se construit avec un **complément d'objet indirect** (par l'intermédiaire d'une préposition).
Parlez-moi d'amour. Nous **comptons** sur vous.

> À NOTER
> • **Des verbes transitifs directs et indirects**
> Certains verbes transitifs ont une construction **directe** avec un nom complément et **indirecte** avec un infinitif complément.
> commencer la lecture / commencer à lire
> apprendre le chant / apprendre à chanter
> promettre son aide / promettre d'aider
>
> • **Des verbes transitifs sans complément d'objet**
> Certains verbes, qui sont pourtant transitifs, peuvent s'employer sans complément d'objet, dans un emploi que l'on appelle **absolu**.
> À vingt ans, le poète cessa d'**écrire**.

CARACTÉRISER UN VERBE ▶ **Les verbes intransitifs et les verbes transitifs**

VALIDATION EXPRESS

A QUELLES SONT LES TROIS PHRASES QUI NE CONTIENNENT PAS DE VERBE TRANSITIF ?
1 Nous avons gagné la coupe d'Europe.
2 Tous les ans, on commémore l'événement.
3 L'équipe voyagera plusieurs semaines.
4 L'expert vérifie les comptes.
5 Le spectacle dure une heure et demie.
6 Voulez-vous participer au safari ?
7 Certains animaux dorment la nuit.

B DANS CHACUNE DE CES PHRASES, LE VERBE SOULIGNÉ EST-IL TRANSITIF DIRECT OU TRANSITIF INDIRECT ?
1 Ils <u>renonceront</u> tôt ou tard à leurs privilèges.
2 Les cerisiers <u>ont manqué</u> de soleil cette année.
3 <u>Choisissez</u> à tout moment votre formule préférée.
4 On <u>veille</u> d'abord à la sécurité des usagers.
5 Vous <u>découvrez</u> à votre gauche le sommet du mont Blanc.

CORRIGÉ

A Phrase 3 : *voyagera* est intransitif ; *plusieurs semaines* est complément circonstanciel de temps. – Phrase 5 : *dure* est intransitif ; *une heure et demie* est complément circonstanciel de temps. – Phrase 7 : *dorment* est intransitif ; *la nuit* est complément circonstanciel de temps.
B 1 renonceront : verbe transitif indirect (*renoncer à...*) – **2** ont manqué : verbe transitif indirect (*manquer de...*) – **3** choisissez : verbe transitif direct (*choisir sa formule*) – **4** veille : verbe transitif indirect (*veiller à...*) – **5** découvrez : verbe transitif direct (*découvrir le sommet*)

74 Les verbes attributifs

▶ Les affaires **sont** les affaires.
L'idée **paraît** simple. Mais on peut aussi la **trouver** complexe.
Car l'inverse **est** également vrai.

Sont, paraît, trouver, est sont des verbes attributifs. Ils introduisent un attribut du sujet ou de l'objet.

RECONNAÎTRE UN VERBE ATTRIBUTIF

Un verbe attributif est un verbe qui relie un attribut à un sujet ou à un complément d'objet direct.

La situation   devient   ridicule.
SUJET   VERBE ATTRIBUTIF   ATTRIBUT

Pour l'attribut du sujet, les verbes attributifs sont :

● les verbes d'état : *être, paraître, sembler, demeurer, rester, devenir...*
Pour réussir, vous devez **rester** calmes.

● les locutions verbales : *avoir l'air, passer pour, apparaître comme...*
Les clients **ont l'air** contents.

● certains verbes au passif : *être nommé, élu, appelé, proclamé... être considéré comme, être traité de, être tenu pour...*
Il **a été élu** maire. Il **sera tenu pour** responsable.

● certains verbes intransitifs : *naître, mourir, tomber...*
Il **est né** chanceux. Il **est tombé** malade.

● certains verbes pronominaux : *se montrer, se révéler...*
Il **s'est montré** très courageux.

Pour l'attribut de l'objet, les verbes atributifs sont :

● les verbes qui expriment une opinion : *croire, dire, considérer, juger, trouver, estimer...*
Je vous **trouve** très beau.

● les verbes qui expriment un choix, une appréciation, une transformation : *élire, nommer, appeler, déclarer, juger, regarder comme, tenir pour, prendre comme, faire, rendre...*
Il **a pris** son ami d'enfance **comme** conseiller.
On l'**a choisi comme** directeur de campagne. Cette nomination l'**a rendu** très populaire.

304 GRAMMAIRE

Caractériser un verbe ▶ Les verbes attributifs

Validation express

A Retrouvez les deux phrases dont le verbe n'introduit pas d'attribut du sujet.

1 Vous avez l'air surpris par votre propre réussite.
2 Leur succès est inattendu mais réconfortant.
3 La petite revue de notre quartier paraît toutes les semaines.
4 Il a été nommé directeur de la chaîne.
5 Les vacanciers restent au même endroit cette année.
6 Votre proposition me paraît raisonnable.

B Dans chaque phrase, utilisez le verbe comme verbe attributif en lui ajoutant un attribut du complément d'objet.

1 On le rend … .
2 Ils les jugent … .
3 On l'a trouvée … .
4 Vous les avez crus … ?

Corrigé

A Phrase 3 : le verbe *paraître* n'est pas ici le verbe attributif synonyme de *sembler* ; il signifie : *être publié*. – Phrase 5 : le verbe *rester* n'a pas d'attribut ; *au même endroit* est complément circonstanciel de lieu (restent où ? au même endroit).
B (suggestions) 1 On le rend responsable. – 2 Ils les jugent très compétent(e)s. – 3 On l'a trouvée géniale. – 4 Vous les avez crus heureux ?

75 Les verbes auxiliaires

▶ *Je **suis** l'aîné. J'**ai** vingt ans.
  Je **suis** né à Limoges où j'**ai** passé
  toute mon enfance.*

Dans les deux premières phrases, *être* et *avoir* sont employés comme verbes.
Dans la phrase suivante, *être* et *avoir* sont employés comme auxiliaires.

L'AUXILIAIRE *AVOIR* ET L'AUXILIAIRE *ÊTRE*

● Les auxiliaires sont des formes verbales qui servent à construire un autre verbe, à certains temps, à certains modes, à certaines voix.
Je nais. → Je **suis né**. (passé composé formé avec l'auxiliaire *être*)
Je passe mon enfance à Limoges. → J'**ai passé** mon enfance à Limoges.
(passé composé formé avec l'auxiliaire *avoir*)

● L'auxiliaire *avoir* sert à former :

• les temps composés des verbes transitifs ;
Le danseur **a choisi** la liberté.

• les temps composés de la plupart des verbes intransitifs.
Les fondations **ont tremblé**.

● L'auxiliaire *être* sert à former :

• la voix passive ;
Les délégués **seront reçus** demain par le directeur.

• les temps composés des verbes pronominaux ;
Le client **s'est trompé** d'adresse.

• les temps composés de quelques verbes intransitifs : *aller, venir, arriver, partir, entrer, naître, mourir, rester*...
Les locataires **étaient** déjà **partis**. Le facteur **est resté** à la porte.

CARACTÉRISER UN VERBE ▸ **Les verbes auxiliaires**

LES SEMI-AUXILIAIRES

Quelques verbes jouent le rôle d'auxiliaires devant un infinitif. Ils perdent leur sens propre pour servir simplement à exprimer une nuance de temps ou de mode.

- Les auxiliaires de temps :

aller   Le spectacle **va** commencer. (futur proche)
venir   Il **vient de** commencer. (passé récent)

- Les auxiliaires de mode :

devoir   Il **doit** être malade. (probabilité)
pouvoir Cela **peut** arriver ! (possibilité)

VALIDATION EXPRESS

RELEVEZ LES PHRASES DANS LESQUELLES LES VERBES *ÊTRE*, *AVOIR*, *VENIR*, *DEVOIR*, *POUVOIR* SONT UTILISÉS COMME AUXILIAIRES.

1 Il ne devrait pas tarder à rentrer.
2 Je dois malheureusement vous quitter.
3 On vient d'apporter un paquet.
4 Tu dois te tromper.
5 Le jeune Polonais est un excellent joueur.
6 Il a depuis longtemps prouvé son talent.
7 Il pouvait faire 35° au moment du premier coup de tonnerre.

Corrigé
Dans les phrases 1, 3, 4, 6 et 7, les verbes *devoir*, *venir*, *avoir* et *pouvoir* sont utilisés comme auxiliaires. Mais dans la phrase 2, le verbe *devoir* a son sens propre (je suis obligé de). Dans la phrase 5, le verbe *être* est suivi d'un attribut : il ne sert pas d'auxiliaire à un autre verbe.

76 Les voix active, passive, pronominale

▶ Les oiseaux **défendent** leur territoire.
La femelle qui couve **est défendue** par le mâle.
Ils **se défendent** contre les prédateurs.

Le verbe *défendre* est employé successivement à la voix active, à la voix passive, à la voix pronominale. Les voix sont des variations du verbe, en plus des temps et des modes.

LA VOIX ACTIVE

- Un verbe est à la voix active lorsque le sujet fait l'action exprimée par le verbe.
L'association **a expédié** cent cinquante invitations.

LA VOIX PASSIVE

- Un verbe est à la voix passive lorsque le sujet subit l'action exprimée par le verbe.
Cent cinquante invitations (sujet) **ont été expédiées** par l'association (complément d'agent).

- Le complément d'agent d'un verbe passif est introduit par la préposition *par* ou *de*.
Les diplômes sont remis **par** le président. La cérémonie sera suivie **d'**un vin d'honneur.

Il arrive que le complément d'agent soit sous-entendu.
Le président de la République est élu au suffrage universel.
(par les électeurs)

- On peut transformer une phrase active en phrase passive **à condition que** le verbe actif admette un COD (qu'il soit transitif direct).
Ce COD devient sujet de la phrase passive. Et le sujet de la phrase active devient complément d'agent de la phrase passive.

Les clients	transporteront	les marchandises.
SUJET	VOIX ACTIVE	COD
Les marchandises	seront transportées	par les clients.
SUJET	VOIX PASSIVE	COMPLÉMENT D'AGENT

CARACTÉRISER UN VERBE ▸ Les voix active, passive, pronominale

POUR MIEUX ÉCRIRE
Quand faut-il éviter la transformation passive ?
Lorsque le sujet du verbe actif est un pronom personnel,
la transformation d'une phrase active en phrase passive est à éviter.
Vous regarderez le film ? ⊖ Le film sera regardé par vous ?

La voix passive se construit toujours avec l'auxiliaire ***être*** et le participe passé du verbe. C'est l'auxiliaire qui indique le temps du verbe.
Une invitation **est** (présent), **était** (imparfait), **sera** (futur), **a été** (passé composé), **avait été** (plus-que-parfait) **expédiée**…

À NOTER
Il ne faut pas confondre la voix passive et les formes composées actives
Il ne faut pas confondre les formes du passif et les formes composées actives d'un verbe qui se conjugue avec l'auxiliaire *être (arriver, devenir, naître, mourir, tomber…).*
L'aveugle **est guidé** par son chien. (présent passif) / Il **est arrivé** par le métro. (passé composé actif)
Toutes les poires **étaient abîmées**. (imparfait passif) / Elles **étaient tombées** depuis une semaine. (plus-que-parfait actif)

LA VOIX PRONOMINALE

Un verbe est à la voix pronominale lorsque le verbe est accompagné d'un pronom personnel réfléchi qui reprend la même personne que le sujet.
Je **me** souviens. Tu **te** prépares. Les amoureux **se** regardent.

À NOTER
Comment conjuguer un verbe pronominal à l'impératif ?
À l'impératif, le verbe pronominal est suivi du pronom personnel renforcé correspondant à la personne du verbe.
s'asseoir → assied<u>s</u>-**toi**, assey<u>ons</u>-**nous**, assey<u>ez</u>-**vous**.

La voix pronominale peut être exprimée par différents types de verbes pronominaux :
- les verbes pronominaux de sens réfléchi ;
Le castor **se lave**. (Le sujet est aussi l'objet direct du verbe. = *il* lave *lui*.)
Le castor **se lave** le museau. (Le sujet est aussi l'objet second du verbe. = *il* lave le museau *à lui*.)
- les verbes pronominaux de sens réciproque ;
Les deux champions **se sont affrontés** sur le court central. (Ils expriment une action que plusieurs sujets exercent l'un sur l'autre.)

- les verbes pronominaux de sens successif ;
Les années **se suivent, s'enchaînent, se succèdent**…
- les verbes pronominaux de sens passif ;
Un roman policier **se lit** facilement. (Ils équivalent à une forme passive : *un roman policier est lu facilement* [par le lecteur].)
- les verbes essentiellement pronominaux.
La rosée du matin **s'évapore** très vite. (Le verbe *s'évaporer* n'existe qu'à la voix pronominale.)

> **VALIDATION EXPRESS**
>
> **A** TRANSFORMEZ LES PHRASES ACTIVES EN PHRASES PASSIVES.
> **1** Deux fois par an, les commerçants soldent les articles en stock.
> **2** Les arguments du vendeur convaincront vite le client.
> **3** Un jury international a récompensé cet excellent film.
> **4** Chaque année, le public plébiscite l'émission.
>
> **B** DANS LES PHRASES SUIVANTES, LE VERBE EST-IL À LA VOIX PASSIVE OU À UN TEMPS COMPOSÉ DE LA VOIX ACTIVE ?
> **1** L'équipe a été renouvelée en début de saison.
> **2** Le club est arrivé largement en tête de la compétition.
> **3** Je suis venue par mes propres moyens.
> **4** Le manchot était équipé d'une balise Argos.
>
> **C** UNE SEULE DE CES CINQ PHRASES NE COMPORTE PAS DE VERBE À LA VOIX PRONOMINALE. LAQUELLE ?
> **1** La dernière fois que nous nous sommes rencontrés, il était blond.
> **2** Tout ira bien ; ne vous inquiétez pas pour moi.
> **3** Le vin blanc se boit frais de préférence.
> **4** Le gardien prend soin du ouistiti : il le lave tous les jours.
> **5** Dans le cortège, plusieurs personnes se sont évanouies.
>
> **CORRIGÉ**
> **A 1** Deux fois par an, les articles en stock sont soldés par les commerçants. – **2** Le client sera vite convaincu par les arguments du vendeur. – **3** Cet excellent film a été récompensé par un jury international. – **4** Chaque année, l'émission est plébiscitée par le public.
> **B 1** a été renouvelée : passé composé passif – **2** est arrivé : passé composé actif – **3** Je suis venue : passé composé actif – **4** était équipé : imparfait passif
> **C** La phrase 4 n'est pas à la voix pronominale : le pronom réfléchi de la 3ᵉ personne est *se* et non pas *le*. Le verbe *laver* est ici à la voix active (le gardien lave le ouistiti). Dans la phrase 2, le verbe est bien à la voix pronominale : il s'agit de la 2ᵉ personne du pluriel de l'impératif du verbe *s'inquiéter*.

GRAMMAIRE

77 Les verbes impersonnels

▶ *Il était un petit navire…*
▶ *Il pleut, bergère…*
▶ *Il existe d'autres chansons enfantines.*

Il était, il pleut, il existe sont des verbes impersonnels ou construits de manière impersonnelle. Ils sont employés à la troisième personne du singulier avec le pronom neutre **il** pour sujet.

LES VERBES TOUJOURS IMPERSONNELS

Certains verbes se construisent toujours avec le pronom neutre *il* pour sujet. Ce sont :
- les verbes désignant des phénomènes météorologiques ;
Il pleut. Il neige. Il vente.
- les verbes *falloir (il faut)*, *s'agir (il s'agit de)* ; la locution verbale *il y a*.

LES VERBES CONSTRUITS IMPERSONNELLEMENT

Certains verbes peuvent être construits impersonnellement. Ce sont :
- des verbes d'état : **Il paraît** normal. **Il est** certain. **Il est** 8 heures.
- des verbes pronominaux : *il se peut, il se passe, il se produit…*
- les verbes : *il arrive, il existe, il convient de, il vaut mieux, il manque…*
- le verbe *faire* construit avec un adjectif ou un groupe nominal.
Il fait chaud. **Il fait** un froid polaire.

> **À NOTER**
> **Sujet grammatical et sujet réel**
> Les verbes construits impersonnellement ont un double sujet :
> – un sujet grammatical *(il)* qui précède le verbe et avec lequel celui-ci s'accorde ;
> – un sujet réel (ou logique) qui suit le verbe.
> *Il* (sujet grammatical) m'est venu plusieurs idées. (sujet logique
> = *Plusieurs idées me sont venues.*)

311

Pour mieux écrire
L'emploi du pronom neutre *il*.
La construction impersonnelle avec *il* permet de remplacer à l'écrit *ça* et *c'*, qui sont familiers.

Ça ne sert à rien de se mettre en colère.
→ **Il** ne sert à rien de se mettre en colère.

C'est bien dommage que tu ne viennes pas.
→ **Il** est bien dommage que tu ne viennes pas.

Validation express

Parmi ces six phrases, deux ne comportent pas de verbes impersonnels. Lesquelles ?

1 Le concert sera annulé, s'il pleut trop.
2 Il arrive que le train prenne du retard.
3 On peut l'attendre vers 20 h, s'il arrive à partir.
4 Il n'est pas toujours possible de se libérer.
5 Il est sûr de lui, dans ce domaine.
6 Il est difficile de prévoir dans ces conditions.

Corrigé
Les phrases 3 et 5 ne comportent pas de verbe impersonnel. Le pronom *il* pourrait être remplacé par un autre pronom personnel à une autre personne : *S'il j'arrive à partir. Nous sommes sûrs de nous dans ce domaine.* Les phrases 1, 2, 4 et 6 comportent toutes un verbe impersonnel ou construit impersonnellement.

78 La valeur des modes

> ▶ *Le trapéziste **tente**
> un numéro difficile.
> Pourvu qu'il le **réussisse** !
> Ce succès lui **donnerait**
> de l'assurance pour la suite.*
>
> Ces trois verbes sont à trois modes différents : indicatif, subjonctif, conditionnel.
> Ils présentent les différentes manières dont on envisage l'action ou l'état exprimés par le verbe.

LES MODES PERSONNELS

- L'**indicatif** indique une action, un état dont la réalisation est tenue pour certaine, même si elle est niée. On l'appelle, pour simplifier, le mode du réel.
  Papa **fait** (**faisait, a fait, fera**…) du chocolat (ou il **n'en fera pas**).

- Le **subjonctif** indique en général une action, un état, envisagés par la pensée, dont la réalité ou la réalisation ne peut pas être affirmée. Il sert à exprimer le souhait, le doute, la supposition, l'attente, la crainte…
  C'est le mode de l'incertain.
  Il faut (je veux, je doute, ce serait bien, j'attends, je crains…) que papa **fasse** du chocolat.

- Le **conditionnel** indique une action, un état, dont la réalité ou la réalisation dépend de certaines conditions. C'est le mode de l'éventuel.
  Avec de meilleurs produits, papa **ferait** un très bon chocolat.

- L'**impératif** indique une action, un état, commandés ou conseillés. Il sert aussi à exprimer la prière, le souhait… On l'appelle pour simplifier le mode de l'ordre (ou de la défense).
  Papa, s'il te plait, **fais** du chocolat !

> **À NOTER**
> **Pourquoi nomme-t-on ces modes « modes personnels » ?**
> On les qualifie ainsi parce qu'il s'agit de modes dans lesquels le verbe, conjugué, varie selon les personnes *(je, tu, il…)*.

LES MODES NON PERSONNELS

- L'**infinitif** permet de nommer une action ou un état comme le ferait un nom.
  Faire du chocolat, c'est le rêve de papa. (= La confection du chocolat...)

- Le **participe** complète le verbe comme le ferait un adjectif ou une proposition relative.
  Papa **faisant** du chocolat, c'est si beau à voir..
  (= papa qui fait du chocolat...)

- Le **gérondif** complète le verbe comme le ferait un adverbe ou un complément circonstanciel.
  En faisant du chocolat, papa amuse Colas mon petit frère.
  (= quand il fait, parce qu'il fait du chocolat...)

> **À NOTER**
> **Pourquoi nomme-t-on ces modes « modes non personnels » ?**
> On les qualifie ainsi parce qu'il s'agit de modes dans lesquels le verbe ne présente pas de variation en personne.
> On dit aussi « modes impersonnels ».

79 L'indicatif

> ▶ Vous **avez accepté** de vous charger du secrétariat de l'association.
> Nous vous en **remercions**, sûrs que vous **effectuerez** bien votre tâche.
>
> Les verbes en gras sont au mode indicatif, conjugués à des temps différents.

RECONNAÎTRE L'INDICATIF

L'indicatif est le mode que l'on emploie pour exprimer des faits, des états dont on veut indiquer la réalité. On peut affirmer, nier ou interroger cette réalité.
Les beaux jours **ont fui**. Les beaux jours ne **durent** pas. Les beaux jours **reviendront**-ils ?

> **À NOTER**
> ***Si* + indicatif**
> Attention ! La conjonction *si*, bien qu'elle exprime l'hypothèse ou la condition et non la réalité, est cependant suivie de l'indicatif.
> Si jeunesse **savait**, si vieillesse **pouvait** !
> Si les visiteurs **s'organisaient**, ils pourraient visiter deux musées.

L'indicatif est le mode qui comporte le plus grand nombre de temps. C'est le seul qui possède des formes spécifiques pour exprimer le futur. Il est donc particulièrement apte à organiser chronologiquement les événements.

LES TEMPS DE L'INDICATIF

La forme des temps de l'indicatif

L'indicatif comporte des temps simples et des temps composés.

• Les **temps simples** sont le présent, l'imparfait, le passé simple, le futur simple. Ils sont formés d'un « simple » mot. La terminaison (appelée « désinence ») indique à quel temps le verbe est employé.
je cherch**e**, je cherch**ais**, je cherch**ai**, je cherch**erai**

• Les **temps composés** sont le passé composé, le plus-que-parfait, le passé antérieur, le futur antérieur.

Ils sont « composés » de l'auxiliaire *être* ou *avoir* conjugué à l'un des temps simples suivi du participe passé du verbe.
j'ai cherché, j'avais cherché, j'eus cherché, j'aurai cherché
il est parti, il était parti, il fut parti, il sera parti

L'organisation des temps

Les temps s'organisent par rapport au moment où l'on parle ; et aussi les uns par rapport aux autres.

- Les **temps simples** situent les faits dans le présent, le passé ou le futur par rapport au moment où l'on parle. Ce sont des temps « absolus ».
- Les **temps composés** sont employés en relation avec d'autres temps. C'est pourquoi on les appelle « temps relatifs ». Ils servent à situer l'action avant celle qui est exprimée par un temps simple. À chaque temps simple correspond un temps composé.

– présent / passé composé : Les touristes japonais repartent satisfaits quand ils **ont visité** le musée Grévin.
– imparfait / plus-que-parfait : Habituellement, les touristes japonais quittaient Paris une fois qu'ils **avaient visité** le musée Grévin.
– passé simple / passé antérieur : Cette année-là, les touristes japonais prolongèrent leur séjour après qu'ils **eurent visité** le musée Grévin.
– futur simple / futur antérieur : Quand ils quitteront Paris, les touristes japonais **auront visité** la plupart des musées, y compris le musée Grévin.

L'aspect : les temps de l'accompli ou de l'inaccompli

- Les temps verbaux permettent d'indiquer que l'on considère une action comme accomplie (achevée) ou inaccomplie (non achevée). C'est leur valeur d'aspect.
- Les **temps simples** de l'indicatif (présent, imparfait, futur) traduisent l'**aspect inaccompli** (ou non achevé) du fait.

– présent : Les touristes japonais **visitent** le musée Grévin. (ils sont en train de le visiter)
– imparfait : À 16 h, les touristes japonais **visitaient** le musée Grévin. (ils étaient en train de le visiter)
– futur simple : À la fin de leur séjour, les touristes japonais **visiteront** le musée Grévin. (ce n'est pas fait)

- Les **temps composés** traduisent l'**aspect accompli** (ou achevé) du fait.

– passé composé : Les touristes japonais **ont visité** le musée Grévin. (c'est fait)
– plus-que-parfait : À 18 h, les touristes japonais **avaient visité** le musée Grévin. (ils avaient terminé leur visite)
– futur antérieur : Ce jour-là, les touristes japonais **auront visité** le musée Grévin. (ce sera fait)

80 Les autres modes personnels : impératif, subjonctif, conditionnel

▶ *Pars donc. Tout le monde veut que tu **partes**.*
*Je **partirais** volontiers si je pouvais.*
Dans chacune de ces phrases, le verbe *partir* est employé à un mode différent : l'impératif, le subjonctif, le conditionnel.

Va-t'en !

L'IMPÉRATIF

Reconnaître l'impératif

• L'impératif est le mode qui sert à exprimer un ordre, une demande, un conseil. Il existe aussi à la forme négative.
Pars vite et **reviens** quand tu peux.
Ne vous **éloignez** pas de vos bagages.

• Un verbe à l'impératif n'a pas de sujet exprimé par un pronom. Il n'existe qu'à trois personnes :
– la 2e personne du singulier : **Rentre** avant midi.
– la 1re et la 2e personnes du pluriel : **Restons** calmes ! **Levez** la main droite et **dites** : « Je le jure. »

• Pour remplacer l'impératif à la 3e personne, on emploie le subjonctif.
Qu'il **reste** chez lui. Qu'il ne **s'éloigne** pas !

• L'impératif passé emprunte ses formes au subjonctif passé, sans *que* et sans le pronom sujet.
Aie terminé avant ce soir. **Soyez rentrés** pour dîner.

Écrire la 2e personne du singulier de l'impératif

• Avec un *s* ou *sans s* ? Pour éviter toute hésitation, il faut savoir que la 2e personne du singulier de l'impératif est la même que la 1re personne du singulier de l'indicatif. Il suffit de penser « je » avant le verbe.
(Je) parle → **Parle** plus fort !
(J')envoie un courriel → **Envoie** vite un courriel.
(Je) finis les petits pois → **Finis** tes petits pois.
(J')ouvre la porte → **Ouvre** la porte !
(Je) fais attention → **Fais** donc attention !

Cette règle vaut pour tous les verbes, sauf :
– les auxiliaires, qui font à l'impératif : *aie*, *sois*.
– le verbe *aller*, qui fait à l'impératif : *va*.

Où placer les pronoms compléments de l'impératif ?

• Les pronoms personnels compléments d'objet d'un verbe à l'impératif se placent après le verbe avec un trait d'union.
Regardez-**le**. Faites-**leur** confiance. Téléphonez-**nous**.

> **À NOTER**
> **L'impératif suivi des pronoms *en* et *y***
> Lorsqu'un impératif terminé par une voyelle est suivi du pronom *en* ou *y*, on ajoute un *s* à la terminaison pour éviter l'hiatus (la rencontre des deux voyelles).
> Va**s**-y. Cueille**s**-en. Garde**s**-en.

• Si l'impératif est à la forme négative, les pronoms se placent avant le verbe.
Ne **le** regardez pas.
Ne **leur** faites pas confiance.
Ne **nous** téléphonez pas.

• Lorsque l'impératif est accompagné de deux compléments, il faut respecter l'ordre suivant :
– à la forme affirmative : Dis-**le**-**moi**. (COD + COS)
– à la forme négative : Ne **me le** dis pas. (COS + COD)

Sauf avec *lui* et *leur* où l'ordre est inversé :
Ne **le lui** dis pas. Ne **le leur** dis pas. (COD + COS)

> **Pour mieux écrire**
> **Remplacer l'impératif par d'autres tournures**
> Pour atténuer son effet trop... impérieux, on remplace souvent le mode impératif par d'autres tournures.
> Asseyez-vous. → Veuillez vous asseoir.
> Avance-toi. → Peux-tu t'avancer ?
> Attendez un instant. → Voudriez-vous attendre un instant ?
> Faites parvenir votre candidature à l'adresse suivante.
> → Vous ferez parvenir votre candidature à l'adresse suivante.
> Éteignez votre téléphone portable.
> → On est prié d'éteindre son téléphone portable.

CARACTÉRISER UN VERBE ▸ impératif, subjonctif, conditionnel

VALIDATION EXPRESS

A Complétez les phrases par les verbes suivants à la 2ᵉ personne du singulier de l'impératif : *hésiter, être, choisir, aller, essayer, avoir*.

1 Si tu as des questions, n'… pas à me téléphoner.
2 Pour une fois … à l'heure au rendez-vous.
3 … la meilleure formule.
4 Ne … pas trop vite dans la descente.
5 Pour la joindre, … son numéro de portable.
6 … confiance en toi ; tout ira bien !

B Remplacez le groupe nominal souligné par le pronom *en* ou *y*.
1 Parle de l'affaire à ton voisin.
2 Prends plusieurs échantillons.
3 Pense au succès que tu connaîtras.
4 Cours vite jusqu'à la barrière.
5 Va au concert à ma place.

CORRIGÉ
A 1 hésite – 2 sois – 3 choisis – 4 va – 5 essaie – 6 aie
B 1 Parles-en à ton voisin. – 2 Prends-en plusieurs. – 3 Penses-y. – 4 Cours-y vite. – 5 Vas-y à ma place.

LE SUBJONCTIF

Reconnaître le subjonctif

● Le subjonctif est presque toujours précédé de la conjonction *que*.
L'assemblée demande **que** vous vous **chargiez** du secrétariat de l'association. Mais encore faut-il **que** vous **soyez** disponible.

● Le **subjonctif présent** a pour terminaisons : *-e* ; *-es* ; *-e* ; *-ions* ; *-iez* ; *-ent*.
– À la 1ʳᵉ personne, tous les verbes se terminent par *-e* (sauf *être*).
 Il faut que j'ai**e** de la patience.
 Tu aimes que je ri**e** de bon cœur.
– À la 3ᵉ personne, tous les verbes se terminent par *-e* (sauf *être* et *avoir*).
 Il faut qu'il envoi**e** un courriel.
 On aimerait qu'il conclu**e** rapidement.
– Aux deux premières personnes du pluriel, tous les verbes se terminent par *-ions* et *-iez*.
 Il faut que nous envoy**ions** un courriel et que vous répond**iez**.

● Le **subjonctif passé** est composé de l'auxiliaire *être* ou *avoir* au subjonctif présent suivi du participe passé du verbe.

Il marque l'antériorité ou l'aspect accompli du verbe.
J'attends qu'il parte. (subjonctif présent) / J'attends qu'il **soit parti**. (subjonctif passé)
Je ne pense pas qu'il reçoive ma lettre avant mardi. (subjonctif présent) / Je ne pense pas qu'il **ait reçu** ma lettre, il me l'aurait dit. (subjonctif passé)

À quoi sert le mode subjonctif ?

• Le subjonctif est le mode qui exprime ce qui est souhaité, voulu, craint, regretté, incertain, mis en doute…

• Le subjonctif s'emploie dans les propositions indépendantes pour exprimer :
– le souhait : Que le meilleur **gagne** !
– l'ordre, à la 3ᵉ personne où l'impératif n'existe pas : Qu'il nous **rejoigne** rapidement.
– l'indignation : Que tu **conduises** ma voiture ! Pas question.

• Le subjonctif s'emploie dans les propositions subordonnées complétives compléments d'objet :
– après les verbes de volonté ou de souhait ;
  je veux, je souhaite, il faut, il convient, il vaut mieux… qu'on les **voie**, que tu te **taises**, que vous **partiez**.
– après les verbes qui expriment un sentiment, une appréciation ;
  je regrette, je me réjouis, j'apprécie, je m'étonne… qu'ils **soient** là, qu'il **fasse** beau, que vous **veniez** si nombreux.

• Le subjonctif s'emploie dans de nombreuses propositions subordonnées circonstancielles, notamment après *jusqu'à ce que*, *avant que*… (temps), *pour que*, *afin que*… (but), *bien que*, *quoique*… (opposition)

> **POUR MIEUX ÉCRIRE**
> **Subjonctif ou indicatif ?**
> On peut employer le subjonctif à la place de l'indicatif pour ajouter une nuance d'incertitude au fait envisagé :
> • après les verbes *croire*, *penser* à la forme négative et interrogative.
> Je pense, je crois que c'est le bon moment pour agir.
> → Je ne pense pas, je ne crois pas que ce **soit** le bon moment pour agir. Croyez-vous, pensez-vous que ce **soit** le bon moment pour agir ?
> • dans les propositions relatives qui expriment :
> – une éventualité : Je cherche un appareil qui **prenne** peu de place et qui ne **soit** pas fragile. (= si un tel appareil existe…)
> – une restriction après un superlatif relatif : Le meilleur film qu'on **ait** jamais **vu** !

Caractériser un verbe ▸ impératif, subjonctif, conditionnel

Validation express

A Complétez par le verbe au subjonctif. Veillez à distinguer son orthographe de celle de l'indicatif.

1 On ne me croit pas. / Je crains bien qu'on ne me … pas.
2 L'architecte revoit ses plans. / Le conseil exige que l'architecte … ses plans.
3 Il conclut l'affaire et s'en va. / Il faut qu'il … l'affaire avant de s'en aller.
4 Vous expédiez des huîtres. / Le restaurant voudrait que vous lui … des huîtres.
5 Le dirigeant fuit ses responsabilités. / La société n'accepte pas qu'il … ses responsabilités.
6 J'ai agi en toute bonne foi dans cette affaire. / On doute que j'… en toute bonne foi.

B *Nous espérons que* + indicatif ou *Nous souhaitons que* + subjonctif ? Complétez par le verbe qui convient.

1 … que vous examinerez favorablement notre demande.
2 … que vous répondiez favorablement à notre demande.
3 … que vous voudrez bien continuer à nous faire confiance.
4 … qu'il vous sera possible de vous libérer ce jour-là.
5 … que rien ne vienne contrarier vos projets.
6 … qu'une réunion se tienne dans les plus brefs délais.

C Remplacez le groupe *devoir* + infinitif par la tournure *il faut que* suivie du verbe conjugué au subjonctif.

1 Vous devez changer de méthode pour être plus efficace. → Il faut que …
2 Il doit impérativement recevoir votre lettre avant son départ. → Il faut qu' …
3 Nous devons prouver notre bonne foi dans cette affaire. → Il faut que …
4 Vous devez boire au moins un demi-litre d'eau après votre entraînement. → Il faut que …

Corrigé

A 1 qu'on ne me croie pas – 2 que l'architecte revoie ses plans – 3 qu'il conclue l'affaire – 4 que vous lui expédiiez des huîtres – 5 qu'il fuie ses responsabilités – 6 que j'aie agi.

B 1 Nous espérons que vous examinerez – 2 Nous souhaitons que vous répondiez – 3 Nous espérons que vous voudrez bien – 4 Nous espérons qu'il vous sera possible – 5 Nous souhaitons que rien ne vienne contrarier – 6 Nous souhaitons qu'une réunion se tienne.

C 1 Il faut que vous changiez de méthode – 2 Il faut qu'il reçoive votre lettre – 3 Il faut que nous prouvions – 4 Il faut que vous buviez.

LE CONDITIONNEL

Reconnaître le conditionnel

- Le **conditionnel présent** se caractérise par ses terminaisons en : *-rais* ; *-rais* ; *-rait* ; *-rions* ; *-riez* ; *-raient* (*-r* du futur + terminaisons de l'imparfait).
Je partir**ais** volontiers en voyage. Vous choisi**riez** quelle destination ?

- Le **conditionnel passé** est composé de l'auxiliaire *être* ou *avoir* au conditionnel présent suivi du participe passé du verbe.
Ensemble, nous **serions partis** au bout du monde.
J'**aurais préféré** partir ailleurs.

Le conditionnel comme mode de l'atténuation

Le conditionnel peut être employé à la place d'autres modes pour nuancer ou atténuer l'expression.

- Le conditionnel remplace l'indicatif :
– pour énoncer un fait probable mais non certain ;
   Une rançon a été versée. / Une rançon **aurait été versée**.
   La seconde phrase est moins affirmative que la première. L'information est donnée avec prudence. On peut aussi souligner la probabilité par *pourrai(en)t* + infinitif.
   Une rançon **pourrait avoir été versée**.
– pour atténuer l'expression d'une demande.
   Je veux savoir combien de temps dure le spectacle. / Je **voudrais** savoir combien de temps dure le spectacle.
   Dans la seconde phrase, l'expression est plus polie. Le conditionnel sous-entend « Si vous voulez bien me renseigner ».

- Les semi-auxiliaires *falloir*, *devoir*, *pouvoir* + **infinitif** remplacent l'impératif pour atténuer l'expression de l'ordre ou du conseil.
Il **faudrait** apporter une chaise supplémentaire. Vous **devriez** arrêter de fumer. **Pourriez-vous** me dire l'heure ?

Le conditionnel dans le système hypothétique

- Le conditionnel est le plus souvent employé en relation avec une subordonnée de condition (ou subordonnée hypothétique ▸ P. 378).

- Lorsque la subordonnée hypothétique introduite par *si* pose une condition à l'indicatif imparfait, le verbe de la principale est au conditionnel présent.
Si j'étais vous, j'**apprendrais** le russe. La condition n'étant pas remplie, le fait ne peut pas se réaliser (c'est l'irréel du présent).

- Lorsque la subordonnée hypothétique introduite par *si* pose une condition à l'indicatif plus-que-parfait, le verbe de la principale est au conditionnel passé.

Caractériser un verbe ▸ impératif, subjonctif, conditionnel

Si nous <u>étions restés</u> deux jours de plus, nous **aurions pu** nous croiser.
La condition posée n'ayant pas été remplie, le fait n'a pas pu se réaliser (c'est l'irréel du passé).

> **Pour mieux écrire**
> **Conditionnel ou futur ?**
> Dans une subordonnée complétive, lorsque le verbe de la principale est au passé, les formes du conditionnel *(-rais, -rais, -rait, -rions, -riez, -raient)* remplacent celles du futur *(-rai, -ras, -ra, -rons, -rez, -ront)*.
> Le candidat sait qu'il réussi**ra**. → Le candidat savait qu'il réussi**rait**.
> Mais dans ce cas, ce n'est pas le conditionnel, en tant que mode, qui est employé ; c'est le futur dans le passé de l'indicatif qui emprunte ses formes au conditionnel.

Validation express

A Mettez les verbes au conditionnel pour rendre les demandes plus polies.
1 Voulez-vous me faire parvenir votre nouveau catalogue ?
2 Nous souhaitons vous compter parmi nos invités.
3 Pouvez-vous m'indiquer la date de la réunion ?
4 Pourrons-nous vous rencontrer dans les prochains jours ?

B Utilisez le conditionnel (ou la tournure *pourrai(en)t* + infinitif) pour transformer les affirmations en informations non confirmées.
1 Le chien du président souffre d'une indigestion.
2 L'ouverture du congrès est retardée d'un mois.
3 La direction rencontre les syndicats pour un match amical.
4 Le joueur a quitté l'équipe sur un coup de tête.

C Mettez le verbe entre parenthèses au mode et au temps qui conviennent. Attention ! *Si* est toujours suivi de l'indicatif.
1 S'ils (prévoir) un tel succès, les danseurs auraient loué une autre salle.
2 Si de nouveaux incidents (se produire), nous serions obligés d'intervenir.
3 Si vous vouliez vous entraîner tous les jours, il (falloir) renoncer à certaines activités.
4 Si personne ne vous avait accompagnée, vous (tenter) l'aventure seule ?

Corrigé
A 1 voudriez-vous – 2 nous souhaiterions – 3 pourriez-vous – 4 pourrions-nous
B 1 souffrirait (pourrait souffrir) d'une indigestion – 2 serait retardée (pourrait être retardée) d'un mois – 3 rencontrerait (pourrait rencontrer) les syndicats – 4 aurait quitté (pourrait avoir quitté) l'équipe
C 1 s'ils avaient prévu – 2 si de nouveaux incidents se produisaient – 3 il faudrait – 4 vous auriez tenté l'aventure

81 Les modes non personnels : infinitif, participe, gérondif

▶ Quel matériel **emporter** pour une randonnée en montagne ? **Prévoyant** des nuits fraîches, vous avez **pensé** aux moufles **en bouclant** votre sac à dos. Bravo !

Emporter est au mode infinitif ; **prévoyant** et **pensé** sont au mode participe (présent et passé) ; **en bouclant** est au mode gérondif. Ces modes sont des modes non personnels (on dit aussi impersonnels).

L'INFINITIF

Reconnaître un verbe à l'infinitif

- Un verbe à l'infinitif ne comporte pas de marques de personnes.
Aimer, boire et chanter.

- Un verbe à l'**infinitif présent** a une terminaison en *-er* (aimer), en *-ir* (finir), en *-oire* (boire) ou en *-re* (prendre).

- Un verbe à l'**infinitif passé** est formé de l'auxiliaire *être* ou *avoir* à l'infinitif suivi du participe passé du verbe.
Être allé en finale et **avoir échoué** si près du but !

> À NOTER
> L'infinitif passé marque l'antériorité ou l'aspect accompli du verbe.
> Lavez-vous les mains après **avoir toussé**, après **avoir éternué**, après vous **être mouché**.

Les valeurs du verbe à l'infinitif

- L'infinitif s'emploie pour exprimer :
– un ordre ou une défense. Il équivaut à un impératif ;
  S'adresser au n° 10. Ne pas **se pencher** au dehors.
– une interrogation ;
  Que **faire** ? Comment **éviter** les encombrements ? (infinitif délibératif)
– une exclamation ;
  Renoncer ! Jamais de la vie !
– une action dans un récit, comme verbe d'une proposition indépendante ou principale. Il est précédé de *de*.
  Et tous les braves gens **de crier** au scandale. (infinitif de narration)

324 GRAMMAIRE

Caractériser un verbe ▸ Infinitif, participe, gérondif

L'infinitif dans la proposition complétive

● Une proposition subordonnée complétive peut comporter un verbe à l'infinitif à condition que ce verbe et celui de la principale se rapportent à la même personne.
Nous avons décidé que nous irions au cinéma.
→ Nous avons décidé d'**aller** au cinéma.

● L'emploi de l'infinitif est **obligatoire** avec les verbes suivis du subjonctif comme *vouloir, désirer, regretter, craindre, douter, éviter, se réjouir, se reprocher*.
Nous regrettons de ne **pouvoir** donner suite à votre appel. (au lieu de :
⊖ Nous regrettons que nous ne puissions donner suite à votre appel.)

● L'emploi de l'infinitif est **facultatif** avec les verbes suivis de l'indicatif comme *penser, espérer, croire, savoir, reconnaître, promettre*.
Nous espérons **partir** le 2 au soir. (= Nous espérons que nous partirons le 2 au soir.)

VALIDATION EXPRESS

TRANSFORMEZ LA PROPOSITION SUBORDONNÉE COMPLÉTIVE EN EMPLOYANT L'INFINITIF PASSÉ.
1 Le témoin déclare / qu'il a entendu des bruits suspects.
2 Le responsable a reconnu / qu'il avait interverti les dossiers.
3 Pourtant, je ne crois pas / que je me sois trompée.
4 Ses parents ne se souvenaient pas / qu'ils l'avaient invité.
5 Vous pensez / que vous aurez terminé avant la fin du mois !

CORRIGÉ
1 Le témoin déclare avoir entendu des bruits suspects. – **2** Le responsable a reconnu avoir interverti les dossiers. – **3** Pourtant, je ne crois pas m'être trompée. – **4** Ses parents ne se souvenaient pas l'avoir invité. – **5** Vous pensez avoir terminé avant la fin du mois !

LE PARTICIPE

Reconnaître un verbe au participe

● Le participe est un mode non personnel du verbe. On distingue le participe présent et le participe passé.
Rentrant de vacances, j'ai eu la surprise de constater que ma chambre avait été **visitée** et que ma collection de Tintin avait **disparu**. (*Rentrant* est un participe présent. *Visitée* et *disparu* sont des participes passés.)

Le participe présent

• Comment le reconnaître ?
– Le participe présent est invariable. Il n'a qu'une seule terminaison en *-ant*.
rêv**ant**, chant**ant**, buv**ant**
– Il peut être suivi d'un complément (COD, COI).
Voyant l'heure, le voyageur courut vers la gare.
– Il peut être accompagné de la négation *ne... pas*.
Les organisateurs, **ne prévoyant pas** la pluie, avaient oublié les tentes.

> **À NOTER**
> **Distinguer participe présent et adjectif verbal**
> Dans la phrase : Les organisateurs prévoyants avaient installé des tentes, *prévoyants* n'est pas un participe présent ; c'est un adjectif verbal qui s'accorde avec le nom.

• Quand l'utiliser ?
– Le participe présent peut remplacer un verbe :
 • précédé d'une conjonction de subordination : **Somnolant** sur ses dossiers, il n'entend pas entrer son collègue. (Parce qu'il somnolait...)
 • précédé du pronom relatif *qui* : Son collègue, **passant** devant son bureau, le trouva **somnolant** sur ses dossiers. (... qui passait..., qui somnolait...)

Le participe passé

• Comment le reconnaître ?
– Le participe passé est variable : il s'accorde dans certains cas.
aim**é**, aim**és**, aim**ée**, aim**ées**
– Les terminaisons du participe passé diffèrent selon le groupe du verbe et même selon les verbes : plac**é**, fin**i**, ass**is**, re**çu**, fai**t**, écri**t**...

• Quand l'utiliser ?
– Le participe passé s'associe à l'auxiliaire *être* ou *avoir* pour construire :
 • les temps composés de la voix active : Le mystérieux client **s'est rendu** à la poste d'où **il a envoyé** un paquet.
 • la voix passive : Le même paquet **est expédié** par ce mystérieux client tous les lundis.

> **À NOTER**
> **La forme composée du participe passé**
> • Elle comporte l'auxiliaire *être* ou *avoir* au participe présent suivi du participe passé du verbe : étant parti, ayant espéré.
> • Elle permet d'exprimer l'antériorité par rapport au participe présent.
> Attendant la venue du peintre, je reste à la maison. → **Ayant attendu** la venue du peintre toute la matinée, je n'ai quitté la maison qu'à midi.

CARACTÉRISER UN VERBE ▶ Infinitif, participe, gérondif

VALIDATION EXPRESS

COMPLÉTEZ LES PHRASES SUIVANTES PAR LE PARTICIPE PRÉSENT OU L'ADJECTIF VERBAL.

provoquant ou provocants ? / intéressant ou intéressants ? / souriant ou souriante ? / encombrant ou encombrants ? changeant ou changeante ?

1 L'entraîneur a prononcé des mots ... à l'encontre du joueur. / L'entraîneur a prononcé des mots ... la stupeur dans l'assistance.
2 Le comité d'entreprise propose des loisirs ... l'ensemble du personnel. / Le comité d'entreprise propose des loisirs ... pour l'ensemble du personnel.
3 La princesse est apparue, ... à la foule en agitant la main. / Malgré ses déboires, la princesse est apparue ... aux yeux de ses proches.
4 Les paquets ... devront être déposés sur les marches. / Les paquets ... la boîte aux lettres, déposez-les, s'il vous plaît, sur les marches.
5 Les peintres impressionnistes captaient la lumière ... de l'Île-de-France. / La lumière du ciel, ... à tout instant, ravissait les peintres impressionnistes.

CORRIGÉ
1 des mots provocants / provoquant la stupeur – 2 intéressant l'ensemble du personnel / des loisirs intéressants – 3 souriant à la foule / est apparue souriante – 4 les paquets encombrants / encombrant la boîte aux lettres – 5 la lumière changeante de l'Île-de-France / changeant à tout instant.

LE GÉRONDIF

▶ **Reconnaître le gérondif**

● Le gérondif est un participe présent précédé de *en*. Il est invariable.
Siffler **en travaillant**. **En passant** par la Lorraine…

● Il peut recevoir un complément ou un attribut.
En arrivant par le train, on découvre toute la baie.
En devenant riche, il s'est fait beaucoup d'amis.

POUR MIEUX ÉCRIRE

Le gérondif doit avoir le même sujet (sous-entendu) que le verbe principal.
La phrase suivante est incorrecte :
⛔ En attendant de vous revoir, recevez mes plus amicales pensées.
Il faut écrire : **En attendant** de vous revoir, je vous adresse mes plus amicales pensées. (La personne qui attend est la même que celle qui adresse ses amicales pensées.)

327

Les fonctions du mode gérondif

• Le gérondif est l'équivalent d'un complément circonstanciel ou d'une proposition circonstancielle qui aurait le même sujet que la proposition principale.

Les spectateurs ont quitté la salle **en pleurant**. (complément de manière)
Attention à la marche **en descendant** du train. (= lorsque vous descendrez du train. → complément de temps)
En limitant leurs déplacements, les automobilistes ont contribué à réduire la pollution. (= parce qu'ils ont limité... → cause)
En remontant la rue principale, vous arriverez à la place. (= si vous remontez... → condition)

> **À NOTER**
> **Le gérondif précédé de *tout***
> Il exprime :
> • l'opposition ;
> **Tout en ayant pris** du retard au départ, le train est arrivé à l'heure.
> (= bien qu'il ait pris du retard...)
> • la simultanéité.
> Efforcez-vous d'allonger les bras **tout en pliant** les genoux.
> (= en même temps que vous pliez les genoux)

82 Les temps simples de l'indicatif : présent, imparfait, passé simple, futur

▶ Vous **connaissez** sûrement cette histoire :
un prince qui **vivait** sur une autre planète
tomba amoureux d'une fleur ; après plusieurs
aventures, il **rencontrera** un aviateur.
Connaissez est au présent,
vivait à l'imparfait, **tomba** au passé simple
et **rencontrera** au futur de l'indicatif.

LE PRÉSENT DE L'INDICATIF

On le **sait** aujourd'hui : la Terre **tourne** autour du Soleil.

- Les terminaisons du présent sont : *-e* (ou *-s*) ; *-s* ; *-e* (ou *-t* ou *-d*) ; *-ons* ; *-ez* ; *-ent*.

- Le présent de l'indicatif est le temps qui correspond au moment où l'on parle (présent d'actualité).
J'**entends** du bruit. Le film **commence**. Je t'**appelle** ; je **suis** dans le bus.

- Au-delà de sa coïncidence avec l'instant « présent », un verbe au présent de l'indicatif peut exprimer aussi :
  • une durée qui s'étend depuis un repère passé jusqu'au moment où l'on parle ;
  La troupe de danseurs **se produit** depuis plus de dix ans.
  • un futur envisagé comme plus ou moins proche ;
  Je vous **rejoins** dans un quart d'heure. Il **part** à la retraite l'an prochain.
  • un passé récent ;
  Vous l'avez manqué : il **sort** d'ici.
  • une éventualité proche.
  Méfie-toi. Si tu continues à te balancer, tu **tombes** !

- Il existe d'autres valeurs du présent :
  • le présent de narration qui permet de rendre « présent » un fait, dans un récit au passé ;
  Tout était calme ; la nuit tombait. Le voleur **entre**, **prend** les bijoux et **sort** par la porte-fenêtre.

329

- le présent historique ;
Le 21 juillet 1969, l'astronaute Neil Armstrong **pose** le premier le pied sur le sol lunaire.
- le présent des résumés d'œuvres artistiques, des indications scéniques ;
La pièce raconte comment Harpagon **tyrannise** sa famille par son avarice. Arlequin **se glisse** derrière le paravent.
- le présent d'habitude (ou de répétition) ;
Tous les ans, on **passe** à l'heure d'été.
- le présent de vérité générale (ou présent permanent).
Le Nil **traverse** l'Égypte.

> **À NOTER**
> Employé dans une proposition subordonnée, le présent de vérité générale, ou présent permanent, n'est pas soumis à la « concordance des temps » (▶ P. 337) . Il **reste** « présent ».
> Tous les écoliers savent que le Nil traverse l'Égypte.
> → En sixième, je savais déjà que le Nil **traverse** l'Égypte.

VALIDATION EXPRESS

DANS CHACUN DE CES GROUPES DE PHRASES, L'UN DES DEUX VERBES DOIT ÊTRE EMPLOYÉ AU PRÉSENT. LEQUEL ?
1 Les Anciens ignoraient que la Terre (tourner) autour du Soleil.
  Les Anciens pensaient que le Soleil (tourner) autour de la Terre.
2 L'entreprise de transport (exister) depuis plus de vingt ans.
  L'entreprise de transport (exister) pendant plus de vingt ans.
3 J'ai toujours cru que « parmi » (prendre) un « s ».
  J'ai toujours su que « parmi » ne (prendre) pas de « s ».

CORRIGÉ
1 Les Anciens ignoraient que la Terre tourne autour du Soleil. (Les Anciens pensaient que le Soleil tournait autour de la Terre.) – 2 L'entreprise de transport existe depuis plus de vingt ans. (L'entreprise de transport a existé pendant plus de vingt ans.) – 3 (J'ai toujours cru que « parmi » prenait un « s ».) J'ai toujours su que « parmi » ne prend pas de « s ».

L'IMPARFAIT DE L'INDICATIF

Les Celtes **occupaient** un vaste territoire de l'Atlantique aux Carpates.
Ils **cultivaient** la terre et **confectionnaient** de remarquables objets.

- Les terminaisons de l'imparfait sont : -ais ; -ais ; -ait ; -ions ; -iez ; -aient.

Caractériser un verbe ▸ Les temps simples de l'indicatif

L'imparfait de l'indicatif exprime :
- un fait ou un état passé perçu comme continu, sans limite de durée ;
La famille **vivait** tranquillement. Le voisinage l'**appréciait**.
- une action de second plan sur laquelle vient se détacher une action de premier plan rapportée au passé composé ou au passé simple.
Il **allait** chez le dentiste lorsque je l'ai rencontré.
Le président **parlait** quand la tribune se mit à vaciller.

> **À noter**
> **L'imparfait descriptif dans le récit**
> Dans un récit au passé, l'imparfait descriptif permet d'évoquer le décor et les personnages. Il forme ainsi l'arrière-plan du récit dont les événements sont rapportés au passé simple ou au passé composé.
> L'orage **grondait**. Les nuages **obscurcissaient** le ciel.
> Un homme parut. Il **portait** un chapeau à larges bords.

L'imparfait sert aussi à exprimer :
- une action qui s'est répétée dans le passé (imparfait d'habitude) ;
À cette époque, on **distribuait** le courrier trois fois par jour.
- un événement présenté comme exceptionnel dans un récit au passé (imparfait de narration) ;
Le 6 juin 1944, les Alliés **débarquaient** sur les côtes de Normandie.
- une action qui aurait pu se réaliser.
Un peu plus, le train **partait** sans nous !

> **Pour mieux écrire**
> **Par politesse, on emploie l'imparfait pour atténuer une affirmation ou une demande.**
> Je **voulais** vous dire que je ne serai pas libre demain.
> Je me **demandais** si vous aviez réfléchi à ma proposition.

LE PASSÉ SIMPLE DE L'INDICATIF

L'écrivain inventif **acheva** le conte par ces mots : « Ils **se marièrent** et **eurent** beaucoup d'enfants. »

Les terminaisons du passé simple sont :
- *-ai ; -as ; -a ; -âmes ; -âtes ; -èrent*
- *-is ; -is ; -it ; -îmes ; -îtes ; -irent*
- *-us ; -us ; -ut ; -ûmes ; -ûtes ; -urent*
- *-ins ; -ins ; -int ; -înmes ; -întes ; -inrent*

🔴 Le passé simple est le temps du récit littéraire au passé.
Au mois d'août, la famille **arriva** dans le quartier. Les voisins la **virent** s'installer avec plaisir.
L'emploi de ce temps est rare aujourd'hui. Seule la troisième personne est encore utilisée à l'écrit. Les autres personnes sont de plus en plus souvent remplacées par le passé composé (▶ P. 334).
La famille est arrivée ; les voisins l'ont vu s'installer.

🔴 Le passé simple, dans le récit, indique un fait passé dont la durée a un début et une fin.
Les premiers clients **envahirent** le magasin dès l'ouverture.
Grâce à cet aspect « borné » dans le temps, le passé simple est employé pour détacher un événement sur un arrière-plan exprimé à l'imparfait.
La foule attendait sur le quai. Le métro **arriva**. Il était bondé.
Les voyageurs dépités **attendirent** le suivant.

> **À NOTER**
> **La « durée » exprimée par le passé simple**
> • L'aspect « borné », « limité », « ponctuel » d'une action exprimée au passé simple n'implique pas que cette action soit courte.
> La Grande Guerre **dura** quatre ans.
> Le silence s'**éternisa**.
> • L'aspect « borné » signifie que l'action est envisagée dans les limites d'une certaine durée, et qu'on la présente comme totalement coupée du moment où l'on parle (le moment de l'énonciation).

VALIDATION EXPRESS

CHAQUE PHRASE DOIT COMPORTER UN PASSÉ SIMPLE ET UN IMPARFAIT. EMPLOYEZ CES DEUX TEMPS LÀ OÙ ILS CONVIENNENT.

1 Le président de la République (être) en vacances quand l'événement (se produire).
2 Quand le gagnant du tournoi (pouvoir) enfin s'exprimer, il (avoir) les larmes aux yeux.
3 Alors que nous (sortir) de l'immeuble, une trottinette (s'arrêter) devant nous.
4 Il (courir) devant parce qu'il (vouloir) être le premier.
5 L'inconnu (se diriger) vers le kiosque à journaux qui (se trouver) de l'autre côté de la rue.

CORRIGÉ
1 Le président de la République était en vacances quand l'événement se produisit. – **2** Quand le gagnant du tournoi put enfin s'exprimer, il avait les larmes aux yeux. – **3** Alors que nous sortions de l'immeuble, une trottinette s'arrêta devant nous. – **4** Il courut devant parce qu'il voulait être le premier. – **5** L'inconnu se dirigea vers le kiosque à journaux qui se trouvait de l'autre côté de la rue.

CARACTÉRISER UN VERBE ▸ Les temps simples de l'indicatif

LE FUTUR DE L'INDICATIF

Un jour, mon prince **viendra**. J'**attendrai** le jour et la nuit.
Qui **vivra verra** !

● Les terminaisons du futur sont : *-rai* ; *-ras* ; *-ra* ; *-rons* ; *-rez* ; *-ront*.

● Le futur simple exprime un fait qui aura lieu dans l'avenir par rapport au moment où l'on parle (le moment de l'énonciation).
Quand tu **seras** grand, on **verra**. Il **arrivera** par le train de 8 heures 50.

> **À NOTER**
> *aller* + infinitif ; *être sur le point de* + infinitif
> Les périphrases verbales *aller* + infinitif et *être sur le point de* + infinitif sont couramment utilisées pour exprimer un futur imminent.
> Le concert **va commencer** dans un quart d'heure. Les musiciens **sont sur le point de** se séparer.

● Le futur simple peut aussi s'employer :
• à la place de l'impératif pour exprimer l'ordre ;
Vous vous **présenterez** au guichet n° 3.

• à la place du présent pour atténuer une affirmation.
Je vous **avouerai** que cette nouvelle m'étonne.

> **POUR MIEUX ÉCRIRE**
> **Le futur dans le passé**
> • Le futur dans le passé emprunte ses formes au conditionnel. Il est utilisé pour une action que l'on situe dans le futur par rapport à une action qui est exprimée au passé.
> Les vacanciers nous ont prévenus qu'ils **arriveraient** en début d'après-midi.
> • Son emploi est imposé par la concordance des temps (▸ P. 337).
> Le client espère (présent) qu'on viendra (futur) le chercher.
> Le client espérait (imparfait) qu'on viendrait (futur dans le passé) le chercher.

83 Les temps composés de l'indicatif

▶ « *Je suis venu, j'ai vu, j'ai vaincu.* »
Ainsi Jules César, qui n'**avait combattu**
que cinq jours, informa Rome après
qu'il **eut remporté** la victoire.
Plus tard, les écoliers, qui **auront oublié**
tout le reste, se souviendront de ces paroles.

Les verbes en gras sont aux temps composés de l'indicatif :
passé composé, plus-que-parfait, passé antérieur, futur antérieur.

LE PASSÉ COMPOSÉ

- Le passé composé se construit avec l'auxiliaire *être* ou *avoir* conjugué au présent, suivi du participe passé du verbe.
  Ils **sont venus** l'écouter. Elle **a chanté** tout l'été.

- Quelques verbes utilisent aussi bien *être* qu'*avoir* : *être* s'ils sont intransitifs (sans complément d'objet) ; *avoir* s'ils sont transitifs (avec un complément d'objet).
  Ils **sont montés**. / Ils **ont monté** les marches.
  On **est sorti**. / On **a sorti** les géraniums.

- Le passé composé exprime l'antériorité par rapport au présent.
  Mon père sait encore par cœur les poèmes qu'il **a appris** au collège.

- Le passé composé a la valeur d'un présent accompli, c'est-à-dire qu'il indique une action achevée au moment où l'on parle.
  On peut comparer :
  Le train arrive. / Le train **est arrivé**.
  Écoute ! Mon colocataire descend la poubelle. / Écoute ! Mon colocataire **a descendu** la poubelle. Il remonte.

- Le passé composé est aujourd'hui employé couramment à l'oral et à l'écrit. Il remplace de plus en plus le passé simple dans le récit.
  À 6 heures, le gardien du refuge **a réveillé** les campeurs. Une heure plus tard, le groupe **s'est mis** en route.

Caractériser un verbe ▶ Les temps composés de l'indicatif

VALIDATION EXPRESS

COMPLÉTEZ LES PHRASES PAR UN VERBE AU PASSÉ COMPOSÉ. EXEMPLE :
ILS NE SORTIRONT PAS AUJOURD'HUI PUISQU'ILS SONT DÉJÀ SORTIS.
1 Ils ne recevront pas le catalogue puisqu'ils …
2 Je ne signerai pas puisque …
3 Il n'écrira pas au Père Noël puisqu'il …
4 Vous n'irez pas chercher votre costume puisque …
5 Il ne paiera pas ses impôts puisqu'il …
6 Nous ne visiterons pas l'exposition puisque …

CORRIGÉ
1 Ils ne recevront pas le catalogue puisqu'ils l'ont déjà reçu. – 2 Je ne signerai pas puisque j'ai déjà signé. – 3 Il n'écrira pas au Père Noël puisqu'il lui a déjà écrit. – 4 Vous n'irez pas chercher votre costume puisque vous êtes déjà allé le chercher. – 5 Il ne paiera pas ses impôts puisqu'il les a déjà payés. – 6 Nous ne visiterons pas l'exposition puisque nous l'avons déjà visitée.

LE PLUS-QUE-PARFAIT

▸ Le plus-que-parfait se construit avec l'auxiliaire *être* ou *avoir* conjugué à l'imparfait, suivi du participe passé du verbe.
Les mimosas **avaient gelé** cette année-là.

▸ Le plus-que-parfait exprime une action achevée, antérieure à un moment du passé.
À dix-sept ans, son grand-père **avait** déjà **remporté** tous les concours.

▸ Il est employé dans les propositions subordonnées pour indiquer qu'un fait a eu lieu avant celui que le verbe de la proposition principale exprime au passé composé (plus rarement au passé simple).
Hier, nous avons rencontré des amis que nous **n'avions pas vus** depuis dix ans.
Ses amis **avaient** déjà **embarqué** quand il arriva sur le quai.

▸ Quand le verbe de la proposition principale est à l'imparfait, le plus-que-parfait s'impose dans la subordonnée.
Je me souviens : quand l'élève **avait terminé** son devoir, il devait retourner sa copie sur la table.

POUR MIEUX ÉCRIRE
Le plus-que-parfait dans le discours indirect
Dans le discours indirect, si le verbe introducteur est au passé, le plus-que-parfait remplace le passé composé dans la subordonnée.
Le témoin a dit : « Je n'ai rien vu. » → Le témoin a dit qu'il n'**avait** rien **vu**.

LE PASSÉ ANTÉRIEUR

- Le passé antérieur se construit avec l'auxiliaire *être* ou *avoir* conjugué au passé simple, suivi du participe passé du verbe.
Quand il **fut parti**… Dès qu'il **eut réfléchi**…

- Le passé antérieur indique une action achevée, immédiatement antérieure à une action passée exprimée au passé simple.
Lorsqu'elle **eut signé** sa déposition, la victime s'effondra.

- Il est employé dans les propositions subordonnées circonstancielles de temps lorsque le verbe de la proposition principale est au passé simple. Il est introduit par les conjonctions qui marquent l'antériorité : *après que, quand, lorsque, dès que, à peine… que…* (après *à peine*, on pratique l'inversion du sujet).
Quand il **eut terminé** son discours d'inauguration, le président se dirigea vers sa voiture. À peine le chauffeur **eut-il démarré**…

> **POUR MIEUX ÉCRIRE**
> **La 3e personne du singulier ne prend pas d'accent.**
> Le passé antérieur ne prend pas d'accent sur l'auxiliaire à la 3e personne du singulier.
> Lorsqu'il **eut** parcouru 100 km, il s'arrêta. Dès qu'il **fut** descendu de voiture, il fit quelques pas.

LE FUTUR ANTÉRIEUR

- Le futur antérieur se construit avec l'auxiliaire *être* ou *avoir* conjugué au futur, suivi du participe passé du verbe.
Ne vous inquiétez pas, je **serai rentré**. Vous **aurez terminé** ?

- Le futur antérieur indique une action achevée, antérieure à un moment du futur.
J'**aurai terminé** avant midi.

- Il est employé dans une proposition subordonnée ou une proposition principale pour exprimer un fait qui aura lieu avant celui qui est exprimé par le futur simple.
Nous commencerons les travaux dès que nous **aurons reçu** l'acompte.
Il **sera parti** quand vous rentrerez de la piscine.

- On emploie aussi le futur antérieur à la place du passé composé pour ajouter une idée de probabilité.
Ne vous inquiétez pas. Ils **auront été retardés**. (= ils ont sans doute été retardés)

84 La concordance des temps

▶ On <u>annonce</u> que le soleil **brillera** au sud de la Loire et que des pluies **sont** attendues au nord. Pourtant, hier, on <u>annonçait</u> que le soleil **brillerait** au nord et que les pluies **étaient** attendues au sud.

Les verbes soulignés et ceux qui sont en gras suivent la règle de la concordance des temps.

QU'APPELLE-T-ON CONCORDANCE DES TEMPS ?

La concordance des temps désigne les règles qui régissent les relations entre le temps du verbe d'une proposition subordonnée et le temps du verbe d'une proposition principale. Lorsque le temps change dans la principale, il doit aussi changer dans la subordonnée.
On <u>prétend</u> que le voisin **possède** un trésor.
→ On <u>prétendait</u> que le voisin **possédait** un trésor.

LA CONCORDANCE DANS LES SUBORDONNÉES À L'INDICATIF

Lorsque le temps du verbe de la principale est le **présent**, le temps du verbe de la subordonnée peut être : le présent (On me dit qu'il **vient**) ; le futur (On me dit qu'il **viendra**) ; le passé composé (On me dit qu'il **est venu**).

Mais lorsque le temps du verbe de la principale est un temps du **passé**, le temps du verbe de la subordonnée doit obligatoirement changer :
● le présent devient l'imparfait : On m'a dit qu'il **venait**.
● le futur devient le futur dans le passé (▶ P. 333) : On m'a dit qu'il **viendrait**.
● le passé composé devient le plus-que-parfait : On m'a dit qu'il **était venu**.

La concordance des temps s'applique aux propositions subordonnées complétives et aux propositions subordonnées interrogatives indirectes. Elle est donc particulièrement mise en pratique dans le passage du discours direct au discours indirect, lorsque le verbe introducteur est au passé.
Il me dit : « Je viens, je viendrai, je suis venu. » / Il me dit qu'il vient, qu'il viendra, qu'il est venu.
→ Il m'<u>a dit</u> qu'il **venait**, qu'il **viendrait**, qu'il **était venu**.

337

LA CONCORDANCE DANS LES SUBORDONNÉES AU SUBJONCTIF

→ Lorsque le temps du verbe de la principale est le **présent** ou le **futur**, le temps du verbe de la subordonnée est le subjonctif présent.
Les experts craignent que la pollution ne **gagne** du terrain. Ils agiront pour que le phénomène ne s'**étende** pas.

→ Mais lorsque le verbe de la principale est à un temps du **passé**, le temps de la subordonnée devient le subjonctif imparfait.
Les experts craignaient que la pollution ne **gagnât** du terrain.
Ils voulurent alors empêcher qu'elle ne s'**étendît**.
Cependant, le subjonctif imparfait est de moins en moins employé ; il est remplacé dans l'usage par le subjonctif présent (gagne ; s'étende).

> **Pour mieux écrire**
>
> **Comment rendre l'aspect « accompli », « achevé » de l'action ?**
> Si l'on veut rendre cet aspect, on emploie :
> • le subjonctif passé si la principale est au présent ou au futur ;
> Les experts craignent que la pollution n'**ait atteint** le point de non-retour. Ils agiront avant qu'elle n'**ait atteint** ce point.
> • le subjonctif plus-que-parfait si la principale est au passé.
> Les experts craignaient que la pollution n'**eût atteint** le point de non-retour.
> Mais le subjonctif plus-que-parfait est de moins en moins employé ; il est remplacé par le subjonctif passé (ait atteint).

Validation express

A Mettez le verbe principal au temps indiqué et modifiez le verbe de la subordonnée comme le veut la concordance des temps.

1 (imparfait) Je pense que vous connaissez le règlement.

2 (passé composé) Le guide vérifie que nous avons bien attaché nos crampons.

3 (plus-que-parfait) Météo France annonce que le temps se couvrira en fin de journée.

4 (imparfait) Je ne sais pas si vous viendrez seul ou accompagné de vos enfants.

5 (passé composé) Les experts estiment que le fabricant de meubles est responsable.

6 (plus-que-parfait) La direction prévient les clients que l'hôtel fermera de mars à juillet.

Caractériser un verbe ▶ La concordance des temps

B METTEZ LA PROPOSITION PRINCIPALE AU PASSÉ COMPOSÉ ET MODIFIEZ COMME IL CONVIENT LA SUITE DE LA PHRASE.

<u>On me fait savoir</u> que le rendez-vous est annulé, que les participants ont pris d'autres engagements et qu'une nouvelle date sera fixée ultérieurement.

C TRANSPOSEZ LES PHRASES SUIVANTES DU DISCOURS DIRECT AU DISCOURS INDIRECT. METTEZ AU TEMPS QUI CONVIENT LE VERBE DE LA SUBORDONNÉE.

1 Le témoin a affirmé : « Je n'ai rien vu. »

2 L'assistante a demandé au client : « Viendrez-vous en voiture ou par le train ? »

3 Le ministre a dit : « Je n'ai jamais tenu de tels propos. »

4 L'athlète a confié aux journalistes : « Je me sens capable de tout remporter ! »

5 L'actrice l'a confirmé : « Je n'ai jamais su jouer la comédie. »

CORRIGÉ

A 1 Je pensais que vous connaissiez le règlement. – **2** Le guide a vérifié que nous avions bien attaché nos crampons. – **3** Météo France avait annoncé que le temps se couvrirait en fin de journée. – **4** Je ne savais pas si vous viendriez seul ou accompagné de vos enfants. – **5** Les experts ont estimé que le fabricant de meubles était responsable. – **6** La direction avait prévenu les clients que l'hôtel fermerait de mars à juillet.

B On m'a fait savoir que le rendez-vous était annulé, que les participants avaient pris d'autres engagements et qu'une nouvelle date serait fixée ultérieurement.

C 1 Le témoin a affirmé qu'il n'avait rien vu. – **2** L'assistante a demandé au client s'il viendrait en voiture ou par le train. – **3** Le ministre a dit qu'il n'avait jamais tenu de tels propos. – **4** L'athlète a confié aux journalistes qu'il se sentait capable de tout remporter. – **5** L'actrice a confirmé qu'elle n'avait jamais su jouer la comédie.

85 Qu'est-ce qu'une fonction ?

▶ *Les voyages* forment *la jeunesse.*
Le groupe *les voyages* est sujet du verbe *former*. Le groupe *la jeunesse* est complément d'objet direct (COD) du verbe *former*.
C'est leur fonction dans la phrase.

RECONNAÎTRE LA FONCTION D'UN MOT

La fonction d'un mot ou d'un groupe de mots est le rôle que joue celui-ci dans la phrase.
Les députés interpellent le président. Dans cette phrase, *les députés* est **sujet** du verbe ; *le président* est **COD** du verbe.
Le président interpelle les députés. Dans cette phrase, *le président* est **sujet** du verbe ; *les députés* est **COD** du verbe.

LES DIFFÉRENTES FONCTIONS

Les différentes fonctions par rapport à un verbe sont les suivantes :
- sujet : L'**exception** confirme la règle.
- attribut du sujet : Les grandes douleurs sont **muettes**.
- attribut du COD : Appeler un chat **un chat**.
- complément d'objet direct (COD) : Tourner **la page**.
- complément d'objet indirect (COI) : Croire **au Père Noël**.
- complément d'objet second (COS) : Donner sa langue **au chat**.
- complément circonstanciel. Par exemple, compléments circonstanciels :
  – de lieu : La vérité sort **de la bouche des enfants**.
  – de comparaison : Se ressembler **comme deux gouttes d'eau**.
  – de cause : Pleurer **de bonheur**.
- complément d'agent : Être rattrapé **par son passé**.

Les différentes fonctions par rapport à un nom sont les suivantes :
- complément du nom : La surprise **du chef**.
- épithète : Un **petit** prince.
- apposition : Hamlet, **prince de Danemark**.

340 GRAMMAIRE

RECONNAÎTRE LES FONCTIONS ▶ Qu'est-ce qu'une fonction ?

DISTINGUER LA NATURE ET LA FONCTION D'UN MOT

La **nature** d'un mot est la classe grammaticale à laquelle il appartient. (Les dictionnaires indiquent cette nature entre parenthèses après le mot.)
arbre est un nom ; chacun est un pronom ; joli est un adjectif ; apprendre est un verbe…
C'est leur nature. Elle ne change pas.

La **fonction** d'un mot est le rôle que ce mot remplit dans la phrase.

● Des fonctions différentes peuvent être remplies par des mots de même nature.
J'aime la nature. La mer surtout me fascine. *La nature, la mer* sont tous les deux des noms mais l'un est COD, l'autre est sujet. *J'* et *me* sont tous les deux des pronoms mais *j'* est sujet, *me* est COD.

● À l'inverse, une même fonction peut être remplie par des mots de natures différentes.
Le marin s'embarque avec courage. Le marin s'embarque courageusement.
Avec courage est un groupe nominal ; *courageusement* est un adverbe.
Mais ils ont tous les deux la même fonction dans la phrase : complément circonstanciel de manière.

VALIDATION EXPRESS

PARMI LES PHRASES SUIVANTES, LAQUELLE CONTIENT : UN INFINITIF SUJET ; UN GROUPE NOMINAL COD ; UN PRONOM COD ; UN ADJECTIF ATTRIBUT ; UNE PROPOSITION COMPLÉMENT CIRCONSTANCIEL DE TEMPS ; UN ADVERBE COMPLÉMENT CIRCONSTANCIEL DE MANIÈRE ?

1 Le temps sera chaud.
2 Enterrer sa vie de garçon.
3 Il faut aller doucement.
4 Protéger quelqu'un.
5 Quand le chat n'est pas là, les souris dansent.
6 Rire est le propre de l'homme.

CORRIGÉ
1 *chaud* = adjectif attribut – **2** *sa vie de garçon* = groupe nominal COD – **3** *doucement* = adverbe CC de manière – **4** *quelqu'un* = pronom COD – **5** *quand le chat n'est pas là* = proposition complément circonstanciel de temps – **6** *rire* = infinitif sujet.

86 Le sujet

▶ *Les spectateurs recevront une contremarque **qui** leur permettra de sortir pendant l'entracte s'**ils** le souhaitent.*

Les spectateurs, *qui*, *ils* sont sujets des verbes *recevront, permettra* et *souhaitent*.

RECONNAÎTRE LE SUJET

Le sujet désigne l'être ou la chose qui fait ou subit l'action ou qui se trouve dans l'état exprimé par le verbe. Il répond à la question *qui est-ce qui ?* ou *qu'est-ce qui ?* suivie du verbe.
Le public applaudit le spectacle. Qui est-ce qui applaudit ? Le public → sujet du verbe *applaudit*.

Le sujet commande l'accord du verbe. Le verbe s'accorde en personne (1re, 2e, 3e personne) et en nombre (singulier ou pluriel) avec ce sujet.

QUELS MOTS PEUVENT ÊTRE SUJETS ?

Peuvent être sujets :

• un nom ou un groupe nominal : **Le jour** baisse. **Paul** rentre. **Les beaux jours** sont courts.

• un pronom personnel : **Je** ne vois pas le rapport.

• un pronom relatif : Le locataire **qui** habite au quatrième.

• un autre pronom : **Quelqu'un** veut vous voir.

• un infinitif : **Fumer** nuit gravement à la santé.

• une proposition relative : **Qui paie ses dettes** s'enrichit.

• une proposition subordonnée conjonctive : **Qu'il vienne demain** m'arrangerait bien.

> **À NOTER**
> **Certains mots ne peuvent être que sujets.**
> Ce sont les pronoms personnels *je, tu, il/elle, ils/elles* et le pronom *on*.

LA PLACE DU SUJET

Le sujet est généralement placé juste avant le groupe verbal (à la gauche du verbe). Mais il y a des exceptions. On doit en tenir compte pour accorder correctement le verbe.

- Le sujet peut se trouver éloigné du verbe.
Le **facteur**, depuis ces trois dernières semaines, ne passe plus à la même heure.

- Le sujet peut être placé après le verbe (sujet inversé) :
– pour des raisons de style ;
Bientôt reviendront **les beaux jours**.
– après certains adverbes tels *peut-être, sans doute, à peine, aussi…* ;
Peut-être cherchent-**ils** à vous joindre. À peine étiez-**vous** sorti qu'on vous a appelé au téléphone.
– dans une proposition incise ;
« À bon chat bon rat », disent **les gens bien informés**.
– dans une phrase exclamative avec le subjonctif de souhait ;
Puissiez-**vous** profiter au mieux de votre retraite.
– dans des phrases interrogatives (dans le cas de l'interrogation simple) :
Avez-**vous** été prévenu ? Vous a-t-**on** prévenu ?
Est-**ce** bien nécessaire ? Que mangeront **les invités** ?

Quelques cas particuliers rendent un peu délicat le rôle du sujet dans l'accord du verbe :

- quand le sujet grammatical (ou apparent) n'est pas le sujet réel. C'est le cas dans les tournures impersonnelles ;
On peut comparer :
Des événements étranges se passe**nt**. / Il se pass**e** des événements étranges.

- quand le sujet est le pronom relatif *qui*. Le verbe de la proposition relative s'accorde avec l'antécédent, même si celui-ci est éloigné ;
Le site est mis à la disposition des électeurs de la communauté européenne qui voter**ont** en juin.

- quand le sujet n'est pas répété ;
Les personnels se réunir**ont** devant le bureau du directeur et prendr**ont** la tête du cortège.

- à l'impératif, où le sujet n'est pas présent sous la forme d'un pronom. Ne cour**s** pas. Prend**s** ton temps.

Validation express

Dans chacune des phrases suivantes, accordez le verbe comme il convient, en ayant d'abord pris soin de repérer son sujet.

1 Il est revenu dans la maison qu'habitai... autrefois ses grands-parents.
2 Dans cette affaire, que décider... les autorités ?
3 Il n'est pas question de renoncer, comme le voudrai... certains.
4 Nous sommes conscients des difficultés que risqu... d'entraîner, pour votre comptabilité, le retard de notre règlement.
5 J'agirai selon ce que préciser... les instructions.
6 Il exist... des quantités d'espèces différentes dans la nature.
7 Contrairement à ce que vous annonçai... nos lettres précédentes, nous ne pouvons répondre à votre demande.
8 Ce sont sûrement les premières questions que leur poser... le chef des travaux.

Corrigé

1 sujet : ses grands-parents ← habitaient – 2 sujet : les autorités ← décideront. – 3 sujet : certains ← voudraient – 4 sujet : risque ← le retard : le sujet (grammatical) : il ← existe – 7 sujet : nos lettres ← annonçaient – 8 sujet : le chef des travaux ← posera

87 L'attribut

▶ *L'enquête était presque **terminée**. Mais alors qu'elle paraissait **simple**, elle est devenue tout à coup plus **compliquée**. On l'a finalement estimée **incomplète**.*

Terminée, simple, compliquée sont des attributs du sujet.
Incomplète est attribut du complément d'objet direct.

RECONNAÎTRE L'ATTRIBUT DU SUJET

- L'attribut du sujet exprime une qualité « attribuée » au sujet par l'intermédiaire d'un verbe attributif : verbe d'état *(être, sembler, paraître...)* ou locutions verbales *(passer pour, être considéré comme...)*.
Vous paraissez **fatiguée**. Ce taxi est **libre**, prenez-le. Entre le sujet et l'attribut du sujet, on pourrait mettre le signe = (*Vous = fatiguée. Taxi = libre*).

- L'adjectif attribut s'accorde en genre et en nombre avec le sujet.
La porte est fermée. Les portes sont fermées. Le portail est fermé.

QUELS MOTS PEUVENT ÊTRE ATTRIBUTS DU SUJET ?

- Peuvent être attributs du sujet :

  • un adjectif ou un participe employé comme adjectif : L'amour est **aveugle**. L'affaire paraissait **conclue**.

  • un nom ou un groupe nominal : Elle deviendra **chanteuse**. L'habitude est **une seconde nature**.

  • un pronom : Si j'étais **toi** ! Celui-ci est **le mien**.

  • un infinitif : L'important est **de participer**.

  • une proposition : Le plus curieux est **qu'ils ont disparu subitement**.

- L'attribut du sujet se place généralement après le verbe. Mais certains attributs se placent avant le verbe :

  • le pronom interrogatif : **Qui** êtes-vous ?

  • le pronom personnel neutre : Vous n'êtes pas encore célèbre, mais vous **le** deviendrez.

  • le mot *tel* : **Tel** est mon bon plaisir.

  • l'attribut employé avec la tournure *si... que* : Si **malin** que vous soyez...

  • l'attribut mis en valeur en début de phrase : **Nombreux** sont les touristes.

RECONNAÎTRE L'ATTRIBUT DU COMPLÉMENT D'OBJET

- L'attribut de l'objet exprime une qualité « attribuée » au complément d'objet direct par l'intermédiaire d'un verbe attributif comme *trouver, juger, nommer, élire...*
On le nommera sûrement **directeur sportif**. On le dit **très compétent**.
Dans la 1re phrase, *le* est COD et *directeur sportif* est attribut du COD.
Dans la 2e phrase, *le* est COD et *très compétent* est attribut du COD.
Entre le COD et l'attribut, on pourrait mettre le signe =. *(On nommera) lui = directeur sportif. (On dit) lui = très compétent.*

- L'adjectif attribut du COD s'accorde en genre et en nombre avec ce COD.
Le comité trouve votre idée très **intéressante**. Il juge les autres **insuffisantes**.

VALIDATION EXPRESS

RELEVEZ LES ATTRIBUTS DU SUJET ET LES ATTRIBUTS DU COD.
1 Il est devenu charmant avec l'âge.
2 L'avantage est que le vol est direct.
3 Le petit garçon est considéré comme un génie.
4 On considère le petit garçon comme un génie.
5 Le président déclare la séance ouverte.
6 La partie a l'air mal engagée.

Corrigé
1 *charmant* : attribut du sujet *il* – 2 *le vol est direct* : attribut du sujet *avantage* – 3 *un génie* : attribut du sujet *petit garçon* – 4 *un génie* : attribut du COD *petit garçon* – 5 *ouverte* : attribut du COD *séance* – 6 *mal engagée* : attribut du sujet *la partie*

88 Les compléments d'objet

▶ *Les accompagnateurs accueillent **les nouveaux arrivants** et s'occupent **d'eux** le premier jour. Ils remettent un dossier complet à **chaque participant**.*

Les nouveaux arrivants est complément d'objet direct.
Eux est complément d'objet indirect.
Chaque participant est complément d'objet second.

RECONNAÎTRE LES COMPLÉMENTS D'OBJET

Le complément d'objet est l'être ou la chose sur lequel porte l'action exprimée par le verbe.

Le complément d'objet direct (COD)

- Le complément d'objet est direct s'il est joint à un verbe transitif sans l'intermédiaire d'une préposition.
Les voyages forment **la jeunesse**.

- Il répond à la question *qui ? quoi ?* posée sur le verbe.
Les voyages forment *qui ? quoi ? = la jeunesse*.

> **À NOTER**
> **Le COD peut être difficile à repérer.**
> Dans la phrase Pour trouver des champignons, on doit avoir de la patience, *champignons* et *patience* sont bien des COD ; *des* et *de (la)* ne sont pas des prépositions mais des articles partitifs. Si l'on pose la question *trouver quoi ? avoir quoi ?*, on voit que la construction est directe.

Le complément d'objet indirect (COI)

- Le complément d'objet est indirect s'il est joint à un verbe transitif par l'intermédiaire d'une préposition *(à, de...)*.
Il s'intéresse à tout. Cela dépend des circonstances.

- Il répond à la question *à qui ? à quoi ? de qui ? de quoi ?* posée sur le verbe.
Il s'intéresse *à quoi ? = à tout* ; cela dépend *de quoi ? = des circonstances*.

À NOTER
Le COI peut être difficile à repérer.
Les pronoms personnels *(me, te, lui, leur, en, y)* peuvent être COI même s'ils ne sont pas précédés d'une préposition.
Il **me** répond.
Vous **lui (leur)** ferez plaisir.
J'**en** bénéficie.
J'**y** résisterai.
Si l'on pose la question : Il répond *à qui ?* Vous ferez plaisir *à qui ?* Je bénéficie *de quoi ?* Je résisterai *à quoi ?*, on voit que la construction est indirecte.

Le complément d'objet second (COS)
- Un COI reçoit le nom de complément d'objet second (COS) si le verbe dont il dépend est déjà accompagné d'un premier complément d'objet.
Donner **sa langue** **au chat**. Donner *quoi ?* (= COD) *à qui ?* (= COS).
Il a parlé **du projet** **à ses collaborateurs**. Il a parlé *de quoi ?* (= COI) *à qui ?* (= COS).

À NOTER
Le COS n'est pas toujours placé en seconde position.
Je **leur** donnerai **de vos nouvelles**. *Leur* est COS et *de vos nouvelles* est COD.

QUELS MOTS PEUVENT ÊTRE COMPLÉMENTS D'OBJET ?

Les mots qui peuvent être des compléments d'objet sont :

- un nom ou un groupe nominal ;
La réalité dépasse **la fiction**. (COD)
Le pilote présente **ses excuses** **aux passagers**. (COD + COS)

- un pronom ;
Je **les** avais prévenus. (COD)
L'organisme **auquel** on s'adresse est à Lyon. (COI)

- un infinitif ;
Tout le monde veut **s'amuser**. (COD)
Personne ne songe **à partir**. (COI)

- une proposition subordonnée.
Je reconnais **qu'il a raison**. (COD)
Dites-moi **si l'heure vous convient**. (COD)

RECONNAÎTRE LES FONCTIONS ▸ Les compléments d'objet

LA PLACE DU COMPLÉMENT D'OBJET

Le complément d'objet se place généralement après le verbe.
Les petits cadeaux entretiennent **l'amitié**. (COD)

Mais on le rencontre avant le verbe :

- dans les phrases interrogatives, quand la question porte sur le complément d'objet ;
Quel plat prendrez-vous en entrée ? (COD)

- quand il est un pronom personnel ou un pronom relatif ;
L'hôtesse **leur** a indiqué aimablement la sortie. (COS)
Voilà l'ami **à qui** j'ai vendu mon vélo. (COS)

- quand il est mis en relief en tête de phrase.
Le cassoulet, j'adore ! (COD)

VALIDATION EXPRESS

QUELLES PHRASES COMPORTENT UN COD ? QUELLES PHRASES COMPORTENT UN COI ?

1 Fumer nuit gravement à la santé.
2 Vous lui avez téléphoné hier ?
3 Par temps chaud, buvez de l'eau.
4 Le candidat a-t-il tenu ses promesses ?
5 Il ne faut pas abuser des bonnes choses.
6 On achète des surgelés dans toutes les grandes surfaces.

CORRIGÉ
Les phrases 3, 4 et 6 comportent chacune un COD : *de* (l'eau) et *des* (surgelés) sont des articles partitifs et non pas des prépositions. Les phrases 1, 2 et 5 comportent chacune un COI : *lui* (phrase 2) est bien un COI même s'il n'est pas précédé d'une préposition (on dit : *téléphoner à quelqu'un*).

89 Les compléments circonstanciels

▶ **Dans un plat creux,** mélanger la farine et le lait. Tourner **lentement, avec une cuillère en bois, comme une pâte à crêpes.** Laisser reposer **un quart d'heure.**

Les groupes de mots en gras sont des compléments circonstanciels.

RECONNAÎTRE LES COMPLÉMENTS CIRCONSTANCIELS

- Le complément circonstanciel marque une circonstance se rapportant au sujet du verbe ou à l'action exprimée par le verbe.
Nous arriverons **par le train, à huit heures.**

- Il répond aux questions *où ? quand ? comment ? avec quoi ? pourquoi ? dans quel but ?...* posées sur le verbe.

- Les compléments circonstanciels expriment :
  - le lieu : Se faire une place **au soleil.**
  - le temps : Le métro circulera **toute la nuit.**
  - la manière : Elle voit la vie **en rose.**
  - le moyen : Travailler **sans filet.**
  - la cause : La circulation est interrompue **en raison de fortes chutes de neige.**
  - le but : L'équipe s'entraîne **pour la finale.**
  - la conséquence : L'affaire est **si** grave **qu'on ne peut pas l'ignorer.**
  - l'opposition : Réfléchissez **au lieu de vous énerver.**
  - la comparaison : Fondre **comme neige au soleil.**
  - la condition : **Avec un peu de temps,** vous y arriverez.
  - l'accompagnement : L'apprenti travaille **avec son oncle.**
  - le prix : Le billet coûte **10 euros.**
  - le poids : La lettre pèse **10 grammes.**

GRAMMAIRE

RECONNAÎTRE LES FONCTIONS ▸ **Les compléments circonstanciels**

QUELS MOTS PEUVENT ÊTRE COMPLÉMENTS CIRCONSTANCIELS ?

Les mots qui peuvent être compléments circonstanciels sont :

- un nom ou un groupe nominal ;
Surfer sur **la vague**. (lieu)
Attendez **cinq minutes** ! (temps)

- un pronom ;
Venez donc avec **moi**. (accompagnement)
Voilà l'entreprise **où** il travaille. (lieu)

- un infinitif ;
Manger pour **vivre**. (but)
Entrez sans **frapper**. (manière)

- un gérondif ;
L'appétit vient **en mangeant**. (manière)

- un adverbe ;
Revenez **demain**. (temps)
Conduisez **prudemment**. (manière)

- une proposition subordonnée conjonctive ;
Quand vous viendrez (temps), **si vous venez** (condition), vous aurez une surprise.

- une proposition participiale.
Le témoin s'étant rétracté (cause), il fallut tout reprendre.

PLACE ET CONSTRUCTION DES COMPLÉMENTS CIRCONSTANCIELS

La plupart des compléments circonstanciels n'ont pas de place fixe dans la phrase. On peut les déplacer, par exemple pour les mettre en relief.
Nous dînons, **l'été**, **sur le balcon**, **avec nos amis**.
→ **Avec nos amis**, **l'été**, nous dînons **sur le balcon**.
→ **L'été**, nous dînons **avec nos amis sur le balcon**.

La plupart des compléments circonstanciels sont introduits par une préposition. Mais ce n'est pas le cas par exemple :

- de certains compléments de manière ;
Roulez **lentement**. Évitez de marcher **pieds nus**.

- de certains compléments de temps ;
Il préfère travailler **le matin**. Attendez **une minute** !

- de certains infinitifs compléments de but après un verbe de mouvement.
Je sors me **promener**. Entrez vous **abriter**.

À NOTER

Comment distinguer un complément circonstanciel d'un COD ?
Malgré l'absence de préposition, le complément circonstanciel ne doit pas être pris pour un complément d'objet direct. Pour distinguer ces deux compléments, il suffit de poser les bonnes questions.
L'employé prenait tous les jours le même autobus. Il prenait quoi ? *le même autobus* (COD) quand ? *tous les jours* (CC de temps).

VALIDATION EXPRESS

QUELLES PHRASES COMPORTENT UN COMPLÉMENT CIRCONSTANCIEL ? PRÉCISEZ SON SENS.
QUELLES PHRASES NE COMPORTENT PAS DE COMPLÉMENT CIRCONSTANCIEL ?

1 Il est normal que vous agissiez dans votre intérêt.
2 On m'a conseillé de revenir plus tard.
3 Les cigognes migrent tous les ans.
4 On aura utilisé tous les moyens.
5 Les gendarmes l'ont arrêté pour excès de vitesse.
6 Il faudra rentrer les géraniums.
7 L'hôtesse d'accueil est partie déjeuner.

CORRIGÉ
1 dans votre intérêt = CC de but – 2 plus tard = CC de temps – 3 tous les ans = CC de temps – 5 pour excès de vitesse = CC de cause – 7 déjeuner = CC de but – Les phrases 4 et 6 ne comportent pas de CC mais des COD.

90 Le complément du nom

▶ « *Le Mystère **de la chambre jaune** »,*
« *Le Parfum **de la dame en noir** »*
sont les titres des romans
de Gaston Leroux.

Les groupes de mots en gras
sont des compléments du nom.

IDENTIFIER LE COMPLÉMENT DU NOM

● Le complément du nom est un nom ou un groupe nominal qui précise le sens d'un autre nom, le plus souvent par l'intermédiaire d'une préposition *(de, à, en, pour…)*.
un repas **d'anniversaire** ; la cuisine **au beurre** ; une tragédie **en cinq actes**.

● Le complément du nom répond à la question *quel ? quelle ?* posée sur le nom.
quel repas ? → un repas d'anniversaire
quelle cuisine ? → la cuisine au beurre
quelle tragédie ? → une tragédie en cinq actes

● Le complément du nom est une **expansion du nom** : il complète le nom mais il n'est pas un constituant obligatoire du groupe nominal. Il peut être supprimé sans que la phrase devienne incorrecte.
Les locataires **de l'immeuble** se sont réunis en association **de quartier**.
→ Les locataires se sont réunis en association.

> **À NOTER**
> **Le complément du nom n'est pas toujours introduit par une préposition.**
> • La préposition peut être sous-entendue.
> La tour **Eiffel** (la tour de l'ingénieur Eiffel).
> L'avenue **Gambetta** (du nom de Gambetta).
> Un thé **citron** (avec du citron).
> • La tendance à supprimer la préposition se développe aujourd'hui.
> Une assurance **incendie** (contre l'incendie).
> Votre soirée **cinéma** (de cinéma).
> Un sachet **fraîcheur** (pour la fraîcheur).

QUELS MOTS PEUVENT ÊTRE COMPLÉMENTS DU NOM ?

Les mots qui peuvent être compléments du nom sont :

- un nom ou un groupe nominal ;
la surprise **du chef** ; un manche **à balai** ; la symphonie **en mi bémol majeur**

- un infinitif ;
la joie **de vivre** ; le mot **pour rire**

- un pronom ;
Vous avez la preuve **de cela** ? C'est bien une idée **de toi**.

- un adverbe ;
les gens **d'autrefois**, **d'ici** et **d'ailleurs**

- une proposition subordonnée relative ;
les sports **que vous pratiquez** ; l'affaire **dont il s'agit**

- une proposition subordonnée conjonctive complétive.
On garde toujours l'espoir **que la situation s'arrangera**.

À NOTER
Un nom complément du nom peut lui-même recevoir un complément du nom.
La pratique **des sports d'hiver**. *Sports* est complément du nom *pratique*. *Hiver* est complément du nom *sports*.

VALIDATION EXPRESS
PARMI CES CINQ PHRASES, TROIS NE COMPORTENT PAS DE COMPLÉMENT DU NOM. LESQUELLES ?
1 Il faut regagner la confiance du consommateur.
2 Il faut éloigner les enfants du danger.
3 L'agence recrute des collaborateurs de talent.
4 L'heureux vacancier voit la mer de sa fenêtre.
5 On a soupçonné le témoin de petits mensonges.

CORRIGÉ
Les phrases 2, 4 et 5 ne comportent pas de complément du nom. Phrase 2 : *du danger* est complément circonstanciel de lieu du verbe *éloigner*. Phrase 4 : *de sa fenêtre* est complément circonstanciel de lieu du verbe *voir*. Phrase 5 : *de petits mensonges* est COS du verbe *soupçonner*.

GRAMMAIRE

91 L'épithète

> « Les **petits** ruisseaux font les **grandes** rivières »,
> « Chat **échaudé** craint l'eau **froide** » sont des proverbes **connus**.
> Tous les mots en gras sont épithètes.

RECONNAÎTRE LA FONCTION ÉPITHÈTE

- L'épithète sert à caractériser le nom, sans l'intermédiaire d'un verbe. Elle s'accorde en genre et en nombre avec le nom auquel elle se rapporte.
l'eau **froide**, **chaude**, **tiède**, **gazeuse**

- L'épithète est une **expansion du nom** : elle complète le nom mais elle n'est pas un constituant obligatoire du groupe nominal. Elle peut être supprimée sans que la phrase devienne incorrecte.

> **À NOTER**
> **Lorsqu'elle se rapporte à un pronom indéfini, l'épithète peut être précédée d'une préposition.** Mais celle-ci n'a aucune valeur. Elle est « explétive » : on pourrait la supprimer. Quelque chose de **remarquable**. Quelqu'un d'**original**. Rien de **nouveau**.

QUELS MOTS PEUVENT ÊTRE ÉPITHÈTES ?

- L'épithète est presque toujours un adjectif qualificatif : la grève **générale**.

- Mais elle peut être aussi :
  - un participe passé : des artistes **confirmés**.
  - un adjectif verbal : des adieux **déchirants**.
  - un adverbe (employé comme adjectif) : des gens **bien**. (Un adverbe est invariable. Il ne s'accorde donc pas avec le nom, même s'il est épithète).

VALIDATION EXPRESS

DISTINGUEZ 2 ÉPITHÈTES, 1 ATTRIBUT, 1 COMPLÉMENT DU NOM.
1 Vous avez là une idée de génie.   **2** Comme cela paraît simple.
3 Rien de sensationnel.   **4** Un citron pressé pour moi !

CORRIGÉ
1 de génie : complément du nom idée – **2** simple : attribut du sujet cela – **3** sensationnel : épithète, se rapporte au pronom indéfini rien – **4** pressé : épithète, se rapporte au nom citron.

92 L'apposition

> *Pointe Finistère : Jeune femme, **curieuse**, rencontrerait jeune homme, **gardien de phare** à Cap Finisterre, pour échange de points de vue.*
> **Curieuse** et **gardien de phare** sont mis en apposition.

QU'EST-CE QUE L'APPOSITION ?

- L'apposition suit ou précède un nom ou un pronom en apportant sur lui une information, séparée à l'écrit par une virgule et à l'oral par une pause.
Je vous présente Paul, **mon collaborateur**. Vous, **les anciens**, l'avez bien connu autrefois.

- L'apposition est une **expansion du nom** : elle complète le nom mais elle n'est pas un constituant obligatoire du groupe nominal. Le plus souvent, elle peut être supprimée, comme le serait une parenthèse.

QUELS MOTS PEUVENT ÊTRE MIS EN APPOSITION ?

- Les mots qui peuvent être mis en apposition sont :
  - un nom ou un groupe nominal ;

  Milou, **un charmant petit chien blanc**, accompagne Tintin dans tous ses déplacements. Le nom mis en apposition est l'équivalent du nom complété. On pourrait mettre entre eux le signe =.

> **À NOTER**
> L'apposition est parfois précédée d'une préposition.
> Dans les noms de ville (la ville de Quimper) ou les noms de mois (le mois de mai), *Quimper* et *mai* sont des appositions (et non pas des compléments du nom). La préposition *de* pourrait être supprimée. Elle ne joue aucun rôle. *Quimper* et *ville* désignent une même réalité ; de même *mai* et *mois*.

GRAMMAIRE

RECONNAÎTRE LES FONCTIONS ▸ L'apposition

- un pronom ;

Empruntez le premier couloir, **celui** de droite.

- un infinitif ;

Ils n'ont plus qu'une solution, **attendre**.

- un adjectif qualificatif ;

Étonné, le détective s'approcha.

L'adjectif en apposition est aussi appelé **épithète détachée**.

- un participe ;

Les promeneurs, **partis sans parapluie**, commençaient à se plaindre.

- une proposition subordonnée relative.

Les candidats, **qui ont terminé l'épreuve**, quittent rapidement la salle.

La relative est placée entre virgules et peut être supprimée. C'est une relative **explicative**.

> **POUR MIEUX ÉCRIRE**
>
> **La relative en apposition complète l'ensemble du groupe nominal.**
> • La proposition subordonnée relative mise en apposition entre virgules **(relative explicative)** apporte une information sur le groupe nominal dans son ensemble.
> Les candidats, **qui ont terminé l'épreuve**, quittent rapidement la salle. (Tous les candidats quittent la salle car ils ont tous terminé.)
> • On fera la différence avec la **relative déterminative** (sans virgules).
> Les candidats **qui ont terminé l'épreuve** quittent rapidement la salle. (Seuls les candidats qui ont terminé quittent la salle.)

VALIDATION EXPRESS

PARMI CES CINQ PHRASES, TROIS PHRASES COMPORTENT UNE APPOSITION ; DEUX N'EN COMPORTENT PAS. LESQUELLES ?

1 L'arbre, encore jeune, ne produira pas avant dix ans.
2 À l'ouest, on peut apercevoir la mer par temps clair.
3 Les rues de Lille sont animées tous les ans par la grande braderie.
4 La ville de Lille est connue pour sa grande braderie.
5 Vous reconnaissez notre voisin, le célèbre illusionniste ?

CORRIGÉ

Les phrases 1, 4, 5 comportent une apposition. 1 *Encore jeune* est une apposition au nom *arbre*. 4 Le nom *Lille* est une apposition au nom *ville*. 5 Le groupe nominal *le célèbre illusionniste* est une apposition au nom *voisin*. – Les phrases 2 et 3 ne comportent pas d'apposition. 2 *à l'ouest* est complément circonstanciel de lieu. 3 *de Lille* est complément du nom *rues*.

93 Qu'est-ce qu'une phrase ?

▶ *Les adhérents s'inscriront avant la fin du mois de juillet.*
▶ *Inscription souhaitée avant la fin juillet.*
▶ *S'inscrire d'urgence !*
Ces trois énoncés sont des phrases.

LA PHRASE TYPE

Le schéma général

• Une phrase est un ensemble de mots exprimant un sens complet, commençant par une majuscule et se terminant par une ponctuation forte (point, point d'exclamation, point d'interrogation).

• Une phrase est constituée en général de deux groupes fondamentaux : un groupe nominal sujet et un groupe verbal.
Deux équipes de chercheurs   *explorent la banquise.*
    GROUPE NOMINAL   GROUPE VERBAL

Phrase simple et phrase complexe

• Une phrase simple ne contient qu'un groupe nominal sujet et un groupe verbal. Elle est constituée d'une seule proposition.
Les ours polaires ont été secourus.

• Une phrase complexe est constituée de plusieurs propositions.
Les ours polaires ont été secourus (1) */ car la plupart manquaient de nourriture* (2).

LES AUTRES SORTES DE PHRASES

Certaines phrases ne correspondent pas au schéma :
groupe nominal + groupe verbal.

La phrase non verbale

• Elle ne comporte pas de verbe conjugué.
Charmant, votre numéro !
Traversée obligatoire.
Par ici !

358 GRAMMAIRE

● Lorsqu'elle s'organise autour d'un nom, on l'appelle aussi **phrase nominale**. On la rencontre le plus souvent :
– dans les titres de journaux ;
  Les pôles : patrimoine en péril !
– dans les indications théâtrales ou les scénarios ;
  Une place dans une petite ville de province.
  À l'arrière-plan, une épicerie.
– dans les avertissements ;
  Sortie de secours.
– dans les slogans.
  Halte aux licenciements !

● La phrase non verbale peut être constituée d'un seul mot (autre que le verbe).
Étonnant ! Danger. Vite !

La phrase constituée seulement d'un groupe verbal

Le verbe est alors à l'impératif ou à l'infinitif.
Circulez !
Incorporer les blancs en neige.

> **À NOTER**
> **Faut-il appeler « phrase » un mot seul ?**
> On hésite dans certains cas à donner le nom de « phrase » à un mot seul, même si ce mot est porteur de sens. On dira plutôt :
> – un **énoncé** s'il s'agit d'interjections : Bis ! Ouf ! Hélas !
> – un **mot phrase** s'il s'agit de réponses à une question : Oui. D'accord.

94 Les types de phrases

▸ Vous vous trompez de numéro.
▸ Vérifiez votre numéro, s'il vous plaît.
▸ Encore un mauvais numéro !
▸ Êtes-vous sûr de votre numéro ?
Ces énoncés correspondent à quatre types de phrases différents.

QUELS SONT LES TYPES DE PHRASES ?

Selon l'attitude que l'on adopte face à ce que l'on dit, on a le choix entre quatre types de phrases pour s'adresser à un interlocuteur : la phrase déclarative, la plus fréquente ; la phrase impérative (ou injonctive) ; la phrase exclamative ; la phrase interrogative. Ces quatre types de phrases se distinguent par l'intonation et la construction grammaticale.

LA PHRASE DÉCLARATIVE

La phrase déclarative apporte une information, établit une constatation. Elle peut être affirmative ou négative.
La facture a été perdue. Le client ne l'a pas reçue.

LA PHRASE IMPÉRATIVE

La phrase impérative exprime l'ordre ou la défense. Elle se termine souvent par un point d'exclamation.

L'**ordre** s'exprime :
– par un verbe à l'une des trois personnes de l'impératif ;
Pensez à éteindre votre téléphone portable.
– par la 3e personne du subjonctif ;
Qu'il fasse bien attention surtout !
– par un verbe à l'infinitif (pour s'adresser à une personne indéterminée).
Frapper avant d'entrer.

La **défense** s'exprime :
– par les mêmes moyens que l'ordre mais à la forme négative ;
Ne vous séparez pas de vos affaires personnelles. **Qu'ils ne s'éloignent pas ! Ne pas traverser** les voies.

360 GRAMMAIRE

ANALYSER UNE PHRASE ▸ Les types de phrases

LA PHRASE EXCLAMATIVE

La phrase exclamative exprime une réaction, un sentiment, une émotion... Elle se termine à l'écrit par un point d'exclamation et par une intonation marquée à l'oral. C'est ce qui la distingue de la phrase déclarative.
Le prix des cigarettes a encore augmenté !

Elle peut être introduite par un mot exclamatif.
Comme *c'est bien !* **Quelle** *chaleur !* **Ce qu'***on peut s'amuser !*

Elle est souvent dépourvue de verbe.
Délicieux, ces macarons !

LA PHRASE INTERROGATIVE

La phrase interrogative sert à poser une question. Elle se termine à l'écrit par un point d'interrogation et par une intonation montante à l'oral.

On distingue l'interrogation totale et l'interrogation partielle.

• **L'interrogation totale** porte sur l'ensemble de la phrase. Elle appelle une réponse par *oui* ou par *non*.
Avez-vous réservé vos billets ?
La question posée est une **question fermée**.

• **L'interrogation partielle** porte sur un des éléments de la phrase. Elle appelle une réponse autre que *oui* ou *non*.
Quand irez-vous voir le spectacle ? Quel soir le théâtre fait-il relâche ? Depuis combien de temps joue-t-on la pièce ?
La question posée est une **question ouverte**.

Comment interroger dans l'interrogation totale ?

• **L'interrogation par inversion simple.** Quand le sujet est un pronom personnel sujet *(je, tu, il, elle, nous, vous, ils, elles, on)*, ou bien *ce* et le verbe *être*, on le place après le verbe.
*Aimez-**vous** la noix de coco ? Est-**ce** bien raisonnable ?*

• **L'interrogation par inversion complexe.** Quand le sujet est un nom, ou bien un pronom autre que ceux cités pour l'inversion simple, il est repris par *il(s)* ou *elle(s)*.
*Le champion ira-t-**il** en quart de finale ? Quelqu'un peut-**il** nous le dire ?*

• **L'interrogation par** *est-ce que ?*
Est-ce que votre correspondant vous a appelé ?
Est-ce que vous avez compris son message ?
Il n'y a pas d'inversion ou de reprise du nom ou du pronom sujet.

Comment interroger dans l'interrogation partielle ?

● L'interrogation partielle se fait à l'aide d'un **mot interrogatif** : déterminant *(quel)*, pronom *(qui, que, lequel)* ou adverbe *(pourquoi, comment)* placé en tête de phrase.

● Selon le cas, on utilise l'**inversion simple** ou **complexe**.
L'**inversion simple** du sujet est obligatoire :
– avec *que* : Que fait **la police** ?
– avec *qui*, *lequel* et *quel* attributs : Qui sont **les premiers** ? Lequel est **votre favori** ? Quel est **son nom** ?
L'**inversion complexe** est obligatoire :
– avec *pourquoi* : Pourquoi les voisins déménagent**-ils** ?
– dans les cas d'ambiguïté quand le pronom interrogatif *qui* n'est pas le sujet du verbe, mais le COD.
Qui préviendra le voisin ? Qui le voisin préviendra**-t-il** ?

> **À NOTER**
> **Quand faut-il intercaler un *t* dans l'interrogation ?**
> Si le verbe se termine par une voyelle et que le pronom inversé commence par une voyelle, on intercale un *t* entre les deux.
> Joue**-t-**il du banjo ? Pourquoi la harpiste va**-t-**elle si vite ?

VALIDATION EXPRESS

A DANS LES QUESTIONS DE CE TEST DE PERSONNALITÉ, QUELLES SONT LES INTERROGATIONS PARTIELLES (IP) ? LES INTERROGATIONS TOTALES (IT) ?
1 Dans la vie, êtes-vous ponctuelle ?
2 Quels sont vos loisirs préférés ?
3 Selon-vous, quelle est votre plus grande force ?
4 La réussite joue-t-elle un rôle important dans votre vie ?
5 Êtes-vous fidèle en amitié ?

B TRANSFORMEZ CES PHRASES DÉCLARATIVES EN PHRASES INTERROGATIVES AVEC INVERSION DU SUJET. PLACEZ LE *T* INTERCALAIRE S'IL EST NÉCESSAIRE.
1 Il reçoit régulièrement des invitations.
2 On avoue volontiers ses petites faiblesses.
3 Le jeune apprenti aime ce qu'il fait.
4 À notre époque, on envoie encore des cartes de Noël.
5 Un taxi viendra nous chercher.

CORRIGÉ
A 1 IT – 2 IP – 3 IP – 4 IT – 5 IT
B 1 Reçoit-il régulièrement des invitations ? – 2 Avoue-t-on volontiers ses petites faiblesses ? – 3 Le jeune apprenti aime-t-il ce qu'il fait ? – 4 À notre époque, envoie-t-on encore des cartes de Noël ? – 5 Un taxi viendra-t-il nous chercher ?

95 La forme négative

▶ *Le chauffeur **ne connaît pas** la route. Pour **ne pas se tromper**, il a interrogé les badauds, mais il **n'a rien compris** à leurs explications.*
Les trois verbes en gras sont à la forme négative.

RECONNAÎTRE LA FORME NÉGATIVE

La forme négative se reconnaît à la présence d'une marque négative comme *ne... pas (plus, jamais, rien...)* ou *personne (rien, aucun, nul...) ne*.

Tous les types de phrases peuvent être à la forme négative.
Je **ne** regrette **rien**. (déclarative)
Ne nous affolons **pas**. (impérative)
Personne n'est parfait ! (exclamative)
Vous **ne** regrettez vraiment **rien** ? (interrogative)

> À NOTER
> **Une double négation équivaut à une affirmation.**
> La harpiste jouait faux. On **ne** pouvait **pas ne pas** s'en apercevoir.
> Les deux négations *(ne... pas / ne pas)* s'annulent. L'affirmation est même renforcée.
> La phrase signifie : On s'en apercevait très facilement.

LA PLACE DE LA NÉGATION

La locution négative encadre le verbe à un temps simple.
Le ridicule **ne** tue **pas**.

La locution négative encadre l'auxiliaire lorsque le verbe est à un temps composé ou au passif.
Ils **n'**ont **pas** pu venir. Ils **n'**ont **pas** été prévenus à temps.

La locution négative précède le verbe à l'infinitif.
Ne pas traverser les voies.

LES DIFFÉRENTS EMPLOIS DE *NE*

Ne est obligatoire dans une phrase négative qui comporte un verbe. L'omission de *ne* relève du langage familier : ⊖ J'ai pas su quoi répondre.

● *Ne* est employé seul (sans *pas*) :
 • avec les verbes ***pouvoir, savoir, oser, cesser*** suivis d'un infinitif ;
 Depuis notre arrivée, il **ne** cesse de pleuvoir. On **ne** saurait penser à tout.
 • dans des expressions de sens hypothétique ;
 Si je **ne** me trompe. **Ne** vous déplaise.
 • avec les pronoms indéfinis *aucun, nul, personne, rien* et les déterminants indéfinis *aucun* et *nul*.
 Rien **ne** sert de courir. Aucune adresse **ne** figure sur la lettre.

● *Ne* avec *que* a un sens restrictif. Il signifie *seulement*.
 Les comédiens **n'**ont joué le spectacle **que** deux fois.

> **POUR MIEUX ÉCRIRE**
> **Distinguer la forme négative et le sens négatif**
> Certains adverbes comme *toujours, partout, mieux, plus* ou le pronom indéfini *tout* admettent deux types de négation :
> • soit on leur ajoute la marque négative *ne... pas* : **ne... pas** toujours, partout, mieux, plus, tout.
> • soit on les remplace par le mot de sens négatif équivalent :
> ne... **jamais** ; ne... **nulle part** ; **moins bien** ; **moins** ; ne... **rien**.
> Mais attention ! les phrases n'auront pas la même signification.
> Je **n'**en ai **pas** distribué **partout**. / Je **n'**en ai distribué **nulle part**.

VALIDATION EXPRESS

A METTEZ CES PHRASES NÉGATIVES À LA FORME AFFIRMATIVE SANS EN CHANGER LE SENS.
1 Il était si beau qu'on ne pouvait pas ne pas l'admirer.
2 Comment en est-il arrivé là ? On ne peut pas ne pas se poser la question.
3 Vous n'êtes pas sans savoir que le film dérange beaucoup les autorités.
4 En cas de difficulté, il n'y a rien que je ne ferais pour lui.

B RÉCRIVEZ CES PHRASES AFIN D'EXPRIMER LA NÉGATION. PROPOSEZ, POUR CHACUNE, DEUX RÉPONSES POSSIBLES.
1 Elle est toujours malade en voiture.
2 Tu as tout compris.
3 Je vois mieux qu'avant.
4 Vous avez eu plus de chance que moi.

CORRIGÉ
A 1 qu'on l'admirait forcément – 2 on se pose nécessairement la question – 3 vous savez bien que le film – 4 je ferais tout pour lui
B 1 Elle n'est pas toujours malade en voiture. / Elle n'est jamais malade en voiture. – 2 Tu n'as pas tout compris. / Tu n'as rien compris. – 3 Je ne vois pas mieux qu'avant. / Je vois moins bien qu'avant. – 4 Vous n'avez pas eu plus de chance que moi. / Vous avez eu moins de chance que moi.

96 Les propositions

▶ Les voyageurs / qui se rendent au parc des expositions / emprunteront la navette / et descendront à la station Parc des Expositions./
Cette unique phrase contient à elle seule trois propositions.

LA PROPOSITION INDÉPENDANTE

- Une proposition est un ensemble de mots organisé autour d'un verbe possédant un sujet propre, exprimé ou non.

- La proposition indépendante se suffit à elle-même.
Soyez attentif aux messages sonores.

- Mais elle peut être liée à une autre proposition indépendante :
• par **coordination** ; les propositions coordonnées sont mises en relation par une conjonction de coordination ou un adverbe de liaison *(puis, ensuite, cependant...)* ;
Soyez attentif aux messages **et** ne vous éloignez pas de vos bagages.

• par **juxtaposition** ; les propositions juxtaposées sont placées côte à côte, séparées par une virgule, un point-virgule ou deux points.
Soyez attentif aux messages sonores : l'affichage lumineux est en panne.

> À NOTER
> Qu'est-ce qu'une proposition incise ?
> On appelle proposition incise une proposition indépendante qui est placée après ou dans une phrase au discours direct pour indiquer qui parle. Le sujet est toujours inversé : Pensez à réserver votre place, **précisa-t-il**. N'oubliez pas, **ajouta-t-elle**, de confirmer votre arrivée.

LA PROPOSITION SUBORDONNÉE ET LA PROPOSITION PRINCIPALE

- Quand une proposition est placée sous la dépendance d'une autre, elle devient **subordonnée** à cette proposition qui prend alors le nom de proposition **principale**. On obtient une phrase complexe.
Dès que les touristes arrivent,   le magasin de souvenirs ouvre.
PROPOSITION SUBORDONNÉE   PROPOSITION PRINCIPALE

- Si l'on supprime la proposition principale, la proposition subordonnée n'a plus de sens. Elle dépend de la principale ; elle ne se suffit pas à elle-même. C'est ce qui la distingue de la proposition indépendante.

> **À NOTER**
> Une proposition subordonnée peut elle-même dépendre d'une autre subordonnée.
> (1) Le jeune détective fut arrêté (2) parce qu'il avait découvert un étrange document (3) que personne ne devait connaître. La proposition (3) est subordonnée à (2) qui est elle-même subordonnée à la principale (1).

LES DIFFÉRENTES PROPOSITIONS SUBORDONNÉES

- Les propositions **subordonnées conjonctives** sont introduites par une conjonction de subordination.
  - Les conjonctives complétives sont introduites par *que*. Elles sont compléments d'un verbe *(penser, croire, espérer...)*.
  J'espère **que tu pourras partir**.
  M. Lemaitre s'aperçoit **qu'il a oublié son parapluie**.
  - Les conjonctives circonstancielles sont introduites par des conjonctions ou des locutions conjonctives qui expriment le temps, la cause, l'hypothèse...
  Dès que les conditions le permettront, je partirai.
  Il a tendance à oublier **parce qu'il ne fait pas attention**.
  Si vous ne comprenez pas, dites-le.

- Les propositions **subordonnées relatives** sont introduites par un pronom relatif.
  Les visiteurs **qui le souhaitent** pourront signer le livre d'or.

- Les propositions **subordonnées interrogatives indirectes** sont introduites par un déterminant *(quel, quelles...)*, un pronom *(qui, lequel, de quoi...)* ou un adverbe interrogatif *(quand, comment, pourquoi, si...)*. Comme les conjonctives complétives, elles sont compléments d'un verbe.
  Les spectateurs se demandaient **pourquoi le violoniste éternuait tout le temps**.

- Les propositions **subordonnées infinitives et participiales** ne sont pas introduites par un mot subordonnant et elles ne comportent pas de verbe conjugué à un mode personnel. Pour ces deux raisons, on ne les trouve pas toujours classées parmi les subordonnées.
  On entend **passer les avions**.
  L'âge venant, tout devient plus amusant.

97 La proposition subordonnée conjonctive complétive

▶ *Avant de démarrer, le conducteur s'assure* **qu'il a bien fermé la portière** *et vérifie* **qu'il peut accéder au volant et aux pédales sans difficulté.**

Les deux propositions en gras sont des propositions subordonnées conjonctives complétives.

RECONNAÎTRE UNE SUBORDONNÉE CONJONCTIVE COMPLÉTIVE

● La subordonnée conjonctive complétive est toujours introduite par la conjonction *que*. Elle est le plus souvent complément d'objet direct du verbe dont elle dépend.
Les organisateurs reconnaissent **qu'ils ont eu tort**.

● Mais elle peut être aussi :
• complément d'objet indirect ; elle est alors introduite par *à ce que*, *de ce que* ;
Le directeur tient **à ce que nous assistions à la réunion**.
La clientèle se plaint **de ce que les livraisons sont toujours en retard**.

• complément du nom ;
Nous gardons l'espoir **qu'il viendra un jour**.

• sujet ;
Que vous passiez un bon séjour est notre seul désir.
La proposition est alors toujours au subjonctif.

• sujet « réel » dans une tournure impersonnelle ;
Il est probable **que vous serez convoqué demain**.

• attribut du sujet ;
L'important est **que vous vous sentiez à l'aise**.

• apposition.
Les parents avaient retenu une seule information, **qu'une nouvelle classe allait ouvrir**. (*Que* peut alors être remplacé par *à savoir que*).

LE MODE DANS LA SUBORDONNÉE COMPLÉTIVE COMPLÉMENT D'OBJET

● Le mode de la subordonnée dépend du verbe principal.

● Si le verbe principal exprime la **réalité** d'un fait, la subordonnée est à l'**indicatif**. Le verbe principal peut exprimer :
– une constatation : découvrir, trouver…
– une perception : voir, entendre, sentir…
– une opinion : croire, penser, espérer…
– une connaissance : savoir, expliquer, apprendre…
– une déclaration : dire, affirmer, prétendre, raconter…
– une résolution : décréter, décider…

Nous savons que le spectacle **plaît** à un large public (a plu, plaira).

● Si le verbe principal exprime un fait **voulu, souhaité, attendu,** ou un **doute**, la subordonnée est au **subjonctif**. Le verbe principal peut être :
– vouloir, demander, ordonner, défendre, interdire, tenir (à ce que), il faut…
– désirer, craindre, souhaiter, préférer, regretter, se réjouir, avoir peur…
– attendre, s'attendre (à ce que)…
– douter, s'étonner…

Le directeur veut que vous **preniez** rendez-vous le plus tôt possible.

> **POUR MIEUX ÉCRIRE**
> **Quand faut-il mettre la subordonnée conjonctive complétive à l'infinitif ?**
> Quand le sujet du verbe de la subordonnée est le même que celui du verbe principal, on emploie la construction infinitive.
> Le directeur souhaite **s'entretenir avec les délégués**. Il envisage de **les réunir bientôt**.
> Cette transformation est obligatoire avec les subordonnées au subjonctif.

● Si le verbe de la principale est à la forme **interrogative** ou **négative,** le verbe de la subordonnée est généralement au **subjonctif**.
Voulez-vous que nous **partions** tous les deux ? Je ne crois pas que ce **soit** le moment.
Mais le verbe de la subordonnée peut être à l'**indicatif,** selon le sens qu'on lui donne. On peut comparer :
Je ne pense pas qu'il **fournisse** les efforts nécessaires. (subjonctif : le doute est possible)
Je ne pense pas qu'il **fournit** les efforts nécessaires. (indicatif : le fait est certain)

GRAMMAIRE

Analyser une phrase ▸ La subordonnée conjonctive complétive

Validation express

A Transformez les deux propositions indépendantes en une proposition principale et une proposition subordonnée conjonctive complétive. Attention au mode de cette subordonnée !

1 Les incendies ont été maîtrisés ; les journaux l'annoncent ce matin.
2 Mon projet n'a pas été approuvé ; je le regrette.
3 Le directeur l'assure : il n'y aura pas de licenciements.
4 Vous avez raison, je pense.
5 Tout travail mérite salaire, on le sait bien.
6 Faisons un bout de chemin ensemble, voulez-vous ?
7 L'animateur y tient : dites tout sans rien cacher.
8 Une telle erreur était inévitable ; les services concernés le prétendent.

B Dans quelles phrases le mot *que* introduit-il une proposition conjonctive complétive ?

1 Les alpinistes prévoyaient que le temps allait se gâter.
2 Les randonneurs, que le bureau de guides a prévenus, ont renoncé à partir.
3 Je serai accompagnée par mon cher ami que tout le monde connaît ici.
4 Je t'assure, mon cher ami, que tu as choisi la meilleure solution.
5 Avez-vous reçu la réponse que vous attendiez ?
6 Les organisateurs attendent que tous les invités aient répondu.

Corrigé

A 1 Les journaux annoncent ce matin que les incendies ont été maîtrisés. – **2** Je regrette que mon projet n'ait pas été approuvé (subjonctif). – **3** Le directeur assure qu'il n'y aura pas de licenciements. – **4** Je pense que vous avez raison. – **5** On sait bien que tout travail mérite salaire. – **6** Voulez-vous que nous fassions un bout de chemin ensemble ? (subjonctif). – **7** L'animateur tient à ce que vous disiez tout sans rien cacher (subjonctif). – **8** Les services concernés prétendent qu'une telle erreur était inévitable.

B Dans les phrases 1, 4, 6, *que* introduit une proposition conjonctive complétive. *Que*, conjonction de subordination, subordonne la proposition complétive à un verbe (*prévoyaient que...*, *je t'assure que...*, *attendent que...*). Dans les phrases 2, 3, 5, *que* est un pronom relatif, précédé de son antécédent qui est un nom.

98 Les propositions subordonnées circonstancielles

▶ *Pour que chacun puisse bénéficier de l'hébergement*, adressez votre demande **dès que vous connaissez les dates de votre séjour**. Elle sera examinée aussitôt, **comme le veut le règlement**, **à condition bien sûr qu'elle réponde aux critères requis**.

Les quatre propositions en gras sont des propositions subordonnées circonstancielles.

LA SUBORDONNÉE CIRCONSTANCIELLE DE TEMPS

Quand vous aurez goûté à notre hospitalité, vous n'oublierez jamais notre région.

➡ **À quoi sert la subordonnée de temps ?**

● En relation avec la proposition principale, la subordonnée circonstancielle de temps permet d'indiquer si une action a lieu **en même temps** qu'une autre, si elle a lieu **avant** ou si elle a lieu **après** une autre.

● Lorsque l'action de la principale et celle de la subordonnée sont **simultanées**, la subordonnée est introduite par *quand, lorsque, pendant que, tandis que, dès que, comme...* + **indicatif**.
Il arriva **comme le train partait**. Je voyage **pendant que je le peux encore**.

● Lorsque l'action de la subordonnée se situe **avant** celle de la principale, la subordonnée est introduite par *quand, lorsque, après que, une fois que, depuis que, dès que, aussitôt que...* + **indicatif**.
Une fois qu'on a compris le mécanisme, on ne se trompe plus jamais.

● Lorsque l'action de la subordonnée se situe **après** celle de la principale, la subordonnée est introduite par *avant que, jusqu'à ce que, d'ici (à ce) que, en attendant que...* + **subjonctif**.
Avant que je réagisse, mon aimable voisin avait quitté la salle.

> **POUR MIEUX ÉCRIRE**
> **On peut remplacer la subordonnée de temps.**
> • On peut parfois remplacer la subordonnée de temps par une proposition participiale. (▶ P. 383)
> Lorsque les travaux seront terminés, on fera pousser du chèvrefeuille.
> → **Les travaux terminés**, on fera pousser du chèvrefeuille.

ANALYSER UNE PHRASE ▶ **Les subordonnées circonstancielles**

• Quand le verbe de la subordonnée de temps a le même sujet que celui de la principale, on peut aussi, dans certains cas, remplacer le verbe de la subordonnée par :
– un infinitif ;
Avant que vous ne vous lanciez dans l'aventure, pensez à vérifier votre équipement.
→ **Avant de vous lancer dans l'aventure**, pensez à vérifier votre équipement.
– un gérondif.
Quand ils rentreront de vacances, les enfants devront se reposer.
→ **En rentrant de vacances**, les enfants devront se reposer.

VALIDATION EXPRESS

DANS CES PHRASES, IDENTIFIEZ DEUX SUBORDONNÉES DE TEMPS QUI SITUENT L'ACTION AVANT CELLE DE LA PRINCIPALE ET QUATRE SUBORDONNÉES QUI LA SITUENT EN MÊME TEMPS QUE CELLE DE LA PRINCIPALE.

1 Dès qu'il aura pris sa retraite, il se retirera à la campagne.
2 Dès qu'il a pris sa retraite, il s'est retiré à la campagne.
3 Quand vous aurez réglé votre article, une facture vous sera remise.
4 Quand vous réglez votre article, une facture vous est remise.
5 Lorsque vous lirez cette lettre, je serai loin.
6 Quand vous voudrez, je vous aiderai.

CORRIGÉ
Les phrases 1 et 3 comportent une subordonnée qui exprime l'antériorité (l'action se situe avant celle de la principale). Les phrases 2, 4, 5 et 6 comportent une subordonnée qui exprime la simultanéité (l'action se situe en même temps que celle de la principale).

LES SUBORDONNÉES CIRCONSTANCIELLES DE CAUSE ET DE CONSÉQUENCE

Parce que pour nous le client est roi, vous serez accueilli **de telle façon que chaque minute sera un privilège**.

● **À quoi sert la subordonnée de cause ?**

• La subordonnée circonstancielle de cause indique la raison pour laquelle le fait exprimé dans la principale se produit. Elle est introduite par *parce que, comme, puisque, vu que, étant donné que, sous prétexte que* ainsi que par d'autres conjonctions.

• Certaines conjonctions sont communes à la subordonnée de cause et à d'autres subordonnées circonstancielles. On ne les confondra pas :

371

– **dès lors que, dès l'instant que, du moment que**, souvent conjonctions de temps, expriment aussi la cause ;
Du moment que vous le dites, je vous crois.
– *comme*, souvent conjonction de temps et de comparaison, exprime aussi la cause ;
Comme les portes étaient fermées, il est passé par la fenêtre.
– *pour*, souvent conjonction de but, exprime aussi la cause si elle est suivie d'un infinitif passé ;
Le joueur est sanctionné **pour avoir bousculé l'arbitre**.
– *si*, également conjonction de condition, exprime aussi la cause.
Si nous sommes l'agence préférée des Français, c'est que vous pouvez nous faire confiance.

Pour mieux écrire
On peut remplacer la subordonnée de cause.
• On peut parfois remplacer la subordonnée de cause par une proposition participiale.
Étant donné que toutes les conditions sont réunies, rien ne s'oppose au départ.
→ **Toutes les conditions étant réunies**, rien ne s'oppose au départ.
• Quand le verbe de la subordonnée de cause a le même sujet que celui de la principale, on peut aussi, dans certains cas, remplacer la subordonnée par :
– un groupe infinitif (*pour* + infinitif passé, *à force de* + infinitif) ;
Il a été pénalisé parce qu'il avait dépassé la date d'inscription.
→ Il a été pénalisé **pour avoir dépassé la date d'inscription**.
– un gérondif.
Parce qu'il a réuni à temps les partenaires, le comité a pu éviter le pire.
→ **En réunissant à temps les partenaires**, le comité a pu éviter le pire.

Validation express
Toutes ces phrases contiennent une subordonnée de cause, sauf une. Laquelle ?
1 L'élève a été félicité pour avoir adopté un hérisson.
2 L'étudiant a passé un examen pour être pris comme assistant.
3 Elle a été choisie parce qu'elle parlait le russe.
4 Comme les résultats sont publiés, on attend des réactions dans l'opinion.
5 Votre voisin pourra vous aider puisqu'il connaît le quartier.

Corrigé
Dans la phrase 2, la proposition subordonnée « pour être pris comme assistant » exprime le but.

ANALYSER UNE PHRASE ▸ Les subordonnées circonstancielles

À quoi sert la subordonnée de conséquence ?

● La subordonnée circonstancielle de conséquence indique le résultat d'un fait, l'effet d'une action. Elle apparaît toujours en seconde position dans la phrase. Elle est introduite par les locutions conjonctives *de sorte que, de manière que, au point que, si bien que…* + **indicatif**.
Les musiciens se sont disputés, **de sorte qu'on a dû annuler le concert**.

● Lorsque la conséquence est soulignée par son intensité, la locution conjonctive est présente dès la principale : *si… que ; tellement (de)…, tant (de)…, d'autant plus (de)… que* + **indicatif** *; assez (de)…, trop (de)… pour que* + **subjonctif**.
Les services sont **tellement** débordés **qu'ils doivent fermer les guichets**.
Vous faites **trop de** bruit **pour qu'on s'entende**.

> **POUR MIEUX ÉCRIRE**
> **Toute conséquence dépend d'une cause et toute cause entraîne une conséquence.**
> On pourra donc choisir de mettre en évidence soit l'une soit l'autre dans la proposition subordonnée.
> Le ministre a manqué la moitié du défilé **parce que la circulation était bloquée**. (subordonnée de cause)
> La circulation était bloquée, **si bien que le ministre a manqué la moitié du défilé**. (subordonnée de conséquence)

VALIDATION EXPRESS

DANS CHACUNE DES PHRASES SUIVANTES, SOULIGNEZ LA PROPOSITION QUI EXPRIME LA CONSÉQUENCE, PUIS TRANSFORMEZ-LA EN SUBORDONNÉE DE CONSÉQUENCE À L'AIDE D'UNE CONJONCTION DE SUBORDINATION.

1 Le minuteur n'a pas sonné, le gigot était brûlé.
2 Je dois me protéger du soleil, ma peau est fragile.
3 L'hôtesse était fatiguée, elle ne répondait plus au téléphone.
4 L'éclairage était insuffisant, les riverains ont fini par se plaindre.
5 Il a raté la planche, il n'avait pas pris assez d'élan.
6 Mon téléphone était déchargé, je n'ai pas pu t'appeler.
7 Vous ne pourrez plus vous inscrire, il est trop tard.

CORRIGÉ
(suggestions) **1** Le minuteur n'a pas sonné si bien que le gigot était brûlé. – **2** Ma peau est fragile au point que je dois me protéger du soleil. – **3** L'hôtesse était tellement fatiguée qu'elle ne répondait plus au téléphone. – **4** L'éclairage était à ce point insuffisant que les riverains ont fini par se plaindre. – **5** Il n'avait pas pris assez d'élan, de sorte qu'il a raté la planche. – **6** Mon téléphone était déchargé, si bien que je n'ai pas pu t'appeler. – **7** Il est trop tard pour que vous puissiez vous inscrire.

LA SUBORDONNÉE CIRCONSTANCIELLE DE BUT

Nous organisons tout **pour que vous passiez des vacances de rêve**.

À quoi sert la subordonnée de but ?

- La subordonnée circonstancielle de but indique l'objectif de l'action exprimée par le verbe principal. Elle est introduite par les locutions conjonctives *pour que, afin que, de manière à ce que* + **subjonctif**.
L'agence a insisté auprès du client **pour qu'il annule son séjour**.

- Elle exprime aussi :

– l'intention, le souhait, après la locution conjonctive *dans l'espoir que* + **subjonctif** ou **conditionnel** ;
Il a posé sa candidature **dans l'espoir qu'un poste se libérerait**.

– l'objectif à éviter, après les locutions *de crainte que, de peur que* + **subjonctif**.
Le standardiste a débranché le téléphone **de peur qu'on le dérange**.
(équivaut à *pour qu'on ne le dérange pas*)

POUR MIEUX ÉCRIRE

Dans quel cas faut-il employer l'infinitif dans la subordonnée circonstancielle de but ?
Quand le verbe de la subordonnée de but a le même sujet que celui de la principale, la transformation infinitive s'impose.
⊖ L'association organise des concerts pour qu'elle récolte des fonds.
→ L'association organise des concerts **pour récolter des fonds**.

VALIDATION EXPRESS

DANS CES CINQ PHRASES, UNE SUBORDONNÉE N'EXPRIME PAS LE BUT. LAQUELLE ?

1 On a aménagé la salle pour que le public soit mieux installé.
2 Désormais la salle est assez spacieuse pour que tous les spectateurs soient bien installés.
3 Un expert a été diligenté pour vérifier l'état du terrain.
4 Il a négligé de laisser ses coordonnées pour qu'on ne puisse pas le joindre.
5 Les délégués ont retardé la réunion pour que tout le personnel y assiste.

CORRIGÉ
La subordonnée présente dans la phrase 2 n'exprime pas le but. Elle exprime la conséquence (Désormais, la salle est assez spacieuse, de sorte que tous les spectateurs y sont bien installés). Les quatre autres subordonnées expriment le but.

Analyser une phrase ▸ Les subordonnées circonstancielles

LA SUBORDONNÉE CIRCONSTANCIELLE DE COMPARAISON

Ainsi que vous pouvez le constater, toutes les chambres donnent sur la mer, **comme le précisait la brochure**.

À quoi sert la subordonnée de comparaison ?

● La subordonnée circonstancielle de comparaison sert à établir une comparaison avec les faits exprimés par la principale. Elle est introduite par *comme, de même que, ainsi que...*
J'ai assemblé les pièces en dix minutes, **comme le vendeur me l'avait dit**.

> **À NOTER**
> **La locution conjonctive *comme si* (suivie de l'imparfait ou du plus-que-parfait) ajoute une hypothèse à la comparaison.**
> Les passants ont continué leur chemin **comme s'ils n'avaient rien vu**.

● La subordonnée est le plus souvent en corrélation avec un adjectif ou un adverbe présent dans la proposition principale.
– *Aussi... que, autant... que, tel... que, le même... que* expriment l'égalité.
  C'est bien **le même** air **que celui que vous chantiez**.
– *Plus... que, moins... que, plutôt... que, autre... que* expriment l'inégalité.
  Le grec est une langue **moins** difficile **que je ne croyais**.
– *D'autant plus (moins)... que* expriment la proportion.
  Les voiliers sont **d'autant plus** rapides **que les équipements techniques évoluent**.

VALIDATION EXPRESS

DANS CES CINQ PHRASES, TROIS SUBORDONNÉES EXPRIMENT LA COMPARAISON. LESQUELLES ?
1 Comme on vous l'a expliqué, les travaux dureront longtemps.
2 Comme personne ne prend plus la parole, la séance est levée.
3 Comme la princesse entrait dans l'hôtel, un miaulement se fit entendre.
4 Comme le détective le craignait, les indices avaient disparu.
5 Comme on pouvait s'y attendre, personne n'a trouvé la bonne réponse.

CORRIGÉ
Les subordonnées des phrases 1, 4 et 5 expriment la comparaison (ainsi qu'on vous l'a expliqué..., ainsi que le détective le craignait..., ainsi qu'on pouvait s'y attendre...).
• Dans la phrase 2, *comme* exprime la cause (étant donné que...).
• Dans la phrase 3, *comme* exprime le temps (au moment où...).

LA SUBORDONNÉE CIRCONSTANCIELLE D'OPPOSITION

Alors que les autres agences augmentent leur prix, nous réduisons nos tarifs lorsque les jours rallongent.

À quoi sert la subordonnée d'opposition ?

- La subordonnée circonstancielle d'opposition indique qu'un fait est en contradiction avec celui de la principale (opposition forte). Elle peut aussi apporter une atténuation ou une restriction à l'idée de la principale (opposition faible).

- **Opposition forte**

La subordonnée circonstancielle d'opposition est introduite par les locutions *alors que, tandis que, excepté que, sauf que...* + **indicatif** ; *sans que* + **subjonctif**.

Le coureur était bien placé pour gagner, **sauf que le ravitaillement lui a coûté quelques précieuses secondes**.

> **POUR MIEUX ÉCRIRE**
> On peut remplacer *sans que* par *sans* + infinitif
> Après *sans que*, lorsque le verbe de la subordonnée d'opposition a le même sujet que celui de la principale, la transformation infinitive est recommandée.
> Le spectateur se réveilla : il avait manqué la moitié du film sans qu'il s'en aperçoive. → il avait manqué la moitié du film **sans s'en apercevoir**.

- **Opposition faible**

La subordonnée circonstancielle d'opposition est introduite :

– par les locutions *bien que* ou *quoique* + **subjonctif** ;
  Bien qu'il parle la langue du pays, il éprouve des difficultés à l'écrire.

– par les locutions *même si* + **indicatif** ou *quand bien même* + **conditionnel** : elles ajoutent à l'opposition une idée de condition.
  Même si tu es en retard, tu dois te rendre à ton rendez-vous.

> **À NOTER**
> Des conjonctions qui indiquent l'opposition ou le temps
> La subordonnée circonstancielle d'opposition utilise parfois les mêmes conjonctions que la subordonnée de temps *(alors que, tandis que, quand...)*. On ne les confondra pas. Dans les phrases suivantes, les subordonnées expriment bien l'opposition :
> La compagnie a remboursé 1 000 euros **alors qu'elle devait le double**.
> On l'a installé au deuxième étage **tandis que son voisin de bureau est maintenant au premier**.
> Nous gaspillons l'eau **quand tout fait craindre la pénurie**.

Analyser une phrase ▸ Les subordonnées circonstancielles

> **Validation express**
>
> Parmi ces quatre phrases, deux ne comportent pas de subordonnée d'opposition. Lesquelles ?
> 1 Tandis que l'eau s'écoulait, la famille courut chercher des bassines.
> 2 Quand tout paraît devoir échouer, il faut tout de même persévérer.
> 3 Il a rapidement intégré un groupe de guitaristes alors qu'il n'avait aucune formation dans ce domaine.
> 4 Il a intégré un groupe des guitaristes à dix-sept ans alors qu'il était au lycée.
>
> **Corrigé**
> Les phrases 1 et 4 contiennent une subordonnée de temps : **1** pendant que l'eau s'écoulait – **4** lorsqu'il était au lycée. – Les deux autres phrases contiennent des subordonnées d'opposition : **2** bien que tout paraisse – **3** bien qu'il n'ait eu aucune formation.

LA SUBORDONNÉE CIRCONSTANCIELLE DE CONDITION

Si vous êtes satisfait de votre séjour, n'hésitez pas à le faire savoir.

▸ **À quoi sert la subordonnée de condition ?**

● La subordonnée circonstancielle de condition indique à quelle condition ou selon quelle hypothèse s'effectue l'action exprimée par la principale.

● Elle est introduite par :

– *si* + **indicatif** ; *au cas où* + **conditionnel** ; *à supposer que, pour peu que, pourvu que, à moins que, à condition que* + **subjonctif** ;
Si le professeur parlait plus vite, les étudiants étrangers ne comprendraient plus aussi bien.
Tenez-vous prêts **au cas où la situation se débloquerait**.
À moins que vous ne soyez très pressé, je vous conseillerai le vélo.

– *que... que...* + **subjonctif** s'il y a une alternative ;
Que vous passiez une heure sur le site ou que vous restiez toute la journée, le prix est le même.

– *quand, même quand, quand bien même* + **conditionnel**, si l'on veut ajouter une idée d'opposition.
Quand bien même on pourrait encore s'inscrire, je n'ai aucune chance.

● Il ne faut pas confondre la subordonnée circonstancielle de condition introduite par *si* avec la subordonnée interrogative introduite par *si*.
Je ne sortirai pas **si elle vient nous rendre visite aujourd'hui**.
= subordonnée circonstancielle de condition (au cas où elle viendrait)
Demande-lui **si elle vient nous rendre visite aujourd'hui**.
= subordonnée interrogative (« Est-ce qu'elle vient nous rendre visite ? »)

L'emploi des temps et des modes dans la phrase hypothétique

• Entre la subordonnée introduite par *si* et la proposition principale, le jeu des temps et des modes permet d'indiquer comment l'hypothèse et sa réalisation sont envisagées :

– la condition une fois remplie, le fait se réalisera ;

Si le directeur nous reçoit, nous lui proposerons une solution.
La subordonnée est au présent de l'indicatif. La principale est au futur de l'indicatif.

– la condition étant incertaine, le fait a peu de chance de se réaliser ;

Si le directeur nous recevait, nous lui proposerions une solution.
La subordonnée est à l'imparfait de l'indicatif. La principale est au conditionnel présent.

– la condition aurait pu se réaliser mais cela n'a pas été le cas, le fait n'a donc pas eu lieu.

Si le directeur nous avait reçus, nous lui aurions proposé une solution.
La subordonnée est au plus-que-parfait de l'indicatif. La principale est au conditionnel passé.

Validation express

A Remplacez *au cas où* par *si* et modifiez le mode du verbe comme il convient.

1 Au cas où un colis vous paraîtrait suspect, n'hésitez pas à nous le signaler.
2 Au cas où vous voudriez vous inscrire, pensez à apporter une pièce d'identité.
3 Comment s'organiser au cas où les deux groupes arriveraient en même temps ?
4 Appelez-moi au cas où vous auriez changé d'avis.

B Complétez les phrases par le verbe *venir* au temps qui convient.

1 Si les touristes … en octobre, ils pourraient goûter la nouvelle récolte.
2 Si vous … dans cet hôtel en mai, vous bénéficiez de tarifs intéressants.
3 Si vous … accompagné, la deuxième personne bénéficierait d'une entrée gratuite.
4 Si les campeurs … par le chemin, ils auraient croisé le propriétaire du terrain.

Corrigé

A 1 Si un colis vous paraît suspect – 2 Si vous voulez vous inscrire – 3 Comment s'organiser si les deux groupes arrivent (ou arrivaient) en même temps ? – 4 Appelez-moi si vous avez changé d'avis.

B 1 venaient – 2 venez – 3 veniez – 4 étaient venus

99 La proposition subordonnée relative

▶ *Retrouvons-nous **avec qui vous savez**, à l'endroit **que vous connaissez**, pour l'affaire **dont nous avons parlé**. Signé : un ami **qui vous veut du bien**.*

Les quatre propositions en gras sont des propositions subordonnées relatives.

RECONNAÎTRE UNE PROPOSITION SUBORDONNÉE RELATIVE

- Une proposition relative est une proposition subordonnée introduite par un **pronom relatif**. Elle est le plus souvent l'expansion d'un nom (ou d'un pronom) qui la précède et que l'on appelle son **antécédent**.

- Les **pronoms relatifs** sont : *qui, que, quoi, dont, où* et l*equel, laquelle… duquel, de laquelle… auquel, à laquelle…* (▶ P. 292)

- L'**antécédent** est placé avant le pronom relatif. L'antécédent peut être :
  • un nom : La boutique **à laquelle je pense** a disparu depuis longtemps.
  • un pronom : Voilà une occasion pour toi **qui rêves de visiter la Côte**.

> **Pour mieux écrire**
> **Bien relier le pronom relatif à l'antécédent**
> Le pronom relatif doit se rapporter sans ambiguïté à l'antécédent. Il est préférable de les rapprocher l'un de l'autre.
> On évitera : ⊖ Nous avons trouvé un livre rare chez un libraire qui avait plus de cent-cinquante ans.
> On écrira : Nous avons trouvé chez un libraire un livre rare qui avait plus de cent-cinquante ans.

LES RELATIVES DÉTERMINATIVES ET EXPLICATIVES

- On distingue deux types de subordonnées relatives.
  • **Les relatives déterminatives**
  Elles sont compléments du nom. Elles limitent le sens de l'antécédent. Si on les supprime, la phrase perd son sens.
  Élisez les cinq personnalités **qui ont fait le XXe siècle** !

- **Les relatives explicatives**

Elles pourraient être supprimées. Elles n'apportent qu'une information complémentaire qui n'est pas nécessaire au sens de la phrase.
Gandhi, **qui fut assassiné en 1948**, est une personnalité du XXe siècle.
Ces relatives (appelées aussi *appositives*) sont placées entre deux virgules à l'écrit et marqué par deux pauses à l'oral.

LES RELATIVES SANS ANTÉCÉDENT

Certaines subordonnées relatives commençant par *qui, quoi, où*, peuvent s'employer sans antécédent.
Qui vole un œuf vole un bœuf. Il n'y a pas **de quoi être fier**.
Où il passe, l'espoir renaît.

Ces relatives peuvent être :
- sujet : **Qui m'aime** me suive.
- COD : Embrassez **qui vous voudrez**.
- attribut : Il est là **qui attend**.
- COI : Méfiez-vous **de qui vous flatte**.
- complément circonstanciel : Le bonheur est **où je me trouve**.

VALIDATION EXPRESS

RELATIVE DÉTERMINATIVE OU EXPLICATIVE ? RÉPONDEZ À LA QUESTION POSÉE POUR LES DISTINGUER.

1 *Les invités qui arriveront à 9 heures bénéficieront d'un cadeau surprise.*
Tous les invités bénéficieront-ils d'un cadeau surprise ?

2 *Les arbres, qui étaient jeunes, ont bien résisté à l'orage.*
Tous les arbres ont-ils bien résisté ?

3 *Dans ce village, toutes les maisons, dont les toits sont couverts de chaume, ont plus de cent ans.*
Toutes les maisons du village ont-elles plus de cent ans ?

4 *Cyclistes ! Empruntez les rues du centre-ville qui sont interdites à la circulation automobile.*
Toutes les rues du centre-ville sont-elles interdites aux voitures ?

CORRIGÉ
1 Non. Seuls bénéficieront du cadeau les invités qui arriveront à 9 heures (relative déterminative). – 2 Oui. Tous ont résisté car tous étaient jeunes. La relative explicative apporte ce complément d'information sur les arbres dont on parle. – 3 Oui. Toutes les maisons du village ont plus de cent ans. La relative explicative enseigne aussi que le toit de toutes ces maisons est couvert de chaume. – 4 Non. Seules sont interdites certaines rues du centre-ville. La relative déterminative invite les cyclistes à n'emprunter que ces rues-là.

100 La proposition subordonnée interrogative indirecte

▶ Même l'homme de la rue se demande **où il va, d'où il vient, pourquoi il est là** et **comment il y est arrivé.**

Les propositions **en gras** sont des propositions subordonnées interrogatives indirectes.

RECONNAÎTRE UNE SUBORDONNÉE INTERROGATIVE INDIRECTE

- La proposition interrogative indirecte est une proposition subordonnée dans laquelle on rapporte une question par l'intermédiaire d'un verbe introducteur *(se demander, dire, (ne pas) savoir, indiquer, préciser, comprendre, ignorer...)* suivi par un mot interrogatif.
Dites-leur **si la date vous convient** et précisez **comment vous comptez voyager**.

- La proposition interrogative indirecte est COD du verbe de la principale.

- La proposition interrogative indirecte est introduite par un mot interrogatif.
  • Lorsque la proposition correspond à une interrogation totale (▶ P. 361), elle est introduite par *si*.
  Je me demande **si nous avons raison d'insister**. (interrogation directe : *Est-ce que nous avons raison d'insister ?*)
  • Lorsque la proposition correspond à une interrogation partielle (▶ P. 361), elle est introduite par les adverbes interrogatifs *combien, quand, où, comment, pourquoi...*, les pronoms *qui, quoi, lequel, ce qui, ce que, ce dont...*, les déterminants *quel, quelles...*
  On ne sait toujours pas **où il veut en venir**. (interrogation directe : *Où veut-il en venir ?*)

- À la différence des interrogations directes, les subordonnées interrogatives indirectes :
  • ne comportent pas de point d'interrogation ;
  • n'entraînent pas l'inversion du pronom sujet.

381

NE PAS CONFONDRE LA SUBORDONNÉE INTERROGATIVE INDIRECTE AVEC LA RELATIVE OU L'HYPOTHÉTIQUE

On reconnaît une proposition subordonnée interrogative indirecte au fait qu'on peut la transformer en question directe. Cette transformation permet de ne pas la confondre avec d'autres subordonnées, introduites par des mots subordonnants comparables :

- *qui* : subordonnée interrogative indirecte / subordonnée relative
Je ne sais plus **qui m'a parlé de cette histoire**. = subordonnée interrogative indirecte *(Qui m'a parlé de cette histoire ? Je ne sais plus.)*
On ne confondra pas avec : Ce doit être mon beau-frère **qui m'a parlé de cette histoire**. = subordonnée relative

- *si* : subordonnée interrogative indirecte / subordonnée hypothétique
On ne peut jamais savoir **si vous plaisantez**. = subordonnée interrogative indirecte *(Est-ce que vous plaisantez ? On ne peut jamais le savoir.)*
On ne confondra pas avec : Personne ne vous prendra au sérieux **si vous plaisantez tout le temps**. = subordonnée hypothétique

VALIDATION EXPRESS

A PARMI CES SIX PHRASES, TROIS COMPORTENT UNE SUBORDONNÉE INTERROGATIVE INDIRECTE. LESQUELLES ?

1 La personne qui vous accompagne doit laisser ses rollers au vestiaire.
2 Le détective ne savait plus qui était entré dans la pièce le premier.
3 Il serait bien content si on l'aidait dans sa recherche.
4 La voyante se demandait si elle n'avait pas exagéré.
5 Est-ce que vous n'arriveriez pas plus tôt si vous preniez le train ?
6 Je ne vois pas du tout qui pourrait vous renseigner.

B TRANSFORMEZ CES QUESTIONS EN SUBORDONNÉES INTERROGATIVES INDIRECTES EN LES FAISANT PRÉCÉDER DE LA PRINCIPALE « JE VOUDRAIS SAVOIR... ».

Combien de temps faut-il pour rejoindre Hambourg ? Un service de restauration est-il assuré dans le train ? À quelle heure le train arrive-t-il ? Est-ce que la gare d'arrivée est loin du centre de la ville ? Peut-on reporter le jour de son départ ? Que doit-on faire pour changer son billet ?

CORRIGÉ

A Les phrases 2, 4 et 6 comportent une subordonnée interrogative indirecte. (La phrase 1 comporte une proposition relative. Les phrases 3 et 5 comportent une subordonnée hypothétique.)
B Je voudrais savoir... combien de temps il faut pour rejoindre Hambourg ; si un service de restauration est assuré dans le train ; à quelle heure arrive le train ; si la gare d'arrivée est loin du centre de la ville ; si l'on peut reporter le jour de son départ ; ce que l'on doit faire pour changer son billet.

101 Les propositions subordonnées infinitive et participiale

▶ **Les consignes de sécurité une fois rappelées**, on peut laisser **les enfants s'amuser dans le petit bain**.

La première proposition est une proposition participiale, la seconde une proposition infinitive.

LA PROPOSITION SUBORDONNÉE INFINITIVE

- La subordonnée infinitive est une proposition complétive COD dans laquelle le verbe, à l'infinitif, a un sujet qui lui est propre, distinct de celui de la principale.
Le public regarde **passer les coureurs**. (Le public regarde, et les coureurs passent).

- La subordonnée infinitive se rencontre après les verbes *voir, regarder, apercevoir, entendre, écouter, sentir…* ; *laisser, empêcher, envoyer, faire…*
Ils ont vu **la chanteuse monter dans l'autobus**.
Ne laissez pas **les chiens divaguer**.
Certains mots font **rire les enfants**.

LA PROPOSITION SUBORDONNÉE PARTICIPIALE

- La subordonnée participiale est une proposition circonstancielle dans laquelle le verbe, au participe présent ou passé, a un sujet qui lui est propre, distinct de celui de la principale.
Les conditions étant enfin réunies, la délégation se rendra dans la capitale l'an prochain.

- Elle peut exprimer :
  • le temps : **Les invités partis**, on commença à ranger les tables.
  (= quand les invités furent partis…)

  • la cause : L'entreprise a signalé le retard, **les colis n'ayant pas été livrés à temps**. (= parce que les colis n'avaient pas été livrés…)

  • la condition : **Les circonstances aidant**, la rencontre devrait se dérouler au mieux. (= si les circonstances aident la rencontre…)

383

CONJUGAISON

■ **ANALYSER UNE FORME VERBALE**
102　Qu'est-ce qu'une forme verbale ? 386
103　Les trois groupes de verbes 388
104　Les verbes *être* et *avoir* 389

■ **CONJUGUER LES VERBES**
105　Les verbes du 1er groupe : type *aimer* 391
106　Les verbes du 2e groupe : type *finir* 399
107　Les verbes du 3e groupe 401
　　　aller 401
　　　tenir, venir, se souvenir (et leurs composés) 402
　　　sentir, mentir, partir, sortir (et leurs composés), se repentir 402
　　　accueillir, cueillir, recueillir 403
　　　courir (et ses composés) 403
　　　mourir 404
　　　servir (et ses composés) 404
　　　recevoir (et les autres verbes en *-cevoir*) 405
　　　voir (et ses composés) 405
　　　savoir 406
　　　pouvoir 407
　　　vouloir 407
　　　prendre (et ses composés) 408

rendre (et les autres verbes en *-endre*, *-andre*, *-ondre*, *-erdre*, *-ordre*) ... 409
battre (et ses composés) 409
mettre (et ses composés) 409
peindre (et les autres verbes en *-eindre*) 410
joindre (et les autres verbes en *-oindre*) 411
craindre, contraindre, plaindre 411
vaincre, convaincre 411
distraire (et les autres composés de *traire*) 412
faire (et ses composés) 413
croire 413
conclure, exclure, inclure 414
résoudre, dissoudre, absoudre 414
suivre, poursuivre 415
vivre (et ses composés) 415
lire, élire (et leurs composés) 415
dire (et ses composés) 416
conduire (et les autres verbes en *-uire*) 416

102 Qu'est-ce qu'une forme verbale ?

> ▶ *J'explique : expliqu est le radical du verbe ;*
> *e est la terminaison du verbe ;*
> *j' est le pronom de la 1ʳᵉ personne.*
>
> **Une forme verbale est composée d'un radical, d'une terminaison et, le plus souvent, d'un pronom de conjugaison.**

LE RADICAL

- Le radical donne la signification du verbe. Il est le plus souvent **invariable**.
  communiquer, **communiqu**ait, **communiqu**erions, **communiqu**ant

- Cependant, de nombreux verbes (parmi les verbes du 3ᵉ groupe) ont un radical qui change à certains modes, à certains temps et à certaines personnes.
  aller : **va**is, **all**ait, **ir**ez, **aill**e
  faire : **fai**sait, **fi**rent, **fe**rions, **fa**sse

> **À NOTER**
> Pour obtenir le radical d'un verbe, il suffit de retrancher la terminaison à partir de l'infinitif.
> **appréci**/er, **établ**/ir, **voul**/oir
> Ainsi, on s'aperçoit que dans la conjugaison de certains verbes, le radical ne change pas.
> nous **appréci**/ons, nous **appréci**/erons, qu'ils **appréci**/ent
> j'**établ**/is, ils **établ**/irent, **établ**/issez
> Pour d'autres verbes, le radical change.
> je **veu**/x, ils **voud**/raient, qu'ils **veuill**/ent

LA TERMINAISON

- La terminaison (ou désinence) donne le mode, le temps ou la personne du verbe. Les terminaisons sont **variables**, selon un système de 97 formes qui constituent la conjugaison du verbe.

386 CONJUGAISON

- Cependant, quelques verbes ne possèdent pas ces 97 formes : ce sont les verbes **défectifs** (plusieurs formes leur font « défaut »).
  Par exemple, le verbe parfaire ne s'emploie plus qu'à l'indicatif présent et aux temps composés. Le verbe falloir ne se conjugue qu'à la 3e personne du singulier.

LES PRONOMS DE CONJUGAISON

- Les pronoms de conjugaison permettent d'indiquer la personne à laquelle est conjugué le verbe. En français, les terminaisons d'un verbe ne suffisent pas à distinguer les formes verbales. Sans pronom et à l'oral, la forme explique peut renvoyer à (j') explique, (tu) expliques, (il) explique, (ils) expliquent, soit quatre personnes différentes.
  Le pronom apporte donc une précision nécessaire.

- L'impératif ne comporte pas de pronom de conjugaison.
  pars, partons, partez

- L'infinitif, les participes et le gérondif ne comportent pas non plus de pronoms mais pour une raison différente : ce sont des modes non personnels.

103 Les trois groupes de verbes

▶ *Chanter, frémir et boire...*
Les trois verbes illustrent
les trois groupes de conjugaison.

LES VERBES DU 1er GROUPE

Ces verbes sont les plus nombreux (environ 10 000). Ils ont tous un infinitif en **-er**, un participe présent en **-ant** et leur participe passé est en **-é**. Leur conjugaison est régulière et ne présente donc pas de difficulté.
aimer, chercher, ressembler, désirer, emporter, préférer, corriger, rêver
Bien qu'il se termine par **-er**, le verbe aller n'est pas un verbe du 1er groupe.

> **À NOTER**
> **Les nouveaux verbes qui entrent dans la langue sont presque tous formés sur les verbes du 1er groupe.**
> acter, bloguer, caillasser
> C'est pourquoi l'on dit que la conjugaison des verbes du 1er groupe est une conjugaison vivante.

LES VERBES DU 2e GROUPE

Ces verbes sont au nombre de 300 environ. Ils ont tous un infinitif en **-ir**, un participe présent en **-issant** et leur participe passé est en **-i**.
frémir, investir, obéir, réfléchir, réussir, rougir, pâlir

LES VERBES DU 3e GROUPE

Ces verbes sont tous ceux qui n'appartiennent pas aux deux autres groupes. Ils sont peu nombreux (environ 350) mais ce sont les plus employés.
rire, aller, dire, faire, devoir, savoir, vouloir, mettre, suivre

Les verbes du 3e groupe se caractérisent par leur irrégularité :
- la plupart de ces verbes changent leur radical selon les modes, les temps et les personnes (seuls les verbes courir et conclure gardent un radical fixe à toutes les formes) ;
- certains ont une conjugaison très irrégulière : aller, faire, dire...

104 Les verbes *être* et *avoir*

▶ *Je **suis** riche et vous **êtes** pauvre.*
▶ *J'**ai** raison et vous **avez** tort.*
▶ *Mais on **est** ce qu'on **est**.*
▶ ***Ayez** confiance !*

Les verbes ***être*** et ***avoir*** ont pour particularité de n'appartenir à aucun des trois groupes de la conjugaison. Leurs formes sont irrégulières. Ils sont souvent employés comme auxiliaires.

LE VERBE *ÊTRE*

La conjugaison du verbe être est irrégulière. Le radical prend des formes différentes selon les modes, les temps et les personnes. Il se réduit parfois à une seule lettre : *ils **s**/ont, vous **ê**/tes, il **f**/ut.*
La terminaison *nous **s**/**ommes*** n'appartient à aucun autre verbe.

Le verbe être présente des particularités orthographiques.

• Au présent du subjonctif, il n'y a **pas de** *e* aux trois premières personnes :
*que je **sois**, que tu **sois**, qu'il **soit**.*
Il n'y a **pas de** *i* après le *y* aux deux premières personnes du pluriel :
*que nous **soyons**, que vous **soyez**.*

• Le participe passé *été* est toujours invariable.
*Elles ont **été** vraiment très contentes.*

LE VERBE *AVOIR*

La conjugaison du verbe avoir est irrégulière. Le radical prend des formes différentes selon les modes, les temps et les personnes. Dans certaines formes, il est impossible de distinguer le radical de la terminaison :
*il **a**, ils **ont**.*

Le verbe avoir présente des particularités orthographiques.

• Au présent du subjonctif, il y a un *t* à la 3e personne (et non un *e*) :
*que j'**aie**, que tu **aies**, qu'il **ait**.*
Il n'y a **pas de** *i* après le *y* : *que nous **ayons**, que vous **ayez**.*

• À l'impératif présent, 2e personne, il y a un *e* (et non un *s*).
***Aie** confiance en toi.*

À QUOI SERVENT LES AUXILIAIRES *ÊTRE* ET *AVOIR* ?

● Un auxiliaire est un verbe qui aide à conjuguer d'autres verbes. Les auxiliaires être et avoir permettent de former les temps composés et la voix passive.

L'auxiliaire dans les temps composés

● On utilise l'**auxiliaire avoir** pour conjuguer aux temps composés :
– la plupart des verbes à la voix active ;
  je comprends → j'**avais** compris ; je travaille → que j'**aie** travaillé ; il finit → il **aura** fini ; je dors → j'**ai** dormi
– les verbes être et avoir ;
  je suis → j'**ai** été, j'**aurai** été ; j'ai → j'**ai** eu, j'**avais** eu
– tous les verbes impersonnels.
  il pleut → il **a** plu ; il faut → il **aura** fallu

● On utilise l'**auxiliaire être** pour conjuguer aux temps composés :
– les verbes pronominaux ;
  Ils se rencontrent et se serrent la main. → Ils se **sont** rencontrés et se **sont** serré la main.
– un certain nombre de verbes intransitifs exprimant un déplacement ou un changement d'état : arriver, partir, aller, venir (et ses composés), naître, mourir, rester, tomber…
  il entre → il **est** entré ; il va → il **est** allé

● Quelques verbes utilisent les deux auxiliaires, être et avoir.
J'accours. → Je **suis** accouru aussitôt. / J'**ai** accouru aussitôt.
Il change ; il rajeunit. → Il **est** bien changé ; il **est** rajeuni de dix ans. / Il **a** bien changé ; il **a** rajeuni de dix ans.
Le spectacle commence. → Le spectacle **est** commencé / **a** commencé.

L'auxiliaire dans la voix passive

● La voix passive des verbes se forme avec l'auxiliaire être.
Votre remarque me surprend. → Je **suis** (j'**étais**, je **serai**, que je **sois**, je **serais**…) surpris par votre remarque.

● Pour conjuguer la voix passive aux temps composés, on utilise l'auxiliaire être à la forme composée. Comme le verbe être à la forme composée se conjugue avec l'auxiliaire avoir, cela donne :
Je suis surpris par votre remarque. → J'**ai été** (j'**avais été**, j'**aurai été**, que j'**aie été**, j'**aurais été**…) surpris par votre remarque.

105 Les verbes du 1er groupe : type *aimer*

▶ *Rêvons un peu... Imaginez qu'ils vous **invitent** à **baptiser** l'Insubmersible. Vous **accepteriez** ?*
Ces verbes appartiennent au 1er groupe.

LES TERMINAISONS DU 1er GROUPE

- Les verbes du 1er groupe sont les verbes qui ont un infinitif en **-er** (attention : aller est un verbe du 3e groupe).

- Les verbes du 1er groupe ont tous les mêmes terminaisons.

MODE	TEMPS	TERMINAISONS
indicatif	présent	j'aim**e**, tu aim**es**, il aim**e**, nous aim**ons**, vous aim**ez**, ils aim**ent**
	imparfait	je demeur**ais**, tu demeur**ais**, il demeur**ait**, nous demeur**ions**, vous demeur**iez**, ils demeur**aient**
	passé simple	je calcul**ai**, tu calcul**as**, il calcul**a**, nous calcul**âmes**, vous calcul**âtes**, ils calcul**èrent**
	futur simple	je jou**erai**, tu jou**eras**, il jou**era**, nous jou**erons**, vous jou**erez**, ils jou**eront**
subjonctif	présent	que j'attach**e**, que tu attach**es**, qu'il attach**e**, que nous attach**ions**, que vous attach**iez**, qu'ils attach**ent**
	imparfait	... qu'il attrap**ât**...
conditionnel	présent	j'indiqu**erais**, tu indiqu**erais**, il indiqu**erait**, nous indiqu**erions**, vous indiqu**eriez**, ils indiqu**eraient**
impératif	présent	pens**e**, pens**ons**, pens**ez**
participes	présent et passé	chant**ant**, chant**é**

PARTICULARITÉS ORTHOGRAPHIQUES

Les verbes du 1er groupe présentent quelques particularités orthographiques qui ne concernent que le radical de ces verbes.

ça, ço dans les verbes en *-cer*

Il se déplaça en annonçant : « nous commençons ».

- Dans les verbes en **-cer**, on ne doit pas oublier **la cédille sous le *c*** devant *a* et *o*.

391

Mode	Temps	Exemples
indicatif	présent	j'agace…, nous agaçons…
	imparfait	j'avançais…, il avançait, nous avancions…
	passé simple	je traçai…, nous traçâmes…, ils tracèrent
subjonctif	imparfait	… qu'il prononçât…
impératif	présent	efface, effaçons, effacez
participes	présent et passé	glaçant, glacé

gea, geo dans les verbes en *-ger*

Partag**e**ons et mang**e**ons en song**e**ant.

● Dans les verbes en *-ger*, on ne doit pas oublier **le *e*** après le ***g*** devant ***a*** et ***o***.

Mode	Temps	Exemples
indicatif	présent	je juge…, nous jugeons…
	imparfait	j'interrogeais…, nous interrogions…, ils interrogeaient
	passé simple	je voyageai, tu voyageas, il voyagea…, ils voyagèrent
subjonctif	imparfait	… qu'il infligeât…
impératif	présent	range, rangeons, rangez
participes	présent et passé	logeant, logé

gua, guo dans les verbes en *-guer*

Ne nous fatig**u**ons pas. Il divag**u**ait.

● Les verbes en *-guer* **gardent le *u* du radical** dans toute la conjugaison, même devant ***a*** et ***o***.

Mode	Temps	Exemples
indicatif	présent	je conjugue, tu conjugues…, nous conjuguons…
	imparfait	je distinguais…, nous distinguions…, ils distinguaient
	passé simple	… il divulgua…, ils divulguèrent
subjonctif	imparfait	… qu'il léguât…
impératif	présent	navigue, naviguons, naviguez
participes	présent et passé	larguant, largué

CONJUGUER LES VERBES ▸ Les verbes du 1er groupe : type *aimer*

oue et *ue* dans les verbes en *-ouer* et en *-uer*

Vous avou**e**rez que c'est insensé ! Il distribu**e**rait ses bénéfices ?

- Les verbes en **-ouer** et en **-uer conservent le** *e* **muet** au futur simple de l'indicatif et au conditionnel présent.

MODE	TEMPS	EXEMPLES
indicatif	futur	je jouerai, tu joueras, il jouera, nous jouerons, vous jouerez, ils joueront
conditionnel	présent	je saluerais, tu saluerais, il saluerait, nous saluerions, vous salueriez, ils salueraient

e ou *è* dans les verbes en *e(.)er* comme *peser*

Soul**e**vez le carton. Puis vous le p**è**serez.

- Les verbes en **e(.)er** comme peser **changent le** *e* **en** *è* **devant une syllabe muette** (comportant un *e* muet).

MODE	TEMPS	EXEMPLES
indicatif	présent	je pèse..., nous pesons..., ils pèsent
	futur	... tu soulèveras..., vous soulèverez...
subjonctif	présent	... qu'il ramène..., que vous rameniez...
conditionnel	présent	j'élèverais..., ils élèveraient
impératif	présent	achève, achevons, achevez

- Cette règle vaut pour les verbes en **-ecer, -emer, -ener, -eper, -erer, -ever, -evrer**. (Pour les verbes en **-eter** et en **-eler**, ▸ **pp. 394-395**)

é ou *è* dans les verbes en *é(.)er* comme *céder*

Esp**é**rez pendant qu'ils délib**è**rent.

- Les verbes en **é(.)er** comme céder **changent le** *é* **en** *è* **devant une syllabe muette** (comportant un *e* muet).

MODE	TEMPS	EXEMPLES
indicatif	présent	je cède..., nous cédons..., ils cèdent
	futur	j'interprèterai..., nous interprèterons...
subjonctif	présent	que je règle..., que vous régliez, qu'ils règlent
conditionnel	présent	je succèderais..., nous succèderions...
impératif	présent	énumère, énumérons, énumérez
participe	présent et passé	séchant, séché

> Les rectifications orthographiques (1990) du Conseil supérieur de la langue française étendent l'emploi du *è* au futur et au conditionnel. (Auparavant, le *é* se changeait en *è* seulement devant une syllabe muette **finale**.)

et ou *èt* dans les verbes en *-eter*

Je dépaquète ; tu étiquèteras après.

● Les verbes en *-eter* changent le *e* en *è* devant le *t* quand la syllabe suivante contient **un *e* muet**.

MODE	TEMPS	EXEMPLES
indicatif	présent	j'achète, tu achètes, il achète, nous achetons, vous achetez, ils achètent
	imparfait	… il époussetait…, ils époussetaient
	passé simple	je hoquetai…, il hoqueta…, ils hoquetèrent
	futur	je feuillèterai, tu feuillèteras…
subjonctif	présent	que j'achète, que tu achètes…, que nous achetions…, qu'ils achètent
	imparfait	… qu'il déchiquetât…
conditionnel	présent	je rachèterais…, il rachèterait…, vous rachèteriez, ils rachèteraient
impératif	présent	décachète, décachetons, décachetez
participes	présent et passé	brevetant, breveté

> Les rectifications orthographiques (1990) du Conseil supérieur de la langue française étendent l'emploi du *è* à tous les verbes en *-eter*, sauf *jeter* et ses composés.

Le verbe *jeter*

Ne rejetez pas ce qu'ils projettent.

● Le verbe *jeter* (et ses composés) **double le *t*** devant **un *e* muet**.

MODE	TEMPS	EXEMPLES
indicatif	présent	je jette, tu jettes, il jette, nous jetons, vous jetez, ils jettent
	imparfait	je jetais…, ils jetaient
	passé simple	je jetai…, il jeta…, ils jetèrent
	futur	je projetterai…, il projettera…, vous projetterez, ils projetteront
subjonctif	présent	que je rejette, que tu rejettes…, que nous rejetions…, qu'ils rejettent
	imparfait	… qu'il jetât…
conditionnel	présent	je projetterais…, il projetterait…, vous projetteriez, ils projetteraient
impératif	présent	jette, jetons, jetez
participes	présent et passé	rejetant, rejeté

CONJUGAISON

CONJUGUER LES VERBES ▸ Les verbes du 1er groupe : type *aimer*

el ou *èl* dans les verbes en *-eler*

Le sol se craquelait ; c'est pourquoi on le niv**è**le.

● Les verbes en *-eler* changent le *e* en *è* devant le *l* quand la syllabe suivante contient **un *e* muet**.

Mode	Temps	Exemples
indicatif	présent	… tu ensorcèles…, vous ensorcelez, ils ensorcèlent
	imparfait	… il ficelait…, ils ficelaient
	passé simple	je ruisselai…, il ruissela…, ils ruisselèrent
	futur	je congèlerai, tu congèleras…
subjonctif	présent	que je renouvèle…, que nous renouvelions…, qu'ils renouvèlent
	imparfait	… qu'il chancelât…
conditionnel	présent	je décèlerais…, il décèlerait…, vous décèleriez, ils décèleraient
impératif	présent	épèle, épelons, épelez
participes	présent et passé	jumelant, jumelé

> Les rectifications orthographiques (1990) étendent l'emploi du *è* à tous les verbes en *-eler*, **sauf** appeler et ses composés.

Le verbe *appeler*

Nous appelons. Vous êtes absent. Nous rappe**ll**erons.

● Le verbe appeler (et ses composés, y compris interpeler) **double le *l*** devant **un *e* muet**.

Mode	Temps	Exemples
indicatif	présent	j'appelle, tu appelles, il appelle, nous appelons, vous appelez, ils appellent
	imparfait	il appelait…, ils appelaient
	passé simple	j'appelai…, il appela…, ils appelèrent
	futur	je rappellerai, tu rappelleras…, vous rappellerez, ils rappelleront
subjonctif	présent	que j'appelle, que tu appelles…, que nous appelions…, qu'ils appellent
	imparfait	… qu'il appelât…
conditionnel	présent	j'appellerais, tu appellerais…, vous appelleriez, ils appelleraient
impératif	présent	interpelle, interpelons, interpelez
participes	présent et passé	appelant, appelé

ée dans les verbes en -éer

Nous créerons la surprise.

• Dans les verbes en **-éer**, le contact entre le *é* du radical et le *e* de la terminaison produit, dans plusieurs modes et temps de la conjugaison, **deux *e* côte à côte**, et même **trois *e*** *(éée)* au participe passé féminin.

Mode	Temps	Exemples
indicatif	présent	je maugrée, tu maugrées…, vous maugréez, ils maugréent
	futur	je créerai, tu créeras, il créera, nous créerons, vous créerez, ils créeront
subjonctif	présent	… que tu supplées, qu'il supplée…
conditionnel	présent	je recréerais, tu recréerais, il recréerait…
impératif	présent	agrée, agréons, agréez
participes	présent et passé	créant, créé, créée

ie et ii dans les verbes en -ier

Nous publierons votre autobiographie, à condition que vous simplifiiez l'intrigue.

• Les verbes en **-ier** :
– **conservent le *e* muet** au futur simple de l'indicatif et au conditionnel présent ;
– **s'écrivent *ii*** à la 1re et à la 2e personne du pluriel de l'indicatif imparfait et du subjonctif présent.

Mode	Temps	Exemples
indicatif	imparfait	j'appréciais…, nous appréciions, vous appréciiez, ils appréciaient
	futur	j'oublierai, tu oublieras…, ils oublieront
subjonctif	présent	… qu'il remercie…, que nous remerciions, que vous remerciiez…
conditionnel	présent	j'étudierais…, il étudierait…, vous étudieriez, ils étudieraient

Deux conjugaisons pour les verbes en -ayer

J'ess**aie** et je pai**erai** demain. / J'ess**aye** et je pa**yerai** demain.

• Les verbes en **-ayer** peuvent se conjuguer de deux façons :
– soit ils **changent le *y* en *i* devant un *e* muet** (dans les terminaisons en *e*, *es*, *e* ainsi qu'à toutes les personnes du futur simple de l'indicatif et au conditionnel présent) ;
– soit ils conservent le *y* dans toute la conjugaison.

CONJUGUER LES VERBES ▸ Les verbes du 1er groupe : type *aimer*

MODE	TEMPS	EXEMPLES
indicatif	présent	je déblaie…, il déblaie…, vous déblayez, ils déblaient **ou** je déblaye…, il déblaye…, vous déblayez, ils déblayent
	imparfait	… il bégayait, nous bégayions, vous bégayiez, ils bégayaient
	passé simple	… ils embrayèrent…
	futur	je paierai…, il paiera…, vous paierez, ils paieront **ou** je payerai…, il payera…, vous payerez, ils payeront
subjonctif	présent	que j'effraie…, qu'il effraie…, que vous effrayiez, qu'ils effraient **ou** que j'effraye…, qu'il effraye…, que vous effrayiez, qu'ils effrayent
	imparfait	… qu'il monnayât…
conditionnel	présent	j'essaierais…, il essaierait…, vous essaieriez, ils essaieraient **ou** j'essayerais…, il essayerait…, vous essayeriez, ils essayeraient
impératif	présent	**paie ou paye, payons, payez**
participes	présent et passé	délayant, délayé

À NOTER
Le verbe *rayer* conserve le **y** dans toute la conjugaison.
Le diamant raye le verre. (et non pas *raie*).

ie et *yi* dans les verbes en *-uyer*

Si cela ne vous ennu**ie** pas, j'aimerais que vous n'appu**yi**ez pas trop fort.

- Les verbes en *-uyer* :
– **changent le *y* en *i*** devant un *e* muet ;
– **s'écrivent *yi*** à la 1re et à la 2e personne du pluriel de l'indicatif imparfait et du subjonctif présent.

MODE	TEMPS	EXEMPLES
indicatif	présent	j'ennuie, tu ennuies, il ennuie…, ils ennuient
	imparfait	… il appuyait, nous appuyions, vous appuyiez, ils appuyaient
	futur	j'appuierai, tu appuieras…, vous appuierez…
subjonctif	présent	que j'essuie…, que nous essuyions, que vous essuyiez, qu'ils essuient
conditionnel	présent	j'ennuierais, tu ennuierais…, ils ennuieraient
impératif	présent	essuie, essuyons, essuyez

ie et yi dans les verbes en -oyer

Je le tuto**ie** mais il faut que vous le vouvo**yi**ez.

- Les verbes en **-oyer** :
  - **changent le** *y* **en** *i* devant un *e* muet ;
  - **s'écrivent** *yi* à la 1re et à la 2e personne du pluriel de l'indicatif imparfait et du subjonctif présent.

Mode	Temps	Exemples
indicatif	présent	j'emplo**ie**, tu emplo**ies**, il emplo**ie**…, vous emplo**yez**, ils emplo**ient**
	imparfait	…, il netto**yait**, nous netto**yions**, vous netto**yiez**, ils netto**yaient**
	futur	je côto**ierai**, tu côto**ieras**…, vous côto**ierez**, ils côto**ieront**
subjonctif	présent	que je déplo**ie**…, que nous déplo**yions**, que vous déplo**yiez**, qu'ils déplo**ient**
conditionnel	présent	j'emplo**ierais**…, vous emplo**ieriez**, ils emplo**ieraient**
impératif	présent	netto**ie**, netto**yons**, netto**yez**

- Attention : les verbes **envoyer** et **renvoyer** suivent la conjugaison des verbes en **-oyer**, sauf au futur simple de l'indicatif et au conditionnel présent où ils se conjuguent comme le verbe voir (▶ P. 405).

Mode	Temps	Exemples
indicatif	futur	j'enve**rrai**, tu enve**rras**, il enve**rra**, nous enve**rrons**, vous enve**rrez**, ils enve**rront**
conditionnel	présent	j'enve**rrais**, tu enve**rrais**, il enve**rrait**, nous enve**rrions**, vous enve**rriez**, ils enve**rraient**

106 Les verbes du 2ᵉ groupe : type *finir*

▶ ***Réagis** ! et je te **garantis** que ton projet **aboutira**.*
Les trois verbes en gras appartiennent au 2ᵉ groupe.

LES TERMINAISONS DU 2ᵉ GROUPE

- Les verbes du 2ᵉ groupe se caractérisent par leur infinitif en *-ir* et leur participe présent en *-issant*.

- Les verbes du 2ᵉ groupe ont tous les mêmes terminaisons.

Mode	Temps	Terminaisons
indicatif	présent	je fin**is**, tu fin**is**, il fin**it**, nous fin**issons**, vous fin**issez**, ils fin**issent**
	imparfait	j'avert**issais**, tu avert**issais**, il avert**issait**, nous avert**issions**, vous avert**issiez**, ils avert**issaient**
	passé simple	j'envah**is**, tu envah**is**, il envah**it**, nous envah**îmes**, vous envah**îtes**, ils envah**irent**
	futur	je nour**rirai**, tu nour**riras**, il nour**rira**, nous nour**rirons**, vous nour**rirez**, ils nour**riront**
subjonctif	présent	que j'étab**lisse**, que tu étab**lisses**, qu'il étab**lisse**, que nous étab**lissions**, que vous étab**lissiez**, qu'ils étab**lissent**
	imparfait	… qu'il guér**ît**…
conditionnel	présent	je chois**irais**, tu chois**irais**, il chois**irait**, nous chois**irions**, vous chois**iriez**, ils chois**iraient**
impératif	présent	ag**is**, ag**issons**, ag**issez**
participes	présent et passé	garant**issant**, garant**i**

- Le verbe haïr prend un tréma sur le *i* dans toute la conjugaison.
je haïssais, ils haïront
que tu haïsses

Sauf :
– aux trois personnes du singulier de l'indicatif présent ;
je **hais**, tu **hais**, il **hait**
– à la 2ᵉ personne du singulier de l'impératif.
hais (haïssons, haïssez)

● Le verbe maudire, bien que son infinitif se termine par *-ire*, se conjugue sur le modèle de finir.
je maudis, ils maudissaient, que je maudisse, maudissant
Seule différence : son participe passé prend un *-t* (maudit, maudite).

● Le verbe asservir est un verbe du 2ᵉ groupe (participe présent : asservissant). Il ne faut donc pas le confondre avec les composés de *servir*, verbe du 3ᵉ groupe (▶ P. 404).

107 Les verbes du 3ᵉ groupe

> *Si vous **allez** jusqu'au refuge, on **préviendra** les gardiens.*
> *Ils **savent** s'organiser pour que les arrivées se **fassent***
> *dans les meilleures conditions.*
>
> Les quatre verbes en gras sont des verbes du 3ᵉ groupe.

RECONNAÎTRE LES VERBES DU 3ᵉ GROUPE

On classe les verbes du 3ᵉ groupe en quatre catégories :
- le verbe aller ;
- les verbes qui ont un infinitif en *-ir* et un participe présent en *-ant* (et non en *-issant* comme les verbes du 2ᵉ groupe) :
tenir → tenant ; sentir → sentant ; dormir → dormant ;
- les verbes qui ont un infinitif en *-oir* : voir, savoir, devoir, vouloir ;
- les verbes qui ont un infinitif en *-re* : prendre, faire, lire, boire.

Ces verbes se caractérisent par leur irrégularité, en particulier le changement de leur radical selon les modes, les temps ou les personnes.

ALLER

Le verbe aller se conjugue sur quatre radicaux différents : *va-* ; *i-* ; *all-* ; *aill-*.

L'impératif (va) ne prend pas de *-s*, sauf dans : vas-y.

Mode	Temps	Conjugaison
indicatif	présent	je vais, tu vas, il va, nous allons, vous allez, ils vont
	imparfait	j'allais…, nous allions…, ils allaient
	passé simple	j'allai, tu allas…, nous allâmes…, ils allèrent
	futur simple	j'irai…, nous irons…, ils iront
subjonctif	présent	que j'aille…, que nous allions…, qu'ils aillent
	imparfait	… qu'il allât…
conditionnel	présent	j'irais, tu irais, il irait, nous irions, vous iriez, ils iraient
impératif	présent	va, allons, allez
participes	présent et passé	allant, allé

À NOTER
Le verbe aller se conjugue, aux temps composés, avec l'auxiliaire **être** :
je suis, j'étais, je fus, je serai, que je sois, que je fusse, je serais… allé.

401

TENIR, VENIR, SE SOUVENIR (et leurs composés)

Ces verbes se conjuguent sur quatre radicaux différents : *-ien* ; *-en* ; *-in* ; *-iend*.

Mode	Temps	Exemples
indicatif	présent	je retiens…, nous retenons…, ils retiennent
	imparfait	je venais…, nous venions…, ils venaient
	passé simple	je m'abstins, tu t'abstins, il s'abstint…, ils s'abstinrent
	futur simple	je reviendrai…, nous reviendrons…, ils reviendront
subjonctif	présent	que je me souvienne…, que vous vous souveniez, qu'ils se souviennent
	imparfait	… qu'il s'abstînt…
conditionnel	présent	je préviendrais…, nous préviendrions…, ils préviendraient
impératif	présent	subviens, subvenons, subvenez
participes	présent et passé	tenant, tenu

> **À NOTER**
> **Venir** et ses composés se conjuguent, aux temps composés, avec l'auxiliaire **être,** sauf circonvenir, prévenir, subvenir : Il n'**est** pas venu. Il **avait** prévenu.
> **Se souvenir** et **se ressouvenir** se conjuguent également avec l'auxiliaire **être** : Il s'**est** souvenu trop tard de son rendez-vous.

SENTIR, MENTIR, PARTIR, SORTIR (et leurs composés), SE REPENTIR

Ces verbes **perdent le *t*** de leur radical : aux deux premières personnes du singulier du présent de l'indicatif (je sens, tu sens, il sent ; je pars, tu pars, il part) ; à la 2ᵉ personne du singulier de l'impératif (pars ; sors).

Le participe passé menti n'a pas de féminin.

Attention aux composés de sortir ! Ressortir est bien un composé de sortir, mais assortir est un verbe du 2ᵉ groupe qui se conjugue sur finir.
Attention aux composés de partir ! Repartir est bien un composé de partir, mais répartir est un verbe du 2ᵉ groupe qui se conjugue sur finir.

> **À NOTER**
> Partir, sortir, se repentir se conjuguent, aux temps composés, avec l'auxiliaire **être** : il **est** parti ; ils **sont** sortis ; je me **suis** repenti.

ACCUEILLIR, CUEILLIR, RECUEILLIR

- Ces verbes ont leurs terminaisons en *-e*, *-es*, *-e* : aux trois personnes du singulier de l'indicatif présent : j'accueille, tu accueilles, il accueille ; aux trois personnes du singulier du subjonctif présent : que je recueille, que tu recueilles, qu'il recueille.

- Ils gardent le *e* au futur simple de l'indicatif (je cueillerai) et au conditionnel présent (je cueillerais). Pour cette raison, la conjugaison de ces verbes est assez proche de celle des verbes du 1er groupe.

- Mais le passé simple est : je cueillis, ils accueillirent (et non pas ⊖ *je cueillai*).
  Le participe passé est cueilli.

- Ces verbes se conjuguent aux temps composés avec l'auxiliaire **avoir** : j'ai, j'avais, j'eus, j'aurai, que j'aie, que j'eusse, j'aurais… cueilli.

COURIR (et ses composés)

- Ces verbes ont un passé simple en *-us*, *-us*, *-ut*.

- Il faut *deux r* au futur simple de l'indicatif et au conditionnel présent avec la disparition du *i* de l'infinitif. Ces deux *r* doivent se faire entendre à l'oral pour distinguer les formes du conditionnel de celles de l'imparfait de l'indicatif.

Mode	Temps	Exemples
indicatif	présent	je cours, tu cours, il court…
	imparfait	je parcourais…, ils parcouraient
	passé simple	j'accourus, tu accourus, il accourut…
	futur simple	je parcourrai, tu parcourras…, ils parcourront
subjonctif	présent	… que nous secourions…, qu'ils secourent
	imparfait	… qu'il encourût…
conditionnel	présent	je concourrais, tu concourrais…, ils concourraient
impératif	présent	accours, accourons, accourez
participes	présent et passé	parcourant, parcouru

- Ces verbes se conjuguent aux temps composés avec l'auxiliaire **avoir** : j'ai, j'avais, j'eus, j'aurai, que j'aie, que j'eusse, j'aurais… couru.

MOURIR

- Le verbe mourir change le *ou* du radical en *eu* : aux trois personnes du singulier et à la 3ᵉ personne du pluriel de l'indicatif présent et du subjonctif présent ; au singulier de l'impératif.

- Il a un passé simple en *-us*, *-us*, *-ut*.
  Le participe passé est mort.

- Il faut **deux r** au futur simple de l'indicatif et au conditionnel présent avec la disparition du *i* de l'infinitif. Ces deux *r* doivent se faire entendre à l'oral pour distinguer les formes du conditionnel de celles de l'imparfait de l'indicatif.

Mode	Temps	Exemples
indicatif	présent	je meurs, tu meurs, il meurt, nous mourons…, ils meurent
	imparfait	je mourais, tu mourais…
	passé simple	je mourus, tu mourus, il mourut…, ils moururent
	futur simple	je mourrai, tu mourras, il mourra…
subjonctif	présent	que je meure, que tu meures, qu'il meure, que nous mourions…, qu'ils meurent
	imparfait	… qu'il mourût…
conditionnel	présent	je mourrais, tu mourrais, il mourrait…
impératif	présent	meurs, mourons, mourez
participes	présent et passé	mourant, **mort**

À noter
Le verbe mourir se conjugue aux temps composés avec l'auxiliaire **être** :
je suis, j'étais, je fus, je serai, que je sois, que je fusse, je serais… mort.

SERVIR (et ses composés)

- Ces verbes **perdent le v** de leur radical : aux trois premières personnes du présent de l'indicatif : je **sers**, tu **sers**, il **sert**, nous servons, vous servez, ils servent ; au singulier de l'impératif : **desser**s, desservons, desservez.

- Attention ! Les verbes desservir et resservir sont bien des composés de servir, mais asservir (dominer, soumettre) est un verbe du 2ᵉ groupe qui se conjugue sur finir (▸ P. 399).

- Ces verbes se conjuguent aux temps composés avec l'auxiliaire **avoir** :
j'ai, j'avais, j'eus, j'aurai, que j'aie, que j'eusse, j'aurais… servi.

RECEVOIR (et les autres verbes en -cevoir)

- Ces verbes **conservent le** *ev* de leur radical : aux deux premières personnes du pluriel du présent de l'indicatif, du subjonctif et de l'impératif ;
à l'imparfait et au futur simple de l'indicatif ; au conditionnel ; au participe présent.

- Ils **changent le** *ev* en *oi* ou *u* aux autres formes.

- Il faut une cédille sous le *ç* devant *o* et *u*.

Mode	Temps	Exemples
indicatif	présent	je reçois, tu reçois…, nous recevons, vous recevez, ils reçoivent
	imparfait	je percevais, tu percevais…
	passé simple	j'aperçus, tu aperçus, il aperçut…, ils aperçurent
	futur simple	je recevrai, tu recevras…
subjonctif	présent	que je déçoive, que tu déçoives, qu'il déçoive, que nous décevions, que vous déceviez, qu'ils déçoivent
	imparfait	… qu'il reçût…
conditionnel	présent	je concevrais…, vous concevriez, ils concevraient
impératif	présent	reçois, recevons, recevez
participes	présent et passé	apercevant, aperçu

- Ces verbes se conjuguent aux temps composés avec l'auxiliaire **avoir** :
j'ai, j'avais, j'eus, j'aurai, que j'aie, que j'eusse, j'aurais… reçu.

VOIR (et ses composés)

- Ces verbes **changent** le radical *voi-* en *ver-* au futur simple de l'indicatif et au conditionnel présent.

- Ils ont un passé simple en *-is*, *-is*, *-it* et non en *-us*…, comme l'ont tous les autres verbes en *-oir*.

- Attention à la 3e personne du pluriel du présent de l'indicatif (ils voient) ;
à la 3e personne du singulier et du pluriel du présent du subjonctif :
qu'il voie, qu'ils voient.

Mode	Temps	Exemples
indicatif	présent	je vois, tu vois, il voit, nous voyons, vous voyez, ils **voient**
	imparfait	j'entrevoyais…, ils entrevoyaient
	passé simple	je rev**is**, tu rev**is**, il rev**it**, nous rev**îmes**…, ils rev**irent**
	futur simple	je **ver**rai, tu **ver**ras, il **ver**ra…, vous **ver**rez, ils **ver**ront

Mode	Temps	Exemples
subjonctif	présent	que je voie…, qu'il **voie**…, que vous voyiez, qu'ils **voient**
	imparfait	… qu'il vît…
conditionnel	présent	je re**ver**rais, tu re**ver**rais…, vous re**ver**riez, ils re**ver**raient
impératif	présent	revois, revoyons, revoyez
participes	présent et passé	voyant, vu

- Ces verbes se conjuguent aux temps composés avec l'auxiliaire **avoir** : j'ai, j'avais, j'eus, j'aurai, que j'aie, que j'eusse, j'aurais… vu.

- Le verbe prévoir se conjugue comme voir sauf :
  – au futur simple de l'indicatif : je prévoirai, tu prévoiras, il prévoira, nous prévoirons, vous prévoirez, ils prévoiront ;
  – au conditionnel présent : je prévoirais, tu prevoirais, il prévoirait, nous prévoirions, vous prévoiriez, ils prévoiraient.

- Le verbe pourvoir se conjugue comme prévoir sauf :
  – au passé simple : je pourvus, ils pourvurent
  – au subjonctif imparfait : qu'il pourvût

SAVOIR

- Le verbe savoir se conjugue sur cinq radicaux différents : *sai-* ; *sa-* ; *sau-* ; *sach-* ; *su-*.

Mode	Temps	Exemples
indicatif	présent	je sais, tu sais, il sait, nous savons, vous savez, ils savent
	imparfait	je savais, tu savais, il savait…
	passé simple	je sus, tu sus, il sut…, ils surent
	futur simple	je saurai, tu sauras…, ils sauront
subjonctif	présent	que je sache, que tu saches…, que vous sachiez, qu'ils sachent
	imparfait	… qu'il sût…
conditionnel	présent	… tu saurais, il saurait, nous saurions…
impératif	présent	sache, sachons, sachez
participes	présent et passé	sachant, su

- Le verbe savoir se conjugue aux temps composés avec l'auxiliaire **avoir** : j'ai, j'avais, j'eus, j'aurai, que j'aie, que j'eusse, j'aurais… su.

POUVOIR

▸ Le verbe pouvoir se conjugue sur quatre radicaux différents : *peu-* ; *pouv-* ; *pour-* ; *pu-*.

▸ Il n'a **pas d'impératif**. On utilise le subjonctif présent pour exprimer le souhait : puisses-tu, puissions-nous, puissiez-vous.

▸ La 1re personne du singulier de l'indicatif présent est je peux ou je puis. La forme puis appartient à la langue soutenue : Je n'en puis plus. Elle est obligatoire dans la tournure interrogative : Puis-je entrer ? Que puis-je faire pour vous ?

▸ Il faut un *x* aux deux premières personnes du singulier de l'indicatif présent et *deux r* au futur simple de l'indicatif et au conditionnel présent.

Mode	Temps	Exemples
indicatif	présent	je **peux**, tu **peux**, il peut, nous pouvons…, ils peuvent
	imparfait	je pouvais, tu pouvais…
	passé simple	je pus…, ils purent
	futur simple	je pou**rr**ai, tu pou**rr**as, il pou**rr**a…
subjonctif	présent	que je puisse, que tu puisses…, que nous puissions, que vous puissiez…
	imparfait	… qu'il pût…
conditionnel	présent	je pou**rr**ais, tu pou**rr**ais, il pou**rr**ait…
participes	présent et passé	pouvant, pu

▸ Le verbe pouvoir se conjugue aux temps composés avec l'auxiliaire **avoir** : j'ai, j'avais, j'eus, j'aurai, que j'aie, que j'eusse, j'aurais… pu.

VOULOIR

▸ Le verbe vouloir se conjugue sur quatre radicaux différents : *veu-* ; *voul-* ; *veuill-* ; *voud-*.

▸ Aux 1re et 2e personnes du pluriel du subjonctif présent, les formes que nous voulions, que vous vouliez ont remplacé, dans l'usage, les formes que nous veuillons, que vous veuillez, plus soutenues et littéraires.

▸ À l'impératif, les formes veuille, veuillez (veuillez patienter, veuillez agréer…) ont remplacé dans l'usage les formes veux, voulez. Mais on emploiera couramment veux, voulez, si le verbe est à l'impératif négatif accompagné du pronom *en* dans l'expression : ne m'en veux pas, ne m'en voulez pas (plutôt que ne m'en veuille pas, ne m'en veuillez pas).

Mode	Temps	Exemples
indicatif	présent	je veux, tu veux, il veut, nous voulons, vous voulez, ils veulent
	imparfait	… ils voulaient
	passé simple	je voulus…, ils voulurent
	futur simple	je voudrai, tu voudras…
subjonctif	présent	que je veuille…, que nous **voulions**, que vous **vouliez**, qu'ils veuillent
	imparfait	… qu'il voulût…
conditionnel	présent	je voudrais…
impératif	présent	(veux) **veuille**, voulons, (voulez) **veuillez**
participes	présent et passé	voulant, voulu

- Le verbe vouloir se conjugue aux temps composés avec l'auxiliaire **avoir** : j'ai, j'avais, j'eus, j'aurai, que j'aie, que j'eusse, j'aurais… voulu.

PRENDRE (et ses composés)

- Ces verbes se conjuguent sur trois radicaux différents : *prend-* ; *pren-* ; *pri-*.

- Ils **conservent le *d*** de leur radical : aux trois personnes du singulier de l'indicatif présent ; au futur simple ; au conditionnel présent ; à la 2ᵉ personne du singulier de l'impératif.

- Mais ils **perdent ce *d*** dans le reste de la conjugaison. Ils diffèrent en cela des autres verbes en *-endre* (▶ p. 409).

Mode	Temps	Exemples
indicatif	présent	je pren**d**s, tu pren**d**s, il pren**d**, nous prenons…
	imparfait	j'apprenais, tu apprenais…
	passé simple	je surpris, tu surpris…, ils surprirent
	futur simple	j'entrepren**d**rai…, ils entrepren**d**ront
subjonctif	présent	que je comprenne…, que vous compreniez, qu'ils comprennent
	imparfait	… qu'il prît…
conditionnel	présent	je repren**d**rais…, vous repren**d**riez, ils repren**d**raient
impératif	présent	entrepren**d**s, entreprenons, entreprenez
participes	présent et passé	surprenant, surpris

- Ces verbes se conjuguent aux temps composés avec l'auxiliaire **avoir** : j'ai, j'avais, j'eus, j'aurai, que j'aie, que j'eusse, j'aurais… pris, entrepris.

RENDRE (et les autres verbes en *-endre, -andre, -ondre, -erdre, -ordre*)

- Ces verbes **conservent le** *d* de leur radical : aux trois personnes du singulier de l'indicatif présent (je rends, tu rends, il rend) ; à la 2ᵉ personne du singulier de l'impératif (attends) et dans toute la conjugaison (il perdait, nous perdrons…, qu'ils perdent).

- Ces verbes se conjuguent aux temps composés avec l'auxiliaire **avoir** : j'ai, j'avais, j'eus, j'aurai, que j'aie, que j'eusse, j'aurais… rendu, perdu, attendu.

BATTRE (et ses composés)

- Ces verbes **conservent l'un des deux** *t* de leur radical : aux trois personnes du singulier de l'indicatif présent ; à la 2ᵉ personne du singulier de l'impératif.

- Ils conservent **les deux** *t* du radical dans toutes les autres formes de la conjugaison.

Mode	Temps	Exemples
indicatif	présent	je ba**ts**, tu ba**ts**, il bat, nous battons…
	imparfait	… vous abattiez, ils abattaient
	passé simple	… il battit, nous battîmes…, ils battirent
	futur simple	… tu débattras…, nous débattrons…
subjonctif	présent	… que vous combattiez, qu'ils combattent
	imparfait	… qu'il battît…
conditionnel	présent	j'abattrais…, nous abattrions…, ils abattraient
impératif	présent	déba**ts**, débattons, débattez
participes	présent et passé	combattant, combattu

- Ces verbes se conjuguent aux temps composés avec l'auxiliaire **avoir** : j'ai, j'avais, j'eus, j'aurai, que j'aie, que j'eusse, j'aurais… battu, débattu, combattu.

METTRE (et ses composés)

- Ces verbes **conservent l'un des deux** *t* de leur radical : aux trois personnes du singulier de l'indicatif présent ; à la 2ᵉ personne du singulier de l'impératif.

- Ils conservent **les deux** *t* du radical dans le reste de la conjugaison, sauf : au passé simple de l'indicatif ; à l'imparfait du subjonctif ; au participe passé : mis.

Mode	Temps	Exemples
indicatif	présent	je me**ts**, tu me**ts**, il me**t**, nous mettons…
	imparfait	je transmettais…, nous transmettions, ils transmettaient
	passé simple	… il permit, nous permîmes…, ils permirent
	futur simple	… tu remettras…, nous remettrons…
subjonctif	présent	… que vous admettiez, qu'ils admettent
	imparfait	… qu'il soumît…
conditionnel	présent	je promettrais…, nous promettrions…, ils promettraient
impératif	présent	transme**ts**, transmettons, transmettez
participes	présent et passé	admettant, admis

- Ces verbes se conjuguent aux temps composés avec l'auxiliaire **avoir** : j'ai, j'avais, j'eus, j'aurai, que j'aie, que j'eusse, j'aurais… promis, transmis, admis.

PEINDRE (et les autres verbes en -*eindre*)

- Ces verbes **perdent le** *d* de leur radical : à la 1re et à la 2e personne du singulier de l'indicatif présent ; à la 2e personne du singulier de l'impératif.

- Ils **changent le** *d* **en** *t* à la 3e personne du singulier de l'indicatif présent et au participe passé.

- Ils **conservent le** *d* du radical au futur simple de l'indicatif et au conditionnel présent ; *eind* devient *eign* dans toutes les autres formes.

Mode	Temps	Exemples
indicatif	présent	je **peins**, tu **peins**, il **peint**…, vous peignez, ils peignent
	imparfait	j'éteignais…, vous éteigniez, ils éteignaient
	passé simple	… il feignit…, ils feignirent
	futur simple	je teindrai, tu teindras…, ils teindront
subjonctif	présent	que j'atteigne…, que nous atteignions, que vous atteigniez…
	imparfait	… qu'il feignît…
conditionnel	présent	… tu repeindrais…, vous repeindriez, ils repeindraient
impératif	présent	**éteins**, éteignons, éteignez
participes	présent et passé	astreignant, **astreint**

- Ces verbes se conjuguent aux temps composés avec l'auxiliaire **avoir** : j'ai, j'avais, j'eus, j'aurai, que j'aie, que j'eusse, j'aurais… atteint, repeint, éteint.

JOINDRE (et les autres verbes en -oindre)

● Ces verbes subissent les mêmes transformations de leur radical que les verbes en -eindre : 1re, 2e et 3e personnes du singulier du présent de l'indicatif (je joins, tu joins, il joint…) ; futur simple et conditionnel présent (j'adjoindrai…, je rejoindrais…) ; 1re personne de l'impératif (rejoins) ; participe passé (joint) ; *oind* devient *oign* dans toutes les autres formes.

● Ces verbes se conjuguent aux temps composés avec l'auxiliaire **avoir** : j'ai, j'avais, j'eus, j'aurai, que j'aie, que j'eusse, j'aurais… rejoint.

CRAINDRE, CONTRAINDRE, PLAINDRE

● Ces verbes **perdent le *d*** de leur radical : à la 1re et à la 2e personne du singulier de l'indicatif présent ; à la 2e personne du singulier de l'impératif.

● Ils **changent le *d* en *t*** à la 3e personne du singulier de l'indicatif présent et au participe passé.

● Ils **conservent le *d*** du radical au futur simple de l'indicatif et au conditionnel présent ; *aind* devient *aign* à toutes les autres formes.

Mode	Temps	Exemples
indicatif	présent	je **crains**, tu **crains**, il **craint**, nous craignons, vous craignez, ils craignent
	imparfait	je plaignais…, vous plaigniez, ils plaignaient
	passé simple	… il craignit…, ils craignirent
	futur simple	je contraindrai, tu contraindras…, ils contraindront
subjonctif	présent	que je plaigne…, que vous plaigniez, qu'ils plaignent
	imparfait	… qu'il craignît…
conditionnel	présent	je plaindrais, tu plaindrais, il plaindrait…
impératif	présent	**contrains**, contraignons, contraignez
participes	présent et passé	craignant, **craint**

● Ces verbes se conjuguent aux temps composés avec l'auxiliaire **avoir** : j'ai, j'avais, j'eus, j'aurai, que j'aie, que j'eusse, j'aurais… craint, contraint, plaint.

VAINCRE, CONVAINCRE

● Ces verbes **conservent le *c*** de leur radical : aux trois personnes du singulier de l'indicatif présent (remarquer l'absence de *t* final à la 3e personne du singulier) ; à la 2e personne du singulier de l'impératif.

- Le *c* se change en *qu* devant une voyelle (sauf *u*).

MODE	TEMPS	EXEMPLES
indicatif	présent	je vaincs, tu vaincs, il vainc, nous vainquons…
	imparfait	je convainquais…, il convainquait…
	passé simple	il vainquit…, ils vainquirent
	futur simple	… tu vaincras…, vous vaincrez…
subjonctif	présent	… qu'il convainque, que nous convainquions…
	imparfait	… qu'il vainquît…
conditionnel	présent	je convaincrais…, nous convaincrions…
impératif	présent	convaincs, convainquons, convainquez
participes	présent et passé	convainquant, convaincu

- Ces verbes se conjuguent aux temps composés avec l'auxiliaire **avoir** : j'ai, j'avais, j'eus, j'aurai, que j'aie, que j'eusse, j'aurais… vaincu, convaincu.

DISTRAIRE (et les autres composés de TRAIRE)

- Ces verbes ont pour particularité de n'avoir **ni passé simple** de l'indicatif **ni imparfait du subjonctif**.

- Ils **prennent un *y*** : aux deux premières personnes du pluriel de l'indicatif présent, de l'impératif et du subjonctif présent ; à l'indicatif imparfait et au participe présent.
Remarquer la suite *yi* aux deux premières personnes du pluriel de l'indicatif imparfait et du subjonctif présent.

MODE	TEMPS	EXEMPLES
indicatif	présent	je distrais…, il distrait, nous distrayons, vous distrayez, ils distraient
	imparfait	j'extrayais…, nous extrayions, vous extrayiez, ils extrayaient
	futur simple	je distrairai…, ils distrairont
subjonctif	présent	que j'extraie…, qu'il extraie, que nous extrayions, que vous extrayiez…
conditionnel	présent	j'abstrairais…
impératif	présent	distrais, distrayons, distrayez
participes	présent et passé	soustrayant, soustrait

- Ces verbes se conjuguent aux temps composés avec l'auxiliaire **avoir** : j'ai, j'avais, j'eus, j'aurai, que j'aie, que j'eusse, j'aurais… distrait, extrait.

CONJUGUER LES VERBES ▸ **Les verbes du 3ᵉ groupe**

FAIRE (et ses composés)

- Ces verbes se conjuguent sur quatre radicaux différents : *fai-* ; *fe-* ; *fi-* ; *fa-*.
  Le radical *fai-* se prononce « fe » dans nous faisons, faisons, faisant, et dans toute la conjugaison de l'imparfait.

- Ces verbes présentent des formes particulières à la 2ᵉ personne du pluriel de l'indicatif présent (vous faites) ; à la 2ᵉ personne du singulier de l'impératif (faites).

Mode	Temps	Exemples
indicatif	présent	je fais, tu fais, il fait, nous faisons, vous **faites**, ils font
	imparfait	il défaisait…, nous défaisions, vous défaisiez, ils défaisaient
	passé simple	… il refit…, ils refirent
	futur simple	je ferai, tu feras, il fera…, ils feront
subjonctif	présent	que je défasse, que tu défasses, qu'il défasse…
	imparfait	… qu'il fît…
conditionnel	présent	je satisferais…, vous satisferiez, ils satisferaient
impératif	présent	fais, faisons, **faites**
participes	présent et passé	contrefaisant, contrefait

- Ces verbes se conjuguent aux temps composés avec l'auxiliaire **avoir** :
  j'ai, j'avais, j'eus, j'aurai, que j'aie, que j'eusse, j'aurais… fait, défait.

CROIRE

- Le verbe croire change le *i* en *y* : aux deux premières personnes du pluriel de l'indicatif présent, de l'indicatif imparfait et du subjonctif présent (nous cro**y**ons, vous cro**y**ez ; nous cro**yi**ons, vous cro**yi**ez ; que nous cro**yi**ons, que vous cro**yi**ez) ; à l'indicatif imparfait et au participe présent (je cro**y**ais, tu cro**y**ais… ; cro**y**ant).
  Remarquer la suite *yi* aux deux premières personnes du pluriel de l'indicatif imparfait et du subjonctif présent.

- Attention à la 3ᵉ personne du singulier et du pluriel du subjonctif présent : qu'il croie, qu'ils croient.

- Le verbe croire se conjugue aux temps composés avec l'auxiliaire **avoir** :
  j'ai, j'avais, j'eus, j'aurai, que j'aie, que j'eusse, j'aurais… cru.

CONCLURE, EXCLURE, INCLURE

- Ces verbes **conservent leur radical** dans toute la conjugaison : je conclus, ils incluaient, vous exclurez, concluons, concluant.

- Les verbes conclure et exclure font leur participe passé en *-u(e)* : conclu, conclue, exclu, exclue. Le verbe inclure fait son participe passé en *-us(e)* : inclus, incluse.

- Attention ! Ces verbes ne prennent **pas de** *e* intermédiaire au futur de l'indicatif ni au conditionnel présent : je conclurai, il inclura, nous exclurions.

- Ces verbes se conjuguent aux temps composés avec l'auxiliaire **avoir** : j'ai, j'avais, j'eus, j'aurai, que j'aie, que j'eusse, j'aurais… conclu, exclu, inclus.

RÉSOUDRE, DISSOUDRE, ABSOUDRE

- Ces verbes **perdent le** *d* de leur radical dans toute la conjugaison, sauf au futur simple de l'indicatif et au conditionnel présent.

- Ils **changent le** *d* **en** *t* à la 3ᵉ personne du singulier de l'indicatif présent.

- *sou* **devient** *solv* : aux personnes du pluriel de l'indicatif présent et de l'impératif ; à l'indicatif imparfait et au subjonctif présent ; au participe présent.

Mode	Temps	Exemples
indicatif	présent	je **résous**, tu **résous**, il **résout**, nous résolvons, vous résolvez, ils résolvent
	imparfait	je résolvais…, ils résolvaient
	passé simple	ils résolurent
	futur simple	je dissoudrai…, nous dissoudrons…, ils dissoudront
subjonctif	présent	que tu résolves…, que nous résolvions, que vous résolviez…
	imparfait	… qu'il résolût…
conditionnel	présent	je résoudrais…, il résoudrait…, vous résoudriez, ils résoudraient
impératif	présent	**résous**, résolvons, résolvez
participes	présent et passé	dissolvant, dissous (ou dissout)

> Les rectifications orthographiques (1990) du Conseil supérieur de la langue française préconisent les participes passés absout et dissout, de façon à harmoniser ces formes avec le féminin absoute et dissoute.

- Les verbes absoudre et dissoudre n'ont pas de passé simple et donc pas d'imparfait du subjonctif.
- Le verbe résoudre a un passé simple et un imparfait du subjonctif. Son participe passé est : résolu(e).

SUIVRE, POURSUIVRE

- Ces verbes **perdent le *v*** de leur radical : aux trois personnes du singulier de l'indicatif présent (je suis, tu suis, il suit) ; à la 2e personne du singulier de l'impératif (poursuis).
- La 1re personne de l'indicatif présent est identique à la 1re personne du verbe *être* au même temps : je suis. Pour éviter toute ambiguïté, on emploiera à la forme interrogative les tournures : vais-je suivre ? dois-je suivre ? suivrai-je ?
- Ces verbes se conjuguent aux temps composés avec l'auxiliaire **avoir** : j'ai, j'avais, j'eus, j'aurai, que j'aie, que j'eusse, j'aurais… suivi, poursuivi.

VIVRE (et ses composés)

- Ces verbes **changent leur radical *viv-*** en ***vec-*** au passé simple de l'indicatif, au subjonctif imparfait et au participe passé.
- Ils font leur passé simple en *-us*, *-us*, *-ut*.
- Le participe passé du verbe survivre (survécu) est invariable.

Mode	Temps	Exemples
indicatif	présent	je vis, tu vis, il vit, nous vivons, vous vivez, ils vivent
	imparfait	je vivais…, il vivait, nous vivions…, ils vivaient
	passé simple	je sur**vécus**…, il sur**vécut**…, ils sur**vécurent**
	futur simple	je vivrai…, vous vivrez, ils vivront
subjonctif	présent	… qu'il survive, que nous survivions…
	imparfait	… qu'il **vécût**…
conditionnel	présent	je revivrais…, vous revivriez, ils revivraient
impératif	présent	vis, vivons, vivez
participes	présent et passé	vivant, **vécu**

- Ces verbes se conjuguent aux temps composés avec l'auxiliaire **avoir** : j'ai, j'avais, j'eus, j'aurai, que j'aie, que j'eusse, j'aurais… vécu, survécu.

LIRE, ÉLIRE (et leurs composés)

- Ces verbes font leur passé simple en *-us*, *-us*, *-ut* (et non en *-is*, *-is*, *-it*...) :
je lus, tu lus, il lut…, ils lurent ; j'élus, tu élus, il élut…, ils élurent.

- Le participe passé est lu, élu.

- Ces verbes se conjuguent aux temps composés avec l'auxiliaire **avoir** : j'ai, j'avais, j'eus, j'aurai, que j'aie, que j'eusse, j'aurais… lu, relu, élu, réélu.

DIRE (et ses composés)

- Les verbes dire et redire font à la 2e personne du pluriel de l'indicatif présent et de l'impératif : (vous) dites / (vous) redites.
Mais les autres composés de dire font, à ces mêmes personnes :
(vous) interdisez, (vous) prédisez, (vous) contredisez.
(Attention ! maudire est un verbe du 2e groupe qui se conjugue sur finir.)

Mode	Temps	Exemples
indicatif	présent	je dis, tu dis, il dit, nous disons, vous **dites**, ils disent
	imparfait	je prédisais…, nous prédisions…, ils prédisaient
	passé simple	je me dédis…, il se dédit…, ils se dédirent
	futur simple	j'interdirai…, ils interdiront
subjonctif	présent	… qu'il redise, que nous redisions, que vous redisiez, qu'ils redisent
	imparfait	… qu'il médît…
conditionnel	présent	je contredirais…, vous contrediriez, ils contrediraient
impératif	présent	dis, disons, **dites**
participes	présent et passé	prédisant, prédit

- Ces verbes se conjuguent aux temps composés avec l'auxiliaire **avoir** : j'ai, j'avais, j'eus, j'aurai, que j'aie, que j'eusse, j'aurais… dit, interdit, prédit.

CONDUIRE (et les autres verbes en *-uire*)

- Ces verbes **prennent un *s*** à la fin de leur radical : aux personnes du pluriel de l'indicatif présent et de l'impératif ; à toutes les formes de l'imparfait, du passé simple, du subjonctif présent et imparfait ; au participe présent.

- Pour les verbes luire et reluire, les formes du passé simple je (re)luis…, ils (re)luirent tendent à remplacer les formes je (re)luisis…, ils (re)luisirent.

Conjuguer les verbes ▸ Les verbes du 3ᵉ groupe

- Les verbes luire, reluire et nuire ont un **participe passé en *i***, invariable.
  Les autres verbes en *-uire* ont un **participe passé en** *-it (-its, -ites)*.

Mode	Temps	Exemples
indicatif	présent	je conduis…, il conduit, nous conduisons, vous conduisez, ils conduisent
	imparfait	je déduisais…, vous déduisiez, ils déduisaient
	passé simple	… il reluisit…, ils reluisirent
	futur simple	je traduirai…, il traduira…, vous traduirez, ils traduiront
subjonctif	présent	… que tu produises…, que vous produisiez, qu'ils produisent
	imparfait	… qu'il reproduisît…
conditionnel	présent	je séduirais, tu séduirais…, nous séduirions…, ils séduiraient
impératif	présent	construis, construisons, construisez
participes	présent et passé	réduisant, réduit

- Ces verbes se conjuguent aux temps composés avec l'auxiliaire **avoir** :
  j'ai, j'avais, j'eus, j'aurai, que j'aie, que j'eusse, j'aurais… conduit, séduit, construit, traduit, nui.

Alphabet phonétique international

- **Voyelles**
    - [a] ma ; patte ; femme
    - [ɑ] bas ; lâche ; pâte
    - [e] thé ; je plaçai ; aimer ; vous courez ; œdème
    - [ɛ] merci ; amer ; père ; blême ; Noël ; j'aimais ; pelle ; jouet
    - [ə] te ; petit ; premier
    - [i] vie ; île ; cyprès ; caïd
    - [o] rose ; pôle ; cause ; eau
    - [ɔ] col ; botte ; Paul
    - [ø] jeudi ; deux ; jeûne ; œufs
    - [œ] œuf ; fleur ; œil
    - [u] cou ; goût ; toux
    - [y] sur ; lune ; mûr ; j'eus
    - [ɑ̃] an ; vente ; ensemble ; temps
    - [ɛ̃] fin ; pain ; peindre ; mien ; faim ; sympathique ; synchrone
    - [ɔ̃] on ; rond ; tombe
    - [œ̃] brun ; humble ; à jeun

- **Semi-voyelles**
    - [j] lieu ; yeux ; bille ; œil
    - [w] poil ; squale ; jouer ; oui

- **Consonnes**
    - [b] bonbon ; abaisser ; abbaye
    - [d] dans ; adroit ; addition
    - [f] fil ; chef ; effacer ; photographe
    - [g] gare ; naviguer ; seconde
    - [k] coq ; accaparer ; qui ; acquitter ; kaki ; bock
    - [l] lire ; aller ; calcul
    - [m] mer ; amour ; emmener
    - [n] nuage ; animal ; année ; condamné
    - [p] piano ; apprendre ; stop
    - [R] rire ; arrêter ; rhésus
    - [s] seul ; celui ; perçu ; dessus ; dix ; science ; nation
    - [t] ton ; vite ; attaque ; théorème
    - [v] vous ; ovale ; wagon
    - [z] zone ; azur ; hasard ; maison
    - [ʃ] chat ; shampooing ; schéma
    - [ʒ] je ; déjeuner ; rouge ; geôlier
    - [ɲ] agneau ; ignorer ; gnocchi

Index

A

à (préposition), 96-99, 100-106, 120, 123-124, 298

a / à, 198

a- / an- (préfixes), 10

ab- (mots commençant par), 239

-able, -abilité, -abiliser (suffixes), 18

ac- (mots commençant par), 238

accent
– aigu, 247
– circonflexe, 248-249
– grave, 247-248

accompli / inaccompli (aspect), 316, 320, 324

accord
– de l'adjectif, 212-219, 275
 . composé, 217
 . de couleur, 217
 . détaché, 141
 . pris comme adverbe, 218-219, 296-297
– du déterminant, 264
– du participe passé, 231-237
– du verbe
 . avec un adverbe de quantité, 230
 . avec un nom collectif, 228
 . avec plusieurs sujets, 226
 . avec un pronom indéfini, 229
 . avec le pronom relatif *qui*, 225
 . avec le sujet, 223-224

à ce que / de ce que (tournures à éviter), 133-134

– locutions prépositionnelles, 367-368

active (voix), 175, 308-309

ad- (mots commençant par), 239

adjectif qualificatif, 275-278
– en apposition, 141, 215, 275
– attribut, 215, 275
– degré de signification, 276-278
– employé comme adverbe, 218-219, 296-297
– épithète, 215-216, 275, 355
– place, 276
– remplaçant une subordonnée relative, 169

adjectif relationnel, 275

adjectif verbal, 220-222, 355

adjectif verbal / participe présent *(influent / influant)*, 221-222, 326

adverbe, 295-297, 299, 364
– degré de signification, 278
– interrogatif, 116, 295-296, 362, 381
– en *-ment*, 16, 244
– de quantité (accord du verbe), 230

af- (mots commençant par), 238

ag- (mots commençant par), 240

-age / -ement (suffixes), 19

-ails, -aux (pluriel des noms en *-ail*), 208

-al (féminin des adjectifs en), 214

aller
– semi-auxiliaire, 307, 333
– verbe du 3ᵉ groupe, 401

alors que (temps ou opposition), 376

-als, -aux
– pluriel des adjectifs en *-al*, 212
– pluriel des noms en *-al*, 207

am- (mots commençant par), 240

à moins que ne (*ne* explétif), 118

Les numéros des pages sont dans la couleur de partie :
■ vocabulaire ■ expression ■ orthographe ■ grammaire ■ conjugaison

antécédent ▸ cédille

antécédent
– du pronom relatif, 225, 379
– absence d'antécédent, 380

antériorité (expression de l'), 316, 324, 335-336

ap- (mots commençant par), 238

à peine (inversion du pronom sujet), 336, 343

apostrophe, 252-254

appeler (deux l devant un e muet), 395

apposition
– adjectif, 356
– nom, 356
– subordonnée relative, 357

après que (+ indicatif), 112

-ard (suffixe), 16

article
– contracté, 266
– défini, 266
– élidé, 266
– indéfini, 267
– partitif, 267

aspect (verbal)
– accompli / inaccompli, 316, 324, 338
– « borné » du passé simple, 332

at- (mots commençant par), 238

-at (féminin des adjectifs en), 214

-âtre (suffixe), 16

attribut
– accord, 345
– du complément d'objet, 346
– du sujet, 345

au cas où (+ conditionnel), 190

aucun
– déterminant indéfini, 272
– pronom indéfini, 288

aucun des (accord du verbe), 229

aussi (inversion du pronom sujet), 185, 343

au(x) (+ nom géographique → *au Maroc*), 98

-aux, **-eaux** (pluriel des adjectifs en *-al*, *-eau*), 212-213

auxiliaire, 306, 390
– semi-auxiliaire *(aller, venir, devoir, pouvoir, falloir)*, 307, 322

avant que (+ subjonctif), 111, 118, 370

avec (préposition), 96-97

avoir
– auxiliaire, 232-233, 306, 390, 401-417
– comment remplacer *avoir*, 149-150
– verbe (conjugaison), 389

-ayer (verbes en *-ayer* → *essaie / essaye ; paie / paye*), 396-397

B

banals / banaux (deux pluriels), 212

bel (devant une voyelle) **/ beau**, 219

bien que (+ subjonctif), 111, 192-193, 376

bouf- (mots commençant par), 239

but
– expression du, 186-187
– subordonnée circonstancielle de, 374

C

ça (pronom indéfini), 285, 312

car (conjonction de coordination), 183, 300

cause
– expression de la, 159-160, 182-183
– subordonnée circonstancielle de, 371-373

ce
– déterminant démonstratif, 268
– pronom démonstratif, 268, 285-286

ce / cet (devant une voyelle), 268

ce / se, 198

ceci / cela, 80

céder (é changé en è devant une syllabe muette), 393

cédille, 254, 391-392

cent (accord), 274

420 INDEX

ce qui / ceux qui, 198

certains
– déterminant indéfini, 271
– pronom indéfini, 288

ces / ses, 199

c'est / s'est, 199

c'est, ce sont (présentatifs), 227, 286

chacun (pronom indéfini), 270, 288-289

chacun des (accord du verbe), 229

chaque (déterminant indéfini), 132, 271-272

chez / à, 97

-ci / -là, 268

ci-joint, ci-inclus (accord), 231

circonstanciel (complément), 350-352

circonstancielle
– proposition subordonnée, 301, 366, 370-378
  . remplacée par un infinitif, 164-166, 371, 372, 374
  . remplacée par une participiale, 370
  . remplacée par un gérondif, 371-372
  . remplacée par un groupe nominal, 159-162

co-, con-, col-, com-, cor- (préfixes), 10

com- (mots commençant par), 238

comme
– conjonction de subordination, 162, 189, 375
– expression de la cause ou du temps, 162
– expression de la comparaison, 189

comme étant (tournure à éviter), 132

comment (adverbe interrogatif), 362, 381

comme quoi (tournure à remplacer), 131

comme si (comparaison + hypothèse), 375

comparaison
– expression de la, 188-189
– subordonnée circonstancielle de, 375

comparatif, 276-278
– irrégulier, 277

complément
– de l'adjectif, 124
– d'agent, 308
– circonstanciel, 350-352
– du comparatif, 278
– du nom, 353-354
– d'objet direct, 347-349, 352
– d'objet indirect, 347-349
– d'objet second, 348-349

complétive (proposition subordonnée conjonctive), 107-109, 301, 366-368
– remplacée par un groupe nominal, 156-158
– remplacée par un infinitif, 165-166, 325

concession (expression de la), 194-195

conclure (3ᵉ groupe → je conclurai), 414

concordance des temps, 337-338
– dans le discours indirect, 116-117, 335
– dans les subordonnées à l'indicatif, 322, 330, 333, 335, 337
– dans les subordonnées au subjonctif, 338

condition (subordonnée circonstancielle de), 377-378, 382

conditionnel
– dans le système hypothétique, 190, 322-323, 378
– mode, 313, 322-323, 391-417

conditionnel présent / futur dans le passé, 323

conjonction
– de coordination, 300
– de subordination, 147, 301
  . suivie du conditionnel, 113
  . suivie de l'indicatif, 112-113
  . suivie de l'indicatif ou du subjonctif, 113
  . suivie du subjonctif, 111-112

conjonctive
– locution, 182-195, 300, 370-377
– subordonnée, 107-109, 147

conjugaison, 386-417

conséquence
– expression de la, 184-185
– subordonnée circonstancielle de, 373

coordination, 123-125, 300, 365
– coordonner deux adjectifs, 124
– coordonner deux compléments, 124
– coordonner deux propositions, 117, 258, 365
– coordonner deux verbes, 123

cor- (mots commençant par), 239

D

dans (préposition), 99

de
– explétif, 132, 355
– particule *(de Gaulle)*, 255-256
– préposition, 96-97, 100-106, 120-122, 124, 298

dé-, des- (préfixes), 12

de ce que / à ce que (tournures à éviter), 133-134
– locutions prépositionnelles, 367-368

déf- (mots commençant par), 241

défense (expression de la), 360

degré de signification (comparatif, superlatif)
– de l'adjectif, 276-278
– de l'adverbe, 278

demi (accord), 217-218

démonstratif
– déterminant, 268
– pronom, 285-286

de par (tournure à éviter), 133

de peur que (ne), 187

dérivés (mots → *isolation / isolement*), 19-23, 157

de (telle) manière (sorte) que
(+ indicatif ou subjonctif ; conséquence ou but), 187

déterminant, 264-274
– article, 266-267
– démonstratif, 268
– indéfini, 271-272
– interrogatif et exclamatif, 273
– numéral cardinal, 274
– possessif, 269-270

déterminant (absence de), 265

de trop (tournure à éviter), 131

deux-points, 147, 255, 259

devoir (auxiliaire modal), 307

dif- (mots commençant par), 239

dire (comment remplacer *dire*), 150-151

discours direct / indirect, 115-117, 335

dom- (mots commençant par), 240

donc (conjonction de coordination), 184-185, 300

donner (comment remplacer *donner*), 154-155

dont (pronom relatif), 120-122, 292-294, 379

dû (accord), 236

du, de la, des (articles partitifs), 267, 347

E

-e
– adjectifs au masculin terminés par *-e*, 245
– noms masculins terminés par *-e*, 245

-e- intermédiaire *(remerciement ; jouerai)*, 242, 393

e-, ex- (préfixes), 12

-eaux
– pluriel des adjectifs en *-eau*, 213
– pluriel des noms en *-eau*, 207

ec- (mots commençant par), 240

ef- (mots commençant par), 239

-eil (féminin des adjectifs en), 214

-el (féminin des adjectifs en), 214

el- (mots commençant par), 239

-eler (verbes en *-eler* : *el* ou *èl* devant un *e* muet ?), 395

élision *(le → l')*, 252-254

ellipse (du verbe), 147, 161, 193

-ement (suffixe), 19

e muet, 248, 393, 394-398

-en (féminin des adjectifs en), 214

en,
– adverbe de lieu, 295
– préposition, 97, 99
– pronom personnel, 121, 135, 281, 283
– + nom de pays *(en Italie)*, 98

ep- (mots commençant par), 241

épithète
– détachée, 356-357
   liée, 355

er- (mots commençant par), 240

est / ait, 199-200

est-ce que
– dans l'interrogation directe ou indirecte, 115-116, 361
– tournure à éviter, 144

-et (féminin des adjectifs en), 214

et (conjonction de coordination), 216, 226, 258, 300

-eter (verbes en *-eter* : *et* ou *èt* devant un *e* muet ?), 394

être
– auxiliaire, 232, 306, 390, 401-417
– verbe, 389

-euil, **-ueil** (terminaison des mots en), 242

-eur (noms féminins terminés par), 246

-eux, **-eus** (pluriel des noms en *-eu*), 208

-eux (adjectifs au singulier terminés par), 246

ex- (préfixe), 13

excepté (accord), 231

exclamatif (déterminant), 273

expansion du nom (complément du nom, épithète, apposition), 353-357

explétif (voir : **ne**)

explétive (préposition → *rien de nouveau*), 132, 355

F

faire (comment remplacer *faire*), 151-153

(il) fait (verbe impersonnel), 311

falloir (auxiliaire modal), 322

(il) faut (verbe impersonnel), 311

faute de (exprimer la cause), 183

faux amis *(accuser son voisin / accuser le coup)*, 61-68

féminin
– des adjectifs, 213-214
– noms au, 69-70

finals / finaux (deux pluriels), 212

finir (verbe type, 2ᵉ groupe), 399

fol (devant une voyelle) / **fou**, 219

fonction (grammaticale), 340-341

foule (*une foule de* : accord), 228

futur antérieur, 336

futur dans le passé / conditionnel présent, 333

futur simple de l'indicatif, 333

G · H

générique (mot → *animal = baleine, cétacé...*), 137

genre
– du nom, 69-73
– des noms de villes, 263

gérondif (mode), 140, 145, 314, 327-328, 371-372, 387

grand (accord → *grand-chose*), 219

groupe ▶ interrogation partielle / totale

groupe (du verbe), 388
– 1er groupe, 391-398
– 2e groupe, 399-400
– 3e groupe, 401-417

groupe nominal, 262
– remplaçant une proposition relative, 170
– remplaçant une subordonnée, 156-162
– remplacé par un infinitif, 167

groupe verbal, 148
– remplacé par un verbe seul, 149-155

h muet / h aspiré, 253-254, 266, 268

homonymes (censé / sensé ; acquis / acquit), 56-60

homophones, 198-206

hor- (mots commençant par), 240

hypothétique
– système (Si je pouvais, je partirais), 191, 322-323, 378
– subordonnée (voir : **condition**)

I • J

-ible, -ibilité, -ibiliser (suffixes), 18

ici / ci, 295

-ien (féminin des adjectifs en), 214

il- (mots commençant par), 239

il
– pronom neutre, 311-312
– pronom personnel, 281

il y a
– tournure à éviter, 144
– locution verbale, 311

imparfait de l'indicatif, 330-331
– avec le passé composé, 331
– avec le passé simple, 331
– dans le système hypothétique, 191, 322-323, 378

imparfait du subjonctif, 338, 412

impératif
– expression de la défense, 360

– expression de l'ordre, 317, 360
– mode, 313, 317-318, 387, 391-417
– place des pronoms, 318
– remplacé par le subjonctif, 407

impersonnel
– construction impersonnelle, 176, 224, 311-312
– verbe, 311-312

in-, il-, im-, ir- (préfixes), 13

incise (proposition → dit-il, ajouta-t-elle), 174, 365

indéfini
– déterminant, 271-272
– pronom, 288-289

indicatif (mode), 313, 315-316, 391-417
– dans les subordonnées circonstancielles, 184, 187, 190-191, 370, 373, 377
– dans les subordonnées complétives, 107-109, 368
– les temps de l'indicatif, 329-336

indicatif / subjonctif (quel mode employer ?), 108-109, 111-113, 320

infinitif
– mode, 142-143, 186, 314, 324-325, 387
– remplaçant un groupe nominal, 167
– remplaçant une proposition conjonctive, 164-166

infinitif passé (après *pour*), 165

infinitive
– proposition, 325, 366, 383
– transformation, 186, 325, 368, 371-372, 374, 376

interrogatif
– adverbe, 116
– déterminant, 273
– pronom, 290-291

interrogation
– directe, 115, 138, 361-362
– indirecte, 116-117

interrogation partielle / totale, 361-362

interrogative (proposition subordonnée), 116-117, 366, 381-382

intransitif (verbe), 302

inversion (du pronom sujet), 115, 138, 224

inversion simple / inversion complexe (dans l'interrogation directe), 361

ir- (mots commençant par), 239

-ir / -issant (verbes en *-ir*, 2ᵉ groupe), 399-400

-ir (verbes en *-ir*, 3ᵉ groupe → *tenir, sentir, servir*), 402-404

irréel du présent / irréel du passé, 322-323

-isme, -iste (suffixes), 16-18

je
– comment l'éviter en début de phrase, 173-174
– pronom personnel, 281

jeter (deux *t* devant un *e* muet), 394

juxtaposée (proposition), 365

L

la
– article, 266
– pronom personnel, 281

là / la / l'a, 200

là (adverbe), 269

la plupart (accord du verbe), 228

le
– article, 266
– pronom neutre, 135, 283
– pronom personnel, 281, 283

le fait que (tournure à éviter), 145

lequel
– pronom interrogatif, 294
– pronom relatif, 292-294

leur
– déterminant possessif, 269-270
– pronom personnel, 281-283

leur / leurs, 200

locution
– adverbiale, 295-297
– conjonctive, 111-113, 182-195, 300, 370-378
– négative, 363
– prépositionnelle, 161, 298
– verbale, 265, 345

M

mais (conjonction de coordination), 192, 300

majuscule, 255-257

masculin (nom), 71-72

même (avant ou après le nom), 272

-ment (suffixe d'adverbe), 16, 244

mettre (comment remplacer *mettre*), 153-154

mi- (accord), 217

mille (accord), 274

mis à part (accord), 231

mode (du verbe)
– non personnel, 314, 324-328
– personnel, 313, 317-323

moi (pronom personnel renforcé), 225, 282

mol (devant une voyelle) **/ mou**, 219

mot composé, 217-218, 251-252

mot étranger (au pluriel), 211

N

n (doublé en fin de mot), 242

nature grammaticale (d'un mot), 341

ne
– avec *aucun, nul(le), pas un*, 271, 363
– avec *personne, rien…*, 288, 363
– sans *pas*, 271, 364

ne explétif (*je crains qu'il ne pleuve*), 118-119, 187, 191

ne faire que de (tournure à éviter), 131

négation (double négation), 363

négative (forme), 363

ne… que (locution restrictive), 129, 364

ni (conjonction de coordination), 226, 300

ni / n'y, 201

nom
– collectif (accord du verbe), 228
– commun, 262-263
– propre, 208-209, 262-263

nombre (accord du verbe en), 223-230

nom composé (au pluriel), 209-211

nous
– comment l'éviter en début de phrase, 173-174
– pronom personnel, 281

nouvel (devant une voyelle) / **nouveau**, 219

nu (accord), 218

nul
– déterminant indéfini, 271
– pronom indéfini, 288

numéral cardinal (déterminant), 274

O

oc- (mots commençant par), 239

of- (mots commençant par), 239

-oir (verbes en -oir, 3ᵉ groupe → recevoir, voir, pouvoir), 405-408

-on (féminin des adjectifs en), 214

on
– comment l'éviter, 172
– pronom indéfini, 229, 288
– pronom personnel (= nous), 229, 288

on / on n', 201

on / ont, 201

opposition
– expression de l', 160, 192-193
– subordonnée circonstancielle d', 376

or (conjonction de coordination), 192-193, 300

ordre (expression de l'), 317-318, 324, 333, 360

ou
– conjonction de coordination, 216, 300
– propositions coordonnées par *ou*, 258
– sujets coordonnés par *ou* (accord du verbe), 226

ou / où, 202

où
– pronom interrogatif, 294
– pronom relatif, 292-294, 379-380

-ous, -oux (pluriel des noms en -ou), 207

oui / si, 296

P

pal- (mots commençant par), 240

par (préposition), 298

paronyme (*adjurer / abjurer ; perpétuer, perpétrer…*), 47-55

participe (mode), 314, 325-326, 387, 391-417

participe passé, 326
– accord, 231-237
– employé avec *avoir*, 232-233
– employé avec *être*, 232
– sans auxiliaire, 231
– suivi d'un infinitif, 236-237
– toujours invariable, 173, 233-237
– du verbe pronominal, 234-235

participe présent / adjectif verbal (*convainquant / convaincant*), 221-222, 326

participiale (proposition), 366, 370, 372, 383

passé antérieur, 336

passé composé, 334

passé simple, 331-332, 412

passé simple / imparfait, 331-332

passive
– transformation, 309
– voix, 178, 308, 390

péjoratif (suffixe → *-âtre, -asse, -ailler*), 16

périphrase, 137

personne ▶ quand

personne (accord du verbe en), 223-227
personne (pronom indéfini), 288-289
peut être / peut-être, 202
peut-être (inversion du pronom sujet), 195, 343
phrase, 358-359
– simple / complexe, 358
– type de phrase (déclarative, exclamative…), 360-362
– verbale / non verbale, 358-359
pléonasme (*collaborer ensemble*), 126-130
(la) plupart (accord du verbe avec un nom collectif), 228, 289
pluriel
– des adjectifs, 212-213
– des mots étrangers, 211
– des noms, 207-211
  . composés, 209-211
  . géographiques, 209
  . de personnes, 208-209
plusieurs (déterminant indéfini), 271
plus-que-parfait de l'indicatif, 191, 316, 322-323, 335, 378
plutôt / plus tôt, 202
point, 257
– d'exclamation, 257, 361
– d'interrogation, 115, 257, 273, 361-362
point-virgule, 147, 255, 257
pol- (mots commençant par), 240
ponctuation, 147, 257-259
possessif
– déterminant, 269-270
– pronom, 287
possible (accord), 218
pour (préposition), 97
– + infinitif, 187
– + infinitif passé (= cause), 182, 372
pour autant que (+ subjonctif ou indicatif), 113
pour que (+ subjonctif), 111, 186, 374

pourquoi (adverbe interrogatif), 116, 362, 381
pouvoir (auxiliaire modal), 307
préfixe (*pré-, pro-, ré-*), 10-14
préposition, 96-106, 161, 298-299, 356
présent de l'indicatif, 329
présentatif (*c'est / ce sont*), 227, 286
prof- (mots commençant par), 241
pronom, 279-280
– démonstratif, 135, 285-286
– indéfini, 136, 288-289
– interrogatif, 290-291
– personnel, 135, 139, 281-282, 342, 387
– possessif, 136, 287
– relatif, 120, 122, 292-294
pronom neutre *le* (*je le sais*), 135, 283
pronominal (verbe), 234, 309
– accord du participe passé, 234-235, 237
– de sens passif, 172, 310
pronominale (voix), 175, 282, 309, 310
proposition
– incise, 365
– indépendante, 365
– infinitive, 366, 383
– participiale, 366, 383
– principale, 365-366
– subordonnée, 365-366
  . circonstancielle, 159-162, 164-165, 366, 370-378
  . conjonctive complétive, 107-109, 156, 165-166, 366-368
  . interrogative indirecte, 138-139, 366, 381-382
  . relative, 120, 168, 170, 366, 379-380
puisque (expression de la cause), 183

Q

quand
– adverbe interrogatif, 116, 381
– conjonction de subordination, 370

427

quand
– temps ou cause, 162
– temps ou opposition, 376

quantité de (accord du verbe), 230

que
– conjonction de subordination, 107-109, 301, 319, 367-369
– pronom interrogatif, 116, 290
– pronom relatif, 292-294, 379-380

que
– *ce que* dans l'interrogation indirecte, 116, 381
– comment éviter *que*, 165-166
– reprenant *parce que*, *si*…, 147, 301

quel (déterminant interrogatif ou exclamatif), 273

quel(les) / qu'elle(s), 203

quel est ? (remplacé par *qui est ?*), 273

quelque (déterminant indéfini), 271

quelque chose (pronom indéfini), 288

quelques / quelque / quel(les) que, 203

quelqu'un (pronom indéfini), 288

qui
– pronom interrogatif, 138, 290-291, 294, 382
– pronom relatif, 225, 292-294, 379-380, 382

quoi
– pronom interrogatif, 290-291
– pronom relatif, 292-294, 379-380

quoique (+ subjonctif), 111, 192-193, 376

quoique / quoi que, 204

R

rab- (mots commençant par), 240

radical
– mot de base, 10, 15, 19-23
– du verbe, 386

radicaux grecs (*chrono*, *poly*), 36-46

radicaux latins (*alter*, *tempor*), 24-35

raf- (mots commençant par), 239

-re (verbes en *-re*, 3ᵉ groupe → *prendre*, *mettre*, *craindre*, *faire*, *conclure*, *vivre*, *dire*, *conduire*), 408-417

re-, **ré-**, **res-** (préfixes), 11

rectifications orthographiques, 210-211, 247-252, 274, 393-395, 414

réfléchi (pronom personnel), 234-235, 237, 281-282, 309-310

relatif (pronom), 292-294
– accord du verbe, 225, 293
– emploi, 120-122, 293-294

relative
– proposition subordonnée, 120-122, 225, 292-293, 366, 379-380
  . déterminative, 357, 379-380
  . explicative, 357, 380
  . remplacée par un adjectif ou un nom, 169-170

reprise (pronominale), 135-136

S

-s (noms au singulier terminés par), 246

sal- (mots commençant par), 240

sans (+ infinitif), 192, 376

sans doute (inversion du pronom sujet), 195, 343

sans que (+ subjonctif), 192, 376

se (pronom personnel réfléchi), 234-235, 237, 281-282, 309-310

semi- (accord), 217

si
– adverbe d'intensité (*il est si beau*), 296
– conjonction de condition (+ indicatif → *si tu veux, tu peux*), 191, 315, 322, 377-378, 382
– conjonction introduisant une interrogation (*on se demande si c'est vrai*), 377, 381-382

si bien que (+ indicatif : conséquence), 184, 373

sif- (mots commençant par), 239

si… que, 185

si / s'y, 204-205

soi (pronom personnel réfléchi), 281-282

soi-disant (invariable), 221, 246

soit (invariable → *soit deux droites*), 227

son / sont, 205

souf- (mots commençant par), 239

subjonctif
– mode, 111-112, 313, 319-320, 391-417
– dans une subordonnée circonstancielle, 320, 370, 373-374, 376-377
– dans une subordonnée conjonctive complétive, 107-109, 184, 320, 368
– dans une subordonnée relative, 320

subjonctif ou indicatif (verbes suivis du), 107-108, 320

subordonnée (voir : **circonstancielle**, **complétive**, **infinitive**, **interrogative**, **participiale**, **relative**)

suf- (mots commençant par), 239

suffixe (-age, -tion, -ement), 15-23

sujet, 223-230, 342-343
– apparent / réel (grammatical / logique), 224, 311
– inversé, 115-116, 185, 224, 343

superlatif, 130, 277-278

superlatif irrégulier (le meilleur), 277

sur (préposition), 99

synonyme, 104, 137

T

-t- intercalaire, 362

tandis que (temps ou opposition), 376

tant (adverbe de quantité), 296

-té (noms féminins terminés par), 246

tel que (comparaison ou conséquence), 189

temps
– simple de l'indicatif, 315-316, 329-333
– composé de l'indicatif, 315-316, 334-336, 390
– expression du temps, 159
– proposition circonstancielle de temps, 111-112, 370-371
– verbal, 391-417

terminaison (du verbe), 386-387

-tié (noms féminins terminés par), 246

-tiel / -ciel (noms terminés par), 243

-tion / -sion (noms terminés par), 243

toi (pronom personnel renforcé), 225, 281-282

tout
– accord, 205
– adverbe, 205, 297
– déterminant indéfini, 205, 272
– pronom indéfini, 205, 364

tout-puissant (accord), 217

tout / tous, 205

trait d'union, 251-252, 274

transitif
– verbe transitif direct (construit sans préposition), 100, 102-106, 123, 175, 302
– verbe transitif indirect (suivi de la préposition à, de…), 100-106, 123, 302

tréma, 249-250, 400

très (adverbe), 277-278, 296

tribals / tribaux (deux pluriels), 212

trop (adverbe), 296

U • V • X • Y

-u (noms féminins terminés par), 246

-ule, -ul (noms terminés par), 243

un
– article indéfini, 267
– déterminant numéral cardinal, 274

(pas) un des (accord du verbe), 229
-ure ou -ur (mots terminés par), 242
val- (mots commençant par), 240
venir (semi-auxiliaire), 307
verbe
– accord, 223-230
– attributif, 304
– d'état (être, sembler), 304
– impersonnel (il pleut), 311-312
– intransitif (voir : **intransitif**)
– pronominal, 234-235, 237, 309-310
– suivi de l'indicatif ou du conditionnel, 108
– suivi du subjonctif (vouloir que, craindre que), 107-108
– suivi du subjonctif ou de l'indicatif, 108-109
– transitif (voir : **transitif**)

vieil (devant une voyelle) /vieux, 219
vingt (accord), 274
virgule, 258
vive (forme figée → vive les vacances), 227
voici / voilà, 80
voix
– active, 175, 308-309
– passive, 175, 308-309, 390
– pronominale, 175, 309
vous (pronom personnel), 281-282, 293
vu (accord), 231
-x (noms au singulier terminés par), 246
y
– adverbe de lieu, 295
– pronom personnel, 135, 281, 283

Conception graphique : c-album, Jean-Baptiste Taisne
Mise en page : Al'Solo
Édition : Évelyne Brossier

Illustrations
www.marinodegano.com

Achevé d'imprimer par Rotolito Lombarda à Seggiano di Pioltello - Italie
Dépôt légal : 93725-5/05 - Juillet 2012

Pour trouver le mot juste en toutes circonstances

Bescherelle
Synonymes

Disponible sur App Store

Compatible avec iPhone, iPod Touch et iPad